《唐荆川傳稿》校注集評

Collation, Annotation and Collection of Comments of Tang Jingchuan's Anthology of the Eight-part Essay

張慧瓊　校注集評

天津出版傳媒集團
天津古籍出版社

圖書在版編目（CIP）數據

《唐荆川傳稿》校注集評／張慧瓊校注集評. — 天津：天津古籍出版社，2023.3
ISBN 978-7-5528-1296-1

Ⅰ．①唐… Ⅱ．①張… Ⅲ．①唐荆川（1507-1561）—文集 Ⅳ．①Z424.8

中國國家版本館CIP數據核字（2023）第003031號

《唐荆川傳稿》校注集評
TANGJINGCHUAN CHUANGAO JIAOZHU JIPING

張慧瓊／校注集評

出　　版	天津古籍出版社
出 版 人	張 瑋
地　　址	天津市和平區西康路35號康岳大廈
郵政編碼	300051
郵購電話	（022）23517902
責任編輯	王海燕
裝幀設計	鞠佳美
印　　刷	北京虎彩文化傳播有限公司
經　　銷	全國新華書店發行
開　　本	710毫米×1000毫米　1/16
印　　張	27.25
字　　數	402千字
版次印次	2023年3月第1版　2023年3月第1次印刷
定　　價	128.00元

版權所有 侵權必究
圖書如出現印裝質量問題，請致電聯繫調換（022-23517902）

國家社科基金後期資助項目
出版説明

　　後期資助項目是國家社科基金設立的一類重要項目，旨在鼓勵廣大社科研究者潛心治學，支持基礎研究多出優秀成果。它是經過嚴格評審，從接近完成的科研成果中遴選立項的。爲擴大後期資助項目的影響，更好地推動學術發展，促進成果轉化，全國哲學社會科學工作辦公室按照"統一設計、統一標識、統一版式、形成系列"的總體要求，組織出版國家社科基金後期資助項目成果。

全國哲學社會科學工作辦公室

前　言

唐順之（1507~1560）字應德，一字義修，號荆川，明南直常州府武進（今江蘇武進）人。明中葉影響重大的文學家，以古文著稱。[①]有明一代鉅儒，擅寫八股時文，備受時人及後世推崇。明人孫慎行云："國家以時義取士蓋二百五十年，而稱大家宗盟者四人：震澤王先生、虞山瞿先生是也，吾邑獨得二人，方山先生薛若荆翁先生唐。"[②]清人俞長城云："薛方山貫通六經……後世論文者必以方山爲首。……至其視學兩浙，嚴而有禮，多士有'薛夫子'之號。舊稱王、錢、唐、瞿爲四大家，浙人去鶴灘而易以方山，世未有非之者。"[③]明史·胡友信傳謂："明代舉子業最擅名者，前則王鏊、唐順之，後則震川、思泉。"三種説法均含唐順之，其被列入明"八股文四大家"當之無愧。明茅坤則推其八股時文爲當朝第一，陳名夏曰："先生爲古文辭後於王遵巖，若制舉業之名之盛，守溪而下未有及先生者。茅鹿門亦嘗推之爲本朝第一。……先生之文誠大家矣。"[④]唐順之既精於古文，又擅寫時文，可謂明文大家。

一

唐順之出身吳中名門望族武進唐氏。祖籍江蘇高郵，其六世祖於宋末因

[①] 明史·唐順之傳稱其"爲古文，洸洋紆折，有大家風"。四庫全書總目·荆川集提要謂其"在有明中葉，屹然爲一大宗"。
[②] 清康熙吕葆中刻吕留良評點唐荆川先生傳稿卷前孫慎行序。
[③] 清康熙三十八年（1699）步月樓令德堂刻可儀堂一百二十名家制義收録薛方山稿卷前俞長城題薛方山稿。
[④] 明末陳名夏石雲居刻國朝大家制義收録唐荆川先生文卷前陳名夏序。

避元亂遷居武進。歷經七世，唐氏家族繁衍出五大世系，人丁數百口，三百餘年詩書弦誦不絕。至唐順之兒子唐鶴徵一代，計有八人中進士，中舉之人則更多。①

唐順之生於正德二年（1507），少年時即有志於聖賢之學，遍讀經史諸書。十六歲入庠，嘉靖七年（1528）中鄉試第六，八年（1529）中會試第一，廷試中二甲第一。廷試卷得嘉靖帝親閱御批。科考期間，唐順之先後忤逆內閣首輔楊一清、主考官張璁，選兵部武選司主事。九年（1530）春丁母憂，告歸。十一年（1532）服闋還京赴官，改吏部稽勛主事，尋升遷考功。十二年（1533）選調翰林編修，校累朝實錄。十四年（1535）實錄校完，上疏稱病告歸。在京期間，"嘉靖八才子"王慎中、唐順之、趙時春、熊過、任瀚、李開先、陳束、呂高常為文酒詩會。王慎中在文學思想和創作方面深刻影響了唐順之，使其由效法秦漢文轉向效法唐宋文，繼承唐宋諸家"文道合一"、注重文章法度的文學思想，共同反對"前七子"的文學復古思潮。在文學史上，二人並稱"王唐"。十八年（1539）太子東宮選宮僚，唐順之起為翰林院編修兼右春坊右司諫，同起者羅洪先、趙時春。三人因聯名疏請太子出御文華殿接受百官朝賀而獲罪，俱被奪職為民。十九年（1540）再次歸鄉，絕意仕進。唐順之閉門幽居，潛心研讀儒家經典，致力於經世實學，沉酣經史諸子、故典律例、曆算天文、山川地志、兵法戰陣、槍法射箭、壬奇遁甲等，積累了滿腹文韜武略。問業弟子絡繹不絕。唐順之與諸生講學，明義利之辨，教授弟子數百人。二十五年（1546）唐順之四十歲，這是他人生的分水嶺，其健康、生活、思想和文學狀況俱發生轉變：身體每況愈下，生活轉向近乎自虐的苦修，棄文就道。二十六年（1547）後，"南倭北虜"的邊患愈來愈重，唐順之從未斷絕的家國之念愈加熾烈，屢欲奮身勤王，報效國家。三十七年（1558）奉命復出，先赴薊鎮查勘邊務，旋奉命往浙江視師，與胡宗憲協謀抗倭。三十八年（1559）升太僕寺少卿，尋遷通政司右通政。三十九年（1560）春，巡撫鳳陽，賑災淮揚。三月泛海巡行至通州，已病入膏肓。四月一日逝，享年五十四歲。崇禎中，追諡襄文。

唐氏家族歷代相傳的由科舉入仕的家風族風，決定了唐順之必然接受正統

---

① 關於唐順之家世的考述，參見拙著唐順之研究第一章唐順之的家世與生平，鳳凰出版社，2016年。

的儒學教育。他自幼熟讀四書五經，苦治舉業："以幼時嘗竭精神於舉業，幾成勞瘵。"①其詩文集荊川集最早刻本即嘉靖二十八年（1549）安如石本之卷一自注："此下系翰林时作。"可知其詩文創作最早始於嘉靖十二年（1533）入職翰林院時，科舉中第之前則潛心研作八股時文，無暇詩歌、古文創作。八股文是明代科舉考試文體，鄉試第六、會試第一的科考輝煌成績足以說明唐順之入仕前於八股文寫作已至臻境。入仕後，仍筆耕不輟。"荊川先生精於制義，教學里中有教學文，爲吏部有吏部文，爲中丞有中丞文。好學深思，至老不倦，文之傳也宜哉！"②八股文創作貫穿其一生。由於天分甚高，早年所作會試文即非同尋常："主司見其文堅老，疑爲宿儒。然則先生之文亦由天授，不盡關學力也。"③之後愈作愈精，廣爲流傳。唐順之並非僅以八股文空談聖賢之言，而是借儒家經典精義經世致用。清人俞長城對其事功、品行、文品給予高度評價："夫先生治兵薊北，視師浙直，巡撫淮揚，所歷皆顯官，而布衣蔬食不減儒素，其清風一切不屑，而性命於文，宜其高潔之品冠絕諸家也歟！"④

二

唐順之是一位堅定的道學家，崇尚宋明理學。嘗采集宋明諸儒言論、文章編成諸儒語要二十卷、諸儒文要八卷。諸儒語要采"周子、二程子、張子、謝良佐、楊時、胡宏、朱子、張栻、陸九淵、楊簡、王守仁十有二家之言"⑤。諸儒文要"錄宋濂溪、二程、橫渠、龜山、上蔡、五峰、紫陽、東萊、南軒、象山、慈湖、白沙、陽明之語及文章。"⑥唐順之讀其書，參其義："近始覺其羊棗昌歜之嗜不足飢飽千人，非古人切問近思之義。於是取程、朱諸先生之書，降心而讀焉。初未嘗覺其好也，讀之半月矣，乃知其旨味雋永，字字發明古聖

---

① 明焦竑國朝獻徵錄卷六十三僉都御史荊川唐公順之言行錄，明萬曆四十四年（1616）徐象橒刻本。
② 清俞長城可儀堂一百二十名家制義·題唐荊川稿，清康熙三十八年（1699）步月樓令德堂刻本（下同，不注）。
③ 清俞長城可儀堂一百二十名家制義·題唐荊川稿。
④ 清俞長城可儀堂一百二十名家制義·題唐荊川稿。
⑤ 四庫全書總目·諸儒語要提要，文淵閣四庫全書本。
⑥ 唐鼎元輯唐荊川公著述考，毗陵唐氏家譜"懿"册。

賢之蘊，凡天地間至精至玄之理，更無一閑句閑語。"① 對於宋明諸儒尤其是程朱理學精義的參悟吸納，從根本上促進了唐順之八股制義文的寫作，令其能夠把握並深入揭示經文與程朱傳注的真諦。

唐順之文章理論的一個重要觀點是章法論，認爲爲文應遵循一定的規矩法度。與兩湖書謂："以應酬之故，亦時不免於爲文。每一抽思了了，如見古人爲文之意，乃知千古作家別自有正法眼藏在。蓋其首尾節奏，天然之度，自不可差，而得意於筆墨溪徑之外，則惟神解者而後可以語此。"② 所謂"正法眼藏"，即千古作家爲文的規矩法度。唐順之文章理論與創作都追求"文必有法"，講究文章謀篇布局、組織結構的法度。他編選文編，選取由周迄宋之文，分體排纂，示古文法度，以啓初學者學習古文創作的門徑。然不管何種文體，祇要同出一人，各體必然有其共同底色，形異神同。唐順之創作八股文亦遵循他所倡導的章法論，以古文爲時文："歸、唐皆以古文爲時文，唐則指事類情，曲折盡意，使人望而心開。歸則精理內蘊，大氣包舉，使人入其中而茫然。蓋由一深透於史事，一兼達於經義也。"③ 文編序闡述"文不能無法"的理論："文不能無法。是編者，文之工匠而法之至也。聖人以神明而達之於文，文士研精於文以窺神明之奧。其窺之也，有偏有全，有小有大，有駁有醇，而皆有得也，而神明未嘗不在焉。所謂法者，神明之變化也。"④ 所言爲文之法即"神明之變化"。"神明"當指聖人的微言大義、六經之旨，即儒家文論所謂"文以載道"之"道"。"神明之變化"即將儒家道統在文中依其本來邏輯進行自然深入的闡發引申，這正是八股文創作之法。

唐順之創作八股文融液經史、引經據典，拓寬八股文的内容範圍，使八股文由"一宗朱氏爲功令"⑤到"學者多肆其胸臆以爲自得"⑥，開始吸納經史中的語言與思想，一定程度上化解程朱理學對作者的束縛；再就是將古文章法

---

① 明 唐順之唐荆川先生文集卷五與王堯衢書，明 萬曆元年（1573）純白齋刻本（下同，不注）。
② 明 唐順之唐荆川先生文集卷五。
③ 清 方苞欽定四書文之唐順之三仕爲令尹後方苞評語，光緒二年（1876）崇文書局刻本。
④ 明 唐順之唐荆川先生文集卷十。
⑤ 明 何喬遠名山藏卷上，明 萬曆刻本。
⑥ 明 黃佐翰林記卷十一禁異説，文淵閣四庫全書本。

矩度糅進時文創作，且采用八股"變式"①，拓展八股文寫作的自由度和表現空間，爲八股時文注入新的活力，救八股時文之窮弊，開創明代八股文創作的新局面。

三

唐順之於學無所不窺，對天文、地理、歷史、數學、曆法、兵法、樂律以至壬奇遁甲之術，無不深研，著述宏富。據筆者考證，唐順之的著述多達六十五種，遍及經、史、子、集各部諸多類別，存世三十七種。其中，集部著述二十六種，存世二十一種：四種別集、十一種詩文選本、六種總集。四種別集爲荊川集、唐荊川先生續文集、奉使集及八股制義文集（名無定）。前三種是詩歌古文集，歷經明、清至近代長期流傳與多次翻刻，三者逐漸合一，在此過程中形成三個版本系統九種版本。十一種詩文選本爲他人所編選的唐順之詩文作品，六種總集爲唐順之選錄前人詩文而成。其八股文流存、集結自成體系，與上述諸集均無交集。

據筆者視野所及，唐順之八股文流存作品一百六十三篇，當爲其平生所作之精品。或以叢書本行世，或以單本別集流傳，或以散篇收入八股文總集。明末陳名夏云："先輩文多佚而不傳者，然必以行世者爲訓。予嘗見守溪、荊川未刻稿，皆時文。……予存先輩名稿至萬餘篇，入合選者止七百有奇。"②陳名夏選編明八股制義文總集國朝大家制義四十二部，從明成化乙未（1475）至萬曆辛丑（1601）四十二家八股文萬餘篇中精選七百餘篇。唐順之八股文集唐荊川先生文收在第六部，僅入選五十九篇。清儒俞長城選評自宋嘉祐至清康熙朝一百二十家制義文，集爲制義叢書可儀堂一百二十名家制義，於明嘉靖朝首錄唐順之八股文集唐荊川稿一卷，選文四十篇。俞氏贊曰："荊川先生精於制義……先生於經史子籍，無不貫通，而皆不用人文字，所謂胸有萬卷，筆無點塵，太史公之獨有千古其以此。"③清初以評點時文抗清的大儒呂留良選評

---

① 王凱符八股文概說："八股文在起講、入題之後用排比對偶寫成八個相對成文的段落，這是定式、常式。根據題目的性質和內容的要求也可以寫成兩大股、四股、六股或十股、十二股，這就是'變式'。"中華書局，2002年，第176頁。
② 明末陳名夏國朝大家制義選例，明末陳名夏 石雲居刻本。
③ 清 俞長城可儀堂一百二十名家制義·題唐荊川稿。

唐順之八股時文一百六十三篇："荆川先生文計一百六十三首，家藏止九十餘首，後於秣陵 徐州來橋李 盛奕雲家出所藏，共得七十餘首，又虞山 錢湘靈寄舊刻大字本，訂正三首，至是而荆川先生全稿略備矣。"①唐順之八股文集代有稿本，備受關注，康熙本可儀堂一百二十名家制義於乾隆間翻刻，吕留良選評本於光緒間、1948年兩次翻刻。此外，八股文總集諸如皇明今文待、欽定四書文、明文鈔等皆收録唐順之八股文。

唐順之的八股文師宗王鏊、錢福而又自成一家。明 茅坤云："荆川文大略有三體：諸生時自鶴灘得之，而典則可誦，尤極匠心，此於公爲繩墨之作也。已而吏部翰林時，嘗手改予同年莫子良、吳峻伯稿……則近解矣，予所最愛。已而聚徒游塘，時予嘗過之，公之文涉於深矣。然要之尺度風神，種種自别。蓋其意見大都本之經術，取其鏤心刻骨處，則又往往宗作者之旨。以故所向入解，淡而不入於枯，麗而不涉於靡，縱而不流於蕩，奇而不迫於險，質而不至於陋。"②俞長城評曰："立格立柱極老，鍊字鍊句極工。此等法律，本王守溪，而運以唐 宋人答難之氣。"③王鏊（1450~1524），字濟之，號守溪，吳縣（今江蘇 蘇州）人。錢福（1461~1504），字與謙，號鶴灘，松江府 華亭（今上海 松江）人。王、錢是明 成化、弘治時期聲名顯赫的八股文大家。唐順之在師承前代名家的基礎上不斷探索開拓八股時文創作的新技法，取法唐 宋古文諸大家，從"繩墨之作"到具有唐 宋古文之"尺度風神"，使八股文充滿古文的氣勢與神理，形成"以古文爲時文"的獨到特色。艾南英評曰："雙關立柱，又復序次遞下，此荆川先生古文法也。以斯知歐、曾文字，不可不深味。"④吕留良評曰："反振作結，一倡三歎，歐、曾古文勝地。"⑤

唐順之因其八股文寫作的創造性及精湛深厚的功力而與王鏊、錢福齊名，成爲明代屈指可數的時文大家，引明 清數十名家批注評贊。明末陳名夏、清儒吕留良、俞長城、高嵣等俱於其文中逐句評注，各本各篇於文後作評者見有：明人王遵巖、薛方山、茅鹿門、張羅峰、楊維斗、宗方城、胡思泉、楊復

---

① 清 吕葆中唐荆川傳稿序，清 康熙 吕葆中刻本。
② 錢時後、錢文光編皇明會元文選卷首摘録諸家談藝，明 萬曆刻本。
③ 唐荆川稿·季氏將伐篇文後俞長城評語，清 康熙三十八年（1699）步月樓 令德堂刻可儀堂一百二十名家制義本。
④ 唐荆川先生文·季氏將伐後艾南英評語，明末陳名夏 石雲居刻國朝大家制義本。
⑤ 唐荆川傳稿·予未得爲文中吕留良評語，清 康熙 吕葆中刻本。

所、韓求仲、黄貞甫、邵北虞、李衷一、項甌東、章大力、錢純中、艾南英、陳名夏、陳明卿、錢吉士、馬君常等，清人吕留良、俞長城、方苞、高嶼、張爾公等。唐順之的八股文作品與諸家批評互相輝映，相得益彰，二者融爲一體，是研究明清文章學例文與理論的第一手鮮活材料。

四

本書是對唐順之八股文集的整理，首要梳理其八股文集的版本源流，篩選底本，確定校本。目前所見唐順之八股文集最早刻本，是明末陳名夏石雲居刻八股制義文叢書國朝大家制義第六部收録的唐荆川先生文一卷，分爲學、庸、論語、孟子三部分，計八股文五十九篇，是爲陳名夏本。該本每篇文題目下題"唐順之"，文中夾有評注，文後附諸家點評。清康熙間，吕葆中刻唐順之八股文集唐荆川傳稿不分卷，分上論、下論、大學、中庸、上孟、下孟六部分，計八股文一百六十三篇，吕留良評點，是爲吕葆中本。此本未題刊刻年代。吕留良答萬祖繩書謂："唐荆川、歸震川、錢起士、陳大樽稿各一册附上。"①可見吕留良在世時，吕氏父子已經刊刻唐荆川傳稿。②清張符驤晚邨先生事狀謂："先生諱留良，字莊生，別號晚邨。……癸亥忽賦祈死詩六首……是年八月十三日没……距生崇禎己巳正月二十一日，享年僅五十有五。"③"癸亥"即康熙二十二年（1683），吕留良卒年。由此可斷唐荆川傳稿吕葆中本至遲刻於清康熙二十二年。該本卷前載孫慎行序、吕葆中序，卷端題"毘陵唐順之應德著 禦兒吕留良晚邨評"，每篇文題目下題"唐順之"，文中夾有評注，文後附諸家點評。陳名夏本所收作品均見於吕葆中本。清光緒十八年（1892），無錫唐氏義莊翻刻吕葆中本唐荆川傳稿，卷前增收黄宗羲明儒學案·唐順之傳、昆山葉渟序、桐川俞長城序，與吕葆中本篇目、體制同，是爲無錫唐氏本。1948年，唐玉虬據吕葆中本鉛印唐荆川傳稿，卷前增收鍾泰重刊荆川傳稿序，與吕葆中本篇目、體制同，是爲唐玉虬本。清康熙三十八年（1699），步月樓

---

① 清吕留良吕晚村先生文集卷二答萬祖繩書，清雍正三年（1725）吕氏天蓋樓刻本。
② 吕留良、吕葆中父子編刻圖書之情狀參見李鵬吕留良研究之天蓋樓刻書、售書考，文學與文化2013年第4期。
③ 周駿富輯清代傳記叢刊·碑傳集補三卷三六，中國臺北明文書局，1985年，第280頁。

令德堂刻八股制義文叢書可儀堂一百二十名家制義，收錄唐順之八股文集唐荆川稿一卷，清俞長城選評，是爲俞康本，後出於吕葆中本。該本目錄錄有四十一篇，其中王者之民一篇僅有篇目，正文未見收錄，實收四十篇，均見於吕葆中本。扉頁鎸"桐川俞長城論次"，卷前載俞長城題唐荆川稿，尾題"桐川俞長城題"，每篇文中均夾有評注，文後附諸家點評。清乾隆三年（1738），文盛堂懷德堂重刻可儀堂一百二十名家制義，收錄唐荆川稿一卷，該本體制、篇目均同俞康本，是爲俞乾本。綜上，唐順之八股文集有三個版本系統：明末陳名夏石雲居刻本、清吕留良評點本、清俞長城選評本。六種版本，依次是：陳名夏本、吕葆中本、俞康本、俞乾本、無錫唐氏本、唐玉虬本。諸本互爲異本。三個版本系統之祖本分別是陳名夏本、吕葆中本、俞康本。陳名夏本刊刻最早，俞康本收錄作品最少，陳名夏本與俞康本所收作品均見於吕葆中本。吕葆中本收錄作品最多，刊刻較早，版面清晰。本次整理以足本、舊本、精本的善本標準選取吕葆中本爲底本，其他五個版本作校本。

八股文總集皇明今文待，明艾南英輯，有明崇禎六年（1633）刻本，收錄唐順之八股文十五篇；欽定四書文，清方苞輯，有文淵閣四庫全書本，收錄唐順之八股文二十篇；明文鈔，清高嶙輯，有清乾隆五十一年（1786）刻本，收錄唐順之八股文二十八篇。三集所收唐順之八股文均見於吕葆中本唐荆川傳稿，亦可用作校勘材料。

唐順之八股文文題均出於四書，故稱"四書文"。他的八股文融液經史，故實繁富；吸納唐宋古文的語言入時文，文采斐然，美雅風致；以古文章法作時文，刻畫形容，奇巧無數。明清數十名家競相批注點評，精彩紛呈。若解其題目，釋其典故，尋其字辭，集其評注，則必洞然乎荆川制義之宗尚、文意之蘊藉、辭采之豐美與筆法之出神入化，非學高功深者不能至。此次荆川八股制義文校注集評，從此着手，雖用力甚勤，竭盡所學，仍恐所得甚眇，實未窺堂室之大觀矣。

兹列整理凡例如下：

（一）校勘。以吕葆中本爲底本，以陳名夏本、俞康本、俞乾本、無錫唐氏本、唐玉虬本爲校本，以皇明今文待、欽定四書文、明文鈔所收唐順之八股文作爲輔助校勘材料，審慎校勘。采用對校法，凡互異之處，俱出校記，祇列異文，不判是非，不改底本。異體字、通假字、古今字均不出校。各篇後附以校勘記，説明所校定的根據或理由。

（二）標點。對校勘過的底本加標標點，凡書名、篇目均加標波浪綫式書名號，人名、地名、朝代名、年號加標專名號，其他標點與現代標點同。

（三）注釋。首先指出題目出處，再列出經書正文。主要注解文中典故，以語典和事典居多。釋義言簡意賅，注明引文出處及原文，視具體條目可繼續列出古人傳文或疏文。重出者，一般祇注"見某篇某注"，唯取義不同者，另作補充。

（四）集評。彙集三個祖本即陳名夏本、吕葆中本、俞康本文中評注與文後評語。每條評語先列評者姓名，次列評語，最後列版本出處。各條評語以首次出現在各本的先後順序排列。

（五）附録。末附唐順之八股制義文集版本叙録、序跋資料、年譜簡編等。

孫慎行序

　　國家以時義取士蓋二百五十年，而稱大家宗盟者四人：震澤王先生、虞山瞿先生是也，吾邑獨得二人：方山先生薛若荆翁先生唐。翁舉尤少年，集中義半係仕後群諸弟子肄業焉而自爲之以式，即世尤爭傳之。聞方山諸義所傳於世者亦然。蓋學不邃不老則味不長，味不長則不足以厭群情。使不可移易，蓋學之不可以已也。如是翁精心理學，沉酣諸子、史、百氏，古文辭業上接八大家，而以其餘發之時義，匠心精謹，律韻沖調，其平若規規帖括，而其高乃材人傑士之所不能措手。以大家名者，幾百年徒耳相傳以熟耳，其能學之有得而爲時用者，吾未見其人也。即其初未有得，而以娛於仕後學焉不已者，吾益未見其人也。誦之宛然見聖賢之語氣，而循是以窺索聖賢之精神，直可以終身焉而不厭，歷千萬變化而莫能逾。然則是集也，真六藝之羽翼，非獨一代之楷模已矣。集舊有全刻，其總采諸名公批贊，而重爲闡行者，曾孫獻可也。其艾首望洋而略爲序大概者，外孫孫慎行也。

吕葆中序

荆川先生文計一百六十三首。家藏止九十餘首，後於秣陵徐州來檇李盛奕雲家出所藏，共得七十餘首。又虞山錢湘靈寄舊刻大字本，訂正三首，至是而荆川先生全稿略備矣。大人嘗稱荆川之學，初時根柢於程朱甚正，第所得淺耳，亦自知其淺也，而求上焉，遂爲王畿、李贄之徒所惑，而駸駸於良知之説，於是乎荆川之學終無成。然其制義，雖晚年遊戲宦稿，未嘗敢竄入異旨，流露離叛之意，此猶入門時從正之功也。其文超詣剪剟，寫無形之境於眼前，道難盡之詞於句外，言各如人，人各生面，得史、漢不傳之妙。惟震川先生熟於經，故其文廣淵；荆川先生熟於史，故其文精卓。足配震川者，惟荆川耳。自餘諸公，則不過時文而已矣，於古人實無深得也。艾千子刻震川稿，而以金正希合焉。大人謂正希文雖佳，然以當太僕，夫何敢！夫何敢！陳名夏輒欲以茅鹿門駕震川，而訾荆川爲未進於古法。大人笑謂：牧豎譏評今古，雖顛倒淆訛，而人莫之責，以其無知耳，與之辨論，即兩牧豎矣。男葆中謹識。

目　錄

論語 上

吾與回言　一節　/ 1
先行其言　從之　/ 4
禮後乎　/ 6
殷因於夏　六句　/ 9
文獻不足　二句　/ 11
周監於二　節　/ 13
是禮也　/ 15
夫子之道　二句　/ 18
君子喻於　二句　/ 20
君子欲訥　一節　/ 23
德不孤必有鄰　/ 25
乘桴浮於海　/ 27
從我者其　之喜　/ 28
三仕爲令　令尹　/ 30
歸與歸與　一節　/ 33
德之不修　節　/ 35
德之不修　節其二　/ 37
子之燕居　節　/ 38
質勝文則　節　/ 41
子所雅言　節　/ 43

女奚不曰　一節　/ 45
聖人吾不　一節　/ 47
出辭氣斯　二句　/ 49
禹吾無間　一章　/ 51
顏淵喟然　全　/ 54
夫子循循　節　/ 56
沽之哉沽　三句　/ 57
我待賈者也　/ 60
入公門鞠　全　/ 62
君賜食必　節　/ 64
朋友之饋　節　/ 66
車中不內　節　/ 68

論語 下

孝哉閔子　一節　/ 71
季路問事　節　/ 73
由也升堂　二句　/ 75
異乎三子者之撰　/ 78
唯求則非　節　/ 79
顏淵曰請　節　/ 81
文猶質也　二句　/ 85
是聞也非達也　/ 87

樊遲從遊　一句　/　89
君子以文　節　/　91
説之不以　一句　/　93
克伐怨欲　全　/　95
禹稷躬稼而有天下　/　98
貧而無怨難　/　101
如其仁如其仁　/　104
一匡天下　/　106
公叔文子　一節　/　111
下學而上　二句　/　112
道之將行　二句　/　114
無爲而治　一節　/　117
季氏將伐　全　/　121
生而知之　三句　/　124
不曰堅乎　二節　/　126
天何言哉　節　/　129
子路從而　行矣　/　132
亞飯干適　節　/　135
月無忘其所能　/　138
望之儼然　三句　/　140
其生也榮　/　143
因民之所　二句　/　145
欲仁而得　二句　/　147

此之謂絜　失之　/　162
有國者不可以不慎　/　167
德者本也　二句　/　168
此謂唯仁　惡人　/　171
未有好義　二句　/　173
此謂國不　二句　/　174

中　庸

人莫不飲　節　/　179
舜好問而　四句　/　180
故君子和　四句　/　183
素隱行怪　全章　/　185
天地之大　二句　/　188
君子之道　天地　/　190
武王纘太　二節　/　193
宗廟之禮　二句　/　197
文武之政　四句　/　200
故君子不　節　/　202
知斯三者　節　/　204
柔遠人則　畏之　/　206
既廩稱事　/　208
見乎蓍龜　二句　/　211
善必先知　三句　/　214
故君子尊　一節　/　217
温故而知　二句　/　219
辟如天地　節　/　221
萬物並育　四句　/　222
惟天下至　所倚　/　224
知遠之近　/　226
上天之載　三句　/　228

大　學

知至而後　二句　/　151
自天子以　二句　/　154
瑟兮僴兮　儀也　/　156
孝者所以事君也　/　158
詩云桃之　三節　/　160

孟子上

　　我非愛其　二句　／ 233
　　樂以天下　四句　／ 235
　　從流上而　一句　／ 236
　　惟君所行也　／ 238
　　所謂故國　三句　／ 241
　　人力不至於此　／ 243
　　昔者太王　二者　／ 244
　　且以文王　五句　／ 246
　　孟施舍似　二句　／ 249
　　志壹則動　二句　／ 251
　　聖人之於　六句　／ 253
　　國家閒暇　政刑　／ 255
　　先王有不　節　／ 257
　　取諸人以　節　／ 259
　　孟子道性　二句　／ 260
　　成覸謂齊　節　／ 262
　　民事不可　節　／ 264
　　詩云雨我　一節　／ 266
　　夫物之不　五句　／ 269
　　此其大略　節　／ 271
　　昔者趙簡　爲也　／ 272
　　脅肩諂笑　二句　／ 276
　　請損之月　後已　／ 277
　　知我者其　二句　／ 279
　　辟兄離母　二句　／ 281
　　惡用是鶂　一句　／ 283
　　是鶂鶂之肉也　／ 285

孟子下

　　泄泄猶沓沓也　／ 287
　　是猶弟子　一句　／ 288
　　滄浪之水　二節　／ 290
　　小子聽之　／ 292
　　道在邇而　節　／ 294
　　問有餘必曰有　／ 295
　　焉得人人　合下節　／ 297
　　有故而去　五句　／ 299
　　非禮之禮　一節　／ 303
　　予未得爲　二句　／ 305
　　鄭人使子　一句　／ 308
　　今有同室　二節　／ 312
　　匹夫而有　二句　／ 314
　　予天民之　三句　／ 318
　　五羊之皮食牛　／ 320
　　孔子聖之時者也　／ 322
　　未嘗不飽　二句　／ 325
　　斯可受禦　盡也　／ 327
　　孔子之仕　至末　／ 330
　　人性之善　四句　／ 333
　　白羽之白　性與　／ 334
　　嗜秦人之　節　／ 336
　　詩曰天生　一節　／ 337
　　牛山之木　二節　／ 340
　　一日暴之　二句　／ 342
　　生亦我所　三句　／ 344
　　不揣其本　二節　／ 346
　　三子者不　必同　／ 348

君子之事　節　/ 350
王者之民　二句　/ 353
夫君子所　節　/ 354
君子所性　一節　/ 356
子莫執中　一節　/ 358
君子引而　一節　/ 361
盡信書則　全　/ 364
晉人有馮　下車　/ 366
子以爲是　非也　/ 368
可以言而　二句　/ 370
養心莫善　一節　/ 374
惡紫恐其亂朱也　/ 376

附錄一
　唐順之八股制義文集版本
　叙錄　/ 379
附錄二
　唐順之八股制義文集序跋
　六種　/ 387
附錄三
　唐順之年譜簡編
　（1507~1560）／ 391
主要參考書目　/ 411

論語上

吾與回言①②〔一〕 一節③

　　大賢之不敏於論道者，乃其敏於體道者也。蓋心悟者不必問，而愚者不能問也，此顏子之如④愚所以爲不愚也哉。夫子稱顏子之意如此。蓋以道必待言而後傳，亦必待問而後告。是故吾之於回也，至教所示，固嘗竭兩端〔二〕而無遺；微言〔三〕所及，亦每迄終日而不倦。精粗所陳，能無一言之有待於疑者乎？回也默然聽之，未嘗一有所疑焉，其無所疑，意者愚而不能疑也；始終悉備，能無一言之有待於問者乎？回也默然受之，未嘗一有所問焉，其無所問，意者愚而不能問也。回其如愚者乎？愚則宜其不足以發矣。及其既退而省其私也，但見其本之以無所不悅之心，而體之以服膺弗失〔四〕之力。藏修游息〔五〕於吾道也，殆庶幾焉，蓋其終日之所言者，即其終日之所從事者乎？動靜語默〔六〕於吾道也，殆庶幾焉，蓋其不違於群居〔七〕者，即其不違於燕居〔八〕者乎？不迷於所往者，則必能先明於其心，愚者疑且不能，又何望其心解而力行之若此也；不習而無不利〔九〕者，則必能不疑其所行，愚者問且不能，又何望其心會而身體之若此也。回其不愚也哉！是則夫子之與回終日言也，固所以寓無言之深意；而回之如愚也，固所以善用其聰明睿智者也。孔、顏授受之機，其神矣乎！

【校記】

　　①吾與回言篇又載無錫唐氏本、唐玉虬本、陳名夏本、俞康本、俞乾本，據校。

　　②吾與回言，欽定四書文、明文鈔作"吾與回言終日"。

　　③一節，明文鈔作"一章"。

　　④如，陳名夏本無。

【注釋】

〔一〕出自論語·爲政·吾與回言終日：子曰："吾與回言終日，不違，如愚。退而省其私，亦足以發，回也不愚。"

〔二〕竭兩端：竭盡正反兩面。論語·子罕："子曰：'吾有知乎哉？無知也。有鄙夫問於我，空空如也。我叩其兩端而竭焉。'"朱熹集注："孔子謙言己無知識，但其告人，雖於至愚，不敢不盡耳。叩，發動也。兩端，猶言兩頭。言終始、本末、上下、精粗，無所不盡。"

〔三〕微言：精微要妙之言。漢書·藝文志："昔仲尼没而微言絶。"顏師古注："精微要妙之言。"

〔四〕服膺弗失：喜而服從。禮記·中庸："子曰：回之爲人也，擇乎中庸，得一善，則拳拳服膺而弗失之矣。"

〔五〕藏修游息：勤於學習，休息或閑暇的時候也要學習。禮記·學記："故君子之於學也，藏焉，修焉，息焉，游焉。"鄭玄注："藏，謂懷抱之。修，習也。息，謂作勞休止於之息。游，謂閑暇無事於之游。"

〔六〕動靜語默：説話、沉默、行動、安靜之際。唐代高僧永嘉玄覺證道歌："行亦禪，坐亦禪，語默動靜體安然，縱遇鋒刀常坦坦，假饒毒藥也閑閑。"

〔七〕群居：指孔子與其弟子聚在一起論道。論語·衛靈公："群居終日，言不及義，好行小慧，難矣哉！"

〔八〕燕居：閑居無事。論語·述而："子之燕居，申申如也，夭夭如也。"朱熹集注："閑暇無事之時。"禮記·仲尼燕居："仲尼燕居，子張、子貢、言游侍。"鄭玄注："退朝而處曰燕居。"

〔九〕不習而無不利：不主動爭强，安於本分，則安穩無害。周易·坤："六二：直、方、大，不習無不利。象曰：六二之動，直以方也。不習無不利，地道光也。"孔穎達疏："既有三德極地之美，自然而生，不假修營，故云：'不習無不利'。"

【集評】

韓求仲先生：文後評語：夫子贊回，如父之贊子，俱以不足之詞，寓無窮之愛。此題曰如愚，曰亦足，曰不愚，何嘗滿口？何嘗盡情？但味其再抑再揚，若有不能盡其形容者，故是節通體靈活。而"退省"二句，又是一節之神，作者扭定惟其如愚所以足發。雖極懇至，與題自隔，試看先輩何等體會。通篇無一實語呆語。（陳名夏本、呂葆中本、無錫唐氏本、唐玉虬本）

陳名夏：文後評語：不迷於所往，不習無不利，數語宜易。（陳名夏本）

沈凡軒：文後評語：斡旋挑剔，色色皆工，後之作者，能出公範圍耶？（呂葆中本、無錫唐氏本、唐玉虬本）

錢純中：文後評語：純以虛精神斡旋，故其妙在隱見含吐之間，令人探之不盡。（呂葆中本、無錫唐氏本、唐玉虬本）

艾千子：文後評語：是此題正式，作機趣贊歎語，及作惟如愚故足發，與愚不愚俱不足定回，皆世解最陋處。近亦有知其非者，然終不免作虛活語、讚歎語。荆川此文，固可稱祖稱宗矣。（呂葆中本、無錫唐氏本、唐玉虬本）

呂留良：文中評語："大賢"至"體道者也"後：達心爽口。"至教"至"無遺"後：是贊詞。"能無"至"疑者乎"後：章評：二字，活！"其無所疑"至"不能疑也"後："如愚"原祇是不違外貌形容，疊一句便靈。"其無所問"至"不能問也"後：用"意者"二字，取"如"字之神。"愚則宜其不足以發矣"後：輕丸脫手，一葦橫江。"及其既退而省其私也"後：此句不做作，正高。"但見其"至"弗失之力"後：先輩於此等處定見實力。"藏修"至"無幾焉"後：亦足語脈宛然。"蓋其終日"至"從事者乎"後：仍追摹"終日"說，好。"愚者疑"至"若此也"後：不愚仍即如愚跌出，好！"不習"至"若此也"後：足發在身體力行說着實。（呂葆中本、無錫唐氏本、唐玉虬本）

文後評語：撮弄愚不愚則成油口，詮解不違足發則又死句下，不得其形容契歎之妙，此亦儘力體會如愚不愚，而精意流溢，咀味不窮，非別有巧舌。蓋其於愚不愚，盡在不違足發真際討出，故虛實並到耳。荆川先生文，寫人物，則畢肖其生，摹語句則新脫諸口，叙事斷案則活現目前，描畫情理則曲盡世俗，皆得史、漢之精思。而其排場伏綫，章法段落，機趣句字轉換之奇變，亦熟得其妙，然此猶文人之所講也。其自言於陽羨山中，悟詩文末技如羊棗昌歜之嗜，不足飢飽人，於是取程、朱之書，讀之半月，乃知其發明聖賢之蘊。凡天理間至精至妙之理，更無一閑句閑語。此類書，近世英敏博辨之士，以爲老生爛語，束閣不肯觀。雖敝精於文字，竟不免於老死而無聞。觀先生此言，足見其用工迥異於文人。固宜其爲此等文字，直自胸中流出，天然合度，而得意卻在筆墨蹊徑之外也。（呂葆中本、無錫唐氏本、唐玉虬本）

方苞：文後評語：如脫於聖人之口，若不經意而出之，而實理虛神，煥發刻露，以人合天，器之所以疑神也。（欽定四書文、明文鈔）

原評：文後評語：撮弄愚不愚則成油口，詮解不違足發則又死句下，不得其形容契歟之妙，此亦儘力體會如愚不愚，而精意充溢，咀味不窮，非別有巧舌。蓋其於愚不愚，盡在不違足發真際討出，故虛實並到耳。（明文鈔）

金正希：文後評語：是此題正式，作機趣贊歎語，及作惟如愚故足發，與愚不愚俱不足定回，皆世解最陋處。近亦有知其非者，然終不免作虛活語、贊歎語。荊川此文，固可稱祖稱宗矣。（明文鈔）

王耘渠：文後評語：談理者賞其樸實，吾以爲此玲瓏之至也。刺虛者愛其巧妙，吾以爲此精確之至也。此兩者何以交至？曰：祗在肖題。（明文鈔）

先行其言①〔一〕 從之

急於行而緩於言，此君子之道也。蓋放言易而力行難，常情也。於此知所先後焉，非君子其孰能之？且子貢居言語之科〔二〕者也，夫子恐其行不及言，故因其問君子而告之，若曰：君子不貴乎能言，而貴乎能行。未行而徒言之，固不可；方行而即言之，亦不可。君子於此，蓋自有先後焉。彼天下之理，體之於身則爲庸行，加之於民則爲庸言也，君子以躬之不逮〔三〕爲恥，必於未言之先，而預有以施之實踐焉；理之在天下，推之於事則爲善行，宣之於口則爲善言也，君子以尚口乃窮爲戒，必於未言之始，而預有以見之素履〔四〕焉。法乾之健〔五〕以日行其道，將使衆美之克全也；昭晉之明〔六〕以日新其德，將使和順之内充也。夫真積既久則流於既溢之後，雖欲自含其章而不可得矣，然後舉其體之於身者，而加之於民焉；涵養既深則發於持滿之末，雖欲自括其囊而不可得矣，然後舉其推之於事者，而宣之於口焉。語道而道秩秩乎其有倫，蓋皆實踐之餘功，而非徒爲咸輔〔七〕之贅者也。向使道有未修，則君子且自治不暇矣，而況敢大言以欺人乎？語德而德侃侃乎其可聽，蓋皆素履之餘事，而不徒爲紛若〔八〕之煩者也。向使德有未備，則君子且自訟不暇矣，而況敢御人以口給乎？夫謂之先者，有奮迅激昂之意；謂之後者，有畏敬謹審之心。言行相顧，斯其爲君子也。子貢能言則有之矣。其尚知免於行乎？

【校記】

①先行其言篇又載陳名夏本、無錫唐氏本、唐玉虬本，據校。

【注釋】

〔一〕出自論語·爲政·子貢問君子：子貢問君子。子曰："先行其言而後從之。"

〔二〕言語之科：孔門四科：德行、言語、政事、文學。言語爲其中之一。論語·先進："德行：顏淵，閔子騫，冉伯牛，仲弓。言語：宰我，子貢。政事：冉有，季路。文學：子游，子夏。"邢昺疏："若用其言語辯説以爲行，人使適四方，則有宰我、子貢二人。"

〔三〕躬之不逮：不能做到身體力行。論語·里仁："古者言之不出，恥躬之不逮也。"邢昺疏："正義曰：此章明慎言躬身也。逮，及也。言古人之言不妄出口，爲身行之將不及故也。"

〔四〕素履：穿着樸素的鞋子，喻純潔的行爲。周易·履："初九：素履往，無咎。象曰：素履之往，獨行願也。"王弼注："履道惡華，故素乃無咎。"

〔五〕法乾之健：天德剛健。周易·乾："象曰：天行健，君子以自强不息。"唐 顧況擬古其二："所貴法乾健，於道悟入微。"

〔六〕昭晋之明：彰顯發明之意。全北齊文卷三邢邵廣平王碑文："公分氣氤氲，稟靈昭晋，基構輪奐，源流睿遠，積石莫之方，委水不能喻。"

〔七〕咸輔：口舌言語。周易·咸："象曰：咸其輔頰舌，滕口説也。"

孔穎達疏："口舌言语相感而已。"

〔八〕紛若：盛多貌。周易·巽："九二：巽在牀下，用史巫紛若，吉無咎。"孔穎達疏："紛若者，盛多之貌。"

【集評】

陳名夏：文後評語：先行後從，結體祇是言行，不用龜龍圖畫蒙昧本旨，先輩不可及以此耳。若文詞之美碩，恐未盡也。（陳名夏本）

吕留良：文中評語："能行未行"至"君子於此"後：逼出先後緊言，與行祇是一件。"彼天下之理"後：如此開口，其字乃見。"夫真積"至"不可得矣"後：而後從之，是到此自然流出，非爲此而先行也。"然後"至"於民焉"後：是從之合成一句話。"向使"至"不暇矣"後：再倒激一筆，鞭辟更緊，其理更足。"夫謂之先者"至"謹審之心"後：自作講章。（吕葆中本、無錫唐氏本、唐玉虬本）

文後評語："先行句"即落個"其言"，則"其言"非泛指辭説，即所行之事理也。若云：我所知之事理，必躬行有得，而後可見之言。八字祇一句説，"行其言"祇指一件，與别章重行慎言之義不同。别章言行平對泛説，故"行"字去聲讀，此是一片説，故是平聲字，先輩文亦多言行分看。惟荆川先生能會此意。（吕葆中本、無錫唐氏本、唐玉虬本）

禮後乎①〔一〕

賢者悟爲學之序，其得於論詩者深矣。蓋禮必以忠信爲先，學之序不可紊也。子夏因論詩而有悟於此，可謂善繼志者矣。且夫染人〔二〕備五采以成色〔三〕，君子備衆理以成身，事殊而理同也。子夏因夫子繪事後素〔四〕之説，遂推類而言之曰：尚忠則蠢，尚質則俚，商嘗有感於上古之風矣，蓋未始不以禮先於忠信也；文勝則史，質勝則野，商嘗有得於夫子之教矣，蓋未始不以禮與忠信本無先後也。今聞夫子繪事後素之説，商也昭然若發覆②矣。何則？禮則文章〔五〕外見，猶之繪也；忠信則太樸〔六〕未散，猶之素也。使禮可先於忠信，則繪事可先於素；使禮與忠信本無先後，則繪事與素可以兼制而雜施。今也粉素必在繪事之先，是知著誠去僞者其經也，升降上下周旋楊襲者其緯也。樸本無文，天下③之至文從此出焉,孰先孰後,不亦較然矣乎?繪事必在粉素之後,是知原於太一〔七〕者其根也,經禮三百曲禮三千〔八〕者其枝也。白本無色,天下④之至色從此出焉,或先或後,不亦判然矣乎?苟素履〔九〕不孚,而徒騖飾於外貌之觀,則是捨素而爲繪也,逐末者也;充實未至,而徒襲取於光輝之著,則是未有素而先求繪者⑤也,躐等者也。染人繇此,謂之國工〔一〇〕;君子繇此,謂之善學詩。人之旨與夫子説詩之意,或者其在是哉?吁!夫子之教可謂言近而旨⑥遠,子夏之學可謂觸類而引伸者矣。

【校記】

①禮後乎篇又載陳名夏本、無錫唐氏本、唐玉虬本,據校。
②發覆,明文鈔作"發蒙"。
③天下,明文鈔作"而天下"。
④天下,明文鈔作"而天下"。
⑤者,明文鈔無。
⑥旨,明文鈔作"指"。

【注釋】

〔一〕出自論語・八佾・子夏問曰:子夏問曰:"'巧笑倩兮,美目盼兮,素以爲絢兮。'何謂也?"子曰:"繪事後素。"曰:"禮後乎?"子曰:"起予者商也!始可與言詩已矣。"

〔二〕染人:周代職官名,掌染絲帛等事。周禮・天官・染人:"染人:掌染絲帛。凡染,春暴練,夏纁玄,秋染夏,冬獻功。"

〔三〕備五采以成色:五種色彩齊備而匯成艷麗之色。荀子・賦篇:"五采備而成文。"

〔四〕繪事後素:先有白色的底板,然後在其上繪畫。比喻先有優良的質地,才能進行錦上添花的加工。

〔五〕文章:指禮樂法度。詩經・大雅・蕩 毛序:"厲王無道,天下蕩蕩,無綱紀文章。"

〔六〕太樸:原始質樸。清 劉獻廷廣陽雜記卷二:"正如雷尊象鼎,雖丹碧爛然,而太樸渾淪之氣,非鬼工匠手所能擬議。"

〔七〕太一：元氣，根本。孔子家語·禮運："夫禮必本於太一。"王肅注："太一者，元氣也。"

〔八〕經禮三百曲禮三千：指各種禮儀制度。禮記·禮器："經禮三百，曲禮三千。"鄭玄注："經禮謂周禮。"孔穎達疏："經禮三百曲禮三千者，既設禮大小隨於萬體，不可不備。故周公制禮，遂有三千三百之多也。"

〔九〕素履：見先行其言篇所注。

〔一〇〕國工：一國中技藝高超之人。周禮·冬官·考工記·輪人："可規、可萬、可水、可縣、可量、可權也，謂之國工。"鄭玄注："國之名工。"

【集評】

陳名夏：文後評語：中比孰先孰後，似以先後兩見爲乎字義，其説多一層矣，而行文獨有次第可觀。（陳名夏本）

韓求仲：文後評語：體會口氣，精神俱在前後，實講祇在二比，格局法度，已入神境，氣和語典，真見涵養。（吕葆中本、無錫唐氏本、唐玉虬本）

吕留良：文中評語："商嘗"至"忠信也"後："乎"字前一層意，卻正得"乎"字真精神。"禮則"至"猶之素也"後：祇就本色分解。"使禮可先"至"兼制而雜施也"後：又起一駁，以盡乎前之勢。"今也粉素"至"去偽者"後：仍提話頭落。"其經也"至"禓襲者"後：實講祇此。"孰先"至"然矣乎"後："乎"字飛動。"苟素履"至"外貌之觀"後：二比方從禮推論。"則是捨素"至"逐末者也"後：仍收歸話頭不放。"染人"至"其在是哉"後：祇結説詩。（吕葆中本、無錫唐氏本、唐玉虬本）

文後評語：緊緊根住"素絢"句，方見可與言詩，聖人正喜其因詩知學，得詩教之益，非謂其能不落言詮，如釋氏之破句别字，皆可以悟禪。將"素絢"句看青州布衫、鎮州羅葡也，古人體貼之精如此。（吕葆中本、無錫唐氏本、唐玉虬本）

李安溪：文後評語：若無起處兩疑，則此一問刻少。蓋自聖門以執禮爲教，學者亦直截就此下手。觀夫子於游、夏之徒，屢與言禮意處可見也。文游理會，不似今人膚語湊綴。（明文鈔）

王巳山：文後評語：禮後一悟，子夏因詩知學，正在實處理會。然無起手兩翻，亦不見當日忽然有悟之妙。文之得手在此，以下縮定繪事，兩兩相形，"後"字實面，祇在中二比。前後都體會口氣，"乎"字精神，溢於楮墨，結仍迴合言詩。夫子當日嘉予之神，亦隱然言下矣。（明文鈔）

高塘：文後評語：通體是"乎"字之神，相其文境，直是一片化機。（明文鈔）

殷因於夏①〔一〕 六句

聖人指三代〔二〕因革之有徵，正以教賢者之知來也。蓋觀古所以知今也。夏、殷、周之所因革者如此，而知來之道寓矣。昔子張問十世〔三〕可知也，而夫子告之若曰：子欲知來，不必求之意想測度也，亦自其既往者觀之耳。彼夏之後有天下者殷也，殷嘗革夏之命矣，而禮則因乎夏焉，如三綱之正、五常之叙②。雖曰肇修人紀〔四〕，而實則纘禹舊服〔五〕者也。乃若因其時異勢殊，而損益以合其宜者，不過易尚忠而尚質，易建寅而建丑耳。凡此皆著之簡策，而昭乎其具在者，不亦可知也耶？殷之後有天下者周也，周又革殷之命矣，而禮則因乎殷焉，如三綱之立、五典之惇。雖曰皇建有極〔六〕，而實則由商舊政者也。乃若因其世變風移，而損益以酌其中者，不過易尚質而尚文，易建丑而建子耳。凡此皆布在方策〔七〕，而炳乎其不昧者，不亦可知也耶？殷、周之所因革，既皆可得而知，則後之視今，猶周之視殷，殷之視夏耳，何不可知之有？抑考之宋儒，曾鞏曰："道者，所以立本也，不可不一。法者，所以適治也，不必盡同。此③孔子知來之道，百世不能違者也。夫何嬴秦壞法亂紀，並先王之禮而革之，豈聖人之智不到此耶？"噫！茲變也。君子道其常而已矣。

【校記】

①殷因於夏篇又載俞 康本、俞 乾本、無錫 唐氏本、唐玉虬本，據校。
②叙，俞 康本作"敦"。
③此，俞 康本作"比"。

【注釋】

〔一〕出自論語・爲政・子張問十世可知也：子張問："十世可知也？"子曰："殷因於夏禮，所損益，可知也；周因於殷禮，所損益，可知也。其或繼周者，雖百世，可知也。"

〔二〕三代：指夏、商、周。論語・衛靈公："斯民也，三代之所以直道而行也。"馬融注："三代，夏、殷、周。"朱熹集注："三代，夏、商、周也。"

〔三〕十世：指歷代。左傳・襄公二十一年："社稷之固也，猶將十世宥之，以勸能者。"

〔四〕人紀：人之綱紀，即立身處世的道德規範。尚書・伊訓："先王肇修人紀，從諫弗咈。"

〔五〕纘禹舊服：服，王畿以外的疆土。繼承大禹舊有的屬地。此處比喻後世繼承前代的禮儀制度。尚書・仲虺之誥："天乃錫王勇智，表正萬邦，纘禹舊服。"孔安國傳："繼禹之功，統其故服。"

〔六〕皇建有極：君王統治天下的最高準則。尚書・洪範："五，皇極，皇建其有極。"孔穎達疏："皇，大也；極，中也。施政教，治下民，當使大得其中，無有邪僻。"

〔七〕布在方策：法令典制刊布在竹簡木牘上。形容建章立制以成典籍。禮記・中庸："文武之政，布在方策。"

【集評】

茅鹿門：文後評語：不騁浮辭，而獨明直脉。當與守溪思事親篇參看。（呂葆中本、無錫 唐氏本、唐玉虬本）

楊維斗：文後評語：短文難於轉筆，又難於括意，不轉則枯直，不括則疏虞。此文轉處括處，全在一二虛字間，真聖於短者也。（呂葆中本、俞 康本、俞 乾本、無錫 唐氏本、唐玉虬本）

錢吉士：文後評語：句法妙於典，字法妙於虛，肇修人紀，纘禹舊服，皇建有極，由商舊政，何等典實！觀此及李東陽君子賢其賢程，知文章用經之法。（呂葆中本、俞 康本、俞 乾本、無錫 唐氏本、唐玉虬本）

呂留良：文中評語："彼夏之"至"命矣"後：喝此句正是答知來，不是徵往。"而禮則因乎夏"至"舊服者也"後：典雅高秀，終古長新。"乃若"後：看其用虛字斡旋之妙。"殷之後"至"殷之命矣"後：以"革"字起"因"字。"夫何嬴秦"至"而已矣"後：解繼周之不驗，以大議論結。（呂葆中本、無錫唐氏本、唐玉虬本）

文後評語：着墨無多，開闔極大。張評云："損益"句，須拈二"所"字，包括甚廣，非專指質文丑子而言，可知正謂損益之理，原非沾沾就簡策中索解。此文實有未盡處，其說苛而無當。先輩作文定靠注，注所有者必不略，所無者必不增，此是古人敬謹樸實，有法度，有學識處。看他用"如"字，乃若"不過""凡此"等虛字，則包括甚廣之意自見。原未嘗偏枯執著也，可知指商、周之禮。若不從簡策考訂，即損益之理，何據而知？觀聖人自謂能言夏、殷之禮，而病於不足徵，亦可見矣。此種議論，總欲叛傳注而說虛玄，薄文字而憑心悟，非小小語病也。惟章大力云：文亦有道，自然之謂，此義入於自然矣。應如是處，不可多一解。制義以明經為主。讀此，即於此書無復疑義，斯評得之。（呂葆中本、無錫唐氏本、唐玉虬本）

俞長城：文中評語："彼夏"至"夏焉"後：張意在來夫子言往，張意在草夫子言因，兩比起句高聲。"如三綱之正"後：虛字括意。"雖曰"至"者也"後：用經處亦虛亦實。"乃若"後：虛字轉。"不過"後：虛字轉。"易建寅而建丑耳"後：虛字括意。"夫何"至"此耶"後：以聖言不驗作結，其實秦亦不曾革三代之禮，祇是損益本過耳。（俞康本、俞乾本）

文後評語：錢、楊所評，足盡此文之妙。有明制義名家以百數，而莫賢於荆川，於斯墨見其概矣。（俞康本、俞乾本、唐玉虬本）

文獻不足①[一] 二句

聖人慨古禮之無存，而深致其意焉。夫文獻[二]者，禮之寄也。文獻不足，則吾亦何取以證吾言哉？此聖人所以慨之而尤致其意也。若曰：聖人制禮，固將垂範於無窮，亦必有所存而不泯，故夏商之禮，吾能言之矣。而杞宋之不足徵者，其故何耶？蓋載禮者存乎文，夏商盛時固嘗有文以載其禮矣；識禮者存乎獻，夏商盛時固有能識其禮之獻矣。夫何二代之季不足以守先王之典籍，而記事記言者失其舊，積衰之後不足存老成之故舊，而識大識小者乏其人？藏之內府者既已散逸而不全，傳之故老者又皆衰謝而不繼，故我能言之，而無傳則無徵，無徵則不信，言亦徒耳，何庸言哉？如使杞宋之國足於文也，而布之方策〔三〕者不至於散逸；足於獻也，而識大識小者不至於衰謝。則尚論之下而文之所載，與吾言而相符，人雖惑於我也，而取文以徵之，吾言不病於無稽矣；述古之餘而獻之所傳，與吾言而相發，人雖疑於吾也，而取獻以徵之，吾言不苦於無據矣。由我以言而得文獻以信，夫何不可言之有哉？然今二禮之無存，文猶之獻也，獻猶之文也。而文獻之不足，杞猶之宋也，宋猶之杞也。此吾之所欲言而不能，深悲而不容已也與。呀，聖人言此，其慨嘆之意為何如哉？

【校記】

①文獻不足篇又載無錫唐氏本、唐玉虬本，據校。

【注釋】

〔一〕出自論語·八佾·子曰夏禮吾能言之：子曰："夏禮，吾能言之，杞不足徵也；殷禮，吾能言之，宋不足徵也。文獻不足故也。足，則吾能徵之矣。"

〔二〕文獻：文，指歷史典籍；獻，指賢人。尚書序："古者伏羲氏之王天下也，始畫八卦，造書契，以代結繩之政，由是文籍生焉。"孔穎達疏："伏羲時始有文字以書事，故曰由是文籍生焉。"論語·八佾："子曰：'夏禮，吾能言之，杞不足徵也；殷禮，吾能言之，宋不足徵也。文獻不足故也。足，則吾能徵之矣。'"鄭玄注："獻，猶賢也。"

〔三〕布之方策：見殷因於夏篇所注。

【集評】

胡思泉：文後評語：守溪此題，乃逐字發揮格，荊川拿捻大意成文，較王先一着。看先輩文字，須要識得此樣。（呂葆中本、無錫唐氏本、唐

玉虬本）

　　吕留良：文中評語："而杞宋"至"何耶"後：喝醒。"蓋載禮者"至"禮之獻矣"後：文獻一頓。"夫何"後：看他大轉折，大段落，祇在幾個虛字，極有神力。原評云：如美人轉眼。"不足"後："不足"二字，又一頓。"藏之内府"至"衰謝而不繼"後：又用層疊作頓。"故我能言之"後："故"字乃透。"而無傳"至"何庸言哉"後：小束收住"也"字之勢。"如使杞宋之國足於文也"後："足"字又一頓。"則尚論之下"後："則"字頓出。"吾言不病於無稽矣"後："吾"字宕出深情。"由我"至"言之有哉"後：迴抱能言，高光圓綻。（吕葆中本、無錫唐氏本、唐玉虬本）

　　文後評語：亦未嘗不是逐字發揮格，但荆川熟於史、漢，氣局大，轉捩變化無迹，一時捉摸不着，不似守溪門徑尋常易入耳。（吕葆中本、無錫唐氏本、唐玉虬本）

周監於二①〔一〕　節

　　聖人美周禮之盛，而因言在己所當遵也。蓋生今者不反古也，況周之禮監〔二〕二代〔三〕而獨盛焉，聖人之從之也固宜。意豈不曰：惟禮立天下之極，惟王盡天下之制。我周人也，而有得於周之禮也。彼夏禮，吾知其尚忠也，一於忠或樸而不文也，周則監於有夏，而損益以合其宜；殷禮，吾知其尚質也，一於質或野而不文也，周則監於有殷，而損益以通其變。推舊爲新，郁郁乎文之著也，雖不廢乎忠，而自不失之樸焉；因略致詳，郁郁乎文之極也，雖不廢乎質，而自不失之野焉。夫禮之制也，固得乎人文化成之道；而禮之行也，適際夫天人一統之日。生斯世者，莫不仰王度〔四〕之方新而遵其法守，吾奚爲而不從？故適周而切於咨訪，反魯而勤於考正〔五〕，惟其文而已矣，其敢從夏之忠以自用而自專乎？爲斯民者，莫不幸王化之大同而樂於寡過，吾何爲而弗從？故憲章〔六〕上及乎文武，師資〔七〕不遺乎大小，惟其文而已矣，其敢從商之質而無徵而不信乎？吁！安於從周者，固聖人素位而行〔八〕之心；止於從周者，則聖人思不出位〔九〕之道。此所以必損益乎二代②者，損益乎周也，其意見矣。

【校記】

① 周監於二篇又載陳名夏本、無錫唐氏本、唐玉虬本，據校。
② 二代，皇明今文待作"三代"。

【注釋】

〔一〕出自論語·八佾·子曰周監於二代：子曰："周監於二代，郁郁乎文哉！吾從周。"
〔二〕監：根據，借鑒。子曰："周監於二代，郁郁乎文哉！"邢昺疏："監，視也。"
〔三〕二代：夏代和商代。子曰："周監於二代，郁郁乎文哉！"邢昺疏："二代，謂夏商。"
〔四〕王度：先王的法度。文選·張平子·東京賦："奢未及侈，儉而不陋。規遵王度，動中得趣。"薛綜注："度，先王之法度，舉動合禮之意也。"
〔五〕考正：考查核實。後漢紀·桓帝紀："中常侍趙忠喪父，殮為璵璠玉匣，穆下郡考正，乃至發墓視屍，其家稱冤自訴。"
〔六〕憲章：效法發明。禮記·中庸："仲尼祖述堯舜，憲章文武。"孔穎達疏："憲，法也；章，明也。"
〔七〕師資：師從效法。老子："善人，不善人之師；不善人，善人之資。"魏書·樂志："且燧人不師資而習火，延壽不束脩以變律。"
〔八〕素位而行：安於本分而行事。禮記·中庸："君子素其位而行，不願乎其外。"孔穎達疏："鄉其所居之位，而行其所行之事，不願行在位外之事。"
〔九〕思不出位：慮事行為不超越自己的職責範圍。周易·艮："象曰：兼山，艮。君子以思不出其位。"論語·憲問："子曰：不在其位，不謀其政。曾子曰：'君子思不出其位。'"

【集評】

艾南英：文後評語：韓評云：讀此覺時作以文救文等語，皆屬添出。吾意再不添出"忠""質"二字為尤妥。（皇明今文待）

韓求仲：文後評語：讀此覺時作以文救文等語，皆屬添出。（陳名夏本、呂葆中本、無錫唐氏本、唐玉虬本）

艾千子：文後評語：吾意再不添出"忠""質"二字爲妥。（陳名夏本、呂葆中本、無錫唐氏本、唐玉虬本）

陳名夏：文後評語：從周不可移在從先進，是先輩經營原本。（陳名夏本）

章翊兹：文後評語："禮"字似添設，卻確不可易。荆川自評稿亦曰："禮"字老成。又云：還他實證，此其得意筆也。（呂葆中本、無錫唐氏本、唐玉虬本）

呂留良：文中評語："美周禮之盛"後：五字鑿然。"蓋生"至"盛焉"後：此意總不可入以混從字之義。"惟禮"至"之制"後：起句，體局大方。"我周人也"後："周"字直起。"彼夏"至"文也"後：郁郁文哉之文，原非贊其所尚。"適際"至"不從"後：祇是奈何他不倍之説不下。"其敢從"至"弗從"後：原不曾與二代比較。"固聖人"至"從周者"後：竟以不倍義作主。"二代者"至"見矣"後：添出閒文，並無此意。（呂葆中本）

文後評語：此以文字贊周禮，非謂周尚文而論周文之宜從也。忠質文三統，是三代治天下之道，亦不專主禮而言。此章中初無較論三統之意，但極言周禮之美盛，道理該從。非謂孔子不得位，當從時王而不當反古也。篇中以忠質較論周文，其病祇坐誤看實了文字，爲忠質文之文。而評者欲其渾化不添出，亦仍看實文字，但欲遮過字眼耳。（呂葆中本、無錫唐氏本、唐玉虬本）

是禮也①〔一〕

聖人明已詳問於廟〔二〕，而爲禮之所在焉。夫禮無不敬也，入廟而問之，詳一敬心之形耳，此聖人所以自明其爲禮與？夫子因或人不知禮之議而曉之，若曰：或人以我每事問爲不知禮者，蓋以爲知禮者無待於問也，孰知問焉乃所以爲知禮乎？何則宗廟之中，自室事〔三〕以至於堂事〔四〕，其文〔五〕可謂繁矣，無一而不問焉者，非好爲煩也，所以致其愨而愨焉，致愨〔六〕固禮也；自迎牲〔七〕

以至於送尸〔八〕，其儀可謂多矣，無一而不問焉者，非過爲瀆也，所以致其慎而慎焉，致慎固禮也。不必熟於宗祝〔九〕巫史〔一〇〕之能，然後謂之知禮也，而即此臨事詳審之心，乃所以爲感②格神明之本；不必博於宗廟典藉③之藏，然後謂之知禮也，而即此慮事委曲之誠，乃所以爲昭假烈祖〔一一〕之道。如入國，問禁敬於國也，而禮行於國矣，況宗廟所以儐鬼神，尤非入國之比也，敢忽焉而不問乎？如入鄉，問俗敬於鄉也，而禮行於鄉矣，況宗廟所以嚴禮法，尤非入鄉之比也，敢問焉而不詳乎？苟曰俎豆〔一二〕之事，則嘗聞之以爲知而不必問焉，是傲④也，而非禮也；苟曰籩豆〔一三〕之事，則有司存以爲細而不必問焉，是簡也，而非禮也。然則吾雖不敢自負於知禮也，而每事之問，則固所以爲禮也。

【校記】

①是禮也篇又載俞 康本、俞 乾本、無錫 唐氏本、唐玉虬本，據校。
②感，俞 康本作"咸"。
③藉，明文鈔作"典籍"。
④傲，無錫 唐氏本作"簡"。

【注釋】

〔一〕出自論語·八佾·子入太廟：子入太廟，每事問。或曰："孰謂鄹人之子知禮乎？入太廟，每事問。"子聞之，曰："是禮也。"

〔二〕廟：此處指古代供祀祖宗之地。禮記·祭法："王立七廟，……諸侯立五廟，……大夫立三廟，……適士二廟，……官師一廟，……庶士庶人無廟。"周易·震："出，可以守宗廟社稷。"孔穎達疏："君出，則長子留守宗廟社稷。"

〔三〕室事：在室內舉行的祭祀。禮記·禮器："他日祭，子路與，室事交乎戶，堂事交乎階。"孔穎達疏："室事，謂正祭之時事。尸在室，故云室事。"

〔四〕堂事：在正廳祭祀祖先。禮記·禮器："他日祭，子路與，室事交乎戶，堂事交乎階。"孔穎達疏："謂正祭之後儐尸之時事。尸於堂，故云堂事。交乎階，謂在堂下之人送饌至階，堂上之人於階受取。"

〔五〕文：此處指祭祀的禮節儀式。荀子·禮論："故先王案爲之立文。"楊倞注:"文,謂祭祀節文。"

〔六〕致愨:誠實篤厚。禮記·祭義:"致愛則存,致愨則著。"

〔七〕牲:宴饗祭祀用的牛、羊、猪。左傳·莊公十年:"犧牲玉帛,弗敢加也。"孔穎達疏:"牲,謂三牲牛、羊、豕也。"

〔八〕尸:祭祀時受祭的神像。禮記·祭統:"君迎牲而不迎尸。"鄭玄注:"尸,神象也。"

〔九〕宗祝:宗伯和太祝,主祭祀之官。禮記·禮運:"宗祝在廟。"孔穎達疏:"宗,宗伯也;祝,大祝也。"國語·周語:"宗祝執祀。"

〔一〇〕巫史:從事求神占卜,掌管天文、星象、曆數、史册之官。禮記·禮運:"祝嘏辭說,藏於宗祝、巫史,非禮也,是謂幽國。"

〔一一〕昭假烈祖:向祖先禱告,昭示其誠敬之心。詩經·魯頌·泮水:"允文允武,昭假烈祖。"鄭玄箋:"假,至也。"孔穎達疏:"其明道乃至於功烈美祖。"

〔一二〕俎豆:祭祀、宴饗用來盛祭品的兩種禮器。論語·衛靈公:"俎豆之事則嘗聞之矣,軍旅之事未之學也。"孔安國訓:"俎豆,禮器。"邢昺疏:"俎豆,禮器。"

〔一三〕籩豆:祭祀、宴饗時盛祭品的兩種禮器。論語·泰伯:"籩豆之事,有司存之。"包咸注:"籩豆,禮器。"邢昺疏:"籩豆,禮器也。"

【集評】

原評:文後評語:題中三字,全不鶻突,一題自有一題之體,此體宜用直者也。(吕葆中本、俞 康本、俞 乾本、無錫 唐氏本、唐玉虬本)

吕留良:文中評語:"蓋以爲"至"問也"後:跌句,雖"是"字躍然欲出。"爲知禮乎"後:不帶"知"字爲得。"致愨固禮也"後:點明禮字義,"是"字自見。"不必"至"禮也"後:宛曲都是"是"字精神。"此臨"至"之心"後:指點緊。"如入"至"國矣"後:倒推得妙,其言凜然,方得語意。"是傲也而非禮也"後:又用反掉圓滿"是"字之意,他人必以此置前幅,則平淺無味矣。顛倒妙用,正以臭腐爲神奇耳。(吕葆中本、無錫 唐氏本、唐玉虬本)

文後評語:言每事詳慎,正是禮當如此,我亦行禮云耳。乃辨明禮意以教或人，非自解知禮也。故"知"字不可夾帶入來。"是"字直指敬謹之意，即此言亦禮也，可見聖人無時不是禮。若一夾入"知"字，語氣便揚詡，迥失聖人意象矣。文於直指敬謹處極分明，祇多帶了幾個"知"字，乃筆頭順溜之病，去之即得。（呂葆中本）

俞長城：文中評語："蓋以爲"至"知禮乎"後：跌句醒"是"字。"致愨固禮也"後：坐實"禮"字。"不必"至"知禮也"後：指點緊。"如入國"至"於國矣"後：倒推得其妙，其言凜然，方得語意。"苟曰俎豆"至"是傲也而非禮也"後：又用反掉圓滿"是"字之意。"然則"至"禮也"後：圓一筆。（俞康本、俞乾本）

文後評語：題易拖泥帶水，直發入比，有正有側，有逆有順，有虛有實，有主有賓，精確簡潔，可愛可愛。（俞康本、俞乾本）

王巳山：文後評語：一語亦莫非敬謹之心，所以曉或人者至矣。（明文鈔）

高嵣：文後評語：篇内并不明露一"是"字，卻無不是"是"字神理。讀者須思其用意之妙，處處語氣不失，再玩其用法之細，處處變換不復。（明文鈔）

夫子之道①〔一〕 二句

大賢闡聖道之蘊，必即其易曉者以明之也。夫道一而已矣，在聖人爲一貫，在學者爲忠恕，夫豈復有餘蘊哉？曾子之意蓋曰：至理不必於遠求，妙道惟存乎近取。子有疑於夫子之一以貫之說，固也獨未嘗從事於所聞之忠恕矣乎？何則？公己公人，而通萬變於不窮，忠之所施，若是乎其博也，而所以主宰於其間者，一此實心焉而已，是充周而不可御者，固發微而不見者爲之也，而夫子之所謂一貫者，即此而在矣；能經能權，而周萬變於無外，恕之所施，若是乎其廣也，而所以貫徹於其間者，一此實心焉而已，其所以開物而成務〔二〕者，一退藏於密者爲之也，而夫子之所謂一貫者，即此而在矣。如忠信之可以崇德，而恕之可以終身行者，夫子嘗以是而教吾徒矣，蓋以爲是忠恕也，而不知是即所以爲一貫也，是夫子之道，昔固未嘗有所隱，而今亦未嘗有所顯矣；如忠信之可以學禮，而能近取譬之爲仁，吾徒嘗以是而身體夫子之教矣，蓋以爲是忠恕也，而不知是即所以爲一貫也，是夫子之道，昔非語下而遺上，今亦非語上而遺下矣。

【校記】

①夫子之道篇又載無錫唐氏本、唐玉虬本，據校。

【注釋】

〔一〕出自論語·里仁·子曰參乎：子曰："參乎！吾道一以貫之。"曾子曰："唯。"子出，門人問曰："何謂也？"曾子曰："夫子之道，忠恕而已矣。"

〔二〕開物而成務：通曉萬物之理，以此行事而取得成功。周易·繫辭上："夫易，開物成務，冒天下之道，如斯而已者也。"孔穎達疏："開通萬物之志，成就天下之務。"

【集評】

呂留良：文中評語："子有疑"至"恕矣乎"後：落題有神，"忠恕"二字突而不突，恰打入門人心坎。"何則"至"爲之也"後：忠恕與一貫分合交際，隱約而親切。"如忠信"至"吾徒矣"後：妙於淺說，大有機鋒。"蓋以爲"至"所顯矣"後："而已矣"意，徹上徹下。（呂葆中本、無錫唐氏本、唐玉虬本）

文後評語：從學者心目中，指出聖人要妙，作稀奇說不得，作粗淺說不得。"而已矣"三字，指點親切而高遠，樸實而活變，是作得其神矣。顧於忠恕之爲一貫實際，不欲直犯正位，固是巧於說法，亦所謂棋力酒量耶。（呂葆中本）

文後評語：從學者心目中，指出聖人要妙，作稀奇說不得，作粗淺說不得。"而已矣"三字，指點親切而高遠，樸實而活變，是作得其神矣。（無錫唐氏本、唐玉虬本）

君子喻於①②〔一〕 二句③

聖人論君子小人之所喻〔二〕，以示辨③志之學也。蓋義利不容並立，而其幾則微〔三〕矣。是君子、小人之異其所喻，而學者所以必辨⑤其志也歟？且天下之事無常形，而吾人之心有定向。凡其無所爲而爲之者，皆義也；凡其有所爲而爲之者，皆利也。君子何以獨喻於義也？蓋君子之志未嘗不公諸天下也，志未嘗不公諸天下，則其所見無非義者。節之不可以奪也，身之不可以辱也，一介〔四〕之不可以取而與也，知其如是之爲義而已矣。雖或有所進焉而蹈自好者之所深避，有所受焉而冒自潔者之所不屑，此其迹若疑於利者，然在君子，則亦但知如是之爲義而已矣。何者？彼一無所利之也。是君子舍義則無所喻矣。小⑥人何以獨喻於利也？蓋小人之志未嘗⑦不私諸其身者也，志未嘗⑧不私諸其身，則其所見無非利者。機械之欲其巧以捷也，窺伺之欲其專以密也，尋尺〔五〕之欲其揣以審也，知其如是之爲利而已矣。雖或有所勉而遯焉以自好，有所矯⑨而讓焉以自潔，此其迹若疑於義者，然在小人，則亦但知如是之爲利而已矣。何者？彼固有所利之也。是小人舍利則無所喻矣。夫徇義而至於喻，則利之所不能入也；徇利而至於喻，則義之所不能入也。是以學者貴辨⑩之於早乎？

【校記】

①君子喻於篇又載陳名夏本、俞康本、俞乾本、無錫唐氏本、唐玉虯本，據校。

②君子喻於，欽定四書文作"君子喻於義"。

③二句，明文鈔作"一節"。

④辨，陳名夏本作"辯"。

⑤辨，陳名夏本作"辯"。

⑥小，俞乾本作"盡"。

⑦未嘗，欽定四書文、明文鈔作"未有"。

⑧未嘗，欽定四書文、明文鈔作"未有"。

⑨矯，俞康本作"橋"。

⑩辨，陳名夏本作"辯"。

【注釋】

〔一〕出自論語·里仁·子曰君子喻於義：子曰："君子喻於義，小人喻於利。"

〔二〕喻：知曉，明白。論語·里仁："君子喻於義，小人喻於利。"孔安國注："喻，猶曉也。"邢昺疏："喻，曉也。"

〔三〕其幾則微：細微之差別。後漢書·陳寵傳："今不蒙忠能之賞，而計幾微之故，誠傷輔政容貸之德。"

〔四〕一介：細微之物。孟子·萬章上："非其義也，非其道也，一介不以與人，一介不以取諸人。"

〔五〕尋尺：枉尺直尋，指彎曲一尺以伸長一尋。比喻損失小利益以謀求更大的收穫。孟子·滕文公下："枉尺而直尋，宜若可為也。"孫奭疏："枉一尺而直其一尋。……尺，十寸為尺；尋，十丈為尋也。"

【集評】

馬君常先生：文後評語：語淡而辣，真如堂上人堪堂下人。今日即極意鑽研，終不能透出其外。"無所為""有所為"二語揮盡鵝湖講義。（陳名夏本）

艾千子：文後評語：輕圓矯健，一字不可增減，故愈老愈新。（陳名夏本、呂葆中本、俞康本、俞乾本、無錫唐氏本、唐玉虬本）

陳名夏：文後評語：存疑云，喻是知到極細微透徹處，已有行在，不但知之而已。兩人喻處，判若黑白。蓋分別言之，以見人品心事不同如此，非各就義利中較淺深。近吳駿公作此題，將君子小人屬名位尊卑上說，義利屬職業上說，謂君子便該喻義，小人便該喻利，明別其黨類，因各任其性情。此等立論，似新特，然未免求新太過。吾嘗評此文云：自成法。但聖人屢舉君子小人，若"至周而不比""泰而不驕"等題，如何說去？所謂立說貴平也。（陳名夏本）

茅鹿門：文後評語：深。（呂葆中本、無錫唐氏本、唐玉虬本）

吳崑麓：文後評語：先將義利剔起，後面祇發喻字，絕高。（呂葆中本、無錫唐氏本、唐玉虬本）

胡思泉：文後評語：義利骨髓，君子小人根苗，無不說盡，且轉換新奇，立格超拔，一篇東坡文字。（呂葆中本、俞康本、俞乾本、無錫唐氏本、唐玉虬本）

呂留良：文中評語："君子何以獨喻於義也"後：似覆解題目起法。"蓋君子"至"而與也"後："義"字約舉，卻括得盡，見道分明，乃能如是。"知其如是之爲義而已矣"後：兩"知"字見"喻"字深蘊。"機械"至"爲利而已矣"後："利"字種類亦略盡，他文止說得貨利耳。"雖或"至"自潔"後：到此纔算得深喻今之小人並不能喻利者耳。"夫徇義"至"義之所不能入也"後：刻發得盡。（呂葆中本、無錫唐氏本、唐玉虬本）

文後評語："喻"字兼深知篤好而言，然必深知，然後篤好，每比中下兩"知"字，一層深一層，而篤好之神理亦具足於此。看"深"字"篤"字，皆非恒人之知與好，所得而與也。君子喻義之深篤，道理儘着講得進，至喻利，則人但將貪污一流罩煞，不知這裏面正有人物在。天下頗有忠信廉潔之行，而其實從喻利來者。蓋其智慧實曉得如是則利，非然則害，故所行亦復近義。然要其隱微端倪之地，實不從天理是非上起脚，而從人事利害上得力，此之謂喻利之深篤。若貪污之人，止知小利，而不知大害，知近利，而不知其後之大不利。此并不能喻利者，雖均之爲小人，而其等高下懸殊，不能深喻者，其爲小人猶淺，至喻之能深篤者，直與君子疑似，後世不察，每爲所欺，而此種學術，遂流傳於天地之間。如孔、孟所指之鄉愿，今人竟望爲君子不可及之人矣，豈不可恨可痛？荊川先生獨發明此類，方見聖人特立微辨，正不小小。（呂葆中本、無錫唐氏本、唐玉虬本）

俞長城：文中評語："凡其無"至"皆利也"後：先提清"義利"二字，以下祇發"喻"字。晚邨不圈此二句，以爲陸於語耶。"節之"至"而與也"後："義"字舉極大極小者言，方括得盡。"知其如是之爲義而已矣"後：兩"知"字見"喻"字深蘊。"雖或有所進"至"於利者"後：推進一層，正應有爲無爲二句。"則亦"至"而已矣"後：再點"知"字，以然"喻"字。"機械"至"爲利而已矣"後：如此講方該得喻利盡一著相，便該不宅小人技禍。"雖或有所勉"至"利而已矣"後：縱使他沒處躲門。"夫徇義"至"義之所不能入也"後：發儒完竟俱到。（俞康本、俞乾本）

文後評語：喻義喻利，分開看，合併看，交互看，洗發盡情，可與鵝湖講義並傳千古。（俞康本、俞乾本）

方苞：文後評語：落落數語，而於義利之分界，與君子小人心術之動、精神之運，已辨其所從生而推之，至於其所終極矣。就語、孟中取義，而經史事迹無不渾括。此由筆力高潔，運用生新，後人動閫入四書字面作文，殊乏精采，所謂上下牀之隔也。（欽定四書文、明文鈔）

王巳山：文後評語：已透徹裹許。蓋二說義固相通，亦相足也。（明文鈔）

君子欲訥①〔一〕 一節

論君子之心，欲慎其所易，而勉其所難也。蓋言易而行難也，於此而慎之勉之，其君子爲己之心乎？且所貴乎君子者，固必有下學上達〔二〕之功，尤必有矯輕警惰之志。彼易肆者莫如言，自夫人之習於易也，必有敢爲高論而不知節者。君子則曰：言出乎身而加乎民，出好興戎〔三〕，皆在於此，而可不慎乎？故欲艮其輔〔四〕焉而不敢爲紛若〔五〕之贅，含其章〔六〕焉而不敢爲傷煩之支〔七〕，寧失於默，無寧失於躁也。蓋雖未能口無擇言〔八〕也，而尚口乃窮〔九〕之戒，殆有乾乾惕〔一〇〕若者矣。至若難强者莫如行自，夫人之畏其難也，必有安於自棄而不知簡者。君子則曰：行發乎邇而見乎遠〔一一〕，進德修業，皆賴於此，而可不强乎？故欲奮豫〔一二〕之勇而見善必遷，發蒙之果而見義必徙，寧過於銳，無寧過於殆也。蓋雖未能行爲世法也，而省身不及之誠，殆有存存不忘〔一三〕者矣。言而欲訥，則言可以寡尤〔一四〕；行而欲敏，則行可以寡悔〔一五〕。此君子之存心，而非言浮於行者矣。

【校記】

①君子欲訥篇又載無錫唐氏本、唐玉虬本，據校。

【注釋】

〔一〕出自論語·里仁·子曰君子欲訥：子曰："君子欲訥於言而敏於行。"
〔二〕下學上達：學習人情事理，進而認識自然法則。論語·憲問：

"子曰：不怨天，不尤人，下學而上達。"孔安國注："下學人事，上知天命。"

〔三〕出好興戎：善於言談的人説話仁愛入理，令人折服，能化干戈爲玉帛；不善於言談的人胡説八道，會引起争端，發動戰争。尚書·大禹謨："惟口，出好興戎，朕言不再。"孔安國傳："好，謂善言；戎，謂伐惡。"孔穎達疏："出好，謂愛人而出好言，故爲善言；興戎，謂疾人而動甲兵，故謂伐惡。"

〔四〕艮其輔：面頰牙床停止活動，意謂慎言。周易·艮："六五：艮其輔，言有序，悔亡。"孔穎達疏："輔，頰車也。"

〔五〕紛若：見先行其言篇所注。

〔六〕含其章：蘊含美質。周易·坤："六三：含章可貞。"孔穎達疏："章，美也。"

〔七〕傷煩之支：説話過於繁雜，支離破碎。程子四箴·言箴："人心之動，因言以宣，發禁躁妄，内斯静專，矧是樞機，興戎出好，吉凶榮辱，惟其所召，傷易則誕，傷煩則支，己肆物忤，出悖來違，非法不道，欽哉訓辭。"

〔八〕口無擇言：出口皆合道理，無需選擇。孝經·卿大夫章："是故非法不言，非道不行。口無擇言，身無擇行。"唐玄宗注："言行皆遵法道，所以無可擇也。"

〔九〕尚口乃窮：徒尚口説。周易·困："有言不信，尚口乃窮也。"孔穎達疏："處困求通，在於修德，非用言以免困；徒尚口説，更致困窮，故曰尚口乃窮也。"

〔一〇〕乾乾惕：自强不息，勤奮謹慎，心存警惕敬畏。周易·乾："九三：君子終日乾乾，夕惕若厲，無咎。"孔穎達疏："乾乾，言每恒終竟此日健健自勉强，力不有止息。夕惕者，謂終竟此日後至向夕之時，猶懷憂惕若厲者若如也。"

〔一一〕行發乎邇而見乎遠：近處行動，遠處收功。周易·繫辭上："行發乎邇，見乎遠。"

〔一二〕奮豫：勃發，震盪。周易·豫："象曰：雷出地奮，豫。先王以作樂崇德，殷薦之上帝，以配祖考。"孔穎達疏："奮豫者，雷是陽氣之聲，奮是震動之狀。雷既出地，震動萬物，被陽氣而生，各皆豫逸。故曰雷出地，奮豫也。"

〔一三〕存存不忘：存在時不要忘記滅亡的可能。周易·繫辭下："是故君子安而不忘危，存而不忘亡，治而不忘亂。"

〔一四〕寡尤：少犯過錯。論語·爲政："多聞闕疑，慎言其餘，則寡尤。"包咸注："尤，過也。疑則闕之，其餘不疑，猶慎言之，則少過。"邢昺疏："尤，過也；寡，少也。"

〔一五〕寡悔：少懊悔。論語·爲政："多見闕殆，慎行其餘，則寡悔。"

【集評】

呂留良：文中評語："彼易"至"言自"後：語有本來次第當理。"夫人之"至"節者"後：可知其失不在言，祇是心不存也。"寧失於默"至"躁也"後："欲"字過刻入一步。"雖未"至"若者矣"後：斟酌此，是下工夫處。（呂葆中本、無錫 唐氏本、唐玉虬本）

文後評語：不是贊君子之言行，亦不是泛論言行之理，是説君子存心如是，則其功夫體象可知。"欲"字鞭辟向裏，"訥""敏"二字精神百倍。（呂葆中本、無錫 唐氏本、唐玉虬本）

德不孤必有鄰①〔一〕

聖人論德不見絕於人，必見親於人。蓋德者，天下大公之理也，豈有德而不見親於人者哉？夫子言此，示人爲德之意也。且夫以利交者，利盡則疏，以勢交者，勢窮則散，如此而孤立於天下容有之矣。若夫德也者，根於天精天粹，而爲萬物一原之理，成於性之反之，而得人心同然之妙。雖曰爲仁由己，本無待於人之助，而未始有不得人之助者也。雖曰學以爲己〔二〕，非有意以求信於人，而亦未始不爲人之信者也，何至於孤而立乎？蓋懿德之好，本於天真之相，感者其機固不容泯；而朋至之孚〔三〕，出於同氣之相，求者其情并不容遏。吾能居天下之廣居〔四〕也，天下苟有仁人焉，則皆吾徒也，不必結盍簪〔五〕之好，而精神之所招徠者，亦已多矣，何異築室〔六〕於此，而闤闠〔七〕自爲之相接乎！吾得行天下之大道〔八〕也，天下苟有義士焉，則皆吾徒也，不必資麗澤〔九〕之益，而志趣之所默會者，亦已衆矣，不猶卜居〔一〇〕於此，而比鄰自爲之相聚乎！吁！德非爲有鄰而修，鄰則因有德而致鄰也者。其爲德之益，亦爲德之驗與！

【校記】

①德不孤必有鄰篇又載無錫 唐氏本、唐玉虬本，據校。

【注釋】

〔一〕出自論語·里仁·子曰德不孤：子曰："德不孤，必有鄰。"

〔二〕學以爲己：學習的目的在於踐行，以修養自己的學問道德。論語·憲問："子曰：古之學者爲己，今之學者爲人。"孔安國注："爲己，履而行之。"邢昺疏："古人之學，則履而行之，是爲己也。"

〔三〕朋至之孚：朋友相接，彼此信任。周易·解："九四：解而拇，朋至斯孚。"王弼注："朋至而信矣。"孔穎達疏："朋至而信。"

〔四〕居天下之廣居：住天下最寬廣的住宅——仁。孟子·滕文公下："居天下之廣居，立天下之正位，行天下之大道。"孫奭疏："能居仁道，以爲天下廣大之居。"朱熹集注："廣居，仁也。"

〔五〕盍簪：朋友相聚。周易·豫："九四：由豫，大有得，勿疑。朋盍簪。"王弼注："盍，合也；簪，疾也。"孔穎達疏："群朋合聚而疾來也。"

〔六〕築室：建造房舍，此處比喻用心營造。詩經·大雅·綿："曰止曰時，築室於茲。"

〔七〕闤闠：市垣街衢，此處比喻錯綜的人際關係。文選·張平子·西京賦："爾乃廓開九市，通闤帶闠。"薛綜注："闤，市營也。闠，中隔門也。"崔豹古今注："市墻曰闤，市門曰闠。"

〔八〕行天下之大道：走天下最光明的路——義。孟子·滕文公下："居天下之廣居，立天下之正位，行天下之大道。"孫奭疏："行義以爲天下之大路。"朱熹集注："大道，義也。"

〔九〕麗澤：兩處水澤相連，比喻朋友互相切磋。周易·兌："麗澤，兌。君子以朋友講習。"王弼注："麗，猶連也。"

〔一〇〕卜居：選擇居處，此處比喻選擇朋友。史記·周本紀："成王使召公卜居，居九鼎焉。"

【集評】

　　呂留良：文中評語："如此而"至"有之矣"後：展起"不"字、"必有"字。"若夫德也者"後："德"字重頓。"根於"至"之妙"後：講"德"字的即得不孤有鄰之所以然。"雖曰爲仁"至"助者也"後：偏反語，自圓淨。"蓋懿"至"容泯"後：應一原之理。"而朋"至"容遏"後：應同心之妙。"吾能"至"徒也"後：靠仁義説"德"字，有本領。"不必"至"多矣"後：明説有鄰，必又深取一步，説入神志，余最不喜。"何異"至"徒也"後：注中如居之有鄰，乃解"鄰"字義，非謂必有鄰句爲譬喻也，此亦太拙。"其爲德"至"驗與"後：結意圓而逸。（呂葆中本）

　　文後評語：祗一"德"字真實，下面説數都落窠槽。後二比直擒仁義説，是儒者老家當。然使艾千子必嫌其引孟子語，以下選家，必訶其落立正位句矣。論文不講實道理，而拘牽章句語言，豈復有儒者之文哉？（呂葆中本）

　　文後評語：祗一"德"字真實，下面説數都落窠槽。後二比直擒仁義説，是儒者老家當。（無錫唐氏本、唐玉虬本）

乘桴浮於海①〔一〕

　　聖人欲爲避世之行，其所感深矣。蓋避世非聖人之心也，而乃欲浮海以避世焉，豈非有感於道不行而發嘆也歟？且昔者明君在上，則固有舉賢於海者，而賢人君子際行道之會，則亦有自北海而興焉，自東海而興焉，以立乎人之朝者矣，豈有自中國而入於海者乎？孔子所遇之時，何時也？明王不興，而天下無宗予之兆〔二〕，上下不交，而值天地否塞之期〔三〕，棲棲皇皇，已無可爲，而率土之濱，則周流之轍，亦既窮矣。既無地可以行吾道，則海濱之寂寞，可以優游而卒歲也，於是而欲浮於海焉。海爲大川，非乘木不可以利於涉也，於是欲乘桴而浮海焉。向也少師嘗入於海〔四〕矣，猶曰樂官或果於忘世者也，而聖人亦欲浮海焉，世道之衰不益甚乎？向也聖人嘗自欲居夷矣，猶曰夷方乃人迹之可至也，而今又欲浮海焉，吾道之窮不益甚乎？然聖人欲浮海而卒不往者，蓋其憂則違之，雖未嘗必於用世，而心存天下，終不忍決於遁世也。吁！可以知其不得已之意矣。

【校記】

①乘桴浮於海篇又載無錫 唐氏本、唐玉虬本，據校。

【注釋】

〔一〕出自論語·公冶長·子曰道不行：子曰："道不行，乘桴浮於海。從我者，其由與？"子路聞之喜。子曰："由也好勇過我，無所取材。"

〔二〕明王不興，而天下無宗予之兆：没有英明的君王興起，天下無人尊重我。禮記·檀弓上："夫明王不興，而天下其孰能宗予？"

〔三〕上下不交，而值天地否塞之期：上層與下層不交通，邦國危亡；天氣和地氣不接交，萬物不生。周易·否："天地不交而萬物不通也，上下不交而天下無邦也。"

〔四〕少師嘗入於海：少師陽逃到海濱居住。論語·微子："少師陽，擊磬襄，入於海。"邢昺疏："陽、襄，皆名，二人入居於海内也。"

【集評】

吕留良：文中評語："且昔"至"與焉"後：點綴"海"字，興波卻是小樣。"向也"至"海矣"後：孩子氣。"蓋其憂"至"遯世也"後：道出聖人無聊情懷，此吳生畫圓光法也。（吕葆中本、無錫 唐氏本、唐玉虬本）

文後評語：先輩作此等文字，每每弄巧成拙，不及後人之玲瓏盡致，正不必强爲之辭。（吕葆中本）

原評：文後評語：先輩作此等文字，雖極平淡，乃其率真處。（無錫 唐氏本、唐玉虬本）

從我者其①〔一〕 之喜

聖人擬賢者能從乎己，賢者悦聖人見許乎己。甚矣！聖人非果於避世者也。賢者以其與己而喜之，豈亦得其言而未得其心與？夫子道不行而發浮海之歎至此，若曰：夫人可與共安樂，而未必可與共患難。是故吾嘗設教於魯，而從之者固衆也。海濱之陋，則非若洙泗〔二〕之從容矣，求其奮不顧身而與吾相周旋〔三〕者，誰其人乎？吾嘗應聘列國，而從之者固多也。乘桴之役，則非若執輿〔四〕之暇豫〔五〕矣，求其夷險一致而與我相朝夕者，其由矣乎？惟其有見義必爲之勇，則必有見害不避之操，自由之處常者，而其處變者可知也；惟其有聞善必行之力，則必有臨難不可奪之節，自由之處安者，而其處危者可知也。夫子之言如此，豈真欲子路之從己哉？特以寓其衰世之感焉耳，子路乃聞而喜之。蓋以從夫子於夾谷〔六〕者，賜可與也，今也不以歸之賜，而歸之由，由何幸焉！從夫子於荆〔七〕者，商可與也，今也不以屬之商而屬之由，由何幸焉！蹈天下之至險，懷居〔八〕者皆以爲憂，而彼獨以爲喜，豈不曰吾有聖人焉爲之依歸，雖蹈險亦所不恤矣，而庸知其事之非真耶？履天下之至危，自好者皆以爲慮，而彼獨以爲喜，豈不曰吾得聖人焉爲之偕隱，雖履危亦所不顧矣，而詎知其行之不果耶？吁，由夫子觀之，則雖不得與卿大夫彙征〔九〕於朝，而其徒亦足以相樂矣；由子路觀之，則雖乏料事之明，而亦見其尊信聖人之一端矣。

【校記】

①從我者其篇又載無錫唐氏本、唐玉虬本，據校。

【注釋】

〔一〕出處同乘桴浮於海篇。

〔二〕洙泗：洙水和泗水。春秋時屬魯國地，孔子在洙泗之間聚徒講學。

〔三〕周旋：輾轉追隨。左傳·僖公二十三年："若不獲命，其左執鞭弭、右屬櫜鞬，以與君周旋。"杜預注："周旋，相追逐也。"

〔四〕執輿：執轡駕車。論語·微子："長沮曰：'夫執輿者爲誰？'子路曰：'爲孔丘。'"邢昺疏："執輿，謂執轡在車也。"

〔五〕暇豫：悠閒安逸。文選·馬季長·長笛賦："於是游閒公子，暇豫王孫，心樂五聲之和，耳比八音之調。"韋昭注："閒，暇也。豫，樂也。"

〔六〕夾谷：春秋時齊地名。魯定公十年，齊魯在夾谷會盟，孔子擔任儐相，屈强國，正典儀，凜然大義，被稱爲"聖人之大司"。春秋·定公十年："夏，公會齊侯於夾谷。"左傳·定公十年："夏，公會齊侯於祝其，實夾谷。"杜預注:"夾谷,即祝其也。"

〔七〕荆:楚地。左傳・宣公十二年:"荆尸而舉。"杜預注:"荆,楚也。"國語・晉語六:"晉伐鄭,荆救之。"韋昭注:"荆,楚也。"

〔八〕懷居:留戀安逸。論語・憲問:"士而懷居,不足以爲士矣。"朱熹集注:"居,謂意所便安處也。"

〔九〕彙征:連類而進。周易・泰:"初九:拔茅茹,以其彙征,吉。"孔穎達疏:"彙,類也,以類相從……征,行也。"

【集評】

原評:文後評語:從非真從,喜則實喜,兩處描寫極工。此篇妙處在轉換。(吕葆中本、無錫唐氏本、唐玉虬本)

吕留良:文中評語:"聖人"至"許乎已"後:拙中有致。"夫人"至"安樂"後:從前非安樂。"未必"至"患難"後:此亦非患難。"求其奮"至"誰其人乎"後:便活畫個子路,妙甚!好勇過我意先透。"求其夷"至"由矣乎"後:看其筆法靈處,即股法相生之妙。"豈真"至"從己哉"後:實判一筆,激起下句。"從夫子"至"何幸焉"後:拙甚。"吾有聖"至"非真耶"後:曲寫子路心事,見識原不是大呆子,卻因聖人神化莫測信之過篤耳。然好勇無取裁處便在此。"由夫子"至"樂矣"後:別見逸義,此史論法也。(吕葆中本、無錫唐氏本、唐玉虬本)

文後評語:從聖人語中畫出子路好勇妙處,雖處寂寞荒忽中,自有作爲氣魄,不避艱危之概。在子路"喜"字中,又畫出他篤信守死,不撥事理,奮發直前之狀。兩邊描繪,下文兩句已到面前,使千載下精神如對。此荆川熟於史、漢寫生妙理,語句外别有會,非貌爲史、漢者所知也。(吕葆中本、無錫唐氏本、唐玉虬本)

三仕爲令①②〔一〕 令尹③

大夫之心裕而公,忠於謀者也。夫裕則齊得失,公則平物我,而文子④可以爲忠矣,仁則吾不知也。子張之意若曰:今夫天下之人謀其身也過周,而謀其國也過畧。夫惟其過周也,則少不如意者,未嘗不爲之戚焉;夫惟其過畧也，則苟無預於已者，未嘗屑爲之謀焉。此無怪乎倖進之多而善治之寡也。子文曾有是乎？方其三仕爲令尹，繼而三已之也。吾知滿其欲得之志，不能不喜於利見〔二〕之初；而拂其患失之心，不能不愠於播棄〔三〕之後。況夫勉於其暫，不能勉於其久者，人之情也；矯於其順，而不能安於其逆者，理之常也。子文則謂窮達命而已矣，貴賤時而已矣。運之所隆，則其仕我者其道亨也，不色喜也；勢之所去，則其已我者其道窮也，不色愠也。安其常而不搖於身外之感，順其適而不遷於事變之交。其在已也猶其在夫仕也，其在三也猶其在夫初也，吾於是而知其心之裕矣。及其將去而新令尹以代也，吾知忌心生於新故之變，則必幸其敗事以形吾之善；愠心起於去位之日，則必不謀其政而任其人之爲。況夫功成者退，則舊政雖善，未必其我德也；責有所歸，則新政雖不善，亦未必其我咎也。子文則知有國而已矣，知有君而已矣。懼其未識乎治體也，而孰所當因，孰所當革，盡其説而道之焉；懼其未識乎民宜也，而孰爲便民，孰爲不便於民，舉其國而聽之焉。大其心而不計其形迹之嫌，忘其私而求善夫身後之治。使其政之行於我者，猶其得行於彼也；而政之行於彼者，猶其復⑤行於我也。吾於是而知其心之公矣。吁，子文⑥其春秋之良哉！

【校記】

①三仕爲令篇又載俞 康本、俞 乾本、無錫 唐氏本、唐玉虬本，據校。
②三仕爲令，欽定四書文、明文鈔作"三仕爲令尹"。
③令尹，明文鈔作"六句"。
④文子，俞 康本作"文於"，欽定四書文、明文鈔作"子文"。
⑤復，欽定四書文作"得"。
⑥子文，俞 乾本作"於文"。

【注釋】

〔一〕出自論語·公冶長·子張問曰：子張問曰："令尹子文三仕爲令尹，無喜色；三已之，無愠色。舊令尹之政，必以告新令尹。何如？"子曰："忠矣。"曰："仁矣乎？"曰："未知。焉得仁？"
〔二〕利見：此處指上任。周易·乾："九二：見龍在田，利見大人。"
〔三〕播棄：捨棄。尚書·泰誓："今商王受，力行無度，播棄犁老，昵比罪人。"

【集評】

呂留良：文中評語："夫裕"至"物我"後：函關精語，便伏"仁"字體段。"今夫"至"過略"後：千載仕宦，傳燈一脉，開口道盡。"夫惟其"至"之寡也"後：老蘇之文刻峭而雄宕，難其於小講得之。"況夫"至"常也"後：鏤刻深當。"子文"至"時而已矣"後：寫得子文出色，筆頭灑落，都是仁者氣象。"安其"至"之交"後：鋪墊語見本領精純，便坐"仁"字在言下。"其在己"至"初也"後：珠走盤中，光瑩帳外。"子文則"至"君而已矣"後：對仗自然高出。"懼其"至"治體也"後：所告之故，所告之要，皆得。"使其"至"於我也"後：三仕三已，前後際盡，到不止是一次告語也。（呂葆中本、無錫 唐氏本、唐玉虬本）

文後評語：作兩扇局奇，奇在天成不覺。凡立局須先識道理，題中自有一段道理，便有一樣章法以達之。如上四句，祇是文子盡自己分上，見其忘私忘家，下二句是他為君民分上，見其公爾國爾，確有兩種義，合來完成個"忠"字。以此立局，自無強撰之迹，吾故謂法生於理也。所言義理甚精，品格甚高，文子那便到此？祇為子張先有"仁矣乎"三字在胸中，而叙及其事，故說來都是仁者境詣，正先輩體貼精細處。（呂葆中本、無錫 唐氏本、唐玉虬本）

俞長城：文中評語："今夫"至"過略"後：反撲題面。"夫惟其過周也"至"為之謀焉"後：跌宕似眉山諸書。"方其"後：起法。"況夫勉"至"理之常也"後：從初到三，從仕到已，刻畫清晰。"子文"至"而已矣"後：說出身分。"其在己"至"初也"後：流動圓足，一絲不漏。"況夫功"至"我咎也"後：反剔必以。"懼其"至"聽之焉"後："告"字中條件，曲折盡出。"使其"至"公矣"後：三仕三已，前後際盡，到不止是一次告語也。（俞 康本、俞 乾本）

文後評語：截然兩扇，格奇理正，然細玩仍是一股文字。擡高處，刻入處，皆合子張見地。所謂意到法隨，神行機止者也。（俞 康本、俞 乾本）

方苞：文後評語：就人臣立論，身國對勘，反正相形。子文全身已現，卻仍是子張發問口吻，於題位分寸不溢。歸、唐皆以古文為時文。唐則指事類情，曲折盡意，使人望而心開；歸則精理內蘊，大氣包舉，使人入其中而茫然。蓋由一深透於史事，一兼達於經義也。（欽定四書文、明文鈔）

原評：文後評語：所言義理甚精，品詣甚高，子文那便到此？祇爲子張先有"仁矣乎"三字在胸中，而敘及其事，故說來都是仁者境地，正先輩體貼精細處。（明文鈔）

王耘渠：文後評語：他人即知照"仁"字，而所言必不能如此。蓋其發議之精純，據地之高闊，即作者本領流露處。古氣磅礴，發之有源，真與震川先生如出一手。（明文鈔）

歸與歸與①〔一〕 一節

聖人致意於歸魯，以在魯有可達之才也。蓋道非有志者不能進也，志大而知致所裁，聖人欲歸而裁之也，其亦曲成之心之不能已者與。昔夫子道不行而發思歸之歎，若曰：以我周流之初意，將以爲卒老於行而已矣。自今觀之，吾其歸與？吾其歸與？何則？從我於周流者，今固有其人矣，而其在魯者，不有吾黨之小子？若人也，後生可畏！既有可以入聖之資，而感發興起，又有銳於希聖之志。今人與居，古人與稽〔二〕，事功之卑近，固其所略也。游心於高明〔三〕之域，而體段已具，有以內含其章美〔四〕，與夫謹厚之士，氣象萎靡者，蓋不侔矣。萬物與偕，天地與游，世務之瑣屑，固在所略也。極意於廣大〔五〕之歸，而樸斲〔六〕既勤，有以外著其英華，與夫狷介之士，規模狹隘者，亦不侔矣，不亦斐然其成章乎？夫道非成章不達，狂簡而至於成章，則固有任道之地矣。然而吾道之所以爲至者，極乎高明而未嘗不至於中庸，其異乎吾道者，則過高而無其實者也。狂者趨於高明，而過焉則不免務上達而忽下學〔七〕，而其流之弊將或始於肆而卒於蕩焉者有之矣，抑而裁之，不有待於人乎？道之所以爲至者，極其廣大而未嘗不底於精微，其異於吾道者，則窮大而失其居〔八〕也。狂者趨於廣大而過焉，則不免矜大德而忽細行〔九〕，而其流之弊將或不免克念而至於罔念〔一〇〕焉者有之矣，俯而裁之，不有待於人乎？夫得英才而教育之，則吾之歸也，其亦足以自樂而無慕於世者矣。

【校記】

① 歸與歸與篇又載無錫唐氏本、唐玉虬本，據校。

【注釋】

〔一〕出自論語·公冶長·子在陳：子在陳，曰："歸與！歸與！吾黨之小子狂簡，斐然成章，不知所以裁之。"

〔二〕今人與居，古人與稽：儒者雖然和同時代的人共處，但他們的志向卻與古人相合。禮記·儒行："儒有今人與居，古人與稽。"鄭玄注："稽，猶合也。"孔穎達疏："儒與今世小人共居住，與古人之君子意合同也。"

〔三〕高明：最高點。禮記·中庸："故君子尊德性而道問學，致廣大而盡精微，極高明而道中庸。"孔穎達疏："高明，謂天也。言賢人由學極盡天之高明之德。道，通也，又能通達於中庸之理也。"

〔四〕內含其章美：見君子欲訥篇所注。

〔五〕廣大：博厚。禮記·中庸："故君子尊德性而道問學，致廣大而盡精微，極高明而道中庸。"鄭玄注："廣大，猶博厚也。"孔穎達疏："廣大，謂地也。言賢人由學能致廣大如地之生養之德也。"

〔六〕樸斲：砍削、加工。此處指培育人材。尚書·梓材："若作梓材，既勤樸斲，惟其塗丹雘。"孔安國傳："爲政之術，如梓人治材爲器，已勞力樸治斲削，惟其當塗以漆丹以朱而後成。"

〔七〕上達而忽下學：見君子欲訥篇所注。

〔八〕窮大而失其居：多而無用。周易·序卦："窮大者必失其居。"

〔九〕矜大德而忽細行：顧惜大德，不拘小節。尚書·旅獒："不矜細行，終累大德。"

〔一〇〕克念而至於罔念：克制念欲至於無念欲。尚書·多方："惟聖罔念作狂，惟狂克念作聖。"孔安國傳："惟聖人無念於善則爲狂人，惟狂人能念於善則爲聖人。"

【集評】

呂留良：文中評語："蓋道"至"裁之也"後：今不是無人，祇是無志;不是無志,祇不見大意志不篤耳。"周流之初"後:開口四字,神理躍出,卻又含蓄蘊藉。"從我"至"其人矣"後:安頓四科人物。"游心"至"章美"後:方是狂士之成章兼内外説,見斐然全相。"極意"至"英華"後:斐然成章,煞曾用工夫來。"然而吾"至"中庸"後:所以裁之實際。"狂者"至"流之弊"後:原評祇在去弊上發"裁"字,有識見。"將或"至"有之矣"後:緊切"狂"字。(吕葆中本、無錫唐氏本、唐玉虬本)

　　文後評語:成章,是狂簡之章;斐然,是狂簡成章之斐。不知所以裁,是狂簡之成章而不知;裁之,是就狂簡之章以爲裁。古人文字造極,祇是細心靠實,無一句游移活蜕,此後人以爲不必然者。古人以爲非此不成文字,而後人試擬之,則又力疲神喪而不能至者也。(吕葆中本、無錫唐氏本、唐玉虬本)

德之不修[一]　節①②

　　聖人自憂於日新之未能,可以見其心矣。蓋日新固聖人所優爲者,而猶歉然自以爲憂焉,則其簡③身不及之心,不於此而可見也哉!且夫子之意以爲君子之志於道也,修德所以致其反身之實,講學所以資其多識之助,而改過遷善所以決其理欲消長之機,要之皆以盡其深造之方,以爲上達[二]之地,而不可一缺焉者也。故德具乎心,而以踐履爲事,則未有不待於修者。今於德也不修,而未嘗勉強以行道焉。學資諸人,而以考索爲事,則未有不待於講者。今於學也不講,而未嘗勉強以學問焉。見義必爲,斯勇矣,或自阻焉而不能徙;過而必改,斯無過矣,或自溺焉而不能改。若是者,豈非吾之所憂哉?蓋自強不息,則將日益而不自知;荒寧懈怠,則亦將日損而不自知。其究有聖狂之別,而其機特在乎一念進止之間而已。故德雖修矣,吾猶憂於廣大[三]之難致也,學雖講矣,吾猶憂於精微之難盡矣,況不修而不講乎?吾知良心漸以牿亡也,良知漸以蔽塞也,由是而之焉。且日趨於下達[四]之歸而不能以自振矣,吾將崇德以利用,而自擬於學不厭之域者也,能不以是爲憂乎?義雖徙矣,吾猶憂於道心之微[五]而易息也,過雖改矣,吾猶憂於人心之危[六]而易肆也,況不徙而不改乎?吾知一善之不遷,是衆善之所去也,一惡之不改,是衆惡之所集也，由是而之焉。且日蹈於迷復之凶⁽⁷⁾而不能以自反矣，吾將精義以致用，而庶幾於過之地者也，能不以是爲憂乎？

【校記】

①德之不修篇又載無錫 唐氏本、唐玉虬本，據校。
②節，無錫 唐氏本、唐玉虬本作"一節"。
③簡，無錫 唐氏本作"檢"。

【注釋】

〔一〕出自論語·述而·子曰德之不修：子曰："德之不修，學之不講，聞義不能徙，不善不能改，是吾憂也。"

〔二〕上達：通達於仁義。論語·憲問："君子上達，小人下達。"

〔三〕廣大：見歸與歸與篇所注。

〔四〕下達：追逐財利。論語·憲問："君子上達，小人下達。"邢昺疏："本爲上，謂德義也；末爲下，謂財利也。言君子達於德義，小人達於財利。"

〔五〕道心之微：天地自然之心幽微難明。尚書·大禹謨："人心惟危，道心惟微，惟精惟一，允執厥中。"孔安國傳："微則難明。"

〔六〕人心之危：人心居高，危險難測。尚書·大禹謨："人心惟危，道心惟微，惟精惟一，允執厥中。"孔安國傳："危則難安。"

〔七〕迷復之凶：犯錯迷失，不知悔改。周易·復："迷復之凶，反君道也。"孔穎達疏："以其迷闇不復，而反違於君道，故象云：'迷復之凶，反君道也。'"

【集評】

章翊兹：文後評語：玩首兩句兩"之"字，是急口追入末句語，文用流水法點過，并入在末句發揮。此題理應如是，非尾大也。若從上四句衍長，便難收束，乃知先輩搆局，定非漫然者，於此可悟相題法。（呂葆中本、無錫 唐氏本、唐玉虬本）

呂留良：文中評語："日新"後：二字括。"修德"後：直起。"知其"至"之間而已"後：是聖學刺骨語。"故德"至"難盡也"：逼入一層，激起"吾憂"，有精力。"良心"至"蔽塞也"後：下語不似聖人自責屬者。"吾知"至"集也"後：此二語便確妙。（呂葆中本）

文後評語：重發"吾憂"句，寫出聖人日新無息真精神。流露語言之下，反覆縈迴，一唱三歎，令我今日如聞其聲。此學者有得之言，非時文摹儗口舌之所能也。（呂葆中本、無錫 唐氏本、唐玉虬本）

德之不修①〔一〕　節②其二

　　功不進於日新者，聖人之所憂也。蓋日進無疆，君子之所以致其道也。聖人猶以未能日新爲憂，可見其望道未見〔二〕之心矣。夫子之意以爲，君子之於道，其終之所極也，則至誠無息〔三〕，其始之所造也，則日進無疆。吾嘗自省於此矣。彼德務於崇，必有事於修也，乃或怠焉而不修；學務於博，必有事於講也，乃或忽焉而不講。吾知其爲義也，不能仁③奮以取其新；吾知其爲不善也，不能自革以去其故。若此者，豈非吾之所憂哉？蓋君子之所以合内外而成其身者，不過修德以基之，講學以聚之，務盡其下學〔四〕之功循循焉，以日進於上達〔五〕而不自知也。今德而不修，則其於德也必孤；學而不講，則其於學也必荒。德孤而學荒，可憂孰甚焉？君子之所以審幾微而慎其動者，不過遷善以致其益，改過以去其損，務盡其反身之實騤騤〔六〕焉，以日究乎高明〔七〕而不自知也。今義不能徙，則天理將日消；過不能改，則人欲將日長。理消而欲長，可憂孰甚焉？吾嘗有感於知德之鮮，而自擬於學不厭之域矣。今吾之於德於學何如也？能不惕然於中乎？吾嘗有取於不遠之復〔八〕，而庶幾於無大過之地矣。今吾之所克所復何如也？能不惕然於中乎？夫是四者，講學所以博取於人而爲德之資也，遷善改過所以近取諸身而爲德之地也，要之則一修德而已，故曰日新之謂盛德。學者可以知所汲汲矣。

【校記】

①德之不修篇又載無錫 唐氏本、唐玉虬本。
②節，無錫 唐氏本、唐玉虬本作"一節"。

③仁，無錫唐氏本作"自"。

【注釋】

〔一〕見前德之不修篇所注。

〔二〕望道未見：追求真理如同從未見過一樣。孟子·離婁下："文王視民如傷，望道而未之見。"

〔三〕至誠無息：至誠之德普世皆宜，行之久遠而無止息。禮記·中庸："故至誠無息。不息則久，久則徵，徵則悠遠，悠遠則博厚，博厚則高明。"孔穎達疏："言至誠之德所用皆宜，無有止息，故能久遠。"

〔四〕下學：見君子欲訥篇所注。

〔五〕上達：見前德之不修其一篇所注。

〔六〕駸駸：馬跑得快，此處形容修德日趨進步。詩經·小雅·四牡："駕彼四駱，載驟駸駸。"鄭玄箋："駸駸，驟貌。"

〔七〕高明：見歸與歸與篇所注。

〔八〕不遠之復：尚未走遠即回頭審視所走之路、總結過去。周易·復："不遠之復，以修身也。"王弼注："復者，以能修正其身、有過則改故也。"

【集評】

呂留良：文中評語："吾嘗自省於此矣"後："吾"字直提，在題首落。"不能"至"憂哉"後：一陣點過後，更闡明是荊川創法。"蓋君子"至"身者"後：貼合德學，精當。"不過修"至"自知也"後：是學者之言。"德孤"至"甚焉"後：點入末句，老手。"吾嘗有"至"域矣"後：此以為實做末句，卻是先輩拙處。"吾嘗"至"地矣"後："吾"字豈如此點據？（呂葆中本）

文後評語：中二比平，實有至味。通體似不及前篇。（呂葆中本）

文後評語：中二比平，實有至味。（無錫唐氏本、唐玉虯本）

子之燕居①〔一〕 節②

門人記聖人之燕居〔二〕，而有以擬其容色焉。蓋人之燕居，不失之拘，則失之肆也，容之舒而色之愉，非聖人其孰能之？門人記夫子之意若曰：吾夫子盛德妙於中涵，光輝著於有象，其接人待物固隨在而中乎禮矣。若夫百爲不假於應酬，而適在於閑暇，斯則身世兩忘之境，天地同游之際也。其見於容色者何如？蓋元氣之會吾不得而擬議其真，太和之著尚可得而想像其似。以其容而言之，展布於四體者，委委蛇蛇[三]，一出於從心之妙；周旋於一身者，寬兮綽兮，自獲乎安節之亨[四]。視夫在朝踧踖，執圭之鞠躬[五]，有不可以概論者矣，何申申如[六]之？夫子非樂放佚而惡拘簡也，蓋燕居無事以爲容，而夫子恭而能安之度，其徵諸容者則然耳。以其色而言之，發氣滿容有輯柔[七]之美，而圭角[八]爲之不露；載色載笑[九]有豈弟[一〇]之休，而垂戾[一一]爲之不形。視夫使擯之勃如[一二]，迅雷之必變[一三]，殆不可以例觀矣，何夭夭如[一四]之？夫子非好和悦而惡嚴厲也，蓋燕居無事於矜持，而夫子威而不猛之度，其徵諸色者則然耳。

【校記】

①子之燕居篇又載<u>無錫 唐氏</u>本、<u>唐玉虬</u>本。
②節，<u>無錫 唐氏</u>本、<u>唐玉虬</u>本作"一節"。

【注釋】

〔一〕出自<u>論語·述而·子之燕居</u>：子之燕居，申申如也，夭夭如也。
〔二〕燕居：見吾與回言篇所注。
〔三〕委委蛇蛇：從容自得的樣子。<u>詩經·召南·羔羊</u>："退食自公，委蛇委蛇。"<u>鄭玄</u>箋："委蛇，委曲自得之貌。"
〔四〕安節之亨：安於節制的亨通。<u>周易·節</u>："安節之亨，承上道也。"<u>王弼</u>注："得位而順，不改其節，而能亨者也。"
〔五〕執圭之鞠躬：舉着圭，低頭躬身，恭敬謹慎。<u>論語·鄉黨</u>："執圭，鞠躬如也，如不勝。"<u>馬融</u>注："鞠躬者，敬慎之至。"
〔六〕申申如：舒展和樂的樣子。<u>論語·述而</u>："子之燕居，申申如也，夭夭如也。"<u>馬融</u>注："申申，夭夭，和舒之貌。"
〔七〕輯柔：和順，和悦。<u>詩經·大雅·抑</u>："視爾友君子，輯柔爾顔，不遐有愆。"<u>毛</u>傳："輯，和也。"<u>鄭玄</u>箋："柔，安。"<u>孔穎達</u>疏："和，安。"

〔八〕圭角：棱角，鋒芒。禮記·儒行："毀方而瓦合。"孔穎達疏："圭角謂圭之鋒鋩有楞角，言儒者身恒方正，若物有圭角。"

〔九〕載色載笑：和顏悦色，面帶笑容。詩經·魯頌·泮水："載色載笑，匪怒伊教。"

〔一〇〕豈弟：同"愷悌"，和易近人。詩經·小雅·蓼蕭："既見君子，孔燕豈弟。"毛傳："豈，樂。弟，易也。"鄭玄箋："豈，開在反本亦作'愷'。……弟如字，本亦作'悌'。"

〔一一〕垂戾：將要呈現的暴惡。

〔一二〕擯之勃如：迎接賓客，面色矜持莊重。論語·鄉黨："君召使擯，色勃如也，足躩如也。"鄭玄注："君召使擯者，有賓客，使迎之。"邢昺疏："勃然變色也。"

〔一三〕迅雷之必變：遇見疾雷、大風，必定面色大變，表示對上天的敬畏。論語·鄉黨："迅雷風烈，必變。"鄭玄注："敬天之怒風疾雷爲烈。"

〔一四〕夭夭如：愉悦的樣子。

【集評】

呂留良：文中評語："吾夫子"至"禮矣"後：首句上打一圓相。"若夫"至"際也"後：燕居，便是聖人之燕居。"蓋元氣"至"其似"後：襯起上面自好而語入講。章："腐氣。""夫子非"至"簡也"後：駁一句，好。"夫子恭"至"然耳"後：注脚，的。（呂葆中本、無錫唐氏本、唐玉虬本）

文後評語：形容平人，尚多不相肖，況形容聖人，而欲得其容色之微乎？申申夭夭，記者已屬儗似，千載下如何着筆？先輩到此極嚴細，不肯妄下一語，不肯閑設一波，不是窘澁如近人，惟恐毫髮不像，盡了別人小影耳。（呂葆中本）

文後評語：形容平人，尚多不相肖，況形容聖人，而欲得其容色之微乎？申申夭夭，記者已屬儗似，千載下如何着筆？先輩到此極嚴細，不肯妄下一語，不肯閑設一波，不是窘澁如近人，惟恐毫髮不像。（無錫唐氏本、唐玉虬本）

質勝文則①〔一〕 節

聖人論文質相勝之弊，而惟得中者爲君子焉。蓋文質貴乎得中也，若相勝焉，非野則史矣，而何足爲君子哉？今夫人之交際，凡其可觀而可度者，皆謂之文，凡其崇本而尚實者，皆謂之質。質以主乎文，非不可貴也，但質之過而至於勝文，則白賁〔二〕之操雖足以敦樸素之風，而英華未著，或不免於直情徑行焉耳，不謂之野乎？文以飾乎質，非不可尚也，但文之過而至於勝質，則朱紱〔三〕之華雖足以勝鄙陋之習，而實意未孚，或不免於巧言令色焉耳，不謂之史乎？或野或史，其去君子遠矣必也。文而本之以質，有坤之含章〔四〕，而自寓乎黃裳之吉〔五〕；質而輔之以文，有艮之篤實〔六〕，而自妙乎光輝之著，彬彬然而相雜適均也。此則造詣底於純粹，而黜浮崇雅之得其宜，君子正顏色而近信斯其人哉？而野不足以言之矣。氣質有所涵養，而崇本抑末之得其度，君子闇然而日章〔七〕非若人哉？而史不足以名之矣。謂之曰然後君子，信非野與史者之可及也，學者可不損有餘補不足，以至於君子也哉？

【校記】

①質勝文則篇又載無錫唐氏本、唐玉虬本，據校。

【注釋】

〔一〕出自論語·雍也·子曰質勝文：子曰："質勝文則野，文勝質則史。文質彬彬，然後君子。"

〔二〕白賁：樸素無華的紋飾。周易·賁："白賁，無咎。"孔穎達疏："處飾之終，飾終則反素，故在其質素，不勞文飾，故曰白賁。"

〔三〕朱紱：古代禮服上的紅色蔽膝。周易·困："困於酒食，朱紱方來。利用享祀，征凶，無咎。"

〔四〕含章：見君子欲訥篇所注。

〔五〕黃裳之吉：穿不顯眼的黃色下衣吉祥。比喻保持謙遜之德可保全。周易·坤："六五：黃裳，元吉。"王弼注："黃，中之色也。裳，下之飾也。……元吉，非用武者也。"孔穎達疏："能以中和通於物理，居於臣職，故云黃裳元吉。"

〔六〕艮之篤實：像山一樣的篤厚踏實。周易・艮："兼山，艮。"孔穎達疏："兩山義重，謂之兼山也。"

〔七〕闇然而日章：處世之道應爲韜光養晦，深藏不露，雖然外表暫時暗淡，日久就會彰顯光芒。禮記・中庸："君子之道闇然而日章,小人之道的然而日亡。"孔穎達疏："君子以其道德深遠謙退，初視未見，故曰闇然；其後明著，故曰日章也。"

【集評】

呂留良：文中評語："今夫"至"謂之質"後：出"文""質"二字，便確括而圓活。"質以主"至"野乎"後：紆曲自如。"或野"至"遠矣"後：筋節。"本之以"至"輔之以文"後："本"字"輔"字，暗藏"損有餘補不足"六字。"彬彬"至"均也"後：截斷此句，然後妙卻斷而不斷中有功夫。"謂之曰然後君子"後：非語氣。"學者"至"也哉"後：此意找在後，又好不傷君子，渾成語句。（呂葆中本、無錫 唐氏本、唐玉虬本）

文後評語：祇道理圓瑩簡淨，説來没弊病，便是先輩極高本事，後人要講活脱不着迹，卻便弊病百出矣，如此文有何異處？然到他卻是難。門人問：注中"損有餘補不足"，似文可補，質不可損，忠信可學禮，忠信豈可損耶？曰：此文質在人氣象體段上説，過於樸儛，過於修飾，其不能彬彬一也，與忠信學禮意又別，故楊氏之説，列之國外，若謂忠信不可損，則忠信勝禮，豈可謂之野乎？又問：向者先生有批，謂"彬彬"句不指現成説，"然後君子"乃是成德贊語，正爲"彬彬"中有損補工夫也，今又謂此文找在後好，卻如何？曰：在聖人當下，道個"彬彬"，已是個成德氣體，祇是如何會"彬彬"，況云"然後君子"，則未及"彬彬"時，固學者事也。故朱子加入"學者當損補以成其彬彬"，則"彬彬"方有下落。而"然後"句亦分明，但作文必於"彬彬"句提唱學者損補云云，似又添出學者君子兩件説，不若此文暗藏於前，明指於後，尤爲渾然。此論文體，非有別義也。（呂葆中本、無錫 唐氏本、唐玉虬本）

子所雅言①〔一〕 節②

門人記聖人之常言，而指其莫非切於日用者焉。夫詩、書、執禮，皆切於日用者也，夫子之常言者，此而已矣。夫豈示人以難者哉？且夫子一語一默，莫非至教。罕言者，我知其爲利命與仁也；不言者，吾知其爲怪力亂神也。乃若本乎無行不與〔二〕之教，而反覆以盡其旨，體乎誨人不倦之心，而懇切以盡其要，則有三者焉。兼乎善惡美刺，而以温柔敦厚爲教者，詩之謂也；載乎治亂興衰，而以疏通知遠〔三〕爲教者，書之謂也；本乎天叙天秩〔四〕之理，而爲終身踐行之地者，執禮之謂也。理性情者存乎詩，而政事非書不備，道政事者存乎書，而節文〔五〕非禮不謹，此皆切於日用，而孰非夫子之常言者乎？或爲博文之訓也。不特繪事〔六〕之辨於子夏，孝友之辨於或人，而可群可怨〔七〕之稱，命舜命禹〔八〕之述，殆有反覆而不覺其煩者矣。或爲守約之訓也，不特立禮之告於伯魚，履禮之告於子張，而或勞或恵〔九〕之戒，有方〔一〇〕無方之規，殆有懇切而不覺其贅者矣。總三端而言，未有一端而弗備，就一端而言，未有一日而弗言，此夫子之教也。

【校記】

①子所雅言篇又載陳名夏本、無錫唐氏本、唐玉虬本。
②節，皇明今文待、陳名夏本、無錫唐氏本、唐玉虬本作"一節"。

【注釋】

〔一〕出自論語·述而·子所雅言：子所雅言，詩、書、執禮，皆雅言也。

〔二〕無行不與：没有知道而不和學生分享的，即將知道的知識全部傳授給學生。論語·述而："二三子以我爲隱乎？吾無隱乎爾。吾無行而不與二三子者，是丘也。"包咸注："我所爲無不與爾共之者。"

〔三〕疏通知遠：通透明了。禮記·經解："疏通知遠，書教也。"孔穎達疏："書録帝王言誥，舉其大綱事，非繁密，是疏通；上知帝皇之世，是知遠也。"

〔四〕天叙天秩：天然的品秩等級，謂禮法制度。尚書·皋陶謨："天叙有典,勑我五典五惇哉!天秩有禮,自我五禮有庸哉!"孔穎達疏:"天又次叙爵命,使有禮法。"

〔五〕節文:制定禮儀,使行之有度。禮記·檀弓下:"辟踊,哀之至也。有算,爲之節文也。"孔穎達疏:"男踊女辟是哀痛之至極也,若不裁限,恐傷其性,故辟踊有算爲准節文章。"

〔六〕繪事:繪畫之事。比喻在有良好質地的前提下,進行錦上添花的加工。論語·八佾:"子夏問曰:'巧笑倩兮,美目盼兮,素以爲絢兮,何謂也?'子曰:'繪事後素。'曰:'禮後乎?'子曰:'起予者商也,始可與言詩已矣。'"鄭玄注:"繪畫,文也。凡繪畫先布衆色,然後以素分布其間以成文。"

〔七〕可群可怨:可以培養鍛煉協同合作的能力,可以學得諷刺批判的方法。論語·陽貨:"子曰:'小子,何莫學夫詩?詩,可以興,可以觀,可以群,可以怨。'"孔安國注:"群居相切磋。怨,刺上政。"邢昺疏:"群者,詩有'如切如磋',可以群居相切磋也。可以怨者,詩有'君政不善',則風刺之,言之者無罪,聞之者足以戒,故可以怨刺上政。"

〔八〕命舜命禹:堯傳位於舜時有天命之言,舜傳位於禹時亦説了相同的一番話。論語·堯曰:"堯曰:'咨!爾舜!天之曆數在爾躬,允執其中。四海困窮,天禄永終。'舜亦以命禹。"

〔九〕或勞或葸:勞苦倦怠,怯懦害怕。論語·泰伯:"恭而無禮則勞,慎而無禮則葸。"邢昺疏:"勞,謂困苦。……葸,畏懼之貌。"

〔一○〕有方:有一定的處所。論語·里仁:"父母在,不遠游,游必有方。"鄭玄注:"方,猶常也。"邢昺疏:"父母既存,或時思欲見己,故不遠游,游必有常所,欲使父母呼己,得即知其處也。"

【集評】

艾千子:文後評語:聯羅四句,以明"皆"字,然後於"子所雅言",不相重復,此先輩勝今人處。一二俗拙語,是先輩短處。(皇明今文待、陳名夏本)

陳名夏:文後評語:荆川文名出諸先輩之上,從千子刪本觀之,其不合古法者多矣。如此文,必以"不語""罕言"伴説"雅言",必以"數告門人"語證佐"皆雅言"。氣既寒滯,神復索寞,雖欲不爲之抹出,不可得

也。以後學而譏彈先輩，宜慎之戒之，而至於文章是非之公，尤顧諸同人。細心觀作者、評者之心眼。（陳名夏本）

艾千子：文後評語：聯羅四句，以明"皆"字，然後於"子所雅言"，不相重複，此先輩勝今人處。（呂葆中本、無錫唐氏本、唐玉虬本）

呂留良：文中評語："門人"至"者也"後：記者善言聖教一句中，賓主齊行。"且夫子"至"神也"後：艾評：請客，余謂此非請客，但見其拙耳。"乃若"至"三者焉"後：出雅言句的當。千子概以用論語爲腐，過矣。"本乎天"至"謂也"後："執"字帶疏。"此皆"至"言者乎"後："皆"字從連串數出。"或爲博文之訓也"後：博約二義的當。"繪事之"至"之述"後：此更拙甚。"殆有"至"訓也"後：緊繳"雅"字，針綫細密，是末句複指語。"總三"至"弗言"後：末句逐字包羅。（呂葆中本）

文後評語：此題寫聖人意思不得。聖人原未嘗立定齋課，頒列經義，如近日講堂規式也，全是記者親炙，習傳日久，覺得聖言不離乎此。看首末二句，記者指數神理，倡歎不盡，都在"所"字"皆"字得之。（呂葆中本）

文後評語：此題寫聖人意思不得。聖人原未嘗立定齋課，頒列經義，如近日講堂規式也，全是記者親炙，習傳日久，覺得聖言不離乎此。看首末二句，記者指數神理，倡歎不盡，都在所字皆字得之。（無錫唐氏本、唐玉虬本）

女奚不曰①〔一〕 一節

聖人自名其爲人，惟學而不厭也。甚矣聖人好學之篤也，今乃指以自名，得非所以教子路歟？以爲子之不答葉公，豈不以丘之未易形容耶？不知丘非淪於卑下而有所不足言，亦非涉於隱僻而有所不容言。女奚不曰：資禀未及乎生知，於理固未有得者也，則以學之不講爲憂，而黽勉於道脁〔二〕之求，雖肉味有所不知，奮然於終日之内，雖膏粱有所不顧，憤之極也，而食且爲之忘矣；擇善或得於多聞，於理不無既得者也，則以默而識之爲幸，而心與理會，外物不足以累其中，理與心契，外感不足以擾其慮，樂之深也，而憂且爲之忘矣。

理無終窮,而此憤此樂每相尋而不已;學無止法,而爲憤爲樂每遞變而不忘。日有就而月有將,自志學之初,以及乎耳順之際,但知一息尚存,此志不容少懈耳,庸詎知年數之不足乎?業益修而勤益至,自耳順之前,以至於從心之後,但知義理無窮,此心不容自畫耳,庸詎知夫日月之逾邁〔三〕乎?我之爲人不過如此。吾子從游之久深,有以信我矣,而何不以之告葉公哉?

【校記】

①女奚不曰篇又載無錫唐氏本、唐玉虬本,據校。

【注釋】

〔一〕出自論語·述而·葉公問孔子於子路:葉公問孔子於子路,子路不對。子曰:"女奚不曰,其爲人也,發憤忘食,樂以忘寢,不知老之將至云爾。"

〔二〕道腴:某種學說、主張的精髓。文選·班孟堅·答賓戲:"慎修所志,守爾天符,委命供己,味道之腴。"李善注:"項岱曰:'腴,道之美者也。'"

〔三〕逾邁:疾行,消逝。尚書·秦誓:"我心之憂,日月逾邁,若弗雲來。"孔安國傳:"言我心之憂,欲改過自新,如日月並行過,如不復雲來。"

【集評】

呂留良:文中評語:"不知丘"至"容言"後:"女奚不曰"句正有關係。"資禀"至"得者也"後:"發憤"二句不突,又得聖人謙退語氣。"理無"至"不忘"後:總互四句,見不知老至中憤樂,境界無窮。"但知"至"懈耳"後:成語自親。"我之"至"如此"後:倒煞爲人總結,"云爾"道子圓光之妙。(呂葆中本、無錫唐氏本、唐玉虬本)

文後評語:聖人語中至味,淺淡不得,做作不得,軒一分便亢,輕一分便卑,體貼融會,不失尺寸,而淺淡亦可,做作亦可,端讓作家耳。(呂葆中本、無錫唐氏本、唐玉虬本)

聖人吾不①〔一〕 一節②

聖人不得夫人之至者而思其次，其所感深矣。蓋聖人乃人之至，而夫子之所欲見者也，不得已而至於思君子者，豈其情哉？夫子有感於世道之衰而言此。若曰：學至聖人而止，吾非不欲親炙〔二〕其人也，如幾會之不偶何？蓋聖人者，大而能化者也，其出也必兆夫至治之祥，其生也必待夫貞元〔三〕之會③。今何時也，王已降而霸④矣，三代之英〔四〕，吾徒切於想像耳，安得而身與之遇，以遂吾利見〔五〕之願乎！此何日也，功已降而力矣，周公之道，吾徒出於寤寐耳，安得而躬逢其盛，以慰吾快睹之望乎！夫聖人固必不可見矣，才德出衆如君子者，亦聖人之徒也。世果無其人焉？未可必也。世或有其人焉？未可知也。旁求之下，吾幸得而見之，則人才之難不必追思乎古，而我見聖之初心，亦庶乎其少遂矣，使君子而又不可得焉，吾將何以爲情耶？歷覽之餘，吾或得而見之，則知德之鮮不必深惜於今，而我慕聖之初意，亦庶乎其少慰矣，使君子而復不可見焉，吾將⑤其能自已耶？是則夫子所欲見者，非止於君子而已也，因聖人而下及於君子也；夫子所望於天下，非欲其爲君子而已也，由君子而可進於聖人也。夫子待天下之厚固如此。

【校記】

①聖人吾不篇又載無錫唐氏本、唐玉虬本，據校。
②一節，陳名夏本作"二句"。
③其出也必兆夫至治之祥，其生也必待夫貞元之會，陳名夏本作"其生也必待夫貞元之會，其出也必兆夫至治之祥"。
④霸，陳名夏本作"伯"。
⑤將，陳名夏本作"情"。

【注釋】

〔一〕出自論語·述而·子曰聖人吾不得而見之矣：子曰："聖人，吾不得而見之矣；得見君子者，斯可矣。"子曰："善人，吾不得而見之矣；得見有恒者，斯可矣。亡而爲有，虛而爲盈，約而爲泰，難乎有恒矣。"

〔二〕親炙：親身受到教益。孟子·盡心下："非聖人而能若是乎？而況於親炙之者乎？"朱熹集注："親近而薰炙之也。"

〔三〕貞元：時令的周而復始，天道人世的轉換輪迴。周易·乾："元亨，利貞。"孔穎達疏："元亨利貞者，是乾之四德也。子夏傳云：'元，始也；亨，通也；利，和也；貞，正也。'……萬物得生存而爲元也。……以貞固幹事使物各得其正而爲貞也。"

〔四〕三代之英：夏、商、周三個時代的政治精英。禮記·禮運："大道之行也，與三代之英，丘未之逮也，而有志焉。"孔穎達疏："英謂英異，并與夏、殷、周三代英異之主若禹、湯、文、武等。"

〔五〕利見：此處爲得見三代之英之意。周易·乾："飛龍在天，利見大人。"孔穎達疏："若聖人有龍德飛騰而居天位，德備天下，爲萬物所瞻睹，故天下利見此居王位之大人。"

【集評】

鄭崟陽：文後評語：清和婉澹，荆川文之絶勝者。（陳名夏本）

陳名夏：文後評語："斯可矣"三字，畫出神情，語不煩而意已至。（陳名夏本）

原評：文後評語：局方語圓，且得感慨屬望體。嘗聞茅鹿門置此於座右，知文哉！（吕葆中本、無錫唐氏本、唐玉虬本）

吕留良：文中評語："學至聖人而止"後：一句立全章指歸。"蓋聖人"至"之會"後：宛轉帖"不得見"之故。"今何"至"霸矣"後："吾"字感慨，"矣"字口角。"才德"至"徒也"後：出君子圓融爲斯可矣，傳神。"旁求"至"遂矣"後：抱合。"是則"至"聖人也"後：兩意收住，如聯鑣蹀躞。（吕葆中本、無錫唐氏本、唐玉虬本）

文後評語："斯可矣"三字，原不是慰幸，亦不是絶望，婉婉入情。上句直，下句曲，兩句合來又深折。要之作此不怕無旋轉，祇怕旋轉空軟耳。（吕葆中本、無錫唐氏本、唐玉虬本）

出辭氣斯①②〔一〕 二句③

出其言而道與俱焉，君子所貴之一也。蓋言者，君子之樞機〔二〕也。鄙倍遠而言斯善〔三〕矣，不亦可貴矣乎？此君子治身之道。而曾子以之告孟④敬子也，謂夫言之出乎⑤身也甚微，而其關於國家也甚大，是不可以不慎焉者也。是故自其發於外而所以爲言語者謂之辭，本於中而所以爲聲音者則謂之氣，是辭氣也。由中而達外，榮辱之所以係也，出乎身而加乎民，是非之所由分也。人或取便於應酬，則流於卑近者有矣，然而其失也鄙，君子不取也；或深求隱僻，則涉乎高遠者有矣，然而其失也倍，君子不貴也。必也皇機〔四〕所敷，炳之爲有斐之章焉，而辨理於德音之秩〔五〕；含章〔六〕所發，煥之爲英華之著焉，而顯道於大猷〔七〕之程。謀謨以盡其幾微，而可以爲文德之懿，婉而成章〔八〕也，曲而中禮〔九〕也，其辭嚴，其義正，淺言之而非陋矣，所以修辭立誠，語下而不遺上者此也，鄙何有於不遠乎？擬議以成變化⑥，而可以爲定保之徵〔一〇〕，辨而不華也，贍而有體也，其旨遠，其辭達，大言之而非誇矣，所謂言以定志，語遠而不遺近者此也，倍何有於不遠哉⑦？由是而揚之王庭〔一一〕，百官莫不受成也；由是而宣之邦國，庶民莫不承聽也。而君子所以動天下者，在是矣。

【校記】

①出辭氣斯篇又載陳名夏本、俞康本、俞乾本、無錫唐氏本、唐玉虬本，據校。

②出辭氣斯，陳名夏本、明文鈔作"出辭氣斯遠鄙倍矣"。

③二句，陳名夏本、明文鈔無。

④孟，明文鈔無。

⑤出乎，俞康本作"出於"。

⑥以成變化，明文鈔作"以成其變化"。

⑦哉，明文鈔作"乎"。

【注釋】

〔一〕出自論語·泰伯·曾子有疾：曾子有疾，孟敬子問之。曾子言曰：

"鳥之將死，其鳴也哀；人之將死，其言也善。君子所貴乎道者三：動容貌，斯遠暴慢矣；正顏色，斯近信矣；出辭氣，斯遠鄙倍矣。籩豆之事，則有司存。"

〔二〕樞機：弩箭上裝的部件。此處比喻事物運動的關鍵。周易·繫辭上："言行，君子之樞機也。"韓康伯注："樞機，制動之主。"孔穎達疏："樞謂户樞，機謂弩牙。言户樞之轉，或明或闇，弩牙之發，或中或否，猶言行之動從身而發以及於物，或是或非也。"

〔三〕鄙倍遠而言斯善：説話避免鄙陋粗野和錯誤，要有善意。

〔四〕皇機：國務，政事。三國志·魏書·武帝紀論："終能總御皇機，克成洪業者，惟其明略最優也。"

〔五〕德音之秩：聲譽好，有智慧。詩經·秦風·小戎："厭厭良人，秩秩德音。"毛傳："秩秩，有知也。"

〔六〕含章：見君子欲訥篇所注。

〔七〕大猷：治國之道。詩經·小雅·巧言："秩秩大猷，聖人莫之。"鄭玄箋："猷，道也；大道，治國之禮法。"

〔八〕婉而成章：委婉諱飾而順理成章。左傳·成公十四年："故君子曰：春秋之稱，微而顯，志而晦，婉而成章，盡而不污，懲惡而勸善。"杜預注："婉，曲也，謂曲屈其辭，有所辟諱，以示大順而成篇章。"

〔九〕曲而中禮：婉曲含蓄地合乎禮規。禮記·仲尼燕居："敬而不中禮謂之野，恭而不中禮謂之給，勇而不中禮謂之逆。"

〔一〇〕定保之徵：安國定邦的明證。尚書·胤征："聖有謨訓，明徵定保。"孔安國傳："徵，證；保，安也。聖人所謀之教訓，爲世明證，所以定國安家。"

〔一一〕揚之王庭：被舉用於朝廷。周易·夬："揚於王庭，孚號。"孔穎達疏："王庭是百官所在之處，以君子決小人，故可也。顯然發揚決斷之事於王者之庭，示公正而無私隱也，故曰揚於王庭。"

【集評】

張爾公：文後評語：篇中"君子不取也"一句，子欲仍作"君子不貴"，與對比一樣。蓋以"取"字與本題"貴"字不相映帶耳，字法不可。

苟如此,即刪去"君子不取"一句,以"君子不貴也"單行亦可。(陳名夏本)

陳名夏:文後評語:時文於醇氣便多斡旋,不若先輩提處畫然,而此文亦有高華典貴之氣。(陳名夏本)

艾千子:文後評語:題中字一一精核,尤妙在語語與君子比附,方見出身加民,所以可貴之故。(呂葆中本、俞 康本、俞 乾本、明文鈔、無錫 唐氏本、唐玉虯本)

呂留良:文中評語:"言之"至"甚大"後:艾評:方是"君子"。"出乎身"至"由分也"後:艾評:方是"君子所貴"。"人或"至"不貴也"後:"鄙倍"二字,刻發精切。"婉而"至"此也"後:反"鄙"字好,如是則自遠矣,"斯"字之理乃透。"由是而"至"聽也"後:艾評:方是"君子所貴"。(呂葆中本、無錫 唐氏本、唐玉虯本)

文後評語:鄙是鄙,倍是倍,絕不蒙混,得"出醇氣"之道,則鄙倍自遠,雖易近鄙處倍處,都不鄙不倍。也不是所以出處無根本工夫,也不必於"出"字補出根本工夫,"斯"字當下,自然八面充足,裏經酌雅,精於理體之文。(呂葆中本、無錫 唐氏本、唐玉虯本)

俞長城:文中評語:"謂夫"至"慎焉者也"後:方是君子所貴。"是故"至"醇氣也"後:"醇氣"二字,分斷如此明確,注疏不及。"出乎身"至"由分也"後:方是君子所貴。"必也皇"至"之章焉"後:"斯矣"二字得神。"謀謨"至"陋矣"後:詮"遠鄙"速倍,一句一意俱不苟。"所以"至"上者此也"後:語見斤兩。"由是而揚"至"聽也"後:方是君子所貴。(俞 康本、俞 乾本)

文後評語:關合君子,遂有通那上文不去,文極醇雅精粹。(俞 康本、俞 乾本)

王巳山:文後評語:典愨一裹於經,而絕無運用之迹,其語意與君子相比附,表裏瑩白,粹然無疵。(明文鈔)

禹吾無間①〔一〕 一章

聖人贊前聖之無可議,必指其實而深贊之也。蓋豐儉適宜,此禹之所以無可議也,夫子指而深贊之,殆惟聖人能知聖人與?夫子之意豈不曰:道以得中爲貴,人以盡善爲難,求之於古,吾得禹焉。彼克勤克儉,見於帝舜之所稱,聲律身度[二],見乎史臣之所紀。自今觀之,禹吾無間然矣。蓋縱欲敗度者固昧乎安節之亨[三],而規模狹隘者亦蹈於苦節之誚[四],孰有豐儉適宜如禹者乎?均之爲飲食也,享諸己者則菲焉,而不窮其欲,若夫犧牲粢盛[五]之奉,則又未嘗不致其豐潔也;均之爲衣服也,被諸躬者則惡焉,而不尚乎文,若夫下黻上冕[六]之制,則又未嘗不致其華飾也。於宮室則卑之,尚仍乎茅茨土階之陋;於溝洫則竭力以圖之,不靳乎浚畎距川[七]之功。夫其儉也,非以示矯激也,念守財之戒,不忍以待民與神者,而概施諸其身也;其豐也,非以尚多麼也,廣仁孝之心,不敢以待吾身者,而概加諸神與民也。稱物平施[八]而百度咸底於臧嘉,哀多益寡[九]而舉措悉歸於精密,禹,吾無間然矣。

【校記】

①禹吾無間篇又載無錫唐氏本、唐玉虯本,據校。

【注釋】

〔一〕出自論語·泰伯·子曰禹吾無間然矣:子曰:"禹,吾無間然矣。菲飲食而致孝乎鬼神,惡衣服而致美乎黻冕,卑宮室而盡力乎溝洫。禹,吾無間然矣。"

〔二〕聲律身度:言行皆遵法度。史記·夏本紀:"聲爲律,身爲度,稱以出;亹亹穆穆,爲綱爲紀。"司馬貞索隱:"言禹聲音應鐘律。"王肅注:"以身爲法度。"

〔三〕安節之亨:見子之燕居篇所注。

〔四〕苦節之誚:節制過度,當受責備。周易·節:"節,亨。苦節,不可貞。"孔穎達疏:"節,止也。……節須得中。爲節過苦,傷於刻薄,物所不堪,不可復正。故曰'苦節,不可貞'也。"

〔五〕犧牲粢盛:用於祭祀的牛羊肉和穀物。周禮·地官·牧人:"凡祭祀,共其犧牲。"鄭玄注:"犧牲,毛羽完具也。"尚書·泰誓上:"犧牲粢盛,既於凶盜。"孔安國傳:"粢,音咨,黍稷。盛,音成,在器曰盛。"

〔六〕下黻上冕:頭上戴着祭祀的禮帽,身上穿着祭祀的禮服。論語·

泰伯：「惡衣服而致美乎黻冕。」朱熹集注：「黻，蔽膝也，以韋爲之；冕，冠也。皆祭服也。」

〔七〕濬畎距川：深挖溝澮，使之通入河海。尚書·益稷：「予決九川，距四海，濬畎澮距川。」孔安國傳：「一畎之間，廣尺深尺，曰畎。方百里之間，廣二尋，深二仞，曰澮。澮畎深之至川，亦入海。」

〔八〕稱物平施：根據物品多少，均衡施與分配。周易·謙：「君子以裒多益寡，稱物平施。」王弼注：「隨物而與施，不失平也。」孔穎達疏：「稱物平施者，稱此物之多少，均平而施，物之先多者而得其施也，物之先寡者而亦得其施也，故云稱物平施也。」

〔九〕裒多益寡：以多餘補增不足。喻君子謙虛學習別人的長處，以彌補自己的不足。周易·謙：「君子以裒多益寡，稱物平施。」王弼注：「多者用謙以爲裒，少者用謙以爲益。」孔穎達疏：「裒多者，君子若能用此謙道則裒益其多。言多者得謙，物更裒聚，彌益多也，故云裒多……益寡者，謂寡者得謙而更進益，即卑而不可逾也，是卑者得謙而更增益，不可逾越也。」

【集評】

章翊茲：文後評語：無間然，猶云周匝到底也。明撇過其上一截，專從其小處搜求耳。聖人論人，或從其大，或從其小，各以所言爲準。小事求大，淺事求深，皆文人可笑處。如此題定欲推廣見義，豈疑禹有大段欠闕處耶？祇「豐儉適宜」四字，已盡本題精蘊，一呼一應，安頓自然，令人不可着手。（呂葆中本、無錫唐氏本、唐玉虬本）

呂留良：文中評語：「道以」至「爲難」後：精當語作冒，足據一篇之妙，餘祇順流而下。「彼克」至「所紀」後：是起句襯托末句，用不着於此則精切。「均之爲飲食也」後：章評：妙解。「於宮室則卑之」後：章評：變法。「念守財之戒」後：章評：太小。「稱物」至「精密」後：是末句襯托起句，用不着於此則精切。（呂葆中本、無錫唐氏本、唐玉虬本）

文後評語：時文增出若干閑議論，總於本義不足。本義既足，着筆不多，字字皆精金美玉。回顧閑議論，無非蜣丸蛆帶矣。（呂葆中本、無錫唐氏本、唐玉虬本）

顏淵喟然①②〔一〕 全③

　　大賢歎聖道之妙，教雖可因，而化則未及也。夫體道以化爲極也，顏子雖得於教，而終無以化焉。聖道之妙一至此哉！顏子蓋已得聖人之蘊，而有感於斯道之神，遂喟然歎曰：甚哉！夫子之不可及也！蓋夫子之道，吾以爲求之而可得也。然而峻極〔二〕充周，有不窮之蘊，純全完固，極渾厚之體，得非仰之彌高，而鑽之愈④堅耶？吾以爲視⑤之而可象也，然而周流無滯，極變動之神，兩在不測，妙無方之化，得非瞻之在前，而忽然在後耶？聖道之妙如此，不有夫子之教，則亦終焉爾矣。幸而夫子教思無窮，而誨人有序，始之以博文，所以大其畜〔三〕也，而知必欲其致焉；終之以約禮，所以一其歸也，而行必欲其力焉。是何其循循善誘耶！故未聞夫子之教也，欲求之而不可得也；既聞夫子之教也，欲不求亦不可得也。故好之而必力之，力之而必致之，而博文約禮之功無所不用其極，而吾才爲之竭盡矣；由是不可形者形其形，不可象者象其象，而高堅前後之妙有以灼見其精，而天機〔四〕爲之卓立矣。斯時也，吾豈不欲與道爲一哉？然神不可致思〔五〕，而至之也無所容其功；化不可助長⑥〔六〕，而存⑦之也無所施其力。一間未達之機，亦將奈之何哉？是則方其未得也，夫子之教可以使之求也；及其既得也，雖夫子之教亦不得而與其能也。聖道之妙有如是哉！

【校記】

①顏淵喟然篇又載陳名夏本、無錫唐氏本、唐玉虬本，據校。
②顏淵喟然，欽定四書文作"顏淵喟然嘆曰"。
③全，無錫唐氏本、唐玉虬本作"全章"。
④愈，欽定四書文作"彌"。
⑤視，欽定四書文、明文鈔作"見"。
⑥助長，陳名夏本作"助其長"。
⑦存，陳名夏本作"從"。

【注釋】

〔一〕出自論語·子罕·顏淵喟然嘆：顏淵喟然嘆曰："仰之彌高，鑽之彌堅。瞻之在前，忽焉在後。夫子循循然善誘人，博我以文，約我以禮。欲罷不能，既竭吾才，如有所立卓爾。雖欲從之，末由也已。"

〔二〕峻極：極高。禮記·中庸："發育萬物，峻極於天。"鄭玄注："峻，高大也。"孔穎達疏："峻，高也。言聖人之道高大，與山相似，上極於天。"

〔三〕大其畜：大的積蓄。周易·大畜："大畜，剛健篤實，輝光日新其德。"

〔四〕天機：天賦靈性。莊子·大宗師："其耆欲深者，其天機淺。"

〔五〕神不可致思：天道天德不是人的智力能夠創生的。張載張子正蒙·神化篇："神不可致思，存焉可也。化不可助長，順焉可也。"

〔六〕化不可助長：天道天德不是人的智力能夠增益的。

【集評】

陳名夏：文後評語：入"夫子善誘"以下，確見學問原本，文氣亦婉動。當入手兩偶比爲涉舊體耳。（陳名夏本）

呂留良：文中評語："顏子"至"之神"後：得者聖人之妙，歎者聖人之道，兩句中實主齊行。"然而"至"之體"後：祇贊道之無窮盡無方體，不如時解作顏子自錯用功之謬。"聖道之妙如此"後：骨節珊然。"故未聞"至"亦不可得也"後："欲罷不能"句，轉接合縫。"欲不能"三字，意味自永。"故好之"至"竭盡矣"後：著實不是串插。"由是"至"卓立矣"後：讀此知強分迷悟境界之謬。"斯時"至"一哉"後：自應有此頓挫。"是則"至"能也"後：到此纔說顏子自己分上。（呂葆中本、無錫唐氏本、唐玉虬本）

文後評語：通章總祇贊夫子之道。夫子之教，即其道也。末節顏子之學，正以見其道之不可幾及，非顏子自序入道功候也。然顏子入道功候源流，已盡於此，非先生不能寫出兩邊全身。此題自第一句至結末句，原祇一串說下，並無吃踏，橫被講說家剗成吃踏。步步棘荊，讀此喜將吃踏一

路剗卻。（吕葆中本、無錫唐氏本、唐玉虬本）

　　方苞：文後評語：隨題體貼，處處得"喟然"之神，行文極平淡，自然中變幻無端，不可方物。其噓吸神理處，王守溪亦能之；而開闔頓宕，夷猶自得，則猶未闚此境也。（欽定四書文、明文鈔）

夫子循循①〔一〕 節②

　　大賢言聖人教人之有序，必指立教之實也。蓋先博文而後約禮，夫子教人之序也，大賢言此，其歸功聖人之意有在矣。豈不曰：夫子之道之高妙，信非回之可及矣，所幸者，不有聖人之教乎？蓋誨人不倦，雖其大公之心，因材而篤，亦無雜施〔二〕之序。或抑或揚，雖曰莫非至教也，必先啓啓其端而後致其實，循循然先後之有倫，使人皆有所持，循以造於下學上達〔三〕之地焉；語上語下〔四〕，雖曰無行不與〔五〕也，必先啓其始而後收其終，循循乎始終之有節，俾人皆有所依據，以造乎成章後達之歸焉。何以見之？蓋知行兩事也，其功固不可缺，而博約一理也，其序則不可紊。不先之以博，未免涉於孤陋，而無以爲約禮之基矣。夫子則以文者貫道之器，非文則弗博也，而博我以文，即夫前言往行之蹟，以爲格物窮理之助。蓋凡回之擇乎中庸而不敢怠者，皆自此得之也，否則不敏之資，其將何所發明耶？不繼之以約，未免流於汗漫，而不足以收博文之功矣。夫子則以禮者會道之極，非禮則弗約也，而約我以禮，本之天叙天秩〔六〕之懿，以爲協於克一之歸。蓋凡回之拳拳服膺〔七〕而不敢失者，皆自此而得之也，否則如愚之質，其將何所成就乎？是則仰鑽瞻忽〔八〕之後，至所立卓爾之地，雖夫子之善教，亦顏子之善學也，而獨歸功於夫子，其不忘本之意可見矣。

【校記】

①夫子循循篇又載無錫唐氏本、唐玉虬本，據据。
②節，無錫唐氏本、唐玉虬本作"一節"。

【注釋】

〔一〕見顏淵喟然篇所注。
〔二〕雜施：雜亂施教。禮記・學記："雜施而不孫，則壞亂而不修。"

孔穎達疏："雜施，謂教雜亂無次。"

〔三〕下學上達：見君子欲訥篇所注。

〔四〕語上語下：中等水平以上的人，可以同他講高深的道理。中等水平以下的人，不能同他講高深的道理。論語・雍也："中人以上，可以語上也。中人以下，不可以語上也。"

〔五〕無行不與：見子所雅言篇所注。

〔六〕天敘天秩：見子所雅言篇所注。

〔七〕服膺：見吾與回言篇所注。

〔八〕仰鑽瞻忽：夫子之道，越抬頭看，越感覺高，越用力鑽研，越感覺深奧。看看似乎在前面，忽然又到後面去了。論語・子罕："顏淵喟然歎曰：'仰之彌高，鑽之彌堅。瞻之在前，忽焉在後。'"

【集評】

呂留良：文中評語："蓋誨人"至"之序"後：着四語，有力有局。"循循然先後之有倫"後："循循"實義。"使人"至"地焉"後：實做"循循"六字，即罩得下節盡。"蓋知"至"可紊"後：又着四語，甚次第。"非文則弗博也"後：可見駁雜邪異之非博。"蓋凡"至"得之也"後：逼下文矣。卻祇是歸功聖教。"非禮則弗約也"後：可見本心空悟之非約。"如愚之厌"後：拙。"仰鑽瞻忽之後"：上節祇言聖通之妙，不是顏學之窮。（呂葆中本、無錫唐氏本、唐玉虬本）

文後評語：上一句是總綱，下二句是條目，看其逐字體認之細。以文以禮，纔見博約有實據，不是機權炻用。故程子謂孟子才高難學，學者須是學顏子，有準的。自後人論之，定謂顏子高如孟子，較難學耳。爲甚反如此道？祇爲此等處，顏子卻做得精密，說得老實，乃所謂準的也。時文祇解會"博約"二字，便落空去。讀先生文，見文、禮是聖門欄柄，兩"以"字授受，何等用力。（呂葆中本、無錫唐氏本、唐玉虬本）

沽之哉沽①〔一〕 三句

聖人示己雖欲爲世用，而終不求售於人焉。蓋藏器於身，待時而動〔二〕，此聖人出處之義也。夫豈必於用世，而衒玉以求售[三]哉？夫子因子貢以玉爲喻，故示之若此。蓋以玉也者，本物之貴而利於用者也，美玉也者，又人之甚欲而不可必得者也。有美玉而不沽，則不惟玉之積於無用，無以自顯其爲希世之珍，而人亦不得藉玉以爲成器之用矣。如其沽焉，則不惟人之得於致用者，有以立夫成器之美，而玉亦得以顯其爲希世之珍矣。子疑韞匵而藏[四]之不可，吾亦知其不可也；子以爲善價而當沽[五]，吾亦知其當沽也。吾其沽之哉！沽之哉！但均之爲沽也，有人求於我而後沽者矣，此則所重者常在我也；亦有我求於人而沽者矣，此則所重者常在人也。彼人之急於自售者，容有不待人之求而輕以與之者矣。我則以爲天下之寶，當爲天下惜之，席上之珍[六]，我惟懷之而已。而聘之至與不至，吾不得而與焉。要之利物之心固不能無，而物之不欲我利，則莫可容其力矣，是雖冒夫懷寶[七]之私也，亦何計哉？人之甘於自褻者，容有不待價之至，而先以求之者矣。我則以爲用舍在人，吾不得而與之，被褐以懷[八]，吾惟守之而已，而人之求與不求，初無所容心焉。要之濟世之心固未嘗忘，而世不欲其我濟，則亦無如之何矣，是雖終於櫝中之毀[九]也，何暇恤哉？是則玉而曰沽者，夫子行道之本心；沽必待價者，夫子持身之正道也。此出處之義，豈子貢所能及哉？

【校記】

①沽之哉沽篇又載無錫唐氏本、唐玉虬本，據校。

【注釋】

〔一〕出自論語·子罕·子貢曰有美玉於斯：子貢曰："有美玉於斯，韞匵而藏諸？求善賈而沽諸？"子曰："沽之哉！沽之哉！我待賈者也。"

〔二〕藏器於身，待時而動：把工具藏在身上，等待時機才發動。比喻人要有能力、有學問，且深藏不露，等待時機成熟再施展。周易·繫辭下："君子藏器於身，待時而動，何不利之有？"

〔三〕衒玉以求售：美玉有待出售。比喻有才華的人希圖被重用以得功名。論語·子罕："有美玉於斯，韞匵而藏諸？求善賈而沽諸？"

〔四〕韞匵而藏：放在櫃子里藏起來。比喻人的才能深藏不露。論語·子罕："有美玉於斯，韞匵而藏諸？"馬融注："韞，藏也；匵，匱也。"

〔五〕善價而當沽：等好價錢再賣出。比喻懷才不遇，等有人賞識再出來做事。論語‧子罕："有美玉於斯，韞匵而藏諸？求善賈而沽諸？"馬融注："沽，賣也。"

〔六〕席上之珍：席上的珍寶。比喻至美至高的才德。禮記‧儒行："儒有席上之珍以待聘。"孔穎達疏："席，猶鋪陳也。珍，謂美善之道。"

〔七〕懷寶：懷藏道德才華。論語‧陽貨："懷其寶而迷其邦，可謂仁乎？"朱熹集注："懷寶迷邦，謂懷藏道德，不救國之迷亂。"

〔八〕被褐以懷：身穿粗布衣服而懷抱美玉。比喻雖出身貧寒，但有真才實學。老子："知我者希，則我者貴，是以聖人被褐懷玉。"

〔九〕櫝中之毀：在匣子里毀壞。論語‧季氏："虎兕出於柙，龜玉毀於櫝中，是誰之過與？"朱熹集注："櫝，匱也。……在櫝而毀。"

【集評】

呂留良：文中評語："聖人"至"售於人"後：意足。"有美玉"至"珍矣"後：兩路商量，卻正得之哉！决詞。"子疑"至"沽之哉沽之哉"後：又接上文，作波蕩語意，吞吐間已有第三句在。"但均"至"在人也"後：從"求"字生出"待"字，從"沽"字生出"求"字，卻妙從"賈"字增出人之"求"字，語意露而不露，此一段人不會下。"彼人"至"之者矣"後："待"字緊對"求"字。"要之"至"力矣"後：講"待"字，四面圓滿。"要之"至"何矣"後：聖賢到此真奈何。"夫子"至"道也"後：孟子往來齊梁而卒，不肯枉尺，聖門嫡傳如是。（呂葆中本、無錫唐氏本、唐玉虬本）

文後評語：自古聖賢無不欲沽，而終不得賈者。孔、孟、程、朱，其玉更美，則賈更高，非衰世之所能沽也。然聖人未嘗有歉於玉，祇能盡待賈之道，雖不沽，猶沽耳。待不是守株傲物。孔、孟皇皇汲汲，而未嘗枉道苟合，是之謂待。若後儒屢聘而出，碌碌無所建白，又以官小辭歸，退而高譚異端之道，此爲邀求，非待賈也。緣他本是碔砆，閭門諺謂燒料玉簪，價還透，反賣不得耳。"待"字中見聖人體用具足，非荊川發揮不似。"待"字正對子貢"求"字，然聖人語氣渾然，不必指破，而"求"字之病自見。時文於"沽哉"下，必排斥"求"字以出"待"字，殊失語妙，然又

直下不得,看先生於此,大有神通。(吕葆中本、無錫 唐氏本、唐玉虬本)

我待賈者也①〔一〕

聖人居身之珍,必不輕於求售也。夫藏器於身,待時而動,此固聖人出處之道也。自輕以求售,夫豈爲之哉?夫子曉子貢之意蓋如此。且夫有美玉而沽之〔二〕,固吾之心也。但求價而沽,則非吾之所謂沽矣。何者?玉之爲器也重,而其爲賈也高。必有識玉之人,而後能知其爲萬鎰〔三〕之賈,非若常物之有定賈而易識也;必有愛玉之人,而後能捐萬鎰之賈,非若常物之爲賈卑而易售也。不易識而求識焉,人將以美玉爲碔砆〔四〕者有矣;不易售而求售焉,人將以貴賈爲賤賈者有矣。我則懷其寶〔五〕而不敢衒,必待夫識玉者之有求於我也,而後與之論賈焉,況良賈深藏若虛,凡物皆然也,而獨於玉乎?藏其器而不敢褻,必待夫愛玉者不吝於賈也,而後與之交易焉,況金珠不粥於市,以其貴重也,而獨於玉乎?待賈而賈至也,則垂之如墜〔六〕。孚尹旁達〔七〕者,誠可以爲華國〔八〕之用,固吾之所幸也。待賈而賈未至也,則氣如白虹貫於山川者,自不失爲櫝中之珍,亦非吾之所慍也。蓋待聘於席上〔九〕,則連城之求,自當踵門而至焉。無因而至前,則夜光之璧〔一〇〕,且將按劍而視〔一一〕矣。然則我待賈而沽者也,豈求賈而沽者哉?

【校記】

①我待賈者也篇又載陳名夏本、唐玉虬本、無錫 唐氏本,據校。

【注釋】

〔一〕見沽之哉沽篇所注。

〔二〕有美玉而沽之:見沽之哉沽篇所注。

〔三〕萬鎰:極言貴重。孟子·梁惠王下:"雖萬鎰,必使玉人雕琢之。"趙岐注:"二十兩爲鎰。"楊伯峻注:"'鎰'也作'溢',二十兩爲一鎰。'萬鎰'言其貴重,不是言其衆多。焦循正義依趙岐注,不正確。"

〔四〕碔砆:像玉的石頭。文選·司馬長卿·子虛賦:"瑊玏玄厲,碝石碔砆。"張揖注:"碝石、碔砆,皆石之次玉者……碔砆,赤地白采,蔥蘢白黑不分。"

〔五〕懷其寶：見沽之哉沽篇所注。

〔六〕垂之如墜：懸垂就下墜。比喻謙卑知禮。禮記·聘義："夫昔者君子比德於玉焉：溫潤而澤，仁也……垂之如隊，禮也。"孔穎達疏："垂之如隊，禮也，言玉體垂之而下墜，人有禮者亦謙恭而卑下。"

〔七〕孚尹旁達：光彩四溢。比喻誠信高潔的品德。禮記·聘義："夫昔者君子比德於玉焉：溫潤而澤，仁也……孚尹旁達，信也。"孔穎達疏："孚，浮也。浮者，在外之名。尹……在外者。旁者，四面之謂也。達者，通達之名也。"

〔八〕華國：光耀國家。國語·魯語："子爲魯上卿，相二君矣，妾不衣帛，馬不食粟，人其以子爲愛，且不華國乎？"

〔九〕聘於席上：鋪陳上古堯舜美善之道，以待君上聘召。泛指闡述至善至美的學說見解以彰顯才德而被聘用。禮記·儒行："儒有席上之珍以待聘。"孔穎達疏："席，猶鋪陳也。珍，謂美善之道。言儒能鋪陳上古堯舜美善之道，以待君上聘召也。"

〔一〇〕夜光之璧：夜晚發光的璧玉。比喻有才華之人。史記·鄒陽列傳："臣聞明月之珠，夜光之璧，以暗投人於道路，人無不按劍相眄者。"

〔一一〕按劍而視：人們對黑暗中投來的明月珠、夜光璧沒有不按着劍柄斜看的。比喻人才置於暗處，不能得到正確對待。

【集評】

陳名夏：文後評語：多未雅馴處。（陳名夏本）

呂留良：文中評語："但求"至"沽矣"後：待賈正聖人之沽。"何者"至"賈也高"後：可知美玉有多少等，此是第一等。"必有"至"之賈"後：二義雙關到底。"非若"至"識也"後：玉本難沽之玉，故賈必須待。"不易"至"有矣"後：又頓見不待不得，非故索高賈也。"我則"至"敢衒"後：落"我"字，恰得。"必待"至"賈焉"後：一綫不移。"待賈而賈至也"後：自然波瀾。"則氣如"至"慍也"後：原不曾辜負，憂則違之，非爲玉也，方見"待"字中聖賢毫無觖望。（呂葆中本、無錫唐氏本、唐玉虬本）

文後評語：聖人之玉之美，較尋常美玉難識，便識得，無至德以契之、大力量以用之，如齊景、魯季、桓楚、子西，雖識，猶不識也。以識愛二意盡"賈"字，分柱到底，所以必待之理，亦昭然圓足矣。評者謂其多未雅馴，此正以不狂爲狂也。要知其所指雅馴者，乃惡俗耳。（呂葆中本、無錫唐氏本、唐玉虬本）

原評：文後評語：聖人之玉之美，較尋常美玉難識，便識得，無至德以契之、大力量以用之，如齊景、魯季、桓楚、子西，雖識猶不識也。以識愛二意盡"賈"字，分柱到底，所以必待之理，亦昭然圓足矣。（明文鈔）

王巳山：文後評語：得手尤在起講下即立二語，見得玉不易識，賈不易有，則於不可不待之故，已距題巔。下分識玉愛玉二義，反正相生，方見得聖人之沽正有不容不待者。後直打開後壁，説到待之不至，自無損於玉，若一出於求，必不成其爲沽，則"待"字之地分自得，而"求"之非益見矣。文極剖抉得盡。（明文鈔）

入公門鞠①②〔一〕　全③

聖人之趨朝也，漸近於君而敬有加，漸遠於君而敬無已。蓋朝廷之禮，以敬爲主也，況聖人事君盡禮者，其始終之一於敬也，固有不期然而然者哉？昔者夫子當其習容觀玉〔二〕之委蛇〔三〕，趨朝之初，於時固直躬而行也。一入公門，則鞠其躬而如不容焉，不知公門之高且大也。立不中門〔四〕，以避尊也，行不履閾〔五〕，以致恪也，自其入門而敬已至矣。然此猶致敬於其躬，而其色與足猶自如也。及其過君之位，則如見乎君矣。色而勃如〔六〕，非夭如〔七〕之常也；足而躩如，非折旋〔八〕之常也。言似不足，非便便言〔九〕之常也，自其過位而敬益至矣。然色與足雖以變其常，而氣猶自如也，及其自堂下之位而攝齊以升於堂上〔一〇〕，則最近乎君矣。其鞠躬猶夫入門之時而屏其氣，則有似乎不息者焉，至於升堂而敬無以加矣。升拜之禮既成，由是而出，降一等，則天顏暫違④於咫尺，氣無事於屏矣。逞其顏色殆有怡如，其可鞠⑤者乎？由是而没階，則拾級無煩於聚足，衣可以不攝矣。拱手而趨殆有翼如，其可象者乎？由是而復其堂下之位，則又瞻仰堂上，君實臨之，踧踖如也而不敢自寧焉。色方逞而又變，手方翼而又斂，其殆鞠躬屏氣之餘乎？聖人之見君，始而敬，中而和，而終之以敬如此，然而和非有出於敬之外也，和蓋所以濟敬也歟？

【校記】

①入公門鞠篇又載無錫 唐氏本、唐玉虬本，據校。
②入公門鞠，欽定四書文、明文鈔作"入公門"。
③全，欽定四書文、明文鈔、無錫 唐氏本、唐玉虬本作"全章"。
④違，明文鈔作"遠"。
⑤鞠，欽定四書文、明文鈔作"掬"。

【注釋】

〔一〕出自論語·鄉黨·入公門：入公門，鞠躬入也，如不容。立不中門，行不履閾。過位，色勃如也，足躩如也，其言似不足者。攝齊升堂，鞠躬如也，屏氣似不息者。出，降一等，逞顏色，怡怡如也。沒階，趨進，翼如也。復其位，踧踖如也。

〔二〕習容觀玉：演習一下儀容舉止是否得當，聽一下走路時玉珮聲音與步伐是否和諧。禮記·玉藻："既服，習容觀玉聲，乃出。"孔穎達疏："私習儀容，又觀容，聽己珮鳴，使玉聲與行步相中適。玉，珮玉也。"

〔三〕委蛇：見子之燕居篇所注。

〔四〕立不中門：不站在門的中間。論語·鄉黨："立不中門，行不履閾。"邢昺疏："中門，謂棖闑之中央。君門中央有闑，兩旁有棖。棖謂之門闑。棖闑之中,是尊者所立處,故人臣不得當之而立也。"

〔五〕行不履閾：走路不踩門坎。論語·鄉黨："立不中門，行不履閾。"邢昺疏："履，踐也；閾，門限也。出入不得踐履門限。"

〔六〕色而勃如：面色矜持莊重。

〔七〕夭如：見子之燕居篇所注。

〔八〕折旋：曲行，古代行禮動作。韓詩外傳卷一："立則磬折，拱則抱鼓，行步中規，折旋中矩。"

〔九〕便便言：說話明白流暢。論語·鄉黨："其在宗廟朝廷，便便言，唯謹爾。"鄭玄注："便便，辯也。"

〔一〇〕攝齊以升於堂上：提起衣服下襬向堂上走。論語·鄉黨："攝齊升堂，鞠躬如也，屛氣似不息者。"孔安國注："衣下曰齊。攝齊者，摳衣也。"

【集評】

呂留良：文中評語："聖人"至"無已"後：精切。"初於時"至"行也"後：補法。"自其"至"至矣"後：束一句，分出界地。"然此"至"自如也"後：步步入去，節節分析。"其鞠躬"至"加矣"後：精細。"升拜之禮既成"後：又補一句，精細。"由是"至"屛矣"後：都有關目。"色方逞"至"之餘乎"後：通場刻畫。（呂葆中本、無錫唐氏本、唐玉虬本）

文後評語：其排場一綫貫串，令人如見，其妙得之子長；其鋪張綜密，闔炤精細，無處不周匝，其妙得之孟堅。（呂葆中本、無錫唐氏本、唐玉虬本）

方苞：文後評語：或於前面托一層，或於後面收一筆。夫子德盛禮恭、從容中節處，曲曲傳出，而行文亦極迴環錯落之巧。（欽定四書文、明文鈔）

王耘渠：文後評語：層層染，層層鈎，畫出聖人全體，是作鄉黨題不易之則。（明文鈔）

高嵣：文後評語：層層分晰，步步聯絡，巧法兼備之文。（明文鈔）

君賜食必①〔一〕 節②

聖人隨君之所賜，而處之曲盡其禮也。甚矣聖人事君盡禮也，即其處君之賜，何往而非禮之所在乎？且君之賜臣，所以昭晉錫之殊恩，而隆鼎養之大典也。夫子爲臣於魯，君嘗賜之食矣，食則或出於餕餘〔二〕者也。夫子於此既不敢以薦諸神，亦不遽以頒諸人，必也正席於拜嘉〔三〕之際，品嘗於頒賜〔四〕之先，退食之從容〔五〕，猶侍食之嚴肅也，其敬君之賜何如？君嘗賜之腥矣，腥則方頒於君庖〔六〕者也。夫子於此慶幸③之意方深，如在之誠隨至，必也熟之錡釜〔七〕之內，薦之宗廟之中，存沒均沾，而人神胥悅也，其榮君之賜何如？君嘗賜之生矣，謂之生者，非若食之可嘗也，非若腥之可薦也，夫子必從而畜之。蓋物爲同與而不忍之念自萌，況賜出於君而愛惜之心尤切。或祭祀未舉，則畜之而不敢殺也，或宴享未行，則畜之而不敢用也，其仁君之賜何如？自其先嘗之也，而見逮下[八]之恩焉；自其薦之也，而見事先之孝焉；自其畜之也，而見育物之仁焉。一敬君而衆善皆備者，非孔子，其孰能之？

【校記】

① 君賜食必篇又載 無錫 唐氏本、唐玉虯本，據校。
② 節，無錫 唐氏本、唐玉虯本作"一節"。
③ 幸，無錫 唐氏本作"辛"。

【注釋】

〔一〕出自論語·鄉黨·君賜食：君賜食，必正席先嘗之。君賜腥，必熟而薦之。君賜生，必畜之。侍食於君，君祭，先飯。

〔二〕餕餘：吃剩餘的食物。禮記·郊特牲："厥明，婦盥饋，舅姑卒食，婦餕餘，私之也。"孔穎達疏："食餘曰餕。"

〔三〕拜嘉：拜謝贊美。左傳·襄公四年："鹿鳴，君所以嘉寡君也，敢不拜嘉？"

〔四〕頒賜：君王將財物分賞給臣下。周礼·天官·膳夫："凡肉脩之頒賜，皆掌之。"

〔五〕退食之從容：官吏品行正直，儀容從容自得。詩經·召南·羔羊："退食自公，委蛇委蛇。"鄭玄箋："退食，謂減膳也。"

〔六〕君庖：供給食用。宋 鮑當孤雁："天寒稻梁少，萬里孤難進。不惜充君庖，爲帶邊城信。"

〔七〕錡釜：鍋具。有足曰錡，無足曰釜。左傳·隱公三年："筐筥錡釜之器。"

〔八〕逮下：恩惠及於下人。詩經·周南·樛木毛序："樛木，后妃逮下也。言能逮下而無嫉妒之心焉。"

【集評】

吕留良：文中評語："且君"至"大典也"後：統説君賜，開局闊重，得左氏風規。"夫子"至"諸人"後：簡老。"其敬君之賜何如"後：三字分配的當。"蓋物"至"自萌"後：義高而意周，是聖人境分。"賜出"至"賜何如"後：炤注中"無故"二字，了"畜"字結果，非放生也。"自其先"至"仁焉"後：推蘊精確。"一敬君"至"能之"後：歸結"敬君"一句，收得有力。（吕葆中本、無錫唐氏本、唐玉虬本）

　　文後評語：闡發德意，時文亦標諸義，但説來欠精切，便不是聖人榜樣耳。又不是説話不鋪張，議論不開拓，為甚不相像？此卻是難説。（吕葆中本、無錫唐氏本、唐玉虬本）

朋友之饋①〔一〕　節②

　　聖人於朋友之交際，不惟其物，惟其義也。甚矣聖人禮以義起者也，其於朋友之饋，豈嘗概致其恭哉？且交際之義，固當交以道而接以禮，拜嘉〔二〕之恭，尤當協諸義〔三〕而稱其施〔四〕。今夫朋友之饋，有車馬焉，有祭肉焉。自夫貨財為禮者，莫不以車馬為重貨也，祭肉為微物也，固有拜車馬而不拜祭肉者矣；自夫筋力為禮者，鮮不以車馬為禮儀之厚，而祭肉為孝敬之道，固有祭肉車馬而兼致其拜者矣。吾夫子則不然，蓋以車馬之為物雖重也，然朋友有通財之義，則彼之財即吾之財，而享其車馬之奉，是亦推其共敝〔五〕之心也，奚必有過恭之加？祭肉之為物雖微也，然朋友有兄弟之情，則彼之親即我之親，而享朋友之遺，是亦餕鬼神之餘〔六〕也，奚可有褻慢之失？故於神惠之頒也，而如在之誠隨竭，致其敬而敬焉，而不恤乎亟拜之勞，外此雖車馬之至重，而朋友之所不輕以與之者，則亦以為當得而非過也，直受之而已矣，豈以其施之祭肉者而概施之於此乎？於餕餘〔七〕之惠也，而致愛之念即興，盡其恭而恭焉，而必竭拜嘉之敬，外此雖車馬之至厚，而朋友之所視以為大重者，則亦以為常禮而非過也，感德則有之矣，豈以加之祭肉者而并加之於此乎？向使祭肉而不拜，固非所以伸同尊之義，使車馬而亦拜，則祭肉之拜亦非所以為專敬矣。

【校記】

①朋友之饋篇又載無錫唐氏本、唐玉虬本，據校。
②節，無錫唐氏本、唐玉虬本作"一節"。

【注釋】

〔一〕出自論語·鄉黨·朋友之饋：朋友之饋，雖車馬，非祭肉，不拜。

〔二〕拜嘉：見君賜食必篇所注。

〔三〕協諸義：禮與義相合。禮記·禮運："協諸義而協，則禮雖先王未之有，可以義起也。"鄭玄注："協，合也。合禮於義，則與義合，不乖剌。"

〔四〕稱其施：見禹吾無間篇所注。

〔五〕共敝：（車馬衣服）共同使用壞了。論語·公冶長："子路曰：'願車馬，衣輕裘，與朋友共敝之而無憾。'"

〔六〕餕鬼神之餘：吃鬼神吃剩下的祭品，即食祭祀用過的肉。禮記·祭統："尸亦餕鬼神之餘也，惠術也，可以觀政矣。"

〔七〕餕餘：見君賜食必篇所注。

【集評】

呂留良：文中評語："聖人"至"義也"後：寫意已足。"今夫"至"祭肉焉"後：並提出，妙。此是於史家場頭得法。"固有"至"拜者矣"後：此一翻剔，乃見側重。"吾夫子"至"雖重也"後：二比又平分各說，虛逗"雖"字。"然朋友"至"之義"後：體貼注意入細。"故於"至"敬焉"後：二比串說，側重祭肉。"外此"後：二字妙，可見"雖"字中饋禮正多。"亦以爲"至"而已矣"後：不拜寫得理足。"感德"至"於此乎"後：此意更好，但不拜耳，非輕友惠也。"向使"至"專敬矣"後：結出聖人等殺天則。（呂葆中本、無錫唐氏本、唐玉虬本）

文後評語：即友饋一節，見聖人知天一本之道，若但以饋看，則車馬極重，祭肉極微，而聖人於拜有專敬。從朋友之親起義，則朋友一倫，雖在親親之外，而引而近之，一本之理則同。於此用敬極重，則下面等殺纔有可盡，而不至於倒施。此等殺起處，所謂本天者也。下面饋之厚薄，與敬之輕重，亦各有宜然，不止車馬一種，車馬舉其極重者言耳。文於此理分明，蘊含閎邃，讀者細體會自得。雖非不三句讀，卻祇一氣急下，意原一串，然非先平，則側貫意不透。看其提句平出，起比總挑，中比平疏，後股側注，其法極精，而出落圓變，不見痕迹爲尤難。莫草草念過。（呂

葆中本、無錫唐氏本、唐玉虬本）

車中不内①〔一〕　節②

　　聖人之在車，其容一無所苟也。甚矣聖人周旋中禮〔二〕也，豈以在車之時，而其容或苟哉？且車中雖非嚴肅之地，而容之得失存焉，人之觀瞻係焉。夫子於此氣象從容，固無斂束之意，而寅恭外著，自有可象之儀。何則？車中不能無所顧也，但顧而內焉，則失容而且惑人耳。吾觀夫子或立視五巂〔三〕，或式視馬尾〔四〕，顧則有之矣，要之不過乎轂〔五〕也，其目容之端有如此者。車中不能無所言也，但言而疾焉，則失容而且惑人耳。吾觀夫子或隨問而答，或因事而發，言則有之矣，要之不傷於躁也，其聲容之靜〔六〕有如此者。至若親指，則嫌於妄動矣，況車中而親指焉，尤足以失容而惑人乎！吾夫子顒若〔七〕之忱，得於心而應於手，自執綏之外，未嘗近有所指也，自憑軾之餘，未嘗遠有所指也，其手容之恭〔八〕有如此者。然夫子非懼其失容，而故爲是矜持也，非懼其惑人，而故若是致飾於外也，蓋其身爲度之常耳；亦非在車中則然，而平居〔九〕則內顧、疾言、親指也，蓋車中則尤爲可見耳。噫！此門人記夫子升車之容也。彼猗重較兮〔一〇〕見武公之德〔一一〕，車聲轔轔知伯玉之賢〔一二〕，蓋君子動則思禮，而況在車有鸞和之聲〔一三〕。又古人所以防非僻之干〔一四〕者也，是故孔子安禮者也，衛武公、蘧伯玉守禮者也，聖賢之分，殊其有得於禮一也。

【校記】

①車中不内篇又載無錫唐氏本、唐玉虬本，據校。

②節，無錫唐氏本、唐玉虬本作"一節"。

【注釋】

〔一〕出自論語·鄉黨·升車：升車，必正立，執綏。車中，不內顧，不疾言，不親指。

〔二〕周旋中禮：舉止儀容、進退揖讓都符合禮的要求。孟子·盡心下："動容周旋中禮者，盛德之至也。"

〔三〕立視五巂：站立乘車，向前看輪轉五周的距離。禮記·曲禮：

"立視五巂，式視馬尾，顧不過轂。"鄭玄注："立，平視也。巂，猶規也，謂輪轉之度。"孔穎達疏："巂，規也。車輪一周爲一規。"

〔四〕式視馬尾：憑軾俯身的時候，眼看馬尾。

〔五〕不過乎轂：乘車回頭看，視綫不要超過車軸兩端。

〔六〕聲容之靜：說話時的聲調、儀態平靜從容。禮記·玉藻："足容重，手容恭，目容端，口容止，聲容靜。"

〔七〕顒若：虔誠恭敬。周易·觀："盥而不薦，有孚顒若。"

〔八〕手容之恭：手的儀態恭敬謹慎，不妄加比劃。

〔九〕平居：平日，平素。戰國策·齊策五："此夫差平居而謀王，強大而喜先天下之禍也。"

〔一〇〕猗重較兮：倚靠着卿士之車。詩經·衛風·淇奧："寬兮綽兮，猗重較兮。"鄭玄箋："重較，卿士之車。"

〔一一〕武公之德：衛武公，衛國第十一代國君，德行賢明，有政績。詩經·衛風·淇奧毛序："淇奧，美武公之德也。有文章，又能聽其規諫，以禮自防，故能入相於周也。"

〔一二〕車聲轔轔知伯玉之賢：蘧伯玉，衛國的賢大夫，以知禮守禮著稱。漢劉向列女傳卷三："靈公與夫人夜坐，聞車聲轔轔，至闕而止，過闕復有聲。公問夫人曰：'知此謂誰?'夫人曰：'此必蘧伯玉也。'公曰：'何以知之?'夫人曰：'妾聞，禮，下公門，式路馬，所以廣敬也。夫忠臣與孝子，不爲昭昭信節，不爲冥冥墮行。蘧伯玉，衛之賢大夫也，仁而有智，敬於事上，此其人必不以暗昧廢禮，是以知之。'公使視之，果伯玉也。"

〔一三〕鸞和之聲：車轅前端橫木上的鸞鈴與車軾上的和鈴互相響應。意指君子出行。禮記·玉藻："故君子在車則聞鸞和之聲，行則鳴珮玉，是以非辟之心無自入也。"

〔一四〕非僻之干：沒有邪僻之念的干擾。朱熹近思錄·存養："一則自是無非僻之干。此意但涵養久之，則天理自然明。"

【集評】

原評：文後評語：不見其擬古，而筆法清超，自得歐、曾之氣。（呂

葆中本、無錫唐氏本、唐玉虬本）

　　呂留良：文中評語："夫子"至"之意"後：寫聖人。"吾觀"至"如此者"後：自有宜顧言指者，擊出"內""疾""親"三字。"然夫子"至"於外"後：又宕起聖人。"蓋車"至"見耳"後：圓匝。"彼猗"至"之德"後：別生波結，得史、傳妙用。"是故"至"禮者也"後：不是請客，正爲形出聖人。（呂葆中本、無錫唐氏本、唐玉虬本）

　　文後評語：此方是鄉黨畫出孔子，他人祇做得曲禮文字耳。不是內顧疾言親指，別有個聖人道理，祇所以不處自不同。（呂葆中本、無錫唐氏本、唐玉虬本）

論語下

孝哉閔子①②〔一〕　一節

聖人以孝稱賢者，而有徵於內外之相孚焉。蓋名者實之賓也，父母、昆弟〔二〕稱之而人信之，信乎閔子騫之孝矣。聖人所以贊之也，意以克諧〔三〕如舜，吾嘗以大孝〔四〕稱之矣；善述〔五〕如武③，吾嘗以達孝〔六〕稱之矣。而今之世未見其人也。吾門有若閔子騫者，幹蠱〔七〕而不憚其勞，有以敦夫天性之懿，順令而不達其志，有以崇其立愛之心。孝哉其閔子乎！何也？真情之④不容掩者莫如父母、昆弟，而公論之不容泯者，尤莫如邦人〔八〕。使其有未孝焉，雖父母、昆弟且或志行不孚也，而況於人乎？使其孝有未純焉，則父母、昆弟容或阿私所好也，而人其信之乎？今也父母之安於其孝者，固稱之曰孝矣。而人之同此心者，莫不曰斯人真能孝者也，外固無異於內矣。昆弟之感於其孝者，固以孝稱之矣，而人之同此理者，亦莫不曰斯人信能孝者也，疏固不間於親矣。是則其⑤孝之積於一身者，我雖不能見而知之，而其孝之協於眾口者，我固可以聞而知之也。名之曰孝，豈不有所試哉？

【校記】

①孝哉閔子篇又載陳名夏本、無錫唐氏本、唐玉虬本，據校。
②孝哉閔子，陳名夏本作"孝哉閔子騫"。
③武，陳名夏本作"武周"。
④真情之，陳名夏本作"實德之"。
⑤其，陳名夏本無。

【注釋】

〔一〕出自論語·先進·子曰孝哉閔子騫：子曰："孝哉閔子騫！人不間

於其父母昆弟之言。"

〔二〕昆弟：兄和弟。論語·先進："孝哉閔子騫！人不間於其父母、昆弟之言。"邢昺疏："昆，兄也。"

〔三〕克諧：能够和諧、調和。尚書·舜典："詩言志，歌永言，聲依永，律和聲，八音克諧，無相奪倫，神人以和。"

〔四〕大孝：孝心誠篤，永不竭盡。禮記·祭義："孝有三：小孝用力，中孝用勞，大孝不匱矣。"禮記·中庸："子曰：'舜其大孝也與！'"

〔五〕善述：善於繼承（先人遺志）。禮記·中庸："夫孝者，善繼人之志，善述人之事者也。"

〔六〕達孝：天下通謂之孝。禮記·中庸："武王、周公，其達孝乎！"朱熹注："達，通也。……言武王、周公之孝，乃天下之人通謂之孝。"

〔七〕幹蠱：繼承并能勝任父親曾從事的事業。周易·蠱："幹父之蠱，有子考無咎，厲終吉。"王弼注："幹父之事，能承先軌，堪其任者也。"

〔八〕邦人：國人，百姓。尚書·金縢："二公命邦人，凡大木所偃，盡起而築之。"

【集評】

陳名夏：文後評語："同此心同此理"數語，指明天經地義，文亦以簡勝。（陳名夏本）

原評：文後評語：信手拈來，無非理趣。（吕葆中本、無錫唐氏本、唐玉虬本）

胡思泉：文後評語：由奇入平，化俗令雅。（吕葆中本、無錫唐氏本、唐玉虬本）

吕留良：文中評語："蓋名者"至"信之"後：便有分曉。"真情"至"邦人"後：先真情，後公論，次第便用意。"且或"至"況於人乎"後：跌重"人"字。"使其孝"至"信之乎"後：次第意又深一步，取"不間"。"今也"至"孝矣"後："言"字粘住"父母昆弟"。"而人"至"不曰"後：轉"不間"。"是則"至"知之也"後：不消臚列事迹，將從來俗傳故事掃卻，妙甚。"名之"至"試哉"後：繳首句周密。（吕葆中本、無錫唐氏本、唐玉虬本）

文後評語：他文混説，便似國人與家人，忽然齊聲稱道，亦太憷慄矣。須是父母昆弟稱在前，人信之在後，此自内及外必然之理。故此題從"人"字挨講不得，看"父母昆弟之言"，"言"字緊貼"父母昆弟"，非人能知其隱而自有言也，但皆信之無異論耳。每提言説起，轉出"人不閒"來，方是一氣串下言字一句。不是人之言，與父母昆弟之言有兩句，平平説來，其中轉換變化無窮，後人擬先輩，此等妙境，從何處揣摩。（呂葆中本、無錫 唐氏本、唐玉虬本）

季路問事①②〔一〕 節③

觀聖人兩答賢者之問，可以知反本〔二〕之學矣。蓋窮理者，貴乎反其本也，求事神於治人，求知死於知生，則庶乎其可得矣，夫子告子路之意如此。且夫鬼神者精誠之極，故季路以事鬼神爲問也。鬼神之情狀，夫子嘗於贊易言之矣，非不欲以告子路也，而乃曰：顯於鬼神者則有人矣，人固群於人之中，而未必能事人也，未能事人，則何以事鬼神乎？夫子言此，蓋以至誠之不可掩者鬼神之靈，一人心之靈者爲之也，非人心何以有鬼神也？故知事人則知事鬼神矣。死者人道之終，故季路以死爲問也。衆生必死，夫子嘗爲宰我言之矣，非不欲以告子路也，而乃曰：先於死者則有生矣，人固囿於生之中，而未必能知生也，未能知生，則何以知死乎？夫子言此，蓋以機緘〔三〕之不容己者，氣之散而歸於無，一氣之聚而向於有者爲之也，非聚則何以有散也？故知生則知死矣。以是知幽明一理也，死生④一理也。然幽明之理又所以爲死生之理也，此吾道之所以爲一本也歟。抑子路嘗與季氏之祭，室事⑤〔四〕交乎户，堂事〔五〕交乎階，而夫子許其知禮，可謂能事鬼神。結纓〔六〕而蹈白刃〔七〕之難，可謂知死，豈有得於夫子之教而能然乎？蓋夫子教之以事人知生，乃所以教之以事鬼神知死。而子路之能事鬼神知死，又可以見其能事人知生矣。⑥

【校記】

①季路問事篇又載陳名夏本、無錫 唐氏本、唐玉虬本，據校。
②季路問事，欽定四書文作"季路問事鬼神"。
③節，陳名夏本、欽定四書文、無錫 唐氏本、唐玉虬本作"一節"。

④死生，陳名夏本作"生死"。

⑤室事，陳名夏本作"宰事"。

⑥"抑子路嘗與季氏之祭"至"又可以見其能事人知生矣"數句，欽定四書文無。

【注釋】

〔一〕出自論語·先進·季路問事鬼神：季路問事鬼神。子曰："未能事人，焉能事鬼？"曰："敢問死。"曰："未知生，焉知死？"

〔二〕反本：返歸本性。禮記·禮器："禮也者，反本脩古，不忘其初者也。"孔穎達疏："反本，謂反其本性。"

〔三〕機緘：機關閉藏。比喻氣數、氣運。莊子·天運："孰主張是？孰維綱是？孰居無事推而行是？意者其有機緘而不得已邪？"

〔四〕室事：見是禮也篇所注。

〔五〕堂事：見是禮也篇所注。

〔六〕結纓：繫好帽帶。意喻從容赴死。左傳·哀公十五年："子路曰：'君子死，冠不免。'結纓而死。"

〔七〕蹈白刃：踏過雪白鋒利的刀刃。比喻做像赴湯蹈火之類的難事。禮記·中庸："子曰：'天下國家可均也，爵祿可辭也，白刃可蹈也，中庸不可能也。'"孔穎達疏："白刃可蹈也者，言白刃雖利，尚可履蹈而行之。"

【集評】

韓求仲先生：文後評語：間冷數語，便了題義，然十二分理解。非此十二分作法，不傳甚妙。（陳名夏本）

艾千子：文後評語："鬼神之靈氣之散"十句，祇以己意點數句，竟不用夫子口語說破，方是此題不說破體局。（陳名夏本、呂葆中本、無錫唐氏本、唐玉虯本）

張爾公：文後評語：說理處雖深至密微，都在眼前，不墮從來窠臼。（陳名夏本）

陳名夏：文後評語：若以不說破為佳，祇存夫子數語足矣，又何以形之舉業也？事人知生，發揮曲盡，事鬼知死，不必煩言而已解矣。天下勿

謂先輩無可議也。（陳名夏本）

邵北虞：文後評語：冲淡中精深蘊藉，簡截處婉轉悠揚，而一種清氣逼人，文之不易得者。（呂葆中本、無錫唐氏本、唐玉虬本）

錢純中：文後評語：見理之文，不必游詞，祇三言兩語，便譁然已解。問會處若順若斷，渾然無迹。大抵荆川文字，有一題則有一樣法度，真出鬼入神，不可端倪。（呂葆中本、無錫唐氏本、唐玉虬本）

呂留良：文中評語："反本之學"後：四字的骨。"非不欲以告子路也"後：翻論見意，妙於虛活。"顯於"至"人矣"後：出"人"字"生"字，妙有微解。"夫子"至"鬼神矣"後：即用斷法明言，妙。艾評：聖人原不曾說破，輕敘本題，以己意詮發，極得解。"而乃曰"後：三字妙筆。"蓋以"至"散也"後：理精者，語必簡。"然幽明"至"本也歟"後：此義不的，莫墮入天竺國去也。若云明生之理，又所以爲幽死之理，則得矣。"而子路"至"知生矣"後：結得別。（呂葆中本）

文後評語：或謂祇以己意詮發，究是討便宜法，不知此非討便宜也。本可以順而故斷，此不能順也，故謂討便宜。若是題道理，於口氣中斷乎發明不得，若但以含糊渾話還之，亦是討便宜。然一無所發明，有何意味？先輩於不可發明者必要發明，而生出夾敘夾斷之法，正是犯難出奇，與討便宜者相反，奈何反以此少之，看其來去變換起没，真是憑空不測。茅鹿門以爲文通造化，非浮譽也。（呂葆中本、無錫唐氏本、唐玉虬本）

方苞：文後評語：精卓堅老，着語無多，而題之切要處已盡。（欽定四書文）

由也升堂①〔一〕 二句

聖人喻賢者學有所得，以見其不可忽也。蓋子路之學廣大〔二〕已致，而精微特未之盡耳。爲門人者，豈可以一事之失而遽忽之哉？昔門人不敬子路，而夫子釋之，若曰：二三子之不敬乎由者，蓋徒見其氣質之偏，而未見其學之所至耳。彼道之有淺深，猶居之有堂室〔三〕。由堂而至室，雖有先後之殊，以室而觀堂，本無懸絶之勢。由之爲人也，以致知爲入門，以踐履爲實地，游心正大，不屑屑於卑污，究意高明〔四〕，不拘拘於凡近。車裘其敝〔五〕，則已升夫仁之堂矣；緼袍不耻[六]，則已升夫義之堂矣。所少者特其涵養之功尚淺，而未入於淵微之地耳，然自此進之，固將反手而可闚也，夫豈不得其門者比哉？聞善必行，則已升夫勇之堂矣；宿諾不留[七]，則已升夫信之堂矣。所少者特其真積之力未久，而未入於精粹之境耳，然自此進之，固將舉足而可登也，夫豈宫墙外望[八]者倫哉？由是觀之，則彼之鼓瑟而不和者，乃其細行之虧[九]，而非其大德之累[一○]也。我所謂奚爲於門者，乃教之以長其善，而非拒之以沮其進也，二三子其知之乎？抑夫子之告門人者，并以告子路也。門人聞之，必將曰：子路升堂矣，可敬也。子路聞之，必將曰：吾未入於室也，可憂也。蓋責人者主於恕，恕故掩瑕而飾污；自責者主於嚴，嚴故求全而責備。使子路果能不以升堂者自喜，而以未入室者自勵，則克念作聖，而由之瑟將仿佛乎始終條理之妙矣。奈之何？其終不能也。

【校記】

①由也升堂篇又載無錫唐氏本、唐玉虬本，據校。

【注釋】

〔一〕出自論語·先進·子曰由之瑟奚爲於丘之門：子曰："由之瑟，奚爲於丘之門？"門人不敬子路。子曰："由也升堂矣，未入於室也。"

〔二〕廣大：見歸與歸與篇所注。

〔三〕堂室：廳堂和内室。比喻學問或技能由淺入深、循序漸進的不同層次。

〔四〕高明：見歸與歸與篇所注。

〔五〕車裘其敝：衣服穿破了，車也用壞了。形容處境窮困落魄。戰國策·秦策一·蘇秦始將連横説秦惠王："（蘇秦）説秦王，書十上而説不行。黑貂之裘弊，黄金百斤盡，資用乏絶，去秦而歸。"

〔六〕緼袍不耻：不以身穿破舊的衣服爲耻。形容人窮志堅。論語·子罕："衣敝緼袍，與衣狐貉者立，而不耻者，其由也與？"朱熹集注："緼，枲著也；袍，衣有著者也，蓋衣之賤者。"

〔七〕宿諾不留：許下的諾言及時兑現。論語·顔淵："子路無宿諾。"朱熹集注："宿，留也，猶宿留之宿。急於踐言不留其諾也。"

〔八〕官牆外望：在官牆外張望而不得入。比喻學生在老師門牆外張望而未拜入師門，引申爲學生因未拜入師門而導致學術上不得其門而入。論語・子張："子貢曰：'譬之宮牆，賜之牆也及肩，窺見室家之好；夫子之牆數仞，不得其門而入，不見宗廟之美，百官之富。得其門者或寡矣！夫子之云，不亦宜乎？'"

〔九〕細行之虧：細小的行爲不夠謹慎。尚書・旅獒："不矜細行，終累大德。"孔安國傳："輕忽小物，積害毀大，故君子慎其微。"

〔一〇〕大德之累：大的德行方面遭受損害。

【集評】

茅鹿門：文後評語：曲盡夫子釋門人意，而復補并告子路意可法。荊川子云：題似板門而用活法，重做上句而下句輕輕遞過，全要回護得好，舊作頗得之。（呂葆中本、無錫唐氏本、唐玉虬本）

徐徼弦：文後評語：不斷不續，帶遞旋轉，大有圓機。（呂葆中本、無錫唐氏本、唐玉虬本）

呂留良：文中評語："彼道"至"之勢"後：先將堂室提闌分明，向後更不費力布置，得法，用筆又高老。"由之爲人也"後：落"由也"，恰得。"以致知"至"凡近"後：實講升堂工夫，實講升堂氣象，的是子路之升堂，今人決不能如此做。"車裘"至"義之堂矣"後：此則拙而鑿，分許多堂頭，亦不妥。"所少"至"地耳"後：未入室，亦還實功實境。"然自此"至"闕也"後：有進步。"夫豈不"至"比哉"後：反激一句，直壓倒門人項脊。"由是"至"進也"後：破解"由瑟"，并破解前面貶抑公案，語意了然。"矣"字"也"字卻見指示精神。"抑夫子"至"子路也"後：補意自佳，別具波趣大結之法。"門人"至"敬也"後：繳"門人不敬"。"子路"至"憂也"後：仍繳奚爲於門意見，聖人用處始終一機。（呂葆中本、無錫唐氏本、唐玉虬本）

文後評語：機局之妙，昔人論歎悉矣，然其力量高大，卻在正講升堂入室處，寫出一個活的子路。堂是子路堂，室是子路室。升而未入是子路之升而未入，不似時文泛說他人，并泛說亦都作影借話頭瞥過。堂室升入，總屬虛境，誰能實做如是。（呂葆中本、無錫唐氏本、唐玉虬本）

異乎三子者之撰①〔一〕

賢者言己之志不同於群賢者，以見其難言也。夫人各有志，不能必其皆同也，而奚可以異爲諱哉？昔曾點承夫子之問志而先言此，若曰：三子之志，既已爲夫子告矣，點非敢自隱也，其如三子異何？彼三子未言之先，以爲彼之志猶夫我也，我之志猶夫彼也。自今觀之，三子所志者大，而點則安於小，三子所志者遠，而點則安於近。雖曰同一源流也，心之所之不容比而同；雖曰同一術業也，意之所趨不容强而一。或富其國，或强其兵，此由、求之志，所以發揮於事業者也，點則知夫外物之不足慕也，而每安常以自樂，曰富曰强，吾不敢過望焉；禮以節民，樂以和民，此赤之志，所以自見於施爲者也，點則知夫機會之不可必也，而每素位〔二〕以自適，曰禮曰樂，吾不敢預期焉。内省之餘，機軸自别，將欲言之，得無涉於立異之譏耶；反觀之下，旨趣自殊，將欲言之，得無涉於矯拂之私耶。吁！宜夫子慰之，而使之言也。抑論之，夫子之問也，本自夫見用而言，如三子之奮是也。點之答之，不過即其位而樂其常，似與夫子之初意戾矣。吁！是不知合内外之道也。君子建大功、立大業於天下者，亦不過隨遇而安耳，是故其窮也則爲浴沂之樂，其達也則爲堯舜之事業，非二致也。吁！此點之所以爲異也，乃其所以爲狂者歟？

【校記】

①異乎三子者之撰篇又載無錫唐氏本、唐玉虬本，據校。

【注釋】

〔一〕出自論語·先進·子路曾皙冉有公西華侍坐：子路、曾皙、冉有、公西華侍坐。子曰："以吾一日長乎爾，毋吾以也。居則曰：'不吾知也！'如或知爾，則何以哉？"子路率爾而對曰："千乘之國，攝乎大國之間，加之以師旅，因之以饑饉；由也爲之，比及三年，可使有勇，且知方也。"夫子哂之。"求！爾何如？"對曰："方六七十，如五六十，求也爲之，比及三年，可使足民。如其禮樂，以俟君子。""赤！爾何如？"對曰："非曰能之，願學焉。宗廟之事，如會同，端章甫，願爲小相焉。""點！

爾何如？"鼓瑟希，鏗爾，捨瑟而作，對曰："異乎三子者之撰。"子曰："何傷乎？亦各言其志也。"曰："莫春者，春服既成，冠者五六人，童子六七人，浴乎沂，風乎舞雩，詠而歸。"夫子喟然歎曰："吾與點也。"三子者出，曾皙後。曾皙曰："夫三子者之言何如？"子曰："亦各言其志也已矣。"曰："夫子何哂由也？"曰："爲國以禮，其言不讓，是故哂之。""唯求則非邦也與？""安見方六七十如五六十而非邦也者？""唯赤則非邦也與？""宗廟會同，非諸侯而何？赤也爲之小，孰能爲之大？"

〔二〕素位：見周監於二篇所注。

【集評】

呂留良：文中評語："點非"至"異何"後：冷句是狂者神吻。"三子"至"於近"後：大小遠近，反說得妙。"雖曰"至"而一"後：此句中包得末二節，程子所云若達，便是這氣象也。"點則"至"慕也"後：二語卻嫌太洩漏。"内省"至"譏耶"後：說話已到口頭，而囁嚅神理如畫。"如三子之會是也"後：大結甚有發明，但嫌混一節題耳。"君子"至"二致也"後：祇道得外面事，卻怕差了裏面，此語似大而實小樣。曾點所見不止是。（呂葆中本）

文後評語：曾皙之狂，非晋人之狂也。晋人之狂，從老、莊來，故以粗疏脫略爲事，此無忌憚而反中庸者也。曾皙之狂，原從聖人原頭直下，但見太高而行不掩耳。看曾皙言動之際，何等細密！"暮春者"一段說話，已涌舌間，卻趑趄退讓，從容和婉，不敢自是，又不爲曲隱，又不傲睨三子，祇看此一句閒言語，有如許氣象。下面出而後，又細問三子，印證夫子取捨之旨，都見他精詳處，此豈老、莊門下所能乎？極閒淡題中，具得他通身氣象，此是先輩極用意處，不可以閒淡忽之。（呂葆中本、無錫唐氏本、唐玉虬本）

唯求則非①〔一〕 節②

聖人因問而許賢者之爲邦，以其志於富民也。蓋政在養民，而地之大小非所論也。冉求以足民爲志，豈可以地之小而疑之哉？昔曾點發問之意，蓋以子路志在於爲國而不讓，是以見哂於夫子。則其不見哂於夫子者，意其非志於爲國者也，於是而問於夫子曰：唯求則非邦也與？夫子答之曰：女有疑於吾之不以哂由者而哂求焉，固也，而未聞求之所以自任者乎？何則？使求而安於不吾知也，而尺土之不偕焉，則固非所以爲邦矣，今求之所以自任者，不曰方六七十矣乎，安見方六七十而可謂之非邦也耶？使求而安於不吾知也，而一民之弗臣焉，則固非所以爲邦矣，今求之所以自任者，不曰如五六十矣乎，安見如五六十而可謂之非邦也耶？蓋先王建邦設都，皆付之以人民社稷之寄，而無間於其地之大小。君子居位長，人皆以求盡乎人民社稷之責，而亦無分於地之廣狹。方六七十而曰可使足民焉，是爲六七十里之邦也，制禮作樂雖或俟乎君子，而體國經野〔二〕之規固即此而在矣；如五六十而曰可使足民焉，則是爲五六十里之邦也，知方有勇雖或讓乎季路，而牧民御衆〔三〕之略固即此而在矣。蓋百乘爲宰之才，固吾之所以許求，而三年足民之效，則求之所以敢當而不愧者也，子何疑其非邦也哉？雖然，求固爲邦矣，然嘗宰季氏而爲之賦斂，則其爲國亦未免損下而益上，要之未可以言善治國也。善治國者，其在於無欲乎！而夫子獨許曾點者，正以其胸中豁然無物也。然後之論二子者，又以由居哲科，而點不與焉者，何哉？見高不如行到，妙悟終非實得，惜其不學以充之耳，然則有志於爲邦者，宜何如？兼二子之長而無偏焉可也。所以用捨行藏〔四〕之盡道，而征伐禮樂之斟酌，惟於屢空好學之顏子發之也歟。

【校記】

①唯求則非篇又載陳名夏本、無錫唐氏本、唐玉虬本，據校。
②節，陳名夏本、無錫唐氏本、唐玉虬本作"一節"。

【注釋】

〔一〕見異乎三子者之撰篇所注。
〔二〕體國經野：爲國家劃分行政區域。周禮·天官·冢宰："惟王建國，辨方正位，體國經野，設官分職，以民爲極。"
〔三〕牧民御衆：管理教化百姓民衆。東觀漢紀·寇恂："寇恂文武備足，有牧民御衆之才。"
〔四〕用捨行藏：被人任用或不被用，出仕或隱退。論語·述而："用之則行，捨之則藏，唯我與爾有是夫。"宋 蘇軾沁園春："用捨由時，行藏在我。"

【集評】

韓求仲先生：文後評語：欲照顧題目，恐緩了正意；欲發揮正意，恐慢了題目。須如荊翁先照題目講二比，後另起議論，挑剔正意明透，而又不失急語口氣，斯得之矣。（陳名夏本）

陳名夏：文後評語：方六七十，如五六十，分說涉平。（陳名夏本）

吳昆麓：文後評語：欲照顧題目，恐緩了正意，欲發揮正意，恐慢了題目，須如荊川先照題目講二比，後另起議論，挑剔正意明透，而又不失急語口氣，斯得之矣。（呂葆中本、無錫 唐氏本、唐玉虬本）

呂留良：文中評語："是以"至"國者也"後：問意固當提明，但此意粗淺，不得曾晳微問之妙。"而未聞"至"任者乎"後：是安見接口囮圇語。"今求"至"邦也耶"後：二比直點，不着一句議論，正得隨波逐流句，妙。"蓋先王"至"廣狹"後：此中求、點都到。"方六七"至"邦也"後：祇活點"邦"字，不染一塵。"制禮"至"而在矣"後：着相而拙矣。"善治國"至"無物也"後：此意鉤搭得好，然祇一半道理，點所見直達禮意耳。克己復禮，欠一邊不得。"又以由"至"實得"後：四科從陳 蔡者，十哲從祀，乃世俗之謬，豈得強撰議論？（呂葆中本）

文後評語：曾晳三問，總爲與點句印證個真消息耳，夫子會之亦在言外開示。三節總是一理一意，此節若呆對"哂由"作轉疑論辨，失其意矣。荊川此篇，雖未得微旨所在，但其還題囮圇不打破處，深得虛神。（呂葆中本、無錫 唐氏本、唐玉虬本）

顏淵曰請①②〔一〕 節③

大賢問爲仁之目，得聖教而以爲己任焉。甚矣顏子之力於爲仁也，領④克復〔二〕之目而任之不辭，非有得於心法之傳者而能之乎？昔顏淵問爲⑤仁於夫子，而承克己復禮之訓也。想其求仁之志素定於心齋〔三〕之後，而理欲之分默會於善誘之下⑥，故不復有所疑問而直請其目也。夫子嘉⑦其見理之真，乃悉數其目以告之曰：物交之迹雖由外以感其中，善惡之幾⑧則由中以達於外，而⑨仁豈必求諸遠哉？近取諸身而已矣。彼目司視，耳司聽，而心實主之也，若非禮而欲視，則絕之以勿視，非禮而欲聽，則絕之以勿聽，如此則必⑩不誘於聲色之私，而作哲作謀〔四〕之體立矣；口有言，身有動，而主之者心也，苟非禮而欲言，則絕之而勿以形諸口，非禮而欲動，則絕之而勿以形諸身，如此則心不涉於尤悔之累〔五〕，而作乂作肅〔六〕之用行矣。克己復禮之目，端在於此。顏子遂從而任之曰：仁道必至明者而後察其幾，回之質雖非至明者也，尚當既竭吾才，而於所謂視聽言動〔七〕者，擇之精而不昧於所從；仁道必至健者而後致其決，回之質雖非至健者也，尚當拳拳服膺〔八〕，而於所謂視聽言動者，守之固而必要其所止⑪。以爲仁由己自勵，不敢委⑫之於人也，以天下歸仁自期，亦不敢半途而廢也，斯則回之所當自盡者乎？吁！夫子之善教，顏子之善學，兩得之矣。抑不特顏子也，仲弓問仁，亦曰請事斯語，其志猶之顏子也，何顏子幾於不遠之復〔九〕，而仲弓不過爲日月至焉者乎？蓋學以充其志，志異而所就因之耳，顏子之學何學也？始之以潛心，終之以不惰，要非徒厚重簡默者可企也。故曰：求仁存乎志，體仁存乎學，立志存乎剛，積學存乎精。⑬

【校記】

① 顏淵曰請篇又載俞康本、俞乾本、無錫唐氏本，據校。
② 顏淵曰請，欽定四書文作"請問其目"，明文鈔作"顏淵曰請問其目"。
③ 節，欽定四書文、明文鈔、無錫唐氏本、唐玉虬本作"一節"。
④ 領，明文鈔作"問"。
⑤ 爲，明文鈔無。
⑥ 之下，欽定四書文、明文鈔作"之餘"。
⑦ 嘉，欽定四書文、明文鈔作"喜"。
⑧ 幾，欽定四書文作"機"。
⑨ 而，明文鈔作"夫"。
⑩ 必，明文鈔作"心"。
⑪ 止，欽定四書文作"立"。
⑫ 委，欽定四書文作"誘"。
⑬ "抑不特顏子也"至"積學存乎精"數句，欽定四書文、明文鈔無。"吁！

夫子之善教"至"積學存乎精"數句，俞康本、俞乾本無。

【注釋】

〔一〕出自論語·顏淵·顏淵問仁：顏淵問仁。子曰："克己復禮爲仁。一日克己復禮，天下歸仁焉。爲仁由己，而由人乎哉？"顏淵曰："請問其目。"子曰："非禮勿視，非禮勿聽，非禮勿言，非禮勿動。"顏淵曰："回雖不敏，請事斯語矣。"

〔二〕克復：即"克己復禮"，約束自己,使言行合於禮，儒家提倡的達到仁的境界的修養方法。

〔三〕心齋：摒除雜念，使内心空虛明靜。莊子·人間世："顏回曰：'回之家貧，唯不飲酒不茹葷者數月矣。如此，則可以爲齋乎？'曰：'是祭祀之齋，非心齋也。'回曰：'敢問心齋？'仲尼曰：'若一志，無聽之以耳而聽之以心，無聽之以心而聽之以氣！聽止於耳，心止於符。氣也者，虛而待物者也。唯道集虛，虛者，心齋也。'"

〔四〕作哲作謀：昭然清晰，能謀善斷。尚書·洪範："貌曰恭，言曰從，視曰明，聽曰聰，思曰睿。恭作肅，從作乂，明作哲，聰作謀，睿作聖。"

〔五〕尤悔之累：由過失與悔恨而帶來的精神負擔。論語·爲政："言寡尤，行寡悔，禄在其中矣。"

〔六〕作乂作肅：安定嚴肅。

〔七〕視聽言動：儒家學説規範人行爲的四個方面，最早出自論語，後由宋程頤、程顥進一步闡發，從而成爲儒家的行爲準則。論語·顏淵："非禮勿視，非禮勿聽，非禮勿言，非禮勿動。"

〔八〕拳拳服膺：緊握不捨，銘記在心。形容懇切地牢記不忘。禮記·中庸："回之爲人也，擇乎中庸，得一善則拳拳服膺而弗失之矣。"鄭玄注："拳拳，奉持之貌。"孔穎達疏："膺謂胸膺。"

〔九〕不遠之復：見德之不修其二篇所注。

【集評】

張羅峰：文後評語：沖雅典則，力追成、弘風度。（吕葆中本、俞康本、俞乾本、無錫唐氏本、唐玉虬本）

杜靜臺：文後評語：如百鍊精金，無一毫渣滓。（呂葆中本、無錫唐氏本、唐玉虯本）

李九我：文後評語：有奇不露，別有一種清貴氣味。（呂葆中本、俞康本、俞乾本、無錫唐氏本、唐玉虯本）

錢豐寰：文後評語：煩不雜一字，簡不乏一言，自是大家筆。永嘉以暮齡等第，惜積學不售之士，較文崇尚簡古，疑元作必老成士也。及拆卷，不意少年。然觀其文，不謂之老成不可。（呂葆中本、無錫唐氏本、唐玉虯本）

宗方城：文後評語：融會六經，觸毫而出，不見一六經語。（呂葆中本、俞康本、俞乾本、無錫唐氏本、唐玉虯本）

錢吉士：文後評語：心爲一身之主，耳目口體，惟心所令，四勿從心上說，精切不苟。（呂葆中本、俞康本、俞乾本、無錫唐氏本、唐玉虯本）

楊維斗：文後評語：溫潤而澤，縝密以栗，文兼有之。（呂葆中本、俞康本、俞乾本、無錫唐氏本、唐玉虯本）

呂留良：文中評語："心齋"後：出莊子邪說，不可爲典據。"物交"至"而已矣"後：語扼理要，得程子之意。程子爲學者言，故語意平重，此就顏子說，故語重內一邊，注力在"勿"字。"若非"至"體立矣"後："禮"字"仁"字，交會分明。"苟非"至"用行矣"後：二比分體用，先輩每有此互文法，然畢竟有病。"回之質雖非至明"至"致其決"後：張評："不宜借用此等語，單提視聽言動，道卻'非禮勿'字，尤行文罅漏。""回之質雖非至健"至"其所止"後：張評："此夫子形容顏氏語。""以爲仁"至"廢也"後：迴抱本色，正爲"請事"句，盡其力量，不留餘剩，此乾道也。（呂葆中本）

文後評語：已生於視聽言動，克其非禮者，斯復矣。禮生於仁，視聽言動皆禮，斯無不仁矣。仁與禮有分合，視聽言動與己猶分合，克與復有分合，讀先生文，朗然可見。講請事斯語，極力發揮，不肯隨文演過，於中便見顏子紅罏點雪雷厲風行體象，非淺學所能也。明健二義，人多在上四句中，不如於此發得真實力量出。（呂葆中本、無錫唐氏本、唐玉虯本）

俞長城：文中評語："想其"至"其目也"後：吾謂顏子已過誠意，關頭至此，祇講正修工夫，此四語適合。"雖由外"至"達於外"後：所謂制其外以養其中，意義了然。"如此則必"至"體立矣"後：非禮交於外，則心累於内，此其看得詳細。"如此則心"至"用行矣"後：字法俱精。"仁道必至明"至"致其決"後：不敏即以明健二意反覘，甚切。"而於所"至"所從"後：四"非"字。"而於所"至"所止"後：四"勿"字。"以爲仁"至"盡者乎"後：迴抱上文，請事向著力盡量。（俞康本、俞乾本）

文後評語：文之精美，前輩評之已詳，世稱王、錢、唐、瞿爲四名元。然三公論墨俱不及此，惟守溪周公篇，可與匹敵。（俞康本、俞乾本）

原評：文後評語：荆川三墨，惟此可謂規圓矩方、繩直準平矣。（欽定四書文）

李厚庵：文後評語：規圓矩方，繩直準平。（明文鈔）

王耘渠：文後評語：純粹以精，亦復溫潤而栗，文章之能事畢矣。（明文鈔）

王巳山：文後評語：細密不待言，其筆墨閑靜，不動聲色，乃真所謂元氣渾然者。（明文鈔）

文猶質也①〔一〕 二句

賢者擬文質之相等，所以矯大夫之弊也。蓋文質不可相無，而質其本也，子貢等文於質，以矯子成之樂，亦昧夫本末之差矣。想其意若曰：文質之在人，可相有而不可相無者也。何則？進退周旋之際，凡其可觀而可度者謂之文，夫子之意固以爲文輕於質矣，不知禮無本不立〔二〕，亦無文不行〔三〕。威儀〔四〕之盛所以暢在中之美〔五〕，而非徒事於粉飾；英華之著所以發和順之積〔六〕，而非徒事於外貌。文固有助於質也，比而校之，文猶質也，豈可以緩急論哉？持己接物之餘，凡其崇本而務實者謂之質。夫子之意固以爲質重於文矣，不知禮以質而立，亦以文而行，有忠信之質而非文以將之，未必不失之野，有敦樸之風而非文以濟之，未必不失之簡。質固有輕於文也，合而觀之，質猶文矣，豈可以先後論哉？夫惟文之猶質也，夫子何以文爲之論非也？夫惟質之猶文也，夫子質而已矣之論非也？是知較於一偏，則文不異於質，究其大原[七]，則質自異於文。子貢之失，居然可見矣，必若孔子所謂文質彬彬者，斯無弊矣乎？

【校記】

①文猶質也篇又載無錫唐氏本、唐玉虬本，據校。

【注釋】

〔一〕出自論語·顏淵·棘子成曰：棘子成曰："君子質而已矣，何以文爲？"子貢曰："惜乎，夫子之説君子也！駟不及舌。文猶質也，質猶文也。虎豹之鞟猶犬羊之鞟。"

〔二〕無本不立：若無基本原則，禮就不能成立。禮記·禮器："先王之立禮也，有本有文。忠信，禮之本也；義理，禮之文也。無本不立，無文不行。"

〔三〕無文不行：若無儀式規矩，禮就不能實行。

〔四〕威儀：細緻的禮節儀式。禮記·中庸："禮儀三百，威儀三千。"

〔五〕暢在中之美：内在之美暢發於外。周易·坤："君子黄中通理，正位居體，美在其中而暢於四支，發於事業，美之至也。"

〔六〕發和順之積：内心平和順暢，溢於言表。禮記·樂記："是故情深而文明，氣盛而化神，和順積中而英華發外，唯樂不可以爲僞。"孔穎達疏："和順積於心中，言詞聲音發見於外。"

〔七〕大原：根源，根本。漢書·董仲舒傳："道之大原出於天，天不變，道亦不變。"

【集評】

吕留良：文中評語："進退"至"謂之文"後："文""質"二字，固宜逗斷，然不必重新訓釋説。"禮無"至"外貌"後：實疏"猶"字，各見主賓。"文固"至"論哉"後：此句中伏子貢語病。"夫惟"至"論非也"後：針鋒相值，乃見回複二句之旨。"是知"至"異於文"後：補注意必不可少，子貢爲矯，子成之偏，不覺語快耳。（吕葆中本）

文後評語：虛實相生，使題無剩域。以子成之論，視文勝之俗，則高甚矣，而不知其言有病也。得子貢之辨正，文質不可偏廢，而子成之病乃見。子貢更高甚矣，而不知其猶有語病也。得朱子本末輕重之説，而子貢之病又見。義理無窮，精析乃出，後人心不細，見理多粗疏鶻突，可彼可此，遂有謂子貢之論，與夫子野史君子之義相符，不必補注中之説。不知聖賢講道理必求其盡，不似後人妄立議論，便成門户，不許人辨駁也。（吕葆中本、無錫唐氏本、唐玉虬本）

是聞也非達也①〔一〕

聖人致明辨於賢者，所以嚴誠僞之機也。夫聞達之間，誠僞之所以分也。聖人明辨以告子張，非以幾之不可不審也，與子張之在聖門，病於務外者也。夫子因其問達，既詰之而得其所謂達者，於是從而辨之曰：爾之以達爲問是也，抑孰知其所謂達者，乃非其所問焉者乎？何則？在邦必聞〔二〕，爾之所謂達也，不知在邦，而曰聞是聞焉而已矣。若夫所謂達者，則必有所以感乎邦人之道，而非是之謂也。在家必聞〔三〕，爾之所謂達也，不知在家，而曰聞是聞焉而已矣。若夫所謂達者，則必有所以感格家人之本，而非是之謂也。達者隨其所在而亦必得其名，殆有似乎聞矣。然而實勝之善自異於名勝之恥，縱使闇然無聞，要亦不失爲作德日休〔四〕之歸也，而豈可以混於聞乎？聞者隨其所在而亦見悦於衆，殆有似乎達矣。然而過情之譽自異於有本之積，縱使行無不利，要亦不失爲狥物喪己之歸也，而豈所以語於達乎？士何如斯可以爲達也，士固有當務者在也，爾固有不必務者在也。幾微〔五〕之間辨之不早，而上達下達〔六〕於是乎決矣。

【校記】

①是聞也非達也篇又載陳名夏本、無錫唐氏本、唐玉虬本，據校。

【注釋】

〔一〕出自論語·顏淵·子張問士何如斯可謂之達矣：子張問："士何如斯可謂之達矣？"子曰："何哉，爾所謂達者？"子張對曰："在邦必聞，在家必聞。"子曰："是聞也，非達也。夫達者，質直而好義，察言而觀色，慮以下人。在邦必達，在家必達。夫聞也者，色取仁而行違，居之不疑。在邦必聞，在家必聞。"

〔二〕在邦必聞：做國家的官時一定有名望。論語·顏淵："子張問：'士何如斯可謂之達矣？'子曰：'何哉，爾所謂達者？'子張對曰：'在邦必聞，在家必聞。'"邢昺疏："聞，謂有名譽使人聞之也。"

〔三〕在家必聞：在大夫家做事時一定有名望。

〔四〕作德日休：修德行善不費心機，境況越來越好。尚書·周官："作德，心逸日休；作僞，心勞日拙。"孔安國傳："爲德直道而行，於心逸豫而名且美。"

〔五〕幾微：見君子喻於篇所注。

〔六〕上達下達：見德之不修其一篇所注。

【集評】

茅鹿門先生：文後評語：急口題，脫得分明。（陳名夏本、吕葆中本、無錫唐氏本、唐玉虬本）

陳名夏：文後評語：若後二比互體，似有"是達也非聞也"一語矣。且夫"達也"者正講在下，此題祇言"非達"以致其明辨之意耳，安得遂有"作德日休"等語乎？行文之法，莫詳於荆川，然而荆川政亦有未盡者。（陳名夏本、吕葆中本、無錫唐氏本、唐玉虬本）

吕留良：文中評語："夫子"至"達者"後："是"字緊指。"於是"至"是也"後：指點靈活。"在邦"至"而已矣"後：急口活遞須如此。"若夫"至"謂也"後：虛含下文。"達者"至"聞矣"後：陳評："互說聞達似倒題，是非相照，着一倒語不得。""縱使"至"歸也"後：義理自好，先輩文必靠實，不肯偷虛如是。"聞者"至"達矣"後：此比理合，即互說，亦應此比在前。"士固"至"必務者在也"後："是非"二字中有實下趨舍工夫在。"幾微"至"決矣"後：混本章"達"字宜避。（吕葆中本）

文後評語：前後輕淺點逗，正得白描之妙，祇後二比有病，誠如陳評所識。茅鹿門又識云：坤嘗問荆川：子非食志也，食功也，與此題板門對做不成？荆川曰：然。這是兩句而一句題目，上句輕，下句重，上句祇要做兩小股，下句要重做。坤又問：將此兩句於起講處提破了，下面祇渾融做彭更剛愎強辨、子張認字不真意思可乎？荆川曰：可。觀此作，將兩句滾做，而輕重自見，真是高手，看先輩講究之精如此。然玩荆川文，原是上句兩小股，下句重做，未嘗滾做兩句。而鹿門云云，又不可解，正爲荆川後二比重做下句，故直拈"達"字起筆，又犯添出"是達"一面語，如陳評所譏耳。可見文字不特作者難，即知之論之亦良不易也。（呂葆中本、無錫 唐氏本、唐玉虬本）

樊遲從游①〔一〕　一句

　　即賢者之所從游，而問答之機寓矣。蓋舞雩，魯之勝地也，樊遲從夫子於是焉，則所以發其問答之教者，不在斯游乎？且夫子不得行其道於天下，而諸子者得聖人爲之依歸。故東西南北，夫子之所游，皆諸子之所從也，而況其近者乎！夷狄患難〔二〕，夫子之所遭，皆諸子之所從也，況其勝者乎！樊遲以粗鄙之質，陶鎔於中和之教，近小之見，恢弘於博大之觀，其領受於及門〔三〕之日久矣，其從游於舞雩之下焉。蓋舞雩雖當祭禱之區，而實當游息之勝，固樂天者之所會心，而同人者之所共適也。遲之從游於是也，雍容之度無復僕御之勞，而聚樂之深自得於言意之外，春風沂水之情〔四〕，蓋有相感於喟然之日矣，遲何幸焉！棲遲〔五〕之意異於覉旅之窮，而親炙之歡當溢於象數〔六〕之表，老農老圃之念，蓋有消融於照曠〔七〕之思者矣，遲甚幸焉！是雖明王不作，天下莫宗，不能無彙征〔八〕之感也，然舞雩之游而所從者夫子，則不必慨慕乎師師濟濟〔九〕之風，而吾徒亦足以相樂矣；是雖賢人在野〔一〇〕，天下無邦，不能無廟堂之思也，然夫子之從而所游者舞雩，則不必慨想虞歌喜起〔一一〕之朝，而斯游亦可以忘遇矣。吁！記者記此，固將發聖賢之蘊，以示教於無窮，而所以悲聖賢之不遇者，亦可以得其微矣。

【校記】

　　①樊遲從游篇又載無錫 唐氏本、唐玉虬本，據校。

【注釋】

〔一〕出自論語・顔淵・樊遲從游於舞雩之下：樊遲從游於舞雩之下，曰："敢問崇德，修慝，辨惑。"子曰："善哉問！先事後得，非崇德與？攻其惡，無攻人之惡，非修慝與？一朝之忿，忘其身，以及其親，非惑與？"

〔二〕夷狄患難：處在邊遠地區，或處於患難之中。禮記・中庸："君子素其位而行，不願乎其外。素富貴行乎富貴，素貧賤行乎貧賤，素夷狄行乎夷狄，素患難行乎患難，君子無入而不自得焉。"

〔三〕及門：進入舊時私塾所在的門堂。後指被老師收入師門。論語・先進："從我於陳、蔡者，皆不及門也。"

〔四〕春風沂水之情：形容怡然自得、曠達高雅的生活情趣。論語・先進："莫春者，春服既成，冠者五六人，童子六七人，浴乎沂，風乎舞雩，詠而歸。"

〔五〕棲遲：游玩休憩。詩經・陳風・衡門："衡門之下，可以棲遲。"

〔六〕象數：周易中"象"指卦象、爻象，"數"指陰陽數、爻數，是占卜的基礎。此處引申爲事物的征兆表象。左傳・僖公十五年："龜，象也；筮，數也。物生而後有象，象而後有滋，滋而後有數。"杜預注："言龜以象示，筮以數告，象數相因而生，然後有占，占所以知吉凶。"

〔七〕照曠：照徹曠遠，無處不照。莊子・天地："上神乘光，與形滅亡，此謂照曠。"

〔八〕彙征：見從我者其篇所注。

〔九〕師師濟濟：人才衆多，相互切磋學問，盛極一時。尚書・皋陶謨："百僚師師，百工惟時。"孔安國傳："師師，相師法。"尚書・大禹謨："濟濟有衆，咸聽朕命。"孔安國傳："濟濟，衆盛之貌。"

〔一〇〕賢人在野：德才兼備之人遺落在山野，尚未被朝廷任用。宋王禹偁待漏院記："賢人在野，我將進之；佞臣立朝，我將斥之。"

〔一一〕賡歌喜起："賡歌"是先秦一首無名氏所作詩的題名。"賡歌喜起"形容士人詩酬唱和的歡愉場面。先秦詩賡歌："股肱喜哉。元首起哉。百工熙哉。元首明哉。股肱良哉。庶事康哉。元首叢脞哉。股肱惰哉。萬事墮哉。"

【集評】

原評：文後評語：通篇像一股文字，章法句法，步驟翩躚。（呂葆中本、無錫唐氏本、唐玉虬本）

呂留良：文中評語："且夫"至"依歸"後：聖人所以得閒游、學者所以得從兩句，開一篇大局。"故東西"至"從也"後：虛引"從游"。"而況其近者乎"後：逼入舞雩，有遠勢。"夷狄"至"勝者乎"後：虛逼"游舞雩"，接出"樊遲"。"蓋舞雩"後：提起"舞雩"，別起一峰。"雖當"至"會心"後：虛映下一筆。"遲之"至"是也"後：轉落"樊遲從游"。"春風"至"之日矣"後：虛虛打動問學意，卻無侵綽。"是雖"至"感也"後：忽颺開發明小講起意。"然舞"至"夫子"後：迴互轉合，皆入神境。"則不必"至"相樂矣"後：搦疊得好。"然夫子"至"舞雩"後：搏換不竭。"記者"至"微矣"後：應小講閒情收結。（呂葆中本、無錫唐氏本、唐玉虬本）

文後評語：人苦此句空曠無著，於是借游觀景象，影射"崇德""修慝""辨惑"語意以見巧，其實纖鑿，無是理也。捨此，又多成泛然登臨閒語。看古人布設，不遠不近，何曾苦無著，又何用剜肉做瘡？層層出奇，步步有法，忽起忽滅，忽颺忽收，卻祇一氣流出。如此平淡空虛題目，到手便有不測變化，非精深於古文，未易領略其妙也。聖賢在野之可歎，與親炙聚樂之足忘，發論甚大。若無此論，單播弄題中數字，亦少奇觀。然畢竟不是章意所有，一混入聖賢意中，即成疣瘤矣。妙有個記者在傍，漫空起雲，雨點卻落在天外，此無中生有之妙法也。（呂葆中本、無錫唐氏本、唐玉虬本）

君子以文①〔一〕 節②

論君子之於友，而知行皆有所資焉。夫友之益於人也大矣，君子道之明，德之進，寧不有資於是乎？且夫所貴乎君子者，以其明天下之道也，以其備天下之德也，此果何從而得之，亦惟得之於友而已矣。何則？文者道之寓也，其致知之功，雖曰在己而不在人，然道無窮而知有限，不能無待於友者。君子於是乎以文會友焉，必也萃衆人之見，以求夫至當之論，其大旨何如也？其節目何如也？吾皆從而講習之，則人之所知者，吾亦知之矣，道不於是而益明乎？若夫仁者，德之全也，其進爲之機，雖曰由己而不由人，然德無方而力有限，不能無待於友者。君子於是乎以友輔仁〔二〕焉，蓋必親衆人之善，以爲吾引翼〔三〕之助，其克己何如也？其復禮何如也？吾皆從而取法之，則人之所能者，吾亦能之矣，德不於是而日進乎？是知以文會友，則非群居終日而言不及義者也；以友輔仁，則非徒事口耳而無得於心者也。君子之善於取友也如此。

【校記】

①君子以文篇又載陳名夏本、無錫唐氏本、唐玉虬本，據校。
②節，無錫唐氏本、唐玉虬本作"一節"。

【注釋】

〔一〕出自論語·顏淵·曾子曰君子以文會友：曾子曰："君子以文會友，以友輔仁。"
〔二〕以友輔仁：通過朋友的幫助培養仁德修養。
〔三〕引翼：引導扶持。詩經·大雅·行葦："黃耇台背，以引以翼。"鄭玄箋："以禮引之，以禮翼之。在前曰引，在旁曰翼。"

【集評】

陳名夏：文後評語：還他兩對，不串插"仁"字，大方之格。（陳名夏本）

呂留良：文中評語："論君子"至"資焉"後：義括。"亦惟"後：虛字太重。"其致"至"有限"後：義理圓綻，不衹是翻合文法。"必也"至"習之"後："文"字不似後世詞章訓詁之謂。"從而"至"明乎"後："會"字不似今人鼓動煽惑徵逐譾集之謂。（呂葆中本、無錫唐氏本、唐玉虬本）

文後評語：人看得上句粗，下句精，支當不過，便寫得上輕下重，或且轉而爲側注之局，皆因自己所見文字淺小。"會"字浮泛，與"仁"字有內外精粗之別，亦從陸、王之說。以讀書窮理爲務外來也，聖人四教必先文，文章可得而聞，後起者得與斯文，約禮必有博文。文字是甚事？若僅如後世之所謂文，所謂會，一班社友名公，講師游客，煽誘權勢，攫竊利貨，滿胸坎皆惡根蟠錮，"仁"字之本已斬絶矣，何輔之有？讀此首，當豁然有個省會處也。（吕葆中本、無錫 唐氏本、唐玉虬本）

説之不以①〔一〕　一句

在人有求媚之能，君子無詭隨〔二〕之失。甚矣君子之心之公也，人或以非道説之，君子豈以之而動於中乎？夫子之意若曰：君子之爲人也，事之難易而説之寔難，何以見其説之難耶？蓋樂以忘憂，君子未嘗不説也，然必以道而説之，斯説矣。使或不問理之是非，而惟阿徇以爲容，不顧義之可否，而逢迎以爲悦。或説之以聲色也，或説之以貨利也，投間抵隙，將以希其喜意；或説之以逸游也，或説之以矯樂也，脅肩諂笑〔三〕，將以得其歡心。説之不以道如此。惟君子也，光明之體如鑑斯空，正大之體如衡斯平。彼雖曰阿徇以爲容也，則正色以絶之，而介石之操〔四〕自如；彼雖曰逢迎以爲説也，則峻辭以拒之，而安貞之守〔五〕自固。聲色則不邇〔六〕也，貨利則不殖〔七〕也，以理御情，何嘗有甘臨〔八〕之吝乎？罔游於逸〔九〕也，罔淫於樂〔一〇〕也，以義制欲，何嘗有引兑〔一一〕之感乎？若此者，非矯情以鎮物也，心極其公則情得其正也。嗚呼！此君子之所以與小人異也。

【校記】

①説之不以篇又載無錫 唐氏本、唐玉虬本，據校。

【注釋】

〔一〕出自論語·子路·子曰君子易事而難説也：子曰："君子易事而難説也。説之不以道，不説也；及其使人也，器之。小人難事而易説也。説之雖不以道，説也；及其使人也，求備焉。"

〔二〕詭隨：譎詐謾欺。詩經·大雅·民勞："無縱詭隨，以謹無良。"

〔三〕脅肩諂笑：縮起肩膀裝出笑臉，一副奉承巴結人的醜態。孟子·滕文公下："曾子曰：'脅肩諂笑，病於夏畦。'"

〔四〕介石之操：像石頭一樣堅貞的操守。周易·豫卦："介於石，不終日，不貞吉。"王弼注："故不改其操，介如石焉。"孔穎達疏："不苟求逸豫，守志耿介似於石然。"

〔五〕安貞之守：安靜貞正的操守。周易·坤："安貞吉……象曰：安貞之吉，應地無疆。"孔穎達疏："安謂安靜，貞謂貞正。"

〔六〕聲色則不邇：不淫耳目於聲樂女色，形容清簡貞潔。尚書·仲虺之誥："惟王不邇聲色，不殖貨利。"孔安國傳："邇，近也。不近聲樂，言清簡。不近女色，言貞固。"

〔七〕貨利則不殖：不生資貨財利之念，謂不貪。

〔八〕甘臨：以巧言佞語監臨於眾。周易·臨："甘臨，無攸利。……象曰：甘臨，位不當也。"王弼注："甘者，佞邪說媚不正之名也。"孔穎達疏："甘臨者，謂甘美諂佞也。"

〔九〕罔游於逸：不要放縱於逸豫。尚書·大禹謨："罔游於逸，罔淫於樂。"孔穎達疏："無游縱於逸豫。"

〔一〇〕罔淫於樂：不要過分沉耽於游戲玩樂。

〔一一〕引兑：引人喜悅。周易·兑："象曰：上六：引兑，未光也。"王弼注："兑，說也。"周振甫注："兑：悅。說：同悅。"

【集評】

呂留良：文中評語："蓋樂"至"說也"後："說"之下勢，有此一頓，乃圓緊。"使或"後：接出。"不問理之是非"後：以道切實。"或說之以聲"至"利也"後：見不以道正多端枚舉字活。"說之"至"如此"後：束一句，頓斷"不"字語勢。"聲色"至"殖也"後：不說有本領。"以理御情"後：應理義二意。"若此者"至"正也"後：更捐破一層作用。（呂葆中本、無錫唐氏本、唐玉虬本）

文後評語：此句正見君子之心公，說之者窮工極巧而總不能動，乃見其公。然須知君子之公，卻不是因說之者來而打點應付，其平日致知誠意、清心寡欲，原無可說之根在裏。"不說"二字，是君子自己工夫。到這裏，若有一點打點應付作用，即可就此作用上取說矣，非老學不能推勘精實如是。其章法出落之妙，又不必言。（呂葆中本、無錫唐氏本、唐玉虬本）

克伐怨欲①②〔一〕 全③

　　賢者以制私爲仁，聖人所以抑之也。蓋④無私之謂仁，而制私不足以言之也。原憲之所問，與夫子所以教原憲者，於此見之矣。今夫仁者寬裕温柔，本自無所克伐〔二〕，而不仁者矜己〔三〕誇人，則有是而必行焉者也；仁者不忮不求〔四〕，本自無所怨欲〔五〕，而不仁者恣情徇物，則有是而必行焉者也。憲也以狷介之資，勵堅忍之力，故能於此而不行焉。至於不遠之復〔六〕，彼固有所未能；而無妄之真，彼固有所未識也。乃遂以是爲仁，而問於夫子。夫子從而告之曰：人心惟無所克伐也，一有克伐焉，其勢不至於以私滅公不止也，於天人交戰之中，而力有以防其潰，可不謂難乎？然特不行而已，是⑤猶有克伐在也。人心惟無所怨欲也，一有怨欲焉，其勢不至於以情鑿性不止也，於愛惡相攻之際，而力有以遏其漸，可不謂難乎？然特不行而已，是⑥猶有怨欲在也。非必人欲橫流而後爲此心之累，但藏蓄而不化，則⑦已非静虚之本體矣，況檢點稍或疏焉，固有潛滋暗長而不自知者乎？以其僅未至於橫流⑧也，而遽以爲仁，吾弗知也已。非必形迹暴著而後爲吾仁之病，但留滯而不釋，則⑨已非順應之本然矣，況操持稍或弛焉，固有投間抵隙而不自知者乎？以其僅未至於暴著也，而遽以爲仁，吾弗知也已。是則原憲之問，雖若過於自任，而亦見其求仁之切；夫子之答，雖若抑之，而寔進之於安仁之域者也⑩。

【校記】

　　①克伐怨欲篇又載陳名夏本、俞康本、俞乾本、無錫唐氏本、唐玉虬本，據校。

　　②克伐怨欲，欽定四書文作"克伐怨欲不行焉"。

　　③全，俞乾本、無錫唐氏本、唐玉虬本作"全章"，明文鈔、欽定四書文作"一章"。

　　④蓋，俞康本作"益"。

　　⑤是，陳名夏本無。

　　⑥是，陳名夏本無。

　　⑦則，陳名夏本無。

⑧橫流，欽定四書文作"暴著"。
⑨則，陳名夏本無。
⑩安仁之域者也，陳名夏本作"安仁者之域也"。

【注釋】

〔一〕出自論語·憲問·憲問恥：憲問恥。子曰："邦有道，穀；邦無道，穀，恥也。""克、伐、怨、欲不行焉，可以爲仁矣？"子曰："可以爲難矣，仁則吾不知也。"

〔二〕克伐：爭強好勝，驕傲自誇。論語·憲問："'克、伐、怨、欲不行焉，可以爲仁矣？'子曰：'可以爲難矣，仁則吾不知也。'"馬融注："克，好勝人。伐，自伐其功。"

〔三〕矜己：誇耀稱贊自己。後漢書·鄭興傳："囂矜己自飾，常以爲西伯復作，乃與諸將議自立爲王。"

〔四〕不忮不求：不妒害別人，不貪求外物。詩經·邶風·雄雉："不忮不求，何用不臧。"鄭玄箋："我君子之行，不疾害，不求備於一人，其行何用爲不善。"

〔五〕怨欲：忌刻，貪婪。

〔六〕不遠之復：見德之不修其二篇所注。

【集評】

韓求仲先生：文後評語：後二比凡五轉，皆以虛字剝換，極圓而味和。（陳名夏本）

馬君常先生：文後評語：刻畫渾成，起手如錐印沙，令人稍得其意，已壓倒元、白。（陳名夏本）

艾千子：文後評語：語意輕重低昂，與題貼適，如天造地設，真聖於文者也。（陳名夏本、呂葆中本、無錫唐氏本、唐玉虬本）

陳名夏：文後評語：文到聖境，句句圓轉，轉則有餘地，有餘味。時文硬填偶句，其氣既滯結，如畫水而無波折，烏足以擬蒼茫之觀乎？讀荊川此文，乃知荊川折服諸先輩在此等筆法也。（陳名夏本）

沈虹臺：文後評語：憲問處，人必順口氣，此獨斷制而不講；孔子答處，人必兩截講，此獨連珠而不截。這是大家格度，其間析理入絲毫處，如石試金，成色畢見，又非大家所易言也。（呂葆中本、無錫唐氏本、唐玉虬本）

胡思泉：文後評語：妙在二節之意，俱提明在前，何等力量！又妙在後二句連帶讀下，細密精透，圓活轉折，自不可及。（呂葆中本、俞康本、俞乾本、無錫唐氏本、唐玉虬本）

章翊茲：文後評語：不行是勉強工夫，夫子欲其由此進之，漸造漸安耳。若果時時不行，克伐怨欲，亦無處着脚，爲仁之道，盡於是矣。篇中有云"特不行而已""猶有克伐在也"，二語雖本程注，尚未的確，願與理深者商之。（呂葆中本、無錫唐氏本、唐玉虬本）

呂留良：文中評語："蓋無私之謂仁"後：明白。"今夫"至"焉者也"後：大意一串提明，以後點逗自足。艾評：先將仁不仁對說。"仁者"至"焉者也"後：此中正炤"難"字。"憲也"至"行焉"後：憲語直起，似問非問，正得意求印證之詞，此句坐煞得好。"夫子從"至"克伐也"後：輕輕映出"仁"字。"於天"至"難乎"後：艾評：題面一字不失。"然特"至"在也"後：利劍過頸，血不縷鋒。"非必人"至"知也已"後：二比實講"不行"，未可言仁之理，圓明快徹，八面晶瑩。"非必形"至"知也已"後：艾評：文章妙處全在轉，如此一股凡五轉，吾謂句句轉，凡九耳。（呂葆中本、無錫唐氏本、唐玉虬本）

文後評語："人欲净盡，天理流行"八字是"仁"字全象。然必人欲净盡，而後天理流行，未有人欲不净盡，而天理得復者。天理本吾心固有，故可曰流行；人欲本非所宜有，故必曰净盡。今於四者，但曰不行而已，則其根荄隱伏於中，而天理反強制於外。伏於中者爲主，制於外者爲客。以客壓主，其用力甚難。若謂將以久勝之，亦必至使四者内消净盡，無可行者，而後可言仁。斯亦難信之事矣，豈得謂不行爲爲仁之道盡是哉？聖人不許不行爲仁，止爭净盡與不净盡，不是安勉之分。安勉之分，已是流行上事，非净盡上事也。誤認不行，是勉強工夫，粗甚矣。細玩通篇曲折剖析處，真是滴水滴凍。（呂葆中本、無錫唐氏本、唐玉虬本）

俞長城：文中評語："蓋無私"至"言之也"後：了當。"今夫"至"焉者也"後："不仁"兩頭提明，自顯出中間位置，已伏"難"字。"憲也"至"未識也"後：憲語直起，似問非問，正得急求證之詞，坐實得好。"人心"至"伐也"後：輕輕映出"仁"字。"然特"至"欲在也"後：利劍過頭，血不縷鋒。"非必人"至"本體矣"後：當下不可知。"況檢點"至"知也已"後：將來不可知。"非必形"至"本然矣"後：橫流暴著有分別。"是則"至"之切"後：不貶壞好。（俞康本、俞乾本）

文後評語：悟得仁之本體，又識得不行境侯，故每下一斷語，眼光如炬，筆力如刀。（俞康本、俞乾本）

方苞：文後評語：於仁與四者不行分際，體認親切，故出之甚易，而他人苦思極慮不能造也。（欽定四書文、明文鈔）

王耘渠：文後評語："特不行而已，猶有克伐怨欲在"，祇此一句，看的分明，把柄在手，揮霍由心，縱橫曲折，信筆所之，無不洞中理解矣。學者讀此等文不於本領上求之，從驚歎其何如快、何如轉，而欲摹仿之於格調之間，雖學之終身，而求一字之肖，不可得也。（明文鈔）

禹稷躬稼而有天下①〔一〕

賢者述二聖〔二〕以德而受命，其尊師之意有在矣。甚矣大德必得其位〔三〕也，禹稷身親稼穡之事而遂有天下，宜賢者借之以推尊夫子也。且惟德可以動天〔四〕，天命歸於有德，不觀之禹稷乎？何則？洪水橫流，民食無自而足也。禹也知小人之依在食②，而盡力於溝洫之間，決川距海〔五〕，濬畎距川〔六〕，而水土於是乎平焉。水土既平，農事可得而興也。稷也知農師之責在於田功〔七〕，而從事於阡陌之際，誕降嘉種〔八〕，播疇③百穀，而歲功〔九〕於是乎成焉。禹啓之而稷成之，同一惟殷於民〔一〇〕之功也；禹始之而稷終之，同一粒我蒸民〔一一〕之仁也。夫有天下之大德者，自享天下之大報。是故禹雖無心於天下也，然陽城一避〔一二〕而來朝覲者四方，塗山一會〔一三〕而執玉帛者萬國，繼虞而爲夏四百年之業，禹其開之矣，惟天眷德，非天下之常理哉？稷雖無心於天下也，然啓佑後人〔一四〕而天下爲之大定，垂裕後昆〔一五〕而四海爲之永清，轉商而爲周八百年之業，稷其肇之矣，大德受命〔一六〕，又非天下之常理哉？

【校記】

①禹稷躬稼而有天下篇又載俞康本、俞乾本、無錫唐氏本、唐玉虬本，據校。

②在食，俞康本、俞乾本作"在於艱食"。

③疇，俞康本、俞乾本作"時"。

【注釋】

〔一〕出自論語・憲問・南宮适問於孔子：南宮适問於孔子曰："羿善射，奡盪舟，俱不得其死然。禹稷躬稼而有天下。"夫子不答。南宮适出，子曰："君子哉若人！尚德哉若人！"

〔二〕二聖：此處指夏禹與后稷。夏禹、后稷受堯、舜命整治山川，教民耕種，孔子稱之爲賢臣，後人尊之爲聖人。孟子・離婁下："禹、稷當平世，三過其門而不入，孔子賢之。"

〔三〕大德必得其位：有高尚道德的人，必定得到相應的地位。禮記・中庸："故大德必得其位，必得其祿，必得其名，必得其壽。"

〔四〕德可以動天：有高尚的道德才能感動上天。尚書・大禹謨："益贊於禹曰：'惟德動天，無遠弗屆；滿招損，謙受益，時乃天道。'"

〔五〕決川距海：疏導河流使之流入大海。尚書・益稷："予決九川距四海，濬畎澮距川。"孔安國傳："距，至也。決九州名川，通之至海。"

〔六〕濬畎距川：深挖溝渠使之流入河流。尚書・益稷："予決九川距四海，濬畎澮距川。"孔安國傳："濬畎深之至川，亦入海。"

〔七〕田功：農事。尚書・無逸："文王卑服，即康功田功。"孔安國傳："文王節儉，卑其衣服，以就其安人之功，以就田功，以知稼穡之艱難。"

〔八〕誕降嘉種：上天降下好的莊稼種子。詩經・大雅・生民："誕降嘉種，維秬維秠。"

〔九〕歲功：一年的時序。漢書・律曆志："權者，銖、兩、斤、鈞、石也……四萬六千八十銖者，萬一千五百二十物曆四時之象也。而歲功成就，五權謹矣。"

〔一〇〕惟殷於民：奉堯之命，伯夷以禮教化下民，大禹治理百川，后稷教民播種百穀，三人都成功完成使命，使得民眾懂禮教，豐衣足食。尚書·呂刑：" 三后成功，惟殷於民。"孔安國傳："各成其功，惟所以殷盛於民，言禮教備，衣食足。"

〔一一〕粒我蒸民：養育萬民百姓。詩經·大雅·蒸民："天生蒸民，有物有則。"鄭玄箋："蒸，衆。"尚書·益稷："蒸民乃粒，萬邦作乂。"孔安國傳："米食曰粒，言天下由此爲治本。"

〔一二〕陽城一避：舜帝把天子之位禪讓給禹，禹避居在陽城，將帝位禪讓給舜的兒子商均。陽城，現山西省陽城縣。孟子·萬章上："禹避舜之子於陽城。"史記·夏本紀："禹辭避舜之子商均於陽城。"

〔一三〕塗山一會：禹曾在塗山會合諸侯，來進獻玉帛珍寶的部落首領上萬。塗山，在今安徽省蚌埠西。左傳·哀公七年："禹合諸侯於塗山，執玉帛者萬國。"杜預注："塗山，在壽春東北。"

〔一四〕啓佑後人：開道佑助後世之人。尚書·君牙："啓佑我後人，咸以正罔缺。"孔安國傳："開助我後嗣。"

〔一五〕垂裕後昆：爲後世子孫留下功業或財産。尚書·仲虺之誥："以義制事，以禮制心，垂裕後昆。"孔安國傳："垂優足之道示後世。"

〔一六〕大德受命：有高尚道德的人，一定會承受上天之命。禮記·中庸："詩曰：'嘉樂君子，憲憲令德！宜民宜人，受禄於天，保佑命之，自天申之。'故大德者必受命。"

【集評】

楊石樓：文後評語：古文氣脉，時文聲調，讀之鏗然，令人快意。（吕葆中本、俞康本、俞乾本、無錫唐氏本、唐玉虬本）

吕留良：文中評語："何則洪水"至"成焉"後："躬稼"二字如此説，乃圓融而義大。"禹啓"至"仁也"後：圓融禹稷互異處。"夫有"至"大報"後：鎖二句落下，有力。隆萬後，極講此法。"是故"至"天下也"後：跌此句好，隱然打煞。"惟天"至"理哉"後：言外之旨，露而不露。"稷雖"至"肇之矣"後：圓融稷之有天下。（吕葆中本、無錫唐氏本、唐玉虬本）

文後評語：禹未嘗躬稼，稷未嘗身有天下，後人生出辨難，自詰自解，失渾然直下語脉矣。看古人斡旋衹在言內，故有辨難之義，而無辨難之痕。躬稼言其德業，非言其窮約也，故上半句不妨儘力敷揚，與隱顯激昂語不同，元氣渾流，轉運無迹。舊評謂神旺氣足，佳境不在字句間，深得其趣矣。（呂葆中本、無錫唐氏本、唐玉虬本）

文後評語：禹未嘗躬稼，稷未嘗身有天下，後人生出辨難，自詰自解，失渾然直下語脉矣。看古人斡旋衹在言內，故有辨難之義，而無辨難之痕。（俞康本、俞乾本）

俞長城：文中評語："洪水"至"之間"後：說禹之躬稼，極圓足，立句警卓。"決川"至"平焉"後：用經高古。"水土既平"至"興也"後：連終見巧法。"禹啟"至"功也"後：總四語，補足題意，頓住題神。"夫有"至"大報"後：一語作領，有神力。"是故"至"天下也"後：跌句有意。"繼禹"至"之業"後："繼"字好！"惟天"至"理哉"後：言外之旨，露而不露。"稷雖"至"永清"後：稷之有天下，又講得圓活。"轉商"至"之業"後："轉"字好。（俞康本、俞乾本）

文後評語：篇幅寥簡，而局勢極大。辭意蒼樸，而錘煉極麗。體格渾融，而結論極精。（俞康本、俞乾本、唐玉虬本）

貧而無怨難①〔一〕

處困而不累其心，常情所不易也。蓋貧者人情之所弗堪也，欲其無怨，不亦難乎？聖人言此，欲人之勉其難也。今夫得失②相尋者，天下之常理，而因物有遷者，天下之通患也。有人於此困於蒺藜〔二〕，而③仰不足以事父母，貧亦甚矣。方且以安處危，而戚戚之念不萌，有若不知其為貧者焉；困於葛藟〔三〕而④俯不足以蓄⑤妻子，貧亦甚矣，方且以常處變，而外求之私不作，若不覺其為貧者焉。天不我遇，宜其致怨於天也，彼則委之於分而已，未嘗曰我何辜於天，而天之厄我如此也；人不我予，宜其致怨於人也，彼則歸之於數而已，未嘗曰吾何咎於人，而人之棄我如此也，此則貧而無怨者。何以見其難耶？蓋聖人樂天而知命，則安於所遇，自不見其可怨耳，天下豈皆聖人乎？君子畏天而安命，則固守其窮，自不至於有怨耳，天下豈皆君子乎？求之而有所不得，則利害迫於外，而怨之端易起，此而不怨，自⑥非忍人之所不能忍者，不足以及此也，故雖豪傑之士能勉强於晏安之時⑦，而或改節於危迫之際者有矣；欲之而有不遂，則情欲動於中，而怨之心易萌，此而不怨，自非克人之所不能克者，不敢以望此也，故雖好名之人能致餙〔四〕於平居〔五〕之日，而或安心於朵頤之觀〔六〕者有矣。不亦難乎？是非無怨之難，以處貧而見其難耳。⑧

【校記】

①貧而無怨難篇又載陳名夏本、俞 康本、俞 乾本、無錫 唐氏本、唐玉虬本，據校。

②失，俞 乾本作"夫"。

③困於蒺藜而，陳名夏本無。

④困於葛藟而，陳名夏本無。

⑤蓄，陳名夏本、俞 康本、俞 乾本作"畜"。

⑥自，陳名夏本無。

⑦時，俞 康本、俞 乾本作"事"。

⑧"是非無怨之難，以處貧而見其難耳"數句，陳名夏本無。

【注釋】

〔一〕出自論語·憲問·子曰貧而無怨難：子曰："貧而無怨難，富而無驕易。"

〔二〕困於蒺藜：被帶刺的蒺藜阻擋。比喻陷入困境之中。周易·困："困於石，據於蒺藜，入於其宮，不見其妻，凶。"

〔三〕困於葛藟：受困於有刺的蔓藤。比喻陷入困境之中。周易·困："困於葛藟，於臲卼，曰動悔有悔，征吉。"

〔四〕致餙：盡量裝飾展示。論語·學而："子曰：巧言令色，鮮矣仁。"朱熹集注："好其言，善其色，致餙於外，務以說人。"

〔五〕平居：見車中不内篇所注。

〔六〕朵頤之觀：鼓腮進食的樣子，形容享受美食。周易·頤："舍爾靈龜，觀我朵頤，凶。"孔穎達疏："朵頤謂朵動之頤，以嚼物喻貪饞以求食也。"

【集評】

陳名夏：文後評語："無怨"祇就人情闡發，道理廣遠，若時文推深舊套，適見其技窮而醜陋也。（陳名夏本）

湯練川：文後評語：不講"難"字，而形容"難"字意曲盡。（呂葆中本、無錫唐氏本、唐玉虬本）

錢純中：文後評語：下筆如龍，不作溪刻語，卻自深至。（呂葆中本、無錫唐氏本、唐玉虬本）

呂留良：文中評語："今夫"至"患也"後：虛籠全意，起甚高。"有人於此困於蒺藜"後：與束句呼應。"方且"至"不覺其爲貧者焉"後：正面寫"無怨"。"天不"至"如此也"後：都用正寫。"此則貧而無怨者"後：束一句頓斷"難"字，千鈞之勢。"何以見其難也"後：此失語氣。"蓋聖人"至"君子乎"後：二比道理甚精，而實義虛用，妙不可言。"此而"至"及此也"後：刻入"難"字。"故雖豪傑"至"際者有矣"後：反襯出"難"字。"故雖好名"至"觀者有矣"後：祇如此住意已透。"不亦難乎"後：一句點足。（呂葆中本、無錫唐氏本、唐玉虬本）

文後評語："無怨"中境界正不一，有天性恬淡之無怨，有血氣激烈之無怨，有學者刻厲之無怨，有聖賢樂天安命之無怨，祇無怨之境界說得深峻，則"難"字不講而曲透矣。然此節卻泛論常人之情，不是說無怨學問品詣，文中俱用虛映反襯法，先輩精細如此。截斷"無怨"，透發"難"字，界畫斬然，而通篇祇一片說下，前後呼應無迹，真古文作家手段。吳崑麓批云：非無怨者不能爲此文。按：荆川先生性最澹潔刻苦，布袍蔬食，夜卧一木板，不設重席，且清癯多病，其封翁憂之，托王畿龍溪爲之解說。畿乃謂天下人以戒定慧救貪嗔癡，荆川當以貪嗔癡救戒定慧，荆川惘然受之。夫荆川之清，與封翁之慈，皆名德也。畿不告以仁孝中正之道，而漫爲邪禪無道之言，惑誤荆川，小人不能成人之美如是夫。然荆川之恬澹刻厲，幾於無怨，固爲難矣。（呂葆中本、無錫唐氏本、唐玉虬本）

俞長城：文中評語："今夫"至"患也"後：虛籠全意起。"有人"至"甚矣"後：一句領起。"方且"至"貧者焉"後：二比虛寫"無怨"。"彼則委"至"於人也"後：二比實寫"無怨"。"此則"至"難耶"後：

束一句，頓斷"難"字，千鈞之勢。"蓋聖人"後：此下四比將"難"字分四樣人親托。"天下豈皆聖人乎"後：二比將高一等人形其"難"。"自非"至"及此也"後：刻入"難"字句，甚有精意。"故雖豪傑"至"際者有矣"後：二比將次二等人形其"難"字。"不亦難乎"後：一句點足。（俞 康本、俞 乾本）

文後評語：前四比做"無怨"，俱用正寫；後四比做"難"字，俱用反托。不正寫，則刻畫不精；不反托，則含蓄不大。一句領，一句頓，一句煞，中間深淺相生，虛實互用。初學，熟玩此種文，方曉得"理法"二字。（俞 康本、俞 乾本）

如其仁如其仁①〔一〕

聖人深大霸佐②〔二〕之仁，亦惟取其功也。夫霸佐③未純乎仁也，聖人深大之，得非以其功之及人與。且夫心之仁與不仁，不惟其迹，惟其功耳。彼管仲不死，而當相桓公之日也，諸侯九合〔三〕矣，兵車不假矣。是忍於君者小，而不忍於斯④民者大；不利於君者小，而利於列國者大。吾知當時固有行兵守信，而仁人之心寓者，特一身之仁猶易及也。今仲之仁不在一身，而在斯民，何可及哉？亦有一言省刑〔四〕，而仁人之利溥〔五〕者，特一國之仁猶易爲也。今仲之仁不在一國而在列國，何能爲哉？輔霸⑤之餘休〔六〕足以共耀乎齊，及人之盛德益以遠超乎衆。自九合之功一出，而天下之言功者莫與並，功之所在，仁之所在也；自息兵之澤〔七〕一施，而天下之言澤者莫能匹，澤之所存，仁之所存也。雖不必殺身成仁，而愛焉以溥，視夫徒善爲仁者孰與⑥，固無有如其仁者矣；雖不必捐軀求⑦仁，而惠焉以廣，視夫煦煦〔八〕爲仁者孰加，信無有如其仁者矣。由是推之，召忽之死，死之無關於當世，乃仁之小也；管仲之生，生之有益於當世，正仁之大也。向使亦死子糾之難，人將不蒙其仁，而其仁亦無以自白矣。

【校記】

①如其仁如其仁篇又載陳名夏本、無錫 唐氏本、唐玉虯本，據校。
②霸佐，陳名夏本作"伯佐"。

③霸佐，陳名夏本作"伯佐"。
④斯，陳名夏本無。
⑤霸，陳名夏本作"伯"。
⑥輿，陳名夏本作"大"。
⑦求，陳名夏本作"沽"。

【注釋】

〔一〕出自論語·憲問·子路曰桓公殺公子糾：子路曰："桓公殺公子糾，召忽死之，管仲不死。"曰："未仁乎？"子曰："桓公九合諸侯，不以兵車，管仲之力也。如其仁，如其仁。"

〔二〕霸佐：輔佐人主稱霸。明 張居正答應天巡撫宋陽山論均糧足民："管子霸佐，亦言禮義生於富足。"

〔三〕諸侯九合：春秋時期齊桓公會盟諸侯，成爲霸主。論語·憲問："桓公九合諸侯，不以兵車，管仲之力也。"邢昺疏："言九合者，史記云：兵車之會三，乘車之會六。"

〔四〕一言省刑：一句話就減少了刑罰。左傳·昭公三年："晏子一言，而齊侯省刑。"

〔五〕仁人之利溥：仁德之人一言惠及多人。左傳·昭公三年："君子曰：仁人之言，其利博哉？"

〔六〕餘休：濃密的樹蔭。引申爲蔭庇。漢書·外戚傳："願歸骨於山足兮，依松柏之餘休。"

〔七〕息兵之澤：停止用兵帶給生靈的恩澤。戰國策·秦策二："宜陽未得，秦死傷者衆，甘茂欲息兵。"

〔八〕煦煦：小恩小惠。唐 韓愈原道："彼以煦煦爲仁，孑孑爲義，其小之也，則宜。"明 宋濂義烏方府君墓志銘："其遇宗族內外姻，多煦煦有恩意。"

【集評】

艾千子：文後評語：仁管仲字字斟酌，然夫子所以恕管仲之死，必自有説，如此亦覺翻案。（陳名夏本）

陳名夏：文後評語：他作祇做得"仁"字，此文語語是"如其仁"，音節清越，可以傳矣。（陳名夏本）

胡思泉：文後評語：此贊上文題也。承上處着數句精確的當語，後可無費詞，而意自了了。此最文章大緊關，不可不知。（呂葆中本、無錫唐氏本、唐玉虬本）

錢純中：文後評語：精言短股，相逼而來，而遒勁之中，不失婉潤，此惟荊川有之，他人不能也。仲之仁，仁之功耳，祇講其功而仁自在。（呂葆中本、無錫唐氏本、唐玉虬本）

呂留良：文中評語："夫霸佐未純乎仁也"後：翻句醒。"不惟"至"功耳"後：功便是迹。"彼管仲"至"國者大"後：四句把捉得定，得力處在此。"吾知"至"寓者"後：將客影主，喚起"如其"意。"今仲"至"及哉"後：押出"如其"。"自九"至"與並"後：如其。"功之"至"在也"後：體會"仁"字。"雖不必殺身成仁"後：方繳對"不死"。"而愛"至"孰與"後：如其。"由是"至"小也"後：又繳對召忽之仁。"其仁"至"白矣"後："其仁"二字倒煞得勁。（呂葆中本、無錫唐氏本、唐玉虬本）

文後評語：通篇在"如其"二字用意，波瀾層疊，而股法又錯綜奇變，足令人應接不倦，前幅就功上比較"如其"，是承上三句説，後幅又就死節本義較"如其"，是答上節説，法律更森然不可犯。艾千子云：夫子所以恕管仲之死，必有有説，如此亦覺翻案。此祇信注中"仁之功"三字不及耳。不道聖人開口三句便祇叙其功，下章亦祇言功，説已盡於此矣。故思泉謂贊上文題，此語極得。就聖人説話，體聖人指歸，何嘗翻案？千子自心粗欲翻注案耳。（呂葆中本、無錫唐氏本、唐玉虬本）

一匡天下①〔一〕

佐霸②〔二〕者有輔世之功，聖人所以取之也。甚矣聖人取善之公也！以管仲正天下之功，而夫子稱之，其亦不没人之善意③歟？自今觀之，春秋之時，何時也？繻葛一戰〔三〕，而天下之人不知有君臣之分；蔡師一敗〔四〕，而天下之人不知有夷夏之防。天下之不正也甚矣，其孰能匡之？管仲之相桓公也，志同道合，而一以取威定霸④〔五〕爲己任；言聽計從，而一以招攜懷遠〔六〕爲己責。慮王室之衰也，於是乎有葵丘之會〔七〕焉，誓之以五命〔八〕之嚴，申之以載書〔九〕之信，而以下陵上者，始知所懼矣；慮夷狄之橫也，於是乎有召陵之師〔一〇〕焉，連八國之援以摧其鋒，許屈完之盟〔一一〕以懷其德，而以裔⑤謀夏⑥〔一二〕者始知所警矣。雖曰借其名以遂其私也，而名之所以不亡者，亦其借之之功；雖曰假其義以文其奸也，而義之所以不泯者，亦其假之之力。君尊臣卑，視夫周鄭交質〔一三〕之際，不有間乎？内夏外夷，視夫憑陵江漢之日，不有殊乎？管仲正天下之功如此。身係天下之重，故北面請囚〔一四〕而不以爲恥；心存天下之圖，故忘君事讎〔一五〕而不以爲嫌。子貢⑦何議其未仁耶？雖然，此亦夫子權宜之論也。周郊問鼎〔一六〕，黃池爭盟〔一七〕，夫子蓋傷之也，豈不曰今天下得一管仲亦可矣？是故有取焉，而非眞以相桓爲可也。何則？舍生取義，固士君子立身之大節也。春秋書里克殺其君卓，荀息死之〔一八〕。觀⑧夫子與荀息之意，則管仲可知矣⑨。

【校記】

① 一匡天下篇又載陳名夏本、無錫唐氏本、唐玉虯本，據校。
② 霸，陳名夏本作"伯"。
③ 人之善意，陳名夏本、明文鈔作"人善之意"。
④ 霸，陳名夏本、明文鈔作"伯"。
⑤ 裔，明文鈔作"夷"。
⑥ 夏，陳名夏本作"華"。
⑦ 貢，明文鈔無。
⑧ 觀，陳名夏本作"顧"。
⑨ "雖然"至"則管仲可知矣"，明文鈔無。

【注釋】

〔一〕出自論語·憲問·子貢曰管仲非仁與：子貢曰："管仲非仁者與？桓公殺公子糾，不能死，又相之。"子曰："管仲相桓公，霸諸侯，一匡天下，民到於今受其賜。微管仲，吾其被髮左衽矣。豈若匹夫匹婦之爲諒也，自經於溝瀆而莫之知也？"

〔二〕佐霸：見如其仁如其仁篇所注。

〔三〕繻葛一戰：繻葛，在今河南省長葛市北。左傳·桓公五年載：鄭國與周桓王所率陳、蔡、衛等國聯軍戰於繻葛，周王室聯軍大敗。繻葛之戰後，周天子威望隕落，周王室趨於衰弱，諸侯國勢力大增，競相爭霸。

〔四〕蔡師一敗：魯莊公十年（前684），楚文王攻蔡，擄蔡哀侯以歸。左傳·莊公十年："秋九月，荊敗蔡師於莘，以蔡侯獻舞歸。"杜預注："荊，楚本號，後改爲楚。楚辟陋在夷，於此始通上國。"

〔五〕取威定霸：取得威望，策定霸業。比喻功高威重。左傳·僖公二十七年："先軫曰：'報施救患，取威定霸，於是乎在矣。'"

〔六〕招攜懷遠：招撫尚未歸心之人，歡迎遠方之人歸附。左傳·僖公七年："招攜以禮，懷遠以德。"杜預注："攜，離也。"

〔七〕葵丘之會：前651年，齊桓公召集宋、魯、鄭、許等國諸侯在葵丘會盟，制定盟約，聯合諸侯，稱霸中原。葵丘，今河南省民權縣。左傳·僖公九年："夏，公會宰周公、齊侯、宋子、衛侯、鄭伯、許男、曹伯於葵丘。……九月戊辰，諸侯盟於葵丘。"

〔八〕五命：周代官爵規制的一種，周代官爵分爲九等，稱九命，五命爲子男。周禮·春官·典命："子男五命，其國家、官室、車旗、衣服、禮儀皆以五爲節。"禮記·王制："小國之君，不過五命。"

〔九〕載書：盟書，諸侯會盟時所制定的盟約文書。左傳·襄公九年："晉士莊子爲載書，曰自今日既盟之後，鄭國而不唯晉命是聽。"

〔一○〕召陵之師：齊桓公駐扎在召陵的討伐楚國的精銳軍隊。召陵，今河南省漯河市召陵區。左傳·昭公四年："齊桓有召陵之師，晉文有踐土之盟。"

〔一一〕屈完之盟：魯僖公四年（前656），齊桓公聯合八個諸侯國的軍隊攻打楚國，楚大夫屈完與諸侯國在召陵訂立盟約。左傳·僖公四年："楚屈完來盟於師，盟於召陵。"

〔一二〕以裔謀夏：華夏族以外的部族圖謀中原。左傳·定公十年："孔子曰：'裔不謀夏，夷不亂華。'"

〔一三〕周鄭交質：周平王與鄭莊公相互交換人質。左傳·隱公三年："故周鄭交質，王子狐爲質於鄭，鄭公子忽爲質於周。"杜預注："王子狐，平王子。"

〔一四〕北面請囚：管仲請求魯莊公把他囚禁起來。左傳·莊公九年："管仲請囚，鮑叔受之。"

〔一五〕忘君事讎：忘記自己的君主而改節事奉仇人。論語·憲問："子路曰：'管仲非仁者與？桓公殺公子糾，不能死，又相之。'"朱熹集注："子路疑管仲忘君事讎，忍心害理，不得爲仁也。"

〔一六〕周郊問鼎：鼎在周代是國家權力的象徵，楚王問鼎大小輕重，是覬覦周王朝的政權。史記·楚世家："八年伐陸渾戎，遂至洛，觀兵於周郊。周定王使王孫滿勞楚王，楚王問鼎小大輕重。"

〔一七〕黃池爭盟：魯哀公十三年（前482），吳王夫差北上黃池與晉定公、魯哀公會盟，意欲取代晉國，稱霸中原。黃池，在今河南省封丘縣。事見國語·吳語。

〔一八〕里克殺其君卓，荀息死之：魯僖公十年（前650），晉國的里克殺死了國君卓和大夫荀息。左傳·僖公十年："晉里克弒其君卓及其大夫荀息。"杜預注："弒卓在前年，而以今春書者，從赴也。"

【集評】

艾千子：文後評語：今人論文輒云自某脫胎來者，非也，文到恰適處，猶不知足而爲屨耳。如此篇，評者推究至矣。予謂作者本以無心得之，銖兩尺寸，失其天然，則非文矣。（陳名夏本）

陳名夏：文後評語：先説天下不正，次説管仲實事，又推一層到假仁假義，又詠歎二比。此文一氣可接，直所謂有上句即生下句之文也。文詞華茂，千年不宿。（陳名夏本）

黃葵陽：文後評語：夫子稱仲，非盡予之也，不把"一匡"説得太好。先輩作文，一字不苟如此。（吕葆中本、無錫唐氏本、唐玉虬本）

吳崑麓：文後評語：隊伍嚴明，綫脈貫串，無疊床架屋之病。（吕葆中本、無錫唐氏本、唐玉虬本）

艾千子：文後評語：今人論文輒云自某脫胎來者，非也，文到恰適處，猶不知足而爲屨耳。如此篇，介生謂從守溪、孟、墨脫出，予謂作者本以無心得之，銖兩尺寸，失其天然，則非文矣。（吕葆中本、無錫唐氏本、

唐玉虬本）

呂留良：文中評語："自今"至"時也"後：喝句得大意，直貫下三句。"繻葛"至"之防"後：原評："在'天下'二字討力。""天下"至"甚矣"後：跌起有勢。"管仲"至"己責"後：安頓桓公。"慮王室"至"警矣"後：實叙"一匡"之功。"雖曰借"至"之力"後：判斷精嚴，辣於老吏。"君尊"至"如此"後：極褒頌中卻有分寸，應起講作開合，氣局甚大。"身係"至"爲嫌"後：仍以"天下"二字收回，顧不死又相緊甚。"豈不曰"至"爲可也"後：意思好，筆力亦高，吾讀之不能自已也。（呂葆中本、無錫 唐氏本、唐玉虬本）

文後評語：即"天下"二字中，將節末句納入，則"一匡"之功，不煩言而其大可知。筆筆緊嚴，段段斟酌，極鋪張處，不曾放鬆管仲一綫，理法精到之作。管仲之功，非猶夫霸佐之功也，齊桓之霸，非猶夫各盟主之霸也，看下文自見。故余謂注中"尊周室"二句，祇作一句看，方與白文意合。若將尊王另分在僭竊上說，此功不足贖忘君事讐之義也。然先輩都如此説，亦不止一人之疏。要之此一段道理，先儒不曾經歷講究，固難曉然耳。（呂葆中本、無錫 唐氏本、唐玉虬本）

方苞：文後評語：洞悉三傳，二百四十年時勢了然於心，故能言之簡當如此。前輩謂不可把"一匡"説得太好，非也。下文説"一匡"之功如許鄭重，可見聖人之心廣大公平。言各有當，不可以一端閡也。（欽定四書文）

陸稼書：文後評語：起講是正題先反之法，亦是先提後講之法，將"天下"二字先提出，轉到"一匡"，便有破竹之勢。首二股是所以能一匡之故，次二股從所以一匡之故説到一匡正面，是題意題面交接之處。後四股純是一匡正面，首二股曰志同道合，曰言聽計從，似歸美桓公。然此題祇重管仲，不重桓公，此祇帶説。起講以君臣夷夏二意雙起，第三第四第七第八股俱與相應。然不嫌重複者，蓋前二股言一匡正面，祇云知所驚懼，後二股始詳言之，此前略後詳之法，中間隔以借其名二股，又是斷續之法。借其名二股，説得最有分寸，貶中有褒，褒中有貶。若竟作褒詞，則不見管仲生平底裹；若竟作貶詞，則又非此處夫子贊仲之意。遂其私，文其姦，二意不同。遂其私，是遂其富強之私；文其姦，是文其貪詐之姦。一是爲

實，一是爲名。（明文鈔）

公叔文子①〔一〕 一節

　　以大夫之臣而進於大夫之列，其必有所自矣。甚矣大夫薦賢之公也，家臣〔二〕同列而不嫌於逼，其大夫之用心乎？記者因夫子論公叔文子得諡爲"文"之說，而先述其事如此。今夫賢才之在下也，伏於無盡；而君子之立賢也，貴於無方。然勢有所限者，恒孤其效用之心；迹有所拘者，多失夫彙征〔三〕之義：凡此者皆非也。得其道者，其惟公叔文子乎！夫文子者衛之大夫也，而僎也其家臣也。以大夫而視家臣，分則殊矣，薦且不可得，而況引之以同列乎？而文子則曰：僎，家臣之賢者也，而吾與有薦賢之責者也。以大夫而薦家臣，禮則然矣，分雖不相及，而可因之以蔽賢乎？於是不復問其類也。拔之下僚，使得從於大夫之後，亦自忘其勢也，加諸上位，使同進爲公朝〔四〕之臣。昔也以之而臣於家，今也以之而臣於國，惟知天下之賢當與天下共之而已，而他又何知焉？始也以之而事乎我，終也以之而事乎君，惟知天下之位當與天下共之而已，而他又何知焉？以大夫而下同於家臣，若爲屈矣，然推其爲上之心，苟有裨於吾君，則雖以我而立於下，亦在所弗恤者，豈曰我嘗役使乎彼者，而不與之同升也哉？以家臣而上同於大夫，若爲僭矣，然推其用人之心，苟有補於吾國，則雖以彼而加於其上，亦在所弗計者，豈曰彼嘗服役於我者，而不與之同升也哉？由是而知文子之能知人也，知其賢而與立也，能忘己也；略其分而同升也，能事君也。薦賢爲國而不私也，一舉而三善備焉，文之至也。夫子曰：可以爲文。其有取於斯乎？

【校記】

①公叔文子篇又載無錫唐氏本、唐玉虬本，據校。

【注釋】

〔一〕出自論語‧憲問‧公叔文子之臣：公叔文子之臣大夫僎與文子同升諸公。子聞之，曰："可以爲文矣。"

〔二〕家臣：古代卿大夫家的屬吏。左傳‧襄公二十九年："公臣不足，取於家臣。"

〔三〕彙征：見從我者其篇所注。

〔四〕公朝：古代官吏在朝廷的治事之所。借指朝廷。莊子·達生："當是時也，無公朝，其巧專而外骨消。"

【集評】

呂留良：文中評語："薦且"至"列乎"後：頓宕夷猶。"而文子"至"賢乎"後：初看似散叙，細看乃知對比變幻自然，後惟金正希得其妙。"於是"至"之臣"後：圓密。"昔也"至"知焉"後：形容其善。"始也"至"知焉"後：轉換皆見深義。"以大夫"至"之心"後：曲達其意。"苟有"至"恤者"後：跌進一步，好。"以家臣"至"計者"後：絶不犯合掌，祇是意義多。"由是"至"私也"後：炤注，自見古意。"一舉"至"至也"後：收到"文"字雅令。（呂葆中本、無錫唐氏本、唐玉虬本）

文後評語：他文止將凡情反擊出文子之難得，則亦僅勝庸鄙佽傲一流耳。從其心術隱微、度量闊大處，曲曲洗發，見文子真有大臣體用，皆是正面實寫，此爲難矣。（呂葆中本、無錫唐氏本、唐玉虬本）

下學而上①〔一〕 二句

聖人盡人事而有契天之妙，此世之所以不能知也。夫學求自盡而馴至於天，則知聖人者惟天耳，夫人惡足以知之耶？且夫天理不外於吾心，人惟過用其心以必人之知也，於是反己〔二〕之功廢，而與天不相及矣。若我，則索隱以爲知有勿敢②也，多聞擇善之下，求免於惑而已矣。是雖知識之未融③而敏以求之，有貫通於一旦者。我之所知，非夫人之所與知者耶？怪異④以爲行有勿敢⑤也，遵道而行〔三〕之際，求以自立而已矣。是雖不厭之未能而半途勿⑥已，有漸及於高明〔四〕者。我之所行，非夫人之所能行者耶？若此者，夫亦循其庸行⑦〔五〕，而未嘗務多⑧以爲博，雖欲求爲可知，而實無可知也。惟天聰明〔六〕遍覆，其神機之運，殆有出於聲臭〔七〕之所不及，而無一物不被其照臨者，其有⑨以知我乎？率其素履〔八〕，而未嘗擅一藝以爲奇，雖欲有所成名，而實無可成名也。惟天光明下濟〔九〕，其感格之妙，殆有出於心思之所不至，而無一事不在其陟⑩

降〔一〇〕者，其有⑪以知我乎？

【校記】

①下學而上篇又載陳名夏本、無錫唐氏本、唐玉虬本，據校。
②有勿敢，陳名夏本作"有所弗敢"。
③是雖知識之未融，陳名夏本作"是雖默識之未能"。
④怪異，陳名夏本作"詭異"。
⑤有勿敢，陳名夏本作"有所弗敢"。
⑥勿，陳名夏本作"弗"。
⑦夫亦循其庸行，陳名夏本作"不過循其庸行"。
⑧務多，陳名夏本作"務多能"。
⑨其有，陳名夏本作"庶其有"。
⑩陟，陳名夏本作"哗"。
⑪其有，陳名夏本作"庶其有"。

【注釋】

〔一〕出自論語·憲問·子曰莫我知也夫：子曰："莫我知也夫！"子貢曰："何爲其莫知子也？"子曰："不怨天，不尤人，下學而上達。知我者其天乎！"

〔二〕反己：返歸自己的天然本性。莊子·徐無鬼："反己而不窮，循古而不摩，大人之誠。"

〔三〕遵道而行：遵循道德規範而行事。禮記·中庸："君子遵道而行，半途而廢，吾弗能已矣。"孔穎達疏："遵循道德而行。"

〔四〕高明：見歸與歸與篇所注。

〔五〕庸行：日常行爲。周易·乾："庸言之信，庸行之謹，閑邪存其誠，善世而不伐，德博而化。"孔穎達疏："庸謂中庸，庸常也。"

〔六〕惟天聰明：惟有上天掌握至高的智慧。尚書·說命中："惟天聰明，惟聖時憲，惟臣欽若，惟民從乂。"

〔七〕聲臭：聲音與氣味。比喻名聲或形迹。詩經·大雅·文王："上天之載，無聲無臭。"鄭玄箋："耳不聞聲音，鼻不聞香臭。"

〔八〕素履：見先行其言篇所注。

〔九〕下濟：利澤下施，長養萬物。周易·謙："天道下濟而光明，地道卑而上行。"孔穎達疏："下濟者，謂降下，濟生萬物也。"

〔一○〕陟降：升降，上下。詩經·大雅·文王："文王陟降，在帝左右。"

【集評】

陳名夏：文後評語：說知我其天，似呆而實活，令人不能爲此老實語也。入路欠振聲。（陳名夏本）

茅鹿門：文後評語：水月形容。（呂葆中本、無錫唐氏本、唐玉虬本）

田鍾臺：文後評語：此題大言之，便涉於誇，非夫子發嘆本意；淺言之，又說不出"知我其天"處。荊川此文，自是妙絕。（呂葆中本、無錫唐氏本、唐玉虬本）

呂留良：文中評語："夫人"至"吾心"後：理入"天"字。"人惟"至"及矣"後：反托分明。"若我"至"而已矣"後：靠實發明下學。"是雖"至"旦者"後：是聖人自道語氣。"我之"至"知者耶"後：體無異人意，頓斷下句。"是雖"至"行者耶"後：而上達祇如此說。"若此者"至"可知也"後：正發明"莫知"之故。"惟天聰明遍覆"後：方轉出"天"。"其神"至"我乎"後：此不是說天，正是聖人分上事。原評謂一字一金，細玩愈妙，洵然。（呂葆中本、無錫唐氏本、唐玉虬本）

文後評語：上句說得平常，下句說得親切，靠定知行講學達，其爲知行，又語語是尼山路上景致，先民不可及，祇在精細老實處，似乎板近，而其實高遠。若後人弄虛頭作稀奇事，乃先民之不屑污齒者也。（呂葆中本、無錫唐氏本、唐玉虬本）

道之將行①②〔一〕　二句③

聖人論斯道之伸，一莫之致而至也。蓋聖道之伸豈偶然哉？有命焉，非人之所能致也。夫子言此以曉景伯、安子路、警伯僚，若曰：子欲誅寮，意使仲由見用，吾道因以伸也。然其伸與否，有不係於伯寮者。苟上焉逢用賢之君，不淆亂於衆言，斯道有可行之兆；下焉遇進賢之臣，不輕④聽夫讒說，斯文有足行之端。公室[二]由我以強，私家[三]由我以弱，所學將於是乎展舒，四方之則[四]已預見也；進言得盡其忠，守官得行其職，斯世將於是乎被澤，有成之效已托始也。固未至治化大定，而紀綱僅布，庶乎推之無不達，亦豈必身親⑤見之，而丕闡有人，庶乎施之無不效，豈人力能致然耶？蓋道之伸雖由己也，寔係乎世治；天下之治雖甚大也，寔關乎氣數。殆必否極而欲泰[五]也，剝極而欲復[六]也。天地開文明之會，然後使斯道可行焉，其消欲以息也，其虛欲以盈也。世運啓平治之機，然後使斯文足行焉。用之以君，而所以用之，則固非出於君，默有主之者存，蓋命在必用，衆言自不能爲之蔽矣；進之以臣，而所以進之，則固非出於臣，陰有騭之者在，蓋命在必進，讒説自不能爲之入矣。奈之何！夫人於此，顧曰吾沮之使其不行，又曰吾其去沮之者而使之行，又曰彼之沮之或爲吾道累焉，而不知命之不容以人力與也。知命之不容以人力與，則伯寮之愬祇自誣，子路可安，而景伯可無用於誅矣。

【校記】

①道之將行篇又載陳名夏本、俞康本、俞乾本、無錫唐氏本、唐玉虬本，據校。

②道之將行，陳名夏本作"道之將行也與命也"，俞康本、俞乾本作"道之將行與命也"。

③二句，俞康本無。

④輕，陳名夏本、俞康本、俞乾本作"傾"。

⑤身親，陳名夏本、俞康本、俞乾本作"親身"。

【注釋】

[一] 出自論語·憲問·公伯寮愬子路：公伯寮愬子路於季孫。子服景伯以告，曰："夫子固有惑志於公伯寮，吾力猶能肆諸市朝。"子曰："道之將行也與，命也；道之將廢也與，命也。公伯寮其如命何！"

[二] 公室：春秋戰國時諸侯的家族。論語·季氏："祿之去公室五世矣，政逮於大夫四世矣。"國語·晉語："其富半公室，其家半三軍。"左傳·襄公十一年："正月作三軍，三分公室，而各有其一。"

[三] 私家：大夫以下稱爲家。禮記·禮運："冕弁兵革，藏於私家，

非禮也。"孔穎達疏:"私家,大夫以下稱家。"

〔四〕四方之則:四方大眾的楷模準則。詩經·大雅·卷阿:"豈弟君子,四方為則。"

〔五〕否極而欲泰:事情懷到盡頭就會好起來。否、泰是周易六十四卦中的兩個卦名。周易·否:"否之匪人,不利君子貞,大往小來。"周易·泰:"泰,小往大來,吉亨。"

〔六〕剝極而欲復:剝、復是周易六十四卦中的兩個卦名,剝卦陰盛陽衰,復卦陰極而陽復。比喻物極必反,事情懷到盡頭就會好起來。周易·剝:"不利而攸往。"周易·復:"亨。……利有攸往。"

【集評】

艾千子:文後評語:此文最忌以經生之言為聖人之言。如此文,實有關係,總由讀書深厚也。意多而不雜,圓潔謹嚴,又甚餘也。(陳名夏本、呂葆中本、無錫 唐氏本、唐玉虬本)

陳名夏:文後評語:是此題行字命字,層層轉接,末路更合古法。(陳名夏本)

王仲山:文後評語:意多不雜,轉換精神。(呂葆中本、無錫 唐氏本、唐玉虬本)

郭青螺:文後評語:絲竹繁奏中,希聲窈眇,氣節平和,曲終時一倡三歎,嫋嫋不絕。(呂葆中本、無錫 唐氏本、唐玉虬本)

呂留良:文中評語:"夫子"至"伯寮"後:用注語,自老。"若曰"至"伸也"後:艾評:接到夫子身上。"苟上"至"之端"後:妙即為"命也"二字設伏,千子僅以大頭腦議論目之,早被荊川瞞過也。"固未"至"僅布"後:如此做,"將"字呆矣,於義亦不的。"亦豈"至"不效"後:艾評:方切用子路與夫子相關處,此意即可。"蓋道"至"氣數"後:艾評:"命"字不看歸一身際遇,最是。"用之"至"於君"後:乃見前設伏之妙。"吾沮"至"力與也"後:艾評:波瀾風藻,渾是古文。曉景伯,安子路,應轉三句,有針線迴翔,閃挾如鳳掠雲霄。(呂葆中本、無錫 唐氏本、唐玉虬本)

文後評語:通身起伏照應,法律精嚴,而得古文變化之妙。一氣游行,不留影迹，所謂繡鴛憑看、金針不傳者也。然此亦爲凡眼言耳，果具隻眼，有繡鴛便瞞金針不過。千子旁批有云：此"將"字，乃"期月而可"的"可"字，趙儕鶴以未必行形"將"字，不如此文深微。余謂此文與評，皆求深得謬，此與孟子"行或使止或尼"同意。將行將廢，謂其進退之幾兆，非指治效淺深也。若以"道之將行""將"字，作"期月而可""可"字觀，則"將廢"句，又當作何解？（呂葆中本、無錫唐氏本、唐玉虬本）

俞長城：文中評語："蓋聖"至"致也"後：二語古峭。"子欲"至"伸也"後：從子路身上看出道精當。"苟上"至"之端"後：補意。對伯寮。"公室"至"托始也"後：切子路仕季孫。"固未"至"大定"後：看"將"字好。"亦豈"至"不效"後：方切用子路與夫子相關切處。"蓋道"至"氣數"後："命"字不看緣一身際遇，最是。"殆必"至"復也"後："命"字深微。"用之以君"後：應轉。"夫人"至"與也"後：前幅謹嚴，此處忽作波宕，純乎古文。（俞康本、俞乾本）

文後評語：格律精嚴，意論切貼，而古氣行乎其中。子路仕季孫是道將仁，伯寮愬子路是道將廢。若夫子之用捨，則竟屬行廢，不爲將矣。看得"將"字好，則夫子、子路、季孫、伯寮四人相關處俱見。晚邨反嫌此文"將"字著迹過矣。"命"字指天運之大者言，識高。（俞康本、俞乾本）

無爲而治①〔一〕 一節

聖人贊虞帝之治，而深著其無爲之德也。夫君道以無爲爲至也，而惟舜得以履其盛焉，此夫子所以深贊之。與想其意謂：甚哉，爲君之難也！蓋其以一身而宰天下之務，喜於有爲則明作之政煩，而治體〔二〕於是乎虧矣；過於無爲則幾康之戒泯，而化理〔三〕於是乎湮矣。乃若惟淵惟默，無事於聲色之大，而天下自爾其化成；不見不顯，無庸於經正之勞，而四方自爾其風動〔四〕。問之在朝，師師〔五〕如也；問之在野，睤睤〔六〕如也。若是者，其惟舜乎？蓋其以帝堯聖作於前，凡君道之所當爲者，宣聰明〔七〕而盡開創之仁；群后德讓〔八〕於下，凡臣道之所當爲者，竭股肱而效贊襄之義。當是時也，夫焉有所爲哉？而舜也，玄德足以協帝〔九〕，惟以堯之所以治民者治民，通變神化之方，率由而不改其舊；大知〔一〇〕先於用人，惟以群后之所以治事者治事，翼爲明德〔一一〕之職，分命[二]而不尸其功。章而未嘗見也，變而未嘗動也，篤恭之妙，吾見其臨下以簡[三]而已矣，垂衣裳[四]之外，何多見焉？過而不知其化也，存而不知其神也，不顯[五]之德，吾見其臨民以莊[六]而已矣，正南面[七]之外，無他象焉。噫！其斯以爲舜乎？後有作者，虞帝其弗可及也已。嘗謂繼體之君，未嘗無可承之法，天下亦未嘗有無才之世。但德非至聖，未免作聰明以亂舊章[八]，好自用，而不能任人，其如有爲，何哉？此可以見舜之德矣。不然，上有作者，下有輔者，而吾但可以享其無爲，則亦中人之德耳，而何以爲重華協於帝也？噫！此舜之所以爲大知，而夫子亟稱之歟！

【校記】

①無爲而治篇又載無錫唐氏本、唐玉虬本，據校。

【注釋】

〔一〕出自論語·衛靈公·子曰無爲而治：子曰："無爲而治者其舜也與？夫何爲哉？恭己正南面而已矣。"

〔二〕治體：治国的政策綱領。漢賈誼新書·數寧："以陛下之明通，因使少知治體者得佐下風。"

〔三〕化理：教化治理。唐柳宗元故尚書户部侍郎王君先太夫人河間劉氏志文："克生良子，用揚懿美，有其文武，弘我化理。"

〔四〕風動：廣泛響應。尚書·大禹謨："帝曰：俾予從欲以治，四方風動，惟乃之休。"孔安國傳："動，順上命，若草應風。"

〔五〕師師：莊嚴肅敬。漢賈誼新書·容經："容有四起，朝廷之容，師師然，翼翼然，整以敬。"

〔六〕皥皥：舒暢自適。孟子·盡心上："霸者之民，驩虞如也；王者之民，皥皥如也。"朱熹集注："皥皥，廣大自得之貌。"

〔七〕亶聰明：誠實聰慧。尚書·泰誓上："亶聰明，作元后，元后作民父母。"孔安國傳："人誠聰明，則爲大君，而爲衆民父母。"

〔八〕群后德讓：諸侯公卿禮讓。尚書·益稷："虞賓在位，群后德讓。"文選·張平子·東京賦："於是孟春元日，群后旁戾。"李善注："群后，公卿之徒也。"

〔九〕舜也玄德足以協帝：舜潛行道德，足以與堯帝志同道合。尚書·舜典："曰若稽古帝舜，曰重華，協於帝，濬哲文明，溫恭允塞，玄德升聞，乃命以位。"孔安國傳："玄謂幽潛，潛行道德。"

〔一〇〕大知：通指最博學有大智慧的人。莊子·齊物論："大知閑閑，小知間間。"

〔一一〕明德：才德兼備的君主。詩經·大雅·皇矣："帝遷明德，串夷載路。"朱熹集傳："明德，謂明德之君，即太王也。"

〔一二〕分命：命令，任命。尚書·堯典："分命羲仲，宅嵎夷，曰暘谷。"

〔一三〕臨下以簡：治理百姓用簡單的方法。尚書·大禹謨："帝德罔愆，臨下以簡，御衆以寬。"

〔一四〕垂衣裳：垂，垂示。衣，上衣。裳，下服。以衣在上者象天，以裳在下者象地，故衣裳製作取象乾坤。後以"垂衣裳"謂定衣服之制，示天下以禮，用以稱頌帝王無爲而治。周易·繫辭下："黃帝、堯、舜垂衣裳而天下治，蓋取諸乾坤。"韓康伯注："垂衣裳以辨貴賤，乾尊坤卑之義也。"

〔一五〕不顯：盛大貌。不，通"丕"。詩經·周頌·清廟："不顯不承，無射於人斯。"

〔一六〕臨民以莊：君主面對民衆時要容貌端嚴。論語·爲政："季康子問：'使民敬忠以勸，如之何？'子曰：'臨之以莊則敬，孝慈則忠，舉善而教不能則勸。'"包咸注："莊，嚴也。君臨民以嚴，則民敬。"朱熹集注："莊，謂容貌端嚴也。臨民以莊，則民敬於己。"

〔一七〕正南面：端坐帝王之位，形容帝王無爲而治。古代以面向南为尊位，帝王的座位面向南，故称居帝位为南面。

〔一八〕作聰明以亂舊章：耍小聰明變亂昔日的典章制度。尚書·蔡仲之命："無作聰明亂舊章。"孔安國傳："無敢爲小聰明，作異辯以變亂舊典文章。"

【集評】

錢豐寰：文後評語："夫何爲哉"下補出舜"無爲而治"，"恭己正南面",滚作一片講。祇點數句於末股,極有體認。王守溪墨卷,"恭己南面"句亦頂上講。蓋"恭己南面",不過以此形容"無爲",原分開不得。(吕葆中本、無錫 唐氏本、唐玉虬本)

沈虹臺:文後評語:通篇雄渾俊逸,其轉折處更嚴勁無痕。(吕葆中本、無錫 唐氏本、唐玉虬本)

夏官明:文後評語:總是贊舜無爲。末句非有兩層,正見無爲之妙。無爲非真不爲,特不見其有爲之迹耳。今人祇知舜紹虞之後,又得人以任衆職,是以無爲而治。至於本注言而德盛民化,略了不講,若然則舜之化人,祇倚賴於人矣,夫子何故贊其不可及?(吕葆中本、無錫 唐氏本、唐玉虬本)

章大力:文後評語:用人大而自用小,舜善用人耳,堯亦在其用中。恭己南面,猶言叉手静坐,於中别無旨趣,指爲篤恭則而已矣。"夫何爲"無處安頓。(吕葆中本、無錫 唐氏本、唐玉虬本)

錢吉士:文後評語:紹堯得人,德盛民化,合來方成個舜之無爲而治,分不得主客。堯亦德盛民化矣,未可謂之無爲。禹以紹舜得人矣,未可謂之無爲。單説大舜,自有意在。先説紹堯得人,後云玄德足以協帝,大知先於用人,此篇經營周密處也。湯嘉寶云:能將紹堯得人二意,徑融在下,省此二股,更自出塵。終是寒酸之見。"深著其無爲之德"句,太着意。順天陸光祚破云:聖人贊聖治之無爲,而僅見其敬德之容焉。下句淺而愈深,文家有以不着意爲得解者,此類是也。(吕葆中本、無錫 唐氏本、唐玉虬本)

吕留良:文中評語:"聖人"至"德也"後:破承,脱卻際會義。"蓋其"至"渾矣"後:兩路逼出首句"者"字,一頓,極得氣。然愚意此處即應跌起際會之盛,下面乃不突插。"蓋其"至"於前"後:賴有此急接出所以然。"凡君"至"爲者"後:剔出"爲"字好,乃所以"無爲"。"當是時也"後:四字襯得有神。"而舜"至"協帝"後:知此句之妙,則中人安享之説不必作矣。"惟以"至"其舊"後:如此説遇,原是説德"恭篤"至"而已矣"後:體會而已矣,不深講"恭己",極合。"過而"至"而已矣"後:"簡""莊"二字都妙,又現成。"當謂"至"之法"後:安能遇堯?"天下"至"之世"後:安能遇五臣群牧?"未免"至

"任人"後：不必説得此，此豈足以論舜哉？"其如有爲何哉"後：漢文帝、宋太宗當之矣。"此可"至"德矣"後：正可即遇見德耳。"不然"至"德耳"後：中人之德安能紹堯得五臣之群牧？（呂葆中本）

　　文後評語：此章畢竟當重紹堯得人説，不是不重無爲之德。德已協帝，更不消説。而舜又適當上下際會之極盛，故尤其無爲也。要之能紹堯能得人處，正是德，説際會，便是説德盛。疑似倚賴於人，直是自家眼孔淺，識見村耳。文中"玄德足協帝""大知先用人"二比，真得驪珠者也。大力歸本用人，添捏小樣議論，至謂"堯亦其用中"，則更可笑矣。同文録作葉經，蓋荆川代筆也，"大結有繼體之君"等語，以譏訕逮訊，斃於杖。經嘗劾嚴嵩，其死也，嵩有力焉。按：此結原不佳，議論亦淺陋。舜無爲而治之德，則先不足以協帝而升聞，得人而分職矣，豈待作聰明以亂舊章，好自用而不任人哉？此等語，與本題直是雲泥殊隔，原因當時失政寓規而設，故以此得罪耳。評者乃贊其神識深契夫子無爲之旨，則更説夢矣。（呂葆中本、無錫 唐氏本）

　　文後評語：此章畢竟當重紹堯得人説，不是不重無爲之德。德已協帝，更不消説。而舜又適當上下際會之極盛，故尤其無爲也。要之能紹堯能得人處，正是德，説際會，便是説德盛。疑似倚賴於人，直是自家眼孔淺，識見村耳。文中"玄德足協帝""大知先用人"二比，真得驪珠者也。大力歸本用人，添捏小樣議論，至謂堯亦其用中，則更可笑矣。（唐玉虬本）

季氏將伐①②〔一〕　全③

　　二子之辭慚而支支而遁，聖人之責直而切切而詳。夫言之病，每相因而見也。聖人以師道責人，豈容有所隱而不盡哉？昔季氏將伐顓臾，而由、求以告於夫子，其辭固已慚④矣。夫子歸過於求，而言顓臾之不可伐、不必伐、與其所不當伐者，以著季氏伐國之非而二子用事之罪也，此其辭不亦直乎？求也受以爲過可矣，而獨諉於季氏之欲，所謂支辭〔二〕也。夫子引周任之言以著其罪，既弗能救，又弗能去，則其欲之也可知；言典守〔三〕之責以著其過，既居其位，難辭其責，則其過言也可知，至是而所以責二子者，爲益切矣。求也自知己罪可矣，而極言不取之害，則是遁辭〔四〕也。夫子既斥求之捨貪利而言不利矣，復言內治之修與遠人之服[五]者，見伐顓臾之爲貪利而非不利也，并責由、求之相季氏而失其道矣。復言季氏憂其不必憂，而忘其所可憂者，冀其或能言之，而猶可及止⑤也，至是而所以責二子者，爲甚詳矣。吁！冉子黨惡之罪深有負於聖教，聖人鳴鼓之攻[六]不少假於二子。吾深悲夫聖人之不幸，而幸夫二子之深幸也。何也？以聖門而有二子是聖人之不幸也，以二子之惡而見正於聖人是二子之深幸也。季氏之伐顓臾之事不見於經傳，豈二子因聖人之教而興起，季氏因二子之諫而中止歟？然則聖人之言，非獨二⑥子之幸，亦顓臾之幸也，季氏之幸也。嗚呼！仁人之言，其利溥[七]哉！

【校記】

①季氏將伐篇又載陳名夏本、俞 康本、俞 乾本、無錫 唐氏本、唐玉虬本，據校。

②季氏將伐，陳名夏本作"季氏將伐顓臾"。

③全，俞 康本、無錫 唐氏本、唐玉虬本作"全章"。

④慚，陳名夏本作"支"。

⑤止，陳名夏本作"正"。

⑥二，俞 乾本作"一"。

【注釋】

〔一〕出自論語·季氏·季氏將伐顓臾：季氏將伐顓臾。冉有、季路見於孔子曰："季氏將有事於顓臾。"孔子曰："求！無乃爾是過與？夫顓臾，昔者先王以爲東蒙主，且在邦域之中矣，是社稷之臣也。何以伐爲？"冉有曰："夫子欲之，吾二臣者皆不欲也。"孔子曰："求！周任有言曰：'陳力就列，不能者止。'危而不持，顛而不扶，則將焉用彼相矣？且爾言過矣。虎兕出於柙，龜玉毀於櫝中，是誰之過與？"冉有曰："今夫顓臾，固而近於費。今不取，後世必爲子孫憂。"子曰："求！君子疾夫舍曰欲之，而必爲之辭。丘也聞有國有家者，不患寡而患不均，不患貧而患不安。蓋均無貧，和無寡，安無傾。夫如是，故遠人不服，則修文德以來之。既來之，則安之。今由與求也，相夫子，遠人不服，而不能來也；邦分崩離析，而不能守也；而謀動干戈於邦內。吾恐季孫之憂，不在顓臾，而在蕭牆之

〔二〕支辭：強爲之辭。宋 戴埴鼠璞・詩書篇名："惟雨無正、酌、賚，於詩無所取，毛氏強爲之辭，曰'雨自上下'，曰'賚，予也'，曰'酌先祖之道，中心不安'。雖支辭強辯，與詩絕不類。"

〔三〕典守：職官名。保管、主管。明史・后妃傳序："官七十五人，女史十八人，視唐減百四十餘人，凡以服勞宮寢、祇勤典守而已。"

〔四〕遁辭：掩飾錯誤的搪塞支辭。孟子・公孫丑上："遁辭知其所窮。"

〔五〕遠人之服：偏遠地方的人歸服。論語・季氏："夫如是，故遠人不服，則修文德以來之。"

〔六〕鳴鼓之攻：大張旗鼓地進行譴責或聲討。論語・先進："非吾徒也，小子鳴鼓而攻之可也。"鄭玄注："小子，門人也，鳴鼓聲其罪以責之。"

〔七〕利溥：見如其仁如其仁篇所注。

【集評】

艾千子：文後評語：將"慚"字、"支"字、"遁"字、"直"字、"切"字、"詳"字作眼目，雙關立柱，又復序次遞下，此荊川先生古文法也。以斯知歐 曾文字，不可不深味。（陳名夏本、呂葆中本、俞 康本、俞 乾本、無錫 唐氏本、唐玉虬本）

陳名夏：文後評語：不觀荊川此等文，未知其深於古文也。有提挈，有結束，中間題緒紛亂，一氣吞吐，非復比字擷句而爲之，所謂運長題如一句之法。（陳名夏本）

呂留良：文中評語："二子"至"而詳"後：破，奇古。"夫子歸過於求"後：提"過"字"欲"字作綫索。"此其辭不亦直乎"後：作三大段，應局甚奇。"夫子"至"其罪"後：看其搏捖之妙。"言典"至"切矣"後：的的是"切"。"而極"至"辭也"後：斷制不煩。"復言"至"詳矣"後：的的是"詳"。"吾深"至"幸也"後：大結又以"幸"字作眼目，另起另收。（呂葆中本、無錫 唐氏本、唐玉虬本）

文後評語：此法不起歐 曾，歐 曾學史 漢來也，荊川熟於史 漢，故能得歐 曾之妙。但知歐 曾其法便死，不能及歐 曾矣。文定批是文，其圈點勒截，即用荊川看史 漢大家法。荊川取之疊山 迂齋，今鹿門八家文鈔，乃荊川本也，鹿門綴評焉。爾讀古今文字，俱當用此，則眉目分明，見作者命意及法律不苟處。茲依文定本稍簡點錄之，讀者推倣以看他文可也。所圈勒，止指其關目局段耳。其妙處，須看其鍛煉全題，有略有詳，有提有放，有縮題内，有補言外，忽起忽落，夾敘夾斷，無一句沾帶，無一句遺漏，筆法、句法、字法皆得史漢大家之精，乃能有此。不可以逗圈處，粗心忽略念過，此先輩所謂著不得許多圈點者也。（呂葆中本、無錫唐氏本、唐玉虬本）

俞長城：文中評語："二子"至"盡哉"後：六句破，獨創峭，亦似老蘇。"昔季氏"至"夫子"後：破承已是論冒，此處須直起。"其辭固已慚矣"後：看其逐段分應。"求也受以爲過可矣"後：雖分三段，卻又連絡接下。"所謂支辭也"後：六字分柱的確。"求也"至"辭也"後：鎔題簡淨。"吾深"至"幸也"後：照應既完，另以"幸"字爲眼目作結，此古文及化脫灑處。"然則"至"季氏之幸也"後：全題一齊收拾。（俞康本、俞乾本）

文後評語：立格立柱極老，煉字煉句極工。此等法律，本王守溪，而運以唐宋人答難之氣，非荊川創作。文定及天蓋樓評，數字立柱者，俱用圈勒。予謂此文照應，雖老潔，卻明顯，以爲古文必用此法，亦未必然。（俞康本、俞乾本）

文後評語：立格立柱極老，煉字煉句極工。（唐玉虬本）

生而知之①〔一〕 三句

聖人於人之氣質，而第其等焉。蓋人性雖同，而氣稟則異也。聖人即生知、學知、困知者而第其等焉，非欲人因其異而反之同歟？若曰：天下之人不容不同者理也，而不能必同者氣也。彼有生而知之者，降衷〔二〕之初，良知既妙於天啓，成性之後，真知不假於人爲。斯人也，氣焉而極其清，質焉而極其粹，在天則爲獨厚之資，在人則爲先覺之民也，非氣質之上者乎？有學而知之者，格物窮理，以去夫外誘之私，遜志時敏〔三〕，以全乎本明之體。斯人也，氣雖清而不能無蔽，質雖粹而不能無雜，原其始必有賴乎擇善之功，要其終不失爲善反之賢也，其氣質之次者乎？若夫衡於慮而後作〔四〕，徵於聲而後喻〔五〕，此又困而學之者也。學也而待於困，視夫生知學知者，概有所不及；困也而知所學，則較之自暴自棄者，尚在所可取。蓋氣得其濁而間有清者，在質得其駁而間有粹者，存非又其次者乎？

【校記】

①生而知之篇又載俞康本、俞乾本、無錫唐氏本、唐玉虬本，據校。

【注釋】

〔一〕出自論語·季氏·孔子曰生而知之者上也：孔子曰："生而知之者，上也；學而知之者，次也；困而學之，又其次也；困而不學，民斯爲下矣。"

〔二〕降衷：施善，降福。尚書·湯誥："惟皇上帝，降衷於下民。"孔安國傳："衷，善也。"國語·吴語："今天降衷於吴，齊師受服。"

〔三〕遜志時敏：謙虚好學，時刻策勵自己。尚書·説命下："惟學遜志，務時敏，厥修乃來。"孔安國傳："人志本欲求善，欲學順人本志，學能務是敏疾，則其德之修乃自來。"

〔四〕衡於慮而後作：内心困憂，思慮阻塞，然後才能奮發有爲。孟子·告子下："困於心，衡於慮，而後作；徵於色，發於聲，而後喻。"孫奭疏："其操心也危，橫塞其思慮而無所達，而後乃能興作。"

〔五〕徵於聲而後喻：吟詠歎息之氣發於聲音，然後人們才了解他的作爲。孟子·告子下："困於心，衡於慮，而後作；徵於色，發於聲，而後喻。"孫奭疏："其人憔悴枯槁之容而驗於色，而後有吟詠歎息之氣而發於聲，則人見其色，聞其聲，而後喻曉其所爲矣。"

【集評】

黄貞甫：文後評語：三等字字逼真，一語易換不得，文之極其精密者。（吕葆中本、俞康本、俞乾本、無錫唐氏本、唐玉虬本）

宗方城：文後評語：點水滴凍之文。（吕葆中本、俞康本、俞乾本、無錫唐氏本、唐玉虬本）

吕留良：文中評語："天下"至"氣也"後：三知之，生學困。"彼有"至"人也"後："者"字頓斷。"氣焉"至"者乎"後：上次名目亦祇在氣質上説。"氣雖清"至"無雜"後：字字秤停，不爽毫釐。"原其始"至"賢也"後：有工夫，有究竟。"若夫"至"者也"後：股法變換，爲有下兩句在，故此段獨着意。"學也而"後："而"字互擊便含下。"待於"至"困也"後：回較上兩段。"困也"至"可取"後：虛案下文。（吕葆中本、無錫 唐氏本、唐玉虬本）

文後評語：坐定氣質上論，纔分明，學因二種有功候，乃逼下意。第三段與下文，原是一等中分成敗，故又與上兩段不同。文之精實，真水屑不滲漏。（吕葆中本、無錫 唐氏本、唐玉虬本）

俞長城：文中評語："天下"至"氣也"後：先説理，後分出氣，"不學"句便不來。"彼有生而知之者"後："者"字頓斷。"斯人"至"其粹"後："上"字，"次"字，又"次"字，剖得分明。"在天"至"上者乎"後：靠定氣質説。"斯人"至"次者乎"後：統其終始，合看與上下句判然。"若夫"至"學之者也"後：股法變換，爲在下兩句在，故此段獨著意。"學也而待於困"後："而"字互擊便含下。"視夫"至"可取"後：將上二句及下句合較，則"又其次"三字不刻而露。（俞康本、俞乾本）

文後評語：將三等人及下一種，橫側比看，自得正面，不可移易。比如權之稱物，祇在星上伸縮，不待外索也。其所以點水滴凍，皆由氣凝，不關烹煉。（俞康本、俞乾本、唐玉虬本）

不曰堅乎①〔一〕 二節

聖人自言不浼〔二〕於人，而亦不滯於行也。蓋聖人不爲人所浼，則固無害於可往也。而況聖人以權應世，又有所當往者哉！此其所以不辭佛肸之召也，想其告子路之意若謂：吾之欲往佛肸之召者，豈不知潔身之道，而妄行以取困哉？吾蓋有以自信耳。何則？磨而至於磷者，不足於堅者也，不足於堅，固不可試於磨也，獨不曰堅者磨而不磷〔三〕乎！天德之剛，確乎其不可拔②〔四〕也，則雖磨之無損於堅，而益以見其爲堅耳，何磷之有？涅而至於淄者，不足於白者也，不足於白，固不可試於涅也，獨不曰白者涅而不緇〔五〕乎！素履〔六〕之操，皭乎其不可尚〔七〕也，則雖涅之無損於白，而益以見其爲白耳，何緇之有？由是言之，吾雖未嘗與不善人居〔八〕也，而已逆知吾之必不爲所浼矣；吾雖未入於佛肸之黨也，而已逆知彼之必不能浼我矣。人能浼我而不往焉可也，人不能浼我而猶不往焉，則是執一而不通也。夫繫而不食〔九〕者，惟匏瓜爲然耳，而吾豈匏瓜也哉？心迹之間有權存焉，憂則違之可也，樂則行之可也，雖自試於磨亦可也，與時偕行，而屈伸不拘於一定，固吾人之所以靈於萬物者耳；化裁〔一〇〕之際有變存焉，捨之而藏〔一一〕可也，用之而行〔一二〕可也，雖自試於涅亦可也，從心所欲，而可否不膠於一偏，固吾人之所以自貴於物耳。豈能如匏瓜之繫而不食也哉？今子執守身之常法，而疑我之欲往，是謂我磨而磷也，涅而緇也。不然，是欲我如匏瓜之繫而不食也而可乎？

【校記】

①不曰堅乎又載無錫 唐氏本、唐玉虬本，據校。
②拔，無錫 唐氏本作"扳"。

【注釋】

〔一〕出自論語·陽貨·佛肸召：佛肸召，子欲往。子路曰："昔者由也聞諸夫子曰：'親於其身爲不善者，君子不入也。'佛肸以中牟畔，子之往也，如之何？"子曰："然，是言也。不曰堅乎？磨而不磷；不曰白乎？涅而不緇。吾豈匏瓜也哉？焉能繫而不食？"

〔二〕浼：同"浼"，請託，央求。明 陶宗儀南村輟耕錄卷七："王方讀書，略不答。薊公出，（劉）整復浼入言之。"

〔三〕磨而不磷：打磨之後而不變薄。比喻人的意志堅定，不因受環境影響而改變。論語·陽貨："不曰堅乎？磨而不磷。不曰白乎？涅而不緇。"孔安國注："磷，薄也。"

〔四〕確乎其不可拔：意志堅定，剛强堅決，確實不可動搖。周易·乾："確乎其不可拔，潛龍也。"孔穎達疏："身雖逐物推移，隱潛避世，心志守道，確乎堅實其不可拔。"

〔五〕涅而不淄：不被水中黑土染成黑色。比喻人節操高尚，不因受惡劣環境的污染而變節。論語·陽貨："不曰堅乎？磨而不磷。不曰白乎？涅而不緇。"邢昺疏："涅，水中黑土，可以染皁。緇，黑色也。"

〔六〕素履：見先行其言篇所注。

〔七〕皜乎其不可尚：光輝皓然，達到極致，不可逾越。孟子·滕文公上："曾子曰：'不可江、漢以濯之，秋陽以暴之，皜皜乎，不可尚已。'"趙岐注："皜皜，白甚也。何可尚而乃欲以有若之質於聖人之坐席乎？尊師道，故不肯也。"

〔八〕與不善人居：與壞人相處在一起。形容受惡劣環境的影響而變壞。孔子家語·六本："與善人居，如入芝蘭之室，久不聞其香，即與之化矣；與不善人居，如入鮑魚之肆，久不聞其臭，亦與之化矣。"

〔九〕繫而不食：（匏瓜）吊在半空中不被采食。比喻有才華的人被閑置，不被重用。

〔一〇〕化裁：隨事物變化而相裁節。周易·繫辭上："是故形而上者謂之道，形而下者謂之器，化而裁之謂之變。"孔穎達疏："化而裁之謂之變者，陰陽變化而相裁節之謂之變也。"

〔一一〕捨之而藏：見唯求則非篇所注。

〔一二〕用之而行：見唯求則非篇所注。

【集評】

艾千子：文後評語：此文佳處，祇在過下圓活，前後俱平常頭巾語耳。不必太張皇也。（皇明今文待、呂葆中本、無錫唐氏本、唐玉虬本）

呂留良：文中評語："磨而"至"磨也"後：白描神手。"獨不"至"磷乎"後：語氣恰出。"天德"至"拔也"後：貼語甚工，然反成眼中金屑。"雖磨"至"之有"後：找足得完密。"涅而"至"白者也"後：人於堅白上添加"至"字，便是兔生一角。"由是"至"浼我也"後：轉側空靈，忽入本意，收得盡，扭得定。"人能"至"通也"後：接下圓緊，卻筆筆灑脫。"夫緊"至"瓜也哉"後：出落末節。"雖自"至"可也"後：此處不必複轉。"與時"至"一定"後：自贊太盡，反着相，無味。"豈能"至"也哉"後：點複且贅。"是謂"至"可乎"後：收織雋逸。（呂葆中本）

文後評語：純以空行得神，秋月直上，碧落如洗，太虛中稍著雲霞，便礙萬里清光，蓋欲虛實不雜耳。其言自是高深，看做平常頭巾語者，眼

低也。吾正謂高深語，亦有用不著處耳。若前幅白描如話，極盡神奇，安得亦以平常目之？（呂葆中本、無錫 唐氏本、唐玉虬本）

天何言哉①〔一〕 節②

觀天之所以爲至教，可見不待言而顯矣③。蓋不言④而化工成，此天之所以爲至教也。聖同天者也，其道又豈待言而顯哉？夫子所以曉子貢者如此，蓋曰⑤：汝以爲⑥不言則無所述者，意以道非言不顯也，其亦未嘗觀於天之神道〔二〕矣乎⑦？何則？天德無朕〔三〕，但見冲漠〔四〕上覆而已矣；天載無聲，但見其確然示人而已矣。天⑧何有於言哉？以言⑨乎四時，受氣於天者也，則生長收藏〔五〕應候〔六〕而不忒〔七〕，四時錯行〔八〕而天之文著矣⑩；以言⑪乎百物，肖形於天者也，則聲色貌象並育而不害〔九〕，百物露生而天之象昭〔一〇〕矣⑫。新故相推⑬，蓋出於機緘〔一一〕之所不得已，人見四時如是其行也，而天之爲天，則固冲漠上覆而已矣；性命各正〔一二〕，蓋出於鼓舞之所不容息，人見百物如是其生也，而天之爲天，則固確然示人而已矣。天何有於言哉？由是言⑭之，善觀天者，觀之於四時百物⑮，而足以盡天道之神矣；善觀聖人者，觀之於一動一静之間，而足⑯以盡聖道之神矣。不言固無所隱，而雖言亦無所加也。於此有餘述矣，而又何患乎無述〔一三〕也哉？

【校記】

①天何言哉篇又載陳名夏本、無錫 唐氏本、唐玉虬本，據校。
②節，陳名夏本作"四句"，無錫 唐氏本、唐玉虬本作"一節"。
③可見不待言而顯矣，陳名夏本作"可見道不待言而顯矣"。
④蓋不言，陳名夏本作"蓋天不言"。
⑤蓋曰，陳名夏本作"意豈不曰"。
⑥汝以爲，陳名夏本作"賜以爲"。
⑦乎，陳名夏本無。
⑧天，陳名夏本作"又"。
⑨言，陳名夏本作"觀"。
⑩矣，陳名夏本作"焉"。

⑪言，陳名夏本作"觀"。
⑫矣，陳名夏本作"焉"。
⑬推，陳名夏本作"催"。
⑭言，陳名夏本作"觀"。
⑮觀之於四時百物，陳名夏本作"觀之於四時百物之間"。
⑯足，陳名夏本無。

【注釋】

〔一〕出自論語·陽貨·子曰予欲無言：子曰："予欲無言。"子貢曰："子如不言，則小子何述焉？"子曰："天何言哉？四時行焉，百物生焉。天何言哉？"

〔二〕神道：天道，自然運行規律。周易·觀："觀天之神道，而四時不忒，聖人以神道設教，而天下服矣。"王弼注："統說觀之爲道，不以刑制使物，而以觀感化物者也。神則無形者也。"

〔三〕無朕：沒有先兆。莊子·應帝王："體盡無窮，而游無朕。"

〔四〕沖漠：空寂無形。文選·張景陽·七命："沖漠公子，含華隱曜。"李善注："沖漠，虛恬漠也。"二程遺書卷十五："沖漠無朕，萬象森然已具。"

〔五〕生長收藏：春生、夏長、秋收、冬藏，生命生息輪迴。黃帝内經·素問·六微旨大論："故非出入則無以生長壯老已，非升降則無以生長化收藏。"

〔六〕應候：順應時令節候。晋 陸雲寒蟬賦序："處不巢居，則其儉也；應候守節，則其信也。"

〔七〕不忒：沒有差錯；沒有變更。周易·豫："天地以順動，故日月不過，而四時不忒。"

〔八〕四時錯行：春夏秋冬四季交替運行。禮記·中庸："辟如四時之錯行，如日月之代明。"

〔九〕並育而不害：萬物競相生長而互不妨害。禮記·中庸："萬物並育而不相害，道並行而不相悖。"

〔一○〕象昭：發展趨勢明確。唐 駱賓王帝京篇："聲名冠寰宇，文物象昭回。"

〔一一〕機緘：見季路問事篇所注。

〔一二〕性命各正：万物各有各的性命、存在价值和应有的位置，即各得其正。周易·乾："乾道變化，各正性命。"孔穎達疏："性者，天生之質，若剛柔遲速之別；命者，人所稟受，若貴賤夭壽之屬是也。"

〔一三〕無述：無可稱道。論語·憲問："幼而不孫弟，長而無述焉。"朱熹集注："述猶稱也。"

【集評】

陳名夏：文後評語：板說行生兩比，未能清空夷曠，此處說天何言，當於地之所以為大章同看，語意含吐，以若近若遠之致行之，方屬神解。金正希作，頗見原本，勝荊川矣。（陳名夏本）

吳崑麓：文後評語：行文簡淡，說理精密，是大方家。（呂葆中本、無錫 唐氏本、唐玉虬本）

楊維斗：文後評語：如題而起，如題而止，化工肖物，莫喻其妙。（呂葆中本、無錫 唐氏本、唐玉虬本）

章翊茲：文後評語：援天為說，欲學者深思自得，一語說破即非，文以不說破還之，神吻俱肖。四時百物，以比語嘿作止也。時文皆說四時百物已能述天為行生，則亦可曰語嘿作止，已能述聖為言行乎？故學者欲得文字好，必不可不看書明也。（呂葆中本、無錫 唐氏本、唐玉虬本）

呂留良：文中評語："汝以為"至"顯也"後：吳崑麓云：祇此一句，就有轉摺。"天德"至"覆而已矣"後：確是首句何言。"以言"至"者也"後：提破一句，好！"則生長"至"著矣"後：章評：直指隱然。"人見"至"覆而已矣"後：此句淡妙，末句何言，正在此際指點，接句卻覆前，不增一語，又妙，令人渾然神會。"善觀天"至"聖道之神矣"後：四時百物如此看。"不言"至"加也"後：二語高瑩。（呂葆中本、無錫 唐氏本、唐玉虬本）

文後評語：首尾一樣句，卻自一虛一實。首句虛，方生出中二句，末句緊接中二句，正點實首句。前立兩空象語，後面涵泳中二句。忽然掉應轉此兩語，正如禪家迴互縱奪之訣，使人恍然言下。（呂葆中本、無錫 唐氏本、唐玉虬本）

子路從而①〔一〕　行矣

　　觀丈人〔二〕之自外於聖賢，始終一於隱而已矣。蓋以隱爲高者，則往而不返②也，果哉！丈人之隱，雖聖賢其如之何哉？且夫避世之士與避人之士，其機之不相入也久矣。昔者子路從而後，適與丈人相遇也，是時不知其爲隱者也，而以子見夫子爲問焉。丈人於此宜其即所見而爲之告也，彼則曰：汝未知所以勤四體而分五穀也，而吾焉知汝之所謂夫子也？於是植其杖而芸〔三〕。蓋其所以自盡〔四〕者，即其所以責人者矣。邂逅之頃③，其宛然非力不食之意乎？子路於是既知其爲隱者也，而拱立以致其敬焉。在隱者處之，宜其終不屑爲禮也。彼則止而宿之，使於我乎館〔五〕也，殺雞爲黍，使於我乎食〔六〕也，於是而見其二④子。蓋彼之所以敬乎我者，即我之所以敬乎彼者矣，畎畝之間〔七〕，其宛然禮法相讓之風乎？夫子路得之於所見也，固已知其爲隱者矣。子路明日行以告，而夫子得之於所聞也，亦謂其爲隱者矣。謂其爲隱者，而使子路反見之，豈與其終於爲隱者而已乎？固將有所引而進之也。子路適至，而丈人則已行矣。丈人之意豈不曰：勤四體而分五穀，此吾之所從事者也。吾既不能挽彼以從吾之道矣，知其不可而爲之。此彼之所從事者也，吾亦安能舍我以從其道也哉？於是遠而去之，猶夫植杖而芸之初，心而止宿之勤，二之子見邇乎？其不可再矣。吁，夫子於丈人，奈之何哉！

【校記】

　　①子路從而篇又載陳名夏本、俞　康本、俞　乾本、無錫　唐氏本、唐玉虬本，據校。

　　②返，陳名夏本作"遠"。

　　③頃，俞　康本、俞　乾本作"須"。

　　④二，俞　乾本作"一"。

【注釋】

　　〔一〕出自論語·微子·子路從而後：子路從而後，遇丈人，以杖荷蓧。子路問曰："子見夫子乎？"丈人曰："四體不勤，五穀不分。孰爲夫子？"

植其杖而芸。子路拱而立。止子路宿，殺雞爲黍而食之，見其二子焉。明日，子路行以告。子曰："隱者也。"使子路反見之。至，則行矣。子路曰："不仕無義。長幼之節，不可廢也；君臣之義，如之何其廢之？欲潔其身，而亂大倫。君子之仕也，行其義也。道之不行，已知之矣。"

〔二〕丈人：此指男性老人。

〔三〕植其杖而芸：倚扶着拐杖除草。論語·微子："丈人曰：'四體不勤，五穀不分。孰爲夫子？'植其杖而芸。"孔安國注："植，倚也。除草曰芸。"

〔四〕自盡：詳盡陳述自己的意見。尚書·太甲下："無自廣以狹人，匹夫匹婦，不獲自盡。"

〔五〕於我乎館：安排我住宿。禮記·檀弓上："生，於我乎館；死，於我乎殯。"

〔六〕於我乎食：招待我吃飯。詩經·秦風·權輿："於我乎，每食四簋。"

〔七〕畝畝之間：田間地頭，原野之上。詩經·魏風·十畝之間："十畝之間兮，桑者閑閑兮，行與子還兮。"

【集評】

陳名夏：文後評語：此等題與曾點"莫春"節，時人好描摹繁麗，又好點染纖巧，畫蛇畫鬼，滿紙諢語，真可浩歎。讀荆川文，乃知序事題自有提掇埋伏照應之法，那得一筆苟簡。看他點次隱者處，絕勝淵明桃源記矣。（陳名夏本）

茅鹿門：文後評語：公之道不得處，俱是淡中有味，如兒女語，天機自在。（呂葆中本、俞康本、俞乾本、無錫唐氏本、唐玉虬本）

王仲山：文後評語：議論見於叙事中，而意極委婉，詞極工緻，提掇照應，無不入彀。（呂葆中本、俞康本、俞乾本、無錫唐氏本、唐玉虬本）

艾千子：文後評語：離奇夭矯，宛如游龍，筆端曲盡，求之古人，當與太史公雁行，世人讀之，未必盡知也。（呂葆中本、俞康本、俞乾本、無錫唐氏本、唐玉虬本）

呂留良：文中評語："觀丈人"至"隱而已矣"後：艾評：祇還他隱者未嘗判壞一句，以存末節之局。"昔者"至"問焉"後：通身以"隱者"

二字作綫，此千子所謂雁行史遷者也。"汝未知"至"夫子也"後：運化得好。"蓋其"至"人者矣"後：寫丈人相對，有機鋒公案。"子路"至"敬焉"後：眼目提明，偶行祇似散行自然，如風行水上。"蓋彼之"至"彼者矣"後：寫丈人，爲子路所轉，境界又換。"子路得"至"隱者矣"後：祇用隱者作轉捩繮上帶。"子路明"至"隱者矣"後：下無限波瀾。"謂其"至"而已乎"後：艾評："隱者"二字凡七見，祇略說畢竟，不說壞隱者。"吾既"至"道矣"後：取丈人心肝。"於是"至"再矣"後：前後無數情景，一筆收拾，煙濤渺然。（呂葆中本、無錫唐氏本、唐玉虬本）

文後評語：有綫索可尋，無蹤影可搦，方圓奇偶，隨手散結，皆成異觀。文至此，方許講古文法度，辨古文家數。時人漫無欛柄，略曉得有立柱作骨，呼應穿插之樣，便哆然以爲無難。正如弋陽腔說九宫十三宫牌名板眼，老海鹽已掩口嘲之，況真崑腔乎？（呂葆中本、無錫唐氏本、唐玉虬本）

俞長城：文中評語："觀丈人"至"而已矣"後：該得全題，留得末節。"昔者"至"隱者也"後：提筆爲第三段伏案。"汝未"至"夫子也"後：鋪敘，好。"於是植"至"人者矣"後：每段摹寫情事。"邂逅"至"意乎"後：每段詠歎一筆。"子路"至"敬焉"後：轉捩眉目分明。"彼則"至"館也"後：對法。"蓋彼"至"彼者矣"後：對處議論確，境界清。"夫子路"至"知其爲隱者矣"後：連喚隱者，與前三段起句。"固將"至"之也"後：一句鋪敘對前四句，此句落得超逸。"丈人之意"至"道也哉"後：兩段摹寫情事，對前兩句。"於是"至"再矣"後：收末節，又收前二段，與詠歎句作對，情致更飄渺。（俞康本、俞乾本）

文後評語：以丈人作主，子路、夫子作賓，"隱者"二字作關鍵，通篇作三段看。第一段丈人責子路之切，第二段丈人禮子路之殷，第三段丈人避子路之決。各有鋪敘，各有議論，方圓曲直，一從乎心，蹊徑令人不覺神乎史記，而無篡古之迹，至矣。（俞康本、俞乾本、唐玉虬本）

亞飯干適①②〔一〕 節③

魯之以樂侑食〔二〕者，而避亂各異其地焉。夫樂官之賤，宜不可責以去就〔三〕之義也，況侑食尤其賤者，而皆避亂以去，可以識聖人正樂〔四〕之功矣。且諸侯之禮，日舉以樂〔五〕固其分也。自三桓之僭〔六〕，而樂官之失其職也久矣，然三桓固不自知其爲僭也，樂官亦不知其爲僭也，安於其位而不知避也亦久矣。逮乎夫子正樂之後，師摯適齊之日，於是亞飯〔七〕有干也，則去而適楚焉；三飯有繚也，則去而適蔡焉；四飯有缺也，則去而適秦焉。其適齊也，猶曰是比鄰之國也，若夫適蔡，則不於其鄰矣，以爲苟可以潔吾之身，何暇計乎地之遠與近耶！其適蔡也，猶曰是諸夏之國〔八〕也，若夫適楚適秦，則又入乎夷矣，以爲苟可以藏吾之身，又何暇計乎地之夷與夏耶！魯備六代之樂〔九〕，而蔡則小國之風也，豈其有所樂焉而趨之哉？其情有不得已焉耳。魯得雅頌〔一〇〕之傳，而秦楚則靺任〔一一〕之音也，豈其有所樂焉而就之哉？其情有不得已焉耳。飲食燕樂〔一二〕之間，向固各司其次也，今則群然③適乎他邦，非惟其家之不暇恤，而君側亦無其人矣；公庭萬舞〔一三〕之餘，向固聚於一堂也，今則紛然去乎異國，非惟其官之不能守，而其技亦窮焉，而無所試矣。於此可以見聖人過化之神〔一四〕，樂官見幾⑤〔一五〕之智，而魯之爲國良可悲與！

【校記】

①亞飯干適篇又載陳名夏本、俞康本、俞乾本、無錫唐氏本、唐玉虬本，據校。

②亞飯干適，明文鈔作"亞飯干適楚"。

③節，陳名夏本、無錫唐氏本、唐玉虬本作"一節"，明文鈔作"三段"。

④群然，俞康本作"居然"。

⑤幾，俞康本、俞乾本作"機"。

【注釋】

〔一〕出自論語·微子·大師摯適齊：大師摯適齊，亞飯干適楚，三飯繚適蔡，四飯缺適秦，鼓方叔入於河，播鼗武入於漢，少師陽、擊磬襄入於海。

〔二〕以樂侑食：在宴會中用樂舞來助興佐餐。周禮·天官·膳夫："以樂侑食，膳夫授祭。"鄭玄注："侑，猶勸也。"賈公彥疏："王大食，皆令奏鐘鼓。"集韻："侑，勸食。"

〔三〕去就：離去或接近。引申爲擔任官職或不擔任官職。莊子·秋水："寧於禍福，謹於去就，莫之能害也。"

〔四〕正樂：釐正樂音。史記·樂書序："自仲尼不能與齊優，遂容於魯，雖退正樂以誘世，作五章以刺時，猶莫之化。"

〔五〕日舉以樂：每天吃飯都奏樂助興。禮記·王制："以三十年之通，雖有凶旱水溢，民無菜色，然後天子食，日舉以樂。"

〔六〕三桓之僭：春秋魯國卿大夫孟氏、叔孫氏、季氏三家均出自魯桓公，史稱"三桓"。三家凌駕於魯國君主之上，掌握魯國政權。論語·季氏："孔子曰：'禄之去公室五世矣，政逮於大夫四世矣，故夫三桓之子孫微矣。'"

〔七〕亞飯：天子、諸侯第二次進食時奏樂侑食的樂師。三飯、四飯亦類此。論語·微子："大師摯適齊，亞飯干適楚，三飯繚適蔡，四飯缺適秦。"邢昺疏："天子、諸侯每食奏樂，樂章各異，各有樂師。"

〔八〕諸夏之國：中原的諸侯國。荀子·正論："故諸夏之國，同服同儀。"

〔九〕六代之樂：黃帝、堯、舜、禹、湯和周武王之樂，統稱爲六代之樂。周禮·春官·大司樂："以樂舞教國子，舞雲門、大卷、大咸、大磬、大夏、大濩、大武。"鄭玄注："此周所存六代之樂。"

〔一〇〕雅頌：中正和平的音樂，盛世之音。禮記·樂記："故聽其雅頌之聲，志意得廣焉。"孔穎達疏："雅以施正道，頌以贊成功。"

〔一一〕靺任：東南之地的音樂。文選·左太冲·吳都賦："登東歌，操南音，胤陽阿，詠靺任。"李善注："周禮曰：'靺，東樂名；任，南樂名。'"

〔一二〕燕樂：隋唐至宋，宮廷飲宴時演奏的音樂，又稱宴樂。宋沈括夢溪筆談卷五："先王之樂爲雅樂，前世新聲爲清樂，合胡部者爲燕樂。"

〔一三〕公庭萬舞：朝廷、宗廟的樂舞。詩經·邶風·簡兮："碩人俁俁，公庭萬舞。"孔穎達疏："萬，舞名也。謂之萬者，何休云：'象武王以萬人定天下，民樂之，故名之耳。'"

〔一四〕過化之神：聖人所到之處，感化民眾所顯示的精神力量。孟子·盡心上："過者化，所存者神，上下與天地同流。"

〔一五〕見幾：從事物細微的變化中見其先兆。周易·繫辭下："君子見幾而作，不俟終日。"

【集評】

韓求仲先生：文後評語：連環瑣紐，無情中生出有情。"子遜疑思問"三句，亦用此法。（陳名夏本）

陳名夏：文後評語：所可議者，其情不得已，當在技窮而無所試之下。如蛋出，則後無悠泳不盡之致，且說明情不得已。"樂官見幾"數語，亦無全力，顧天下識者商之。（陳名夏本）

湯練川：文後評語：本一枯題，而用伸縮詠歎之法，感慨有餘，而情思無限，所謂寒谷成暄者非耶。（呂葆中本、俞 康本、俞 乾本、無錫唐氏本、唐玉虬本）

艾千子：文後評語：變三段正格，而為連環鉤鎖之局，刓方為圓，變正為奇，其變幻圓轉，在先輩中所創見也。（呂葆中本、俞 康本、俞 乾本、無錫 唐氏本、唐玉虬本）

呂留良：文中評語："夫樂"至"義也"後：便起快論，今人豈肯輕放在此？此句扣題有法。"且諸侯"至"分也"後：從飯起義，扣題下便不泛。"逮乎"至"之日"後：落題有手法，亦本史記。"其適齊"至"與夏耶"後：層遞發論，無中生有，移撥不動。"魯備"至"風也"後：扣定移撥不動。"飲食"至"次也"後：還將"飯"字扣住。"今則群"至"所試矣"後：寫去國情事，十分淒涼，卻緊扣，移撥不動。（呂葆中本、無錫 唐氏本、唐玉虬本）

文後評語：一起點過題句，以下竟憑虛發議到底，慮其後竭，而層層剝換，出奇無窮，都是空中樓閣。所尤妙者，發揮全旨，感慨淋漓，易犯通章總論活套，而此六比，一比移借不去，非精於法而神於用者不知也。（呂葆中本、俞 康本、俞 乾本、無錫 唐氏本、唐玉虬本）

俞長城：文中評語："且諸"至"分也"後：從"飯"起義，扣題，下便不泛。"逮乎"至"之後"後：入題之法，補題之法。"其適"至

"國也"後：借齊翻下，見連絡之妙。"若夫適楚"至"夷矣"後：以兩對一，巧。"魯備六代之樂"後：以魯相形，見脫卸之妙。"飲食燕樂之間"後：還將"飯"字扣住。"非惟"至"人矣"後：詠歎處文情慘惻，不堪竟讀。（俞康本、俞乾本）

文後評語：以"飯"字作點染，通不到鼗鼓磬；以國名發議論，通不到河漢海。太師是題前領袖，夫子是題外主腦。從此著想，自然移掇不動，故曰法生於意也。（俞康本、俞乾本、唐玉虬本）

文後評語：以"飯"字作點染，通不到鼗鼓磬；以國名發議論，通不到河漢海。太師是題前領袖，夫子是題外主腦。從此著想，自然移掇不動，故曰法生於意也。（明文鈔）

陳大士：文後評語：變三段正格，而爲連環鈎鎖之局，刓方爲圓，變正爲奇，其變幻圓轉，在先輩中所創見也。（明文鈔）

王巳山：文後評語：祇起處平點實點還題麋眼，以下憑空結撰，分合錯綜，層層剝換，妙合天成，而唱嘆遺音，能使誦者往復欷歔不能自止。（明文鈔）

月無忘其所能①〔一〕

因時而習其所得，賢者之論學然也。蓋理之在人，難得而易失也。自非有溫故之功，亦何以得之於心哉？且道無終窮，學無止法，今也日知其所無，固有所謂已能者矣。然誇多者或粗知探討，而不能涵泳②其義理，務博者或專事新得，而不能溫習乎舊聞，不可也。必也日之就者月之將〔二〕，雖曰物既格矣，而恒懷暫得暫失之憂；日之新者月之盛，雖曰理已窮矣，而每存遽合遽離之患。學以聚之未已也，優而游之，必使理與心相契，而不涉於口耳之淺；問以辨之未已也，厭而飫之，必使理與心相安，而不流於汗漫之歸。涵泳之以極其趣，真積力久〔三〕之餘，有融會貫通之妙也，肯委於已能而自怠耶；溫習之以致其神，鈎深致遠〔四〕之下，有從容自得之休也，肯委於已知而自止耶。夫其始也以日計之，則其求之也雖至博；其既也以月計之，則其守之也爲至約。博而求之於衆理，約而守之於一心，信非好學者不能也，子夏發此以示人旨哉？抑考書言時敏〔五〕，禮稱時述〔六〕，學之道，不貴有銳進之氣，而貴有持久之力。

故非知新則物不格，非溫故則所格者不爲已有，其事實相發，其功必與時俱進，有不可一息廢者。求之自畫〔七〕，賜之願息〔八〕，皆造道〔九〕之累也。嗚呼！子夏之見加於人數等矣。孔子曰：商也日益，賜也日損。

【校記】

①月無忘其所能篇又載俞 康本、俞 乾本、無錫 唐氏本、唐玉虬本，據校。

②涵泳，俞 乾本作"涵詠"。

【注釋】

〔一〕出自論語·子張·子夏曰日知其所亡：子夏曰："日知其所亡，月無忘其所能，可謂好學也已矣。"

〔二〕日之就者月之將：日積月累，精進不止。詩經·周頌·敬之："日就月將，學有緝熙於光明。"鄭玄箋："將，行也。……日就月行，言當習之以積漸也。"

〔三〕真積力久：真正長久地積累。荀子·勸學："真積力久則入，學至乎沒而後止也。"楊倞注："真，誠也。力，行也。誠積力久，則能入於學也。"

〔四〕鈎深致遠：鈎取深處、招致遠處之物。比喻探索深奧的道理。周易·繫辭上："探賾索隱，鈎深致遠。"孔穎達疏："物在深處能鈎取之，物在遠方能招致之。"

〔五〕時敏：時刻策勵自己。尚書·説命下："惟學遜志，務時敏，厥修乃來。"

〔六〕時述：螞蟻幼蟲時時效法大蟻銜土成垤。比喻學者由逐漸積學而成大道。禮記·學記："記曰：'蛾子時術之。'其此之謂乎？"鄭玄注："蛾，蚍蜉也，蚍蜉之子微蟲耳。時術，蚍蜉之所爲，其功乃復成大。"按："時術"亦作"時述"。

〔七〕自畫：自我限制。論語·雍也："冉求曰：'非不説子之道，力不足也。'子曰：'力不足者，中道而廢，今女畫。'"孔安國注："畫，止也。"

〔八〕願息：得以休息。孔氏家語·困誓："子貢問於孔子曰：'賜倦於學,困於道矣,願息而事君,可乎?'"

〔九〕造道:提高品德修養。宋 蘇軾與李公擇書之十一:"兄造道深,中必不爾。"明 王守仁傳習錄卷下:"大學古本謂格物猶言造道,又謂窮理如窮其巢穴之窮,以身至之也。"

【集評】

原評:文後評語:句句是"月無忘"。一語不可移易他處,其細心切理如是。(吕葆中本、無錫 唐氏本、唐玉虬本)

吕留良:文中評語:"今也"至"能者矣"後:所能。"然誇多"至"不可也"後:翻起兩種弊病。"必也"至"之將"後:不落"月"字。"雖曰"至"之患"後:"忘"字摘抉無遺力。"學以"至"之歸"後:又進一層説。"涵泳"至"自止耶"後:"無忘"二字滿足應前翻兩弊。"故非"至"廢者"後:此老於實學之言,不同貼括卮詞。(吕葆中本、無錫 唐氏本、唐玉虬本)

文後評語:"無忘"中有如許境候功力,淺學安能實發?時説多以知能分上下界,非也。"知"字與"無忘"對,所無與所能對。未有者爲所無,既有者爲所能。所無中亦有知有能,所能中亦兼知兼能。朱子云:知與無忘,撿抉之謂,故上"知"字非知行之知,此"能"字亦非知能分説之能也。看先輩文未嘗混拈可悟。(吕葆中本、無錫 唐氏本、唐玉虬本)

俞長城:文中評語:"固有"至"者矣"後:先頓"所能"。"然誇"至"可也"後:翻去兩種弊病。"必也"至"之患"後:無忘之心。"學以"至"之歸"後:無忘之事。"涵泳之以極其趣"後:應前二比。"真積"至"自止耶"後:無忘之效。"故非"至"己有"後:親歷有得之言,可入語録。(俞 康本、俞 乾本)

文後評語:無忘不是空空記着,比所知須進一步,精神、程限、境候,實發得十分警湛。(俞 康本、俞 乾本、唐玉虬本)

望之儼然①〔一〕 三句

大賢論君子之容〔二〕,隨所接而見其變也。蓋君子之容本非有意於變也,但人之所接不同，而其所見者亦異耳。子夏之意如此，若曰：君子盛德積中而光輝發外，其變固有三矣，而何以見之？彼其善行未得於親承，清光〔三〕尚違於咫尺。吾意君子猶夫人也，從而望之，但見其暢於四肢〔四〕者，不假矜持，自可觀而可度〔五〕；動乎四體〔六〕者，無事收斂，自中矩而中規。蓋其黃中〔七〕之妙雖不可以易窺，而威如之吉〔八〕則固有得於仿佛者矣，望之何儼然乎？夫謂之儼者，自其望之而言也，既而即之，非儼也，乃溫也，而康而色〔九〕，圭角〔一〇〕爲之不露，載色載笑〔一一〕，物我爲之俱忘。蓋雖未嘗自貶以狥人，而愷悌〔一二〕之休人自見其可親耳。其溫如此，視夫向之儼然者安在哉？夫謂之溫者，自其即之而言也，既而聽其言也，非溫也，乃厲也，辨之必明，是非決於一定，折之必勝，可否判於兩途？蓋雖未嘗立異以駭俗，而法語之言〔一三〕人自見其可畏耳。其厲如此，視夫向之溫者又安在哉？是則君子之人，貌自是而莊也，色自是而和也，言自是而確也。但望則見其貌，即則視其色，聽則聞其言耳，又安得而有三變之異哉？

【校記】

①望之儼然篇又載無錫 唐氏本、唐玉虬本，據校。

【注釋】

〔一〕出自論語·子張·子夏曰君子有三變：子夏曰："君子有三變：望之儼然，即之也溫，聽其言也厲。"

〔二〕君子之容：儒家所規範的君子的儀態。禮記·玉藻："足容重，手容恭，目容端，口容止，聲容靜，頭容直，氣容肅，立容德，色容莊，坐如屍，燕居告溫溫。"

〔三〕清光：清美的風彩。多喻帝王的容顏。漢書·晁錯傳："今執事之臣皆天下之選已，然莫能望陛下清光，譬之猶五帝之佐也。"顏師古注引晉灼曰："今之臣不能望見陛下之光景所及。"

〔四〕暢於四肢：舉手投足，大方得體。周易·坤："君子黃中通理，正位居體，美在其中，而暢於四支，發於事業，美之至也。"孔穎達疏："四支，猶人手足，比於四方物務也。"

〔五〕可觀而可度：賞心悅目，合乎法度。孝經·聖治："容止可觀，進退可度。"唐明皇注："容止，威儀也，必合規矩，則可觀也；進退，動靜也，不越禮法，則可度也。"

〔六〕動乎四體：表現在手足儀態上。禮記·中庸："見乎蓍龜，動乎四體。"

〔七〕黃中：心臟。比喻内德。古代以五色配五行五方，土居中，土色爲黃，故黃爲中央正色。心居五臟之中，故稱黃中。周易·坤："君子黃中通理，正位居體，美在其中，而暢於四支，發於事業，美之至也。"

〔八〕威如之吉：敬畏貌。周易·大有："厥孚交如，威如，吉。"孔穎達疏："如，語辭也……'威如，吉'者，威畏也。"

〔九〕而康而色：和悦溫順。尚書·洪範："而康而色，曰：'予攸好德。'"

〔一〇〕圭角：見子之燕居篇所注。

〔一一〕載色載笑：見子之燕居篇所注。

〔一二〕愷悌：見子之燕居篇所注。

〔一三〕法語之言：符合禮法的正言規勸。論語·子罕："子曰：'法語之言，能無從乎？改之爲貴。'"邢昺疏："禮法正道之言。"

【集評】

錢純中：文後評語：三變各塑其象，至其挑剔轉換處，纔著一二語便有生色，所謂傳神寫照，正在阿堵中。（呂葆中本、無錫唐氏本、唐玉虬本）

呂留良：文中評語："蓋君子"至"變也"後：此句喝透。"但人"至"異耳"後：大意已舉。"彼其"至"夫人也"後："望"字前虛寫一步，便爲"變"字發脚。"從而"至"儼然乎"後：寔畫正面。"夫謂"至"言也"後：聯下妙取"變"字。"既而"至"溫也"後：是"變"。"蓋雖"至"徇人"後：圓理。"其溫"至"在哉"後：迴顧以足"變"字。"自其即之"至"屬也"後：又變。"是則"至"異哉"後：結用注意，卻從三句推原得實相、常定相、與人交接全相，神游象外，景造筆端，深得立言之妙。（呂葆中本、無錫 唐氏本、唐玉虬本）

文後評語：盡力摩畫"變"字。變在三句轉換處，不在各句分截處，故其巧妙都見之股頭股尾。變在學者眼中，不在孔子意中，故其變都重望即聽言，不重儼然溫厲。然而儼然溫厲全體，聖人渾然不動、安然不覺之妙自見，此巧力並到者也。（呂葆中本、無錫唐氏本、唐玉虬本）

其生也榮①〔一〕

聖人在生而天下尊親，此賢者設言以曉同列也。夫舉天下而尊親之，榮亦至矣，自非聖人神化之妙〔二〕，何以得此？昔子貢欲曉陳亢，而設以夫子之得邦家〔三〕者言之。若曰：吾夫子內聖之體妙於難言，而外王之用顯於有迹，惟其窮而在下則已，使或得邦家而治之，豈曰小補之哉？以言乎其生也，應龍見〔四〕之期而大觀在上〔五〕，附虎變〔六〕之會而鼎命〔七〕方凝。斯時也，過化存神〔八〕，既以一人而孚天下；聖作物睹〔九〕，自以天下而戴一人。或遠或近，凡感其立之道之〔一〇〕之澤者，莫不曰：吾何幸而得生聖人之世也？傾心向化，蓋不獨一人尊之，而天下皆尊之矣，榮孰加焉；或內或外，凡被其綏之動之〔一一〕之恩者，莫不曰：吾何幸而得為聖人之民也？心悅誠服，蓋不獨一人親之，而天下皆親之矣，榮孰加焉！身在一日則其榮在一日，身在一時則其榮在一時。若此者，吾夫子固無求榮之心，亦非故以是榮夫子也。要自有神化嘿行乎其間，而非人之所能知者，聖不可知，況可及乎？子乃謂我賢於仲尼，其亦不知甚矣。雖然，夫子有可為之具，而春秋非其時也，是故削迹於魯，伐樹於宋，窮於陳、蔡，何辱如之？嗚呼！春秋之辱也，而非夫子之辱也。若夫六經之道昭如日星，而王祀之典有不間於殊方異類者，則吾夫子固不待生而榮矣。嗚呼！此非夫子之榮也，天下萬世之榮也。

【校記】

①其生也榮篇又載無錫唐氏本、唐玉虬本，據校。

【注釋】

〔一〕出自論語·子張·陳子禽謂子貢：陳子禽謂子貢曰："子為恭也，仲尼豈賢於子乎？"子貢曰："君子一言以為知，一言以為不知，言不可不慎也。夫子之不可及也，猶天之不可階而升也。夫子之得邦家者，所謂立之斯立,道之斯行,綏之斯來,動之斯和。其生也榮,其死也哀,如之何其可及也?"

〔二〕神化之妙:聖人以聖道化育民衆的神妙。太上元寶金庭無爲妙經·自然章第三:"道言:名無名者,神化也;生自然者,妙用也。"

〔三〕邦家:邦,諸侯的封國;家,大夫的封邑。指國家。

〔四〕龍見:動若龍騰。比喻成大事者做事轟轟烈烈。莊子·在宥:"尸居而龍見,淵默而雷聲。"

〔五〕大觀在上:爲人瞻仰。周易·觀:"大觀在上,順而巽,中正以觀天下。"孔穎達疏:"謂大爲在下所觀,唯在於上。由在上既貴,故在下大觀。"

〔六〕虎變:虎皮斑紋的變化。比喻大人物行藏變化莫測。周易·革:"九五,大人虎變,未占有孚。"

〔七〕鼎命:指帝王之位,國家命運。宋書·傅亮傳:"桓玄暴篡,鼎命已移。"

〔八〕過化存神:見亞飯干適篇所注。

〔九〕聖作物睹:聖人興起而萬衆仰望。周易·乾·文言:"雲從龍,風從虎,聖人作而萬物睹。"

〔一〇〕立之道之:立教引導。論語·子張:"夫子之得邦家者,所謂立之斯立,道之斯行,綏之斯來,動之斯和。"孔安國注:"孔子爲政,其立教則無不立,道之則莫不興。……綏,安也。"

〔一一〕綏之動之:安撫動員。

【集評】

呂留良:文中評語:"吾夫子"至"有迹"後:此似多裝頭否?"其生也"後:上三字先頓斷,下面儘發"榮"字。"斯時也"後:又頓鎖四句,有勢。"或遠"至"世也"後:即引上文作襯簞。"身在一日"至"榮在一時"後:語已含下句。"春秋"至"夫子之辱也"後:妙解。"此非"至"萬世之榮也"後:又解得妙。(呂葆中本)

文後評語:帖定注中尊親義,不橫擾一旁枝俗見,鋪排泛濫之詞,於結局忽發新論,出人意表,先輩之奇藏於法如是。(呂葆中本、無錫唐氏

本、唐玉虬本）

因民之所①〔一〕 二句

　　君子惠自其人，斯無傷於惠矣。夫惠自己出，必不免乎費矣，以人之有者與之，而何損於我哉？夫子首告子張以政之美務若謂：君子以愛民爲心，故以利民爲政。然出於上者有限，則及乎下者易窮，推其身者不繼，則施於民者必匱矣。是故天時有生〔二〕也，物曲有利〔三〕也，民自然而有，君不得而私也。君子因其自致之業，以使之利賴其身，舉其無方〔四〕之澤，以使之資藉其家。教之以樹藝〔五〕而俾民相生相養〔六〕，安享乎下，亦不過栽②成之耳；制之以品式而俾民有禮有時，授用其生，亦不過輔相之耳。是其以天下之財裕天下之求，而不必出諸己之爲恩；以天下之物公天下之人，而不必損乎上之爲益。不待乎賑捨而其家自給焉，其人自足焉，曷嘗割吾之財以畀其人乎？無事於匪頒〔七〕而功在生民焉，利在萬世焉，曷嘗捐吾之有以私其人乎？蓋利之若天與地而無不繼之時，施之雖博且衆而無致匱乏之理，其益無方，而其心無盡如此，君子以此布德行政，而與帝王之治何間乎？抑此仁道也，聖道也。子張嘗問仁，則並舉惠而言；上章明聖治，則獨舉四美而言。聖人之言，若近而遠，若遺而徹。蓋至於叙書則歌府事，贊易則述損益，乃知堯、舜、禹、湯、文、武及吾孔子相承之次莫大乎惠人，而惜乎不得爲政也。

【校記】

①因民之所篇又載俞 康本、俞 乾本、唐玉虬本，據校。
②栽，俞 康本、俞 乾本、無錫 唐氏本作"裁"。

【注釋】

〔一〕出自論語·堯曰·子張問於孔子曰：子張問於孔子曰："何如斯可以從政矣？"子曰："尊五美，屏四惡，斯可以從政矣。"子張曰："何謂五美？"子曰："君子惠而不費，勞而不怨，欲而不貪，泰而不驕，威而不猛。"子張曰："何謂惠而不費？"子曰："因民之所利而利之，斯不亦惠而不費乎？擇可勞而勞之，又誰怨？欲仁而得仁，又焉貪？君子無衆寡，無小大,無敢慢,斯不亦泰而不驕乎?君子正其衣冠,尊其瞻視,儼然人望而畏之,斯不亦威而不猛乎?"子張曰:"何謂四惡?"子曰:"不教而殺謂之虐;不戒視成謂之暴;慢令致期謂之賊;猶之與人也,出納之吝,謂之有司。"

〔二〕天時有生:天四時自然,各有所生。禮記·禮器:"禮也者,合於天時,設於地財,順於鬼神,合於人心,理萬物者也。是故天時有生也,地理有宜也,人官有能也,物曲有利也。"孔穎達疏:"是故天時有生也者,言天四時自然,各有所生。若春薦韭卵,夏薦麥魚是也。"

〔三〕物曲有利:万物委曲,各有所利。禮記·禮器:"禮也者,合於天時,設於地財,順於鬼神,合於人心,理萬物者也。是故天時有生也,地理有宜也,人官有能也,物曲有利也。"孔穎達疏:"物曲有利也者,谓万物委曲,各有所利。若麴蘖利为酒醴,丝竹利为琴笙,皆自然有其性各異也。"

〔四〕無方:無限,無極。莊子·天運:"動於無方,居於窈冥,或謂之死,或謂之生。"

〔五〕樹藝:種植,栽培。周禮·地官·大司徒:"辨十有二壤之物,而知其種,以教稼穡樹藝。"賈公彥疏:"教民春稼秋穡,以樹其木,以藝黍稷也。"孟子·滕文公上:"后稷教民稼穡,樹藝五穀。"

〔六〕相生相養:相互扶持呵護,遞相助長促進。唐 韓愈原道:"有聖人者立,然後教之以相生相養之道。"

〔七〕匪頒:分賜。周禮·天官·大宰:"以九式均節財用……八曰匪頒之式。"

【集評】

呂留良:文中評語:"然出於"至"虧矣"後:重發下半截。"是故"至"私也"後:先提民之所利,高闊。"君子"至"其家"後:方轉因利之。"教之"至"相之耳"後:鐵板注腳。"是其"至"爲益"後:方轉落下句。"不待"至"足焉"後:"不費"。"無事"至"萬世焉"後:"惠"字是甚氣象,乃所謂美也。"蓋利"至"何間乎"後:"美"字發得盡。"蓋至於"至"爲政也"後:貫穿堯曰一卷大意,作傳贊結,亦荊川

熟史得手處。(呂葆中本、無錫 唐氏本、唐玉虯本)

文後評語：時文止説得後賢理財政事，不則索性跳過到上古無為去，看此文方是三代聖人之政之美，是孔子胸中平成手段，不辜負魯論結末主意。短股相承，氣勢馳逐，不見其促數散碎，正在此等處見大家作用。(呂葆中本、無錫 唐氏本、唐玉虯本)

俞長城：文中評語："是故"至"私也"後："民之所利"四字，以議論作提，不似時文呼喝字眼。"君子因其自致之業"後："因"字緩轉。"教之"至"成之耳"後：實詮"因"字，切實該括秭黍。"是其以天下之財"後：轉落下句。"以天"至"足焉"後："惠"字極大極確。"曷嘗割"至"昇其人乎"後：不費，輕帶。"蓋利"至"如此"後：方是"美"字。"蓋至"至"政也"後：貫穿堯曰一卷大意，作傳贊結，亦荊川熟史得手處。(俞 康本、俞 乾本)

文後評語：意思多，道理正，體勢潔，氣象寬，黃葵陽會墨似從此脱胎。(俞 康本、俞 乾本、唐玉虯本)

欲仁而得①②〔一〕 二句③

君子樂得乎可欲之善〔二〕，此欲之所以為美也。夫可欲之善莫大乎仁也，君子欲仁而得仁焉，亦惟求在我者耳，而豈得謂之貪哉？今夫貪每生於欲，而欲必至於貪。君子從政之美，乃有所謂欲而不貪焉者，何哉？以其所欲非夫人之所謂欲也，欲仁焉而已矣。何則？仁，人心也，君子存心者也，故其所欲在此，而精神所會，自爾舉之而必勝；仁，天理也，君子循理者也，故其所欲在此，而意向所專，自爾行之而必至。如欲以是仁而體之於身也，則視聽言動〔三〕，不違乎禮，而仁之體自我乎立焉；如欲以是仁，而推之於民④也，則天地萬物，皆吾度內，而仁之量自我乎充焉。是則君子之所欲也。夫仁而曰欲，則固有所好樂矣。然而所好樂者此仁也，大德⑤之良，本吾之所可愛而可求者也，而何病其為貪乎？仁而曰欲，則固有所歆羨矣。然而所歆羨者此仁也，降衷〔四〕之蘊，本吾之所自有而自得之者也，而何病其為貪乎？兼統萬善，取數如是其多，而非所謂無厭之求也；天下歸仁，獲效如是其廣，而非所謂計功之私也。是非五美〔五〕之一也哉！

【校記】

①欲仁而得篇又載陳名夏本、無錫唐氏本、皇明今文待，據校。
②欲仁而得，皇明今文待作"欲仁而得仁又焉貪"。
③二句，皇明今文待無。
④民，陳名夏本、皇明今文待作"政"。
⑤大德，唐玉虬本作"天德"。

【注釋】

〔一〕見因民之所所注。
〔二〕可欲之善：值得追求的叫善。孟子・盡心下："可欲之謂善，有諸己之謂信，充實之謂美，充實而有光輝之謂大。"孫奭疏："可欲使人欲之是爲善。"
〔三〕視聽言動：即"非禮勿視，非禮勿聽，非禮勿言，非禮勿動"。語見論語・顏淵。
〔四〕降衷：見生而知之篇所注。
〔五〕五美：指儒家所認可的君子的五種美好品質，即"惠而不費，勞而不怨，欲而不貪，泰而不驕，威而不猛"。語見論語・堯曰。

【集評】

艾千子：文後評語：此荊川先生名作也。然吾終病其不切"從政"，但似"欲仁仁之至"耳，姑存其純直。（皇明今文待、陳名夏本、呂葆中本、無錫唐氏本、唐玉虬本）

陳名夏：文後評語：荊川長於敘事題，至說理之文，多涉樸陋之習，不及鹿門、震川兩公。（陳名夏本）

茅鹿門：文後評語：此題一"欲"字盡之，如云欲在仁，得之不以爲貪耳。荊川專頂"欲"字發明。但於末二比含着得仁上，見他不貪，是何等理會？（呂葆中本、無錫唐氏本、唐玉虬本）

呂留良：文中評語："以其"至"而已矣"後：冲喉而出，宇宙之至音也。"仁人"至"者也"後：艾評：腐，且不切"從政"。"如欲"至

"充焉"後：分柱自見體用。"是則君子所欲也"後：喝一句，醒豁。"夫仁而曰欲"後：自注：習氣。"則固有所好樂矣"後：跌宕，自佳。"兼統"至"私也"後：刻畫"得仁焉貪"極其警敏。（呂葆中本）

　　文後評語：此"仁"字當在神化廣大處言，則尤合而討好。先輩不以討好爲事，然亦止起數語，太迂耳。中間剖析欲貪，固自精勝。（呂葆中本、無錫唐氏本、唐玉虯本）

大 學

知至而後①〔一〕 二句

　　大學叙致知之所以至於存心，欲人知所先也。蓋學以知爲入門也，知有不至，則意且不可誠矣，何心之能正乎？大學覆序明德〔二〕之目②如此。今夫明德具③於心者也，自心之有覺而言謂之知，自心之所發而言謂之意。彼意之所發，一則純，二則雜。其誠與不誠，孰不曰：此吾意所自爲而無與於知也。不知吾意有所好惡，而所以真知其所好，真知其所惡，固在知而不在意也。必也知既至矣，則事物之感於前者，有以周知而不蔽，善惡之萌於幾者，有以自④知而無隱，使誠意之功不繼斯亦已耳⑤。由是嚴⑥邪以存其防焉，慎獨以致其決焉，吾見其進善必果而無事於詐也，去惡必力而無事於掩也，意其誠矣乎！苟知有不至，則真妄錯雜，豈特爲知之病哉？而意亦不可得而誠矣。心之所主，操則存，捨則亡〔三〕。其正與不正，孰不曰此吾心所自爲而無與於意也？不知吾心本無偏倚，而所以淆之於客感，引之於物交，固在意而不在心也。必也意既誠矣，則攻取之欲無誘於外，湛一之體無累於中，使正心之功不繼斯亦已耳⑦。由是察其人心之危〔四〕焉，養其道心之微〔五〕焉，將見靜而能虛，無將迎也，動而能直，無凝滯也，心其正矣乎！苟意有未誠，則理欲交戰，豈特爲意之病哉？而心亦不可得而正矣。是則知至而意或未誠者有之，未有不先致知而遽能誠意者也；意誠而心或未正者有之，未有不先誠意而遽能正心者也。明明德者，功固不可闕，而序亦豈可紊也哉？

【校記】

　　①知至而後篇又載陳名夏本、俞康本、俞乾本、無錫唐氏本、唐玉虬本，據校。
　　②目，陳名夏本作"自"。

③具，陳名夏本作"其"。
④自，俞康本作"日"。
⑤使誠意之功不繼斯亦已耳，陳名夏本無。
⑥嚴，陳名夏本作"閑"。
⑦使正心之功不繼斯亦已耳，陳名夏本無。

【注釋】

〔一〕出自大學首章經文：知止而後有定，定而後能靜，靜而後能安，安而後能慮，慮而後能得。物有本末，事有終始，知所先後，則近道矣。古之欲明明德於天下者，先治其國；欲治其國者，先齊其家；欲齊其家者，先修其身；欲修其身者，先正其心；欲正其心者，先誠其意；欲誠其意者，先致其知；致知在格物。物格而後知至，知至而後意誠，意誠而後心正，心正而後身修，身修而後家齊，家齊而後國治，國治而後天下平。

〔二〕明德：光明正大的品德。禮記·大學："大學之道，在明明德，在親民，在止於至善。"

〔三〕操則存，捨則亡：能把握住就存在，放棄就失去。孟子·告子上："操則存，捨則亡，出入無時，莫知其鄉，惟心之謂與？"

〔四〕人心之危：見德之不修其一篇所注。

〔五〕道心之微：見德之不修其一篇所注。

【集評】

韓求仲先生：文後評語：玩後傳誠意正心，另有工夫。今人便謂知致則意自誠，意誠則心自正，何啻千里！（陳名夏本、呂葆中本、俞康本、俞乾本、無錫唐氏本、唐玉虬本）

艾千子：文後評語：此荊川先生膾炙人口作也。然吾終病其意誠心正處太實，而於"而後"二字，更覺頓跌不醒。且意誠心正工夫，皆在上節，曰誠意，曰正心，此就用功而言也。後各章毋自欺，心有所忿懥，皆是分言其用功之事。此不過反覆言之，猶云意既誠矣，心既正矣，工夫皆在上節，不必再講。先生文章之宗，後學豈容輕議？姑存以待後日論定耳。（陳名夏本、呂葆中本、無錫唐氏本、唐玉虬本）

陈名夏：文後評語：先輩書理，未敢輕議，其行文亦似説書體矣。（陳名夏本）

吕留良：文中評語："大學"至"先也"後：破似上節。"自心"至"之意"後：亦似上節話頭，於此則剩矣。"必也知既至矣"後：入題正面。"則事物"至"無隱"後：知至兼内外，方能括程子十九條格致之理。"使誠意"至"已耳"後：此句人不解下。"由是"至"决焉"後：有實力量。"吾見"至"誠矣乎"後：還他正面。"苟知"至"誠矣"後：得此反振而後之義乃圓徹無疑。"是則"至"心者也"後：補此意，似反實正。（吕葆中本）

文後評語：細心體會注中"可得而"三字，乃知荆川之密，而千子粗矣。實補誠正，似礙上節，而妙於虛字轉運，仍祇是意誠心正，不是誠意正心，但須一氣讀下，乃得其神理耳。兩節先後言其次第如此，其實工夫節節緊要，無一了百了事也。知至而意不誠，則知爲虛知，其至否亦難見。意誠而心未正，祇得零星收拾，東没西出，弊病百出，亦不見誠之妙也。心正而身未修，則動容周旋中禮，可知有多少病在，其根心之妙，亦未充也。誠正之功，不繼一折，其理極精，正爲醒出"而"之義，使無滲透耳。（吕葆中本、無錫 唐氏本、唐玉虬本）

文後評語：實補誠正，似礙上節，而妙於虛字轉運，仍祇是意誠心正，不是誠意正心，但須一氣讀下，乃得其神理耳。兩節先後言其次第如此，其實工夫節節緊要，無一了百了事也。知至而意不誠，則知爲虛知，其至否亦難見。意誠而心未正，祇得零星收拾，東没西出，弊病百出，亦不見誠之妙也。心正而身未修，則動容周旋中禮，可知有多少病在，其根心之妙，亦未充也。誠正之功，不繼一折，其理極精，正爲醒出"而"之義，使無滲透耳。（俞 康本、俞 乾本）

俞長城：文中評語："大學"至"先也"後：破扣得住。"彼意"至"知也"後：剔"誠"字，確。"必也知既至矣"後：知至須成。"有以自"至"已耳"後：跌一筆，好。"由是"至"决焉"後：緊接誠意一層。"吾見"至"誠矣乎"後：意誠一層。"苟知"至"病哉"後：反振一筆而後之意愈醒。"而意"至"誠矣"後：注中"可得而"三字分明。"心之"至"則亡"後：剔"正"字，確。"必也意"至"已耳"後：意誠現成。

"由是"至"微焉"後：正心一層。"將見"至"正矣乎"後：心正一層。"是則"至"心者也"後：補法層次，界限愈透。（俞康本、俞乾本）

文後評語：極精實細密文字，無一意不醇，無一義不到，溫潤而堅光。其看書之妙，則誠如晚邨所云也。（俞康本、俞乾本、唐玉虬本）

自天子以①〔一〕 二句

盡天下之人，而皆立天下之大本焉。蓋身者，天下之大本也，本立而道自生矣，此天下所以皆貴於務本歟。昔夫子叙大學之道，恐夫人之徒博而寡要也，故結之如此。若曰：明德〔二〕之條目有五，而修身所以成其終，新民〔三〕之條目有三，而修身所以成其始，身之於人也大矣。概天下之人觀之，上自天子之尊，下至庶人之卑，凡在養正〔四〕之列而窺大道之門者，非一人也，一切以修身爲之本焉。何者？君臣異位也，而成己成②物之責③則同；上下異勢也，而以己及人之理則一。使天子而不修其身，則繼天立極〔五〕者失其具矣。故窮理以啓其端，反躬〔六〕以致其寔，行帝道而帝者此也，行王道而王者此也。修身則道立，在天子且不可忽，而況其下者乎？使庶人而不修其身，則輔世成化者無所資矣。故擇善以開其始，固執以要其終，士希賢〔七〕者此也，賢希聖〔八〕者此也。修身見於世，在庶人且不可緩，而況其上者乎？呼！身不自修也，而必有格致誠正之功；身不徒修也，而必有齊治均平之效。一身之外，無餘事矣。

【校記】

①自天子以篇又載俞康本、俞乾本、無錫唐氏本、唐玉虬本，據校。
②成，無錫唐氏本作"物"。
③責，俞康本、俞乾本作"貴"。

【注釋】

〔一〕出自大學首章經文：天子以至於庶人，壹是皆以修身爲本。其本亂而末治者否矣。其所厚者薄，而其所薄者厚，未之有也。
〔二〕明德：見知至而後篇所注。
〔三〕新民：使民更新，教民向善。尚書·康誥："亦惟助王宅天命，作新民。"孔安國傳:"居順天命,爲民日新之教。"

〔四〕養正:涵養正道。周易·蒙:"蒙以養正,聖功也。"孔穎達疏:"能以蒙昧隱默,自養正道,乃成至聖之功。"

〔五〕繼天立極:繼承天子的皇位。朱熹大學章句序:"天必命之以爲億兆之君師,使之治而教之,以復其性。此伏羲、神農、黄帝、堯、舜,所以繼天立極……"

〔六〕反躬:自我檢束。禮記·樂記:"好惡無節於内,知誘於外,不能反躬,天理滅矣。"孔穎達疏:"躬,己也。"

〔七〕士希賢:士卒寄希望於賢人。宋周敦頤通書·志學:"聖希天,賢希聖,士希賢。"

〔八〕賢希聖:賢人寄希望於聖人。

【集評】

顧瑞屏:文後評語:方是一章結穴語,較之甲子順天墨,猶久翳之得晴明也。(吕葆中本、無錫唐氏本、唐玉虬本)

吕留良:文中評語:"盡天"至"大本焉"後:渾括。"明德"至"其始"後:老辣。"概天下之人觀之"後:題前統體。"上自"至"本焉"後:題内補墊。"故窮"至"王者此也"後:包隱條目。"修身"至"下者乎"後:"以至於"三字内流品多在。"身不"至"餘事矣"後:是總結。(吕葆中本、無錫唐氏本、唐玉虬本)

文後評語:天子庶人,有分講,有合講,共本各修,步步切實,而"自以至於"四字,卻是這中間人類多。此衹講天子庶人,而紛紛總總者皆在。後來止説得兩頭,或且責重天子,皆夢啌也。(吕葆中本、無錫唐氏本、唐玉虬本)

俞長城:文中評語:"概天下"至"之本焉"後:緊貼"大學"。"故窮理"至"其實"後:包括格致誠正。"行帝道"至"王者此也"後:命意博大。"修身"至"下者乎"後:有末在内。"以至於"三字出。"使庶"至"資矣"後:此句見斤兩。(俞康本、俞乾本)

文後評語:文無他奇,衹是"庶人"二字看得好。此庶人指孔、孟一流,非農圃樵牧也。天子、庶人皆屬大人,文章自然正大精卓。(俞康

本、俞 乾本、唐玉虬本）

瑟兮僩兮①[一] 儀也

　　傳者釋詩而言君子德容之盛，以見止至善之驗也。蓋恂慄[二]，德之盛；威儀[三]，容之盛也。君子以之，豈非止至善之驗乎？大學引詩以明明德[四]止於至善及此，若曰：君子之止於至善，其始也雖有資於學問之功，其終也必有裨於身心之寔。詩云瑟兮僩兮[五]者何也？言乎其恂慄之在於中者耳。蓋涵養之未純者，雖致力於收斂，而恒病於矜持之未能矣。君子德愈盛而心愈下，翼翼[六]儼昭格[七]之忱，敬勝[八]也而不繼之以怠勝[九]；夔夔[一〇]勵祗載[一一]之念，日強也而不繼之以日偷[一二]。震之省身[一三]，非有所勉而不敢忘也；乾之惕若[一四]，非有所畏而不敢忽也。此則詩之所謂瑟僩者。自非涵養之至，有以制其心者而能之乎？詩云赫兮喧兮[一五]者何也？言乎其威儀之著於外者耳。蓋充積之未寔者，雖致力於文飾，而且失於非僻[一六]之易干矣。君子德之盛而禮之恭，頤頤昂昂[一七]，仰之而有可畏者在，中規中矩，望之而有可象者存。坤之含章[一八]不能以自秘也，艮之光輝[一九]不假於色莊也。此則詩之所謂赫喧者。自非充寔之妙，有以潤其身[二〇]者而能之乎？

【校記】

　　①瑟兮僩兮篇又載無錫 唐氏本、唐玉虬本，據校。

【注釋】

　　[一] 出自大學傳第三章：詩云："瞻彼淇澳，菉竹猗猗。有斐君子，如切如磋，如琢如磨。瑟兮僩兮，赫兮喧兮。有斐君子，終不可諠兮！"如切如磋者，道學也；如琢如磨者，自修也；瑟兮僩兮者，恂慄也；赫兮咺兮者，威儀也；有斐君子，終不可諠兮者，道盛德至善，民之不能忘也。

　　[二] 恂慄：恐懼戰慄，禮記·大學："瑟兮僩兮者，恂慄也；赫兮喧兮者，威儀也。"鄭玄注："恂字或作峻……言其容貌嚴栗也。"

　　[三] 威儀：莊重的儀容舉止。

　　[四] 明明德：弘揚光明正大的品德。禮記·大學："大學之道，在明

明德，在親民，在止於至善。"鄭玄注："明明德，謂顯明其至德也。"

〔五〕瑟兮僴兮：莊敬寬厚。詩經·衛風·淇奧："瑟兮僴兮，赫兮喧兮。"毛傳："瑟，矜莊貌；僴，寬大也。"孔穎達疏："瑟，矜莊，是外貌莊嚴也。僴，寬大，是內心寬裕。"

〔六〕翼翼：嚴肅謹慎。詩經·大雅·大明："維此文王，小心翼翼。"鄭玄箋："小心翼翼，恭慎貌。"

〔七〕昭格：降臨吉祥，賜福。毛詩卷十八："天監有周，昭格於下。保茲天子，生仲山甫。"

〔八〕敬勝：以敬謹勝。荀子·議兵篇第十五："凡百事之成也必在敬之，其敗也必在慢之，故敬勝怠則吉，怠勝敬則滅，計勝欲則從，欲勝計則凶。"

〔九〕怠勝：以懈怠勝。

〔一〇〕夔夔：敬謹恐懼的樣子。尚書·大禹謨："負罪引慝，祗載見瞽瞍，夔夔齋栗，瞽亦允若。"孔安國傳："夔夔，悚懼之貌。"

〔一一〕祗載：恭恭敬敬。

〔一二〕日偷：日漸苟且怠惰。禮記·表記："君子莊敬日強，安肆日偷。"鄭玄注："偷，苟且也。"

〔一三〕震之省身：周易中震卦所示，震雷相繼而作，君子因此恐懼，修德反省。周易·震："象曰：洊雷，震。君子以恐懼修省。"王弼注："君子以恐懼修省者，君子恒自戰戰兢兢，不敢懈惰。今見天之怒，畏雷之威，彌自修身省察已過。"

〔一四〕乾之惕若：周易中乾卦所示，君子整天自強不息，連晚上都警惕。周易·乾："君子終日乾乾，夕惕若。厲，無咎。"

〔一五〕赫兮喧兮：威嚴莊重，儀表堂堂。詩經·衛風·淇奧："瑟兮僴兮，赫兮喧兮。"孔穎達疏："赫兮，明德外見；喧兮，威儀宣著。"

〔一六〕非僻：邪惡。禮記·玉藻："非辟之心，無自入也。"鄭玄注："辟，本又作僻。"

〔一七〕顒顒昂昂：體貌莊重恭敬，氣宇軒昂。詩經·大雅·卷阿："顒顒昂昂，如圭如璋，令聞令望。"鄭玄箋："顒顒，溫貌；昂昂，盛貌。"

〔一八〕坤之含章：見君子欲訥篇所注。

〔一九〕艮之光輝：周易中艮卦所示，該停的時候停，該走的時候走，動和靜的選擇都要在道理之中，那麼這樣的道路就是光明的。引申爲衹有學會正確行事，把握時機，事情才能順利完成。周易·艮："象曰：艮，止也。時止則止，時行則行，動靜不失其時，其道光明。"

〔二○〕潤其身：内在的道德修養可以涵養人的身體，使之充溢昂揚不凡的氣質風神。禮記·大學："富潤屋，德潤身，心廣體胖，故君子必誠其意。"朱熹集注："德則能潤身矣。"

【集評】

吕留良：文中評語："雖有"至"之寡"後：似貶學問。"蓋涵養"至"未能矣"後：是學者體驗之言。"君子"至"日偷"後：原評：逐字注釋。"震之"至"忽也"後：精於用經，妙於説理。"此則"至"瑟倜"後：倒煞出"者""也"語意。（吕葆中本）

文後評語：此中火候境象，洞然胸目之間，故每下一語，如岐伯用針、伊尹作劑，必中藏府經絡之要。六經語惟易最難用，亦無人敢用，衹震川、荆川能縱橫驅駕，點金丹，鑄寶器，自具神仙鼎竈。俗眼訶其卦名，甚謂易不可用，六經不可入文，乃反以村談市諢爲妙耶。又云開後來習套，吾未見後來更有何人能如是用經者。若以妄填易卦之不通，而追論作者，是以暴秦燔書而罪及燧人，白圭壅鄰而議連神禹也。總是不知其理而單論字眼，則似兩先生與不通者，同其實自己不通耳。（吕葆中本、無錫唐氏本、唐玉虬本）

孝者所以事君也[①][一]

傳者論事親之理寓事君之理。蓋天下之理一也，在事親則爲孝，在事君則爲忠耳，此君子所以家齊於上而教成於下也歟。大學傳之九章，釋齊家治國，蓋曰：齊家有本，身之謂也，治國有則，家之謂也。君子不出家而教成於國者，何哉？亦曰不取必於勢而取必於理耳。自家而言，有親之當事焉；自國而言，有君之當事焉。孝以事親，人則知之，而孰知孝者乃所以事君乎？蓋親則父也，尊則君也，其分未嘗不殊。邇之事父，遠之事君，其理未嘗不一。定省[二]之有儀，就養[三]之有節，此孝之見於處常者也，而夙夜匪懈之道，慎慮而從之道，茲其在矣，奚必陳力就列[四]而後爲事君哉？幾諫[五]之曲盡其方，幹蠱[六]之克任其責，此孝之見於處變者也，而納約自牖[七]之道，蹇蹇匪躬[八]之道，茲其在矣，奚必致命遂志[九]而後爲事君也哉？以事君之忠事其親，則謂之孝，而忠外無孝也；以事親之孝事其君，則謂之忠，而孝外無忠也。夫孝者，君子修身之一端也。孝以事親，則教之立於家者，此孝也；忠以事君，則教之成於國者，此孝也。家齊而國治，端有自矣。

【校記】

①孝者所以事君也篇又載無錫唐氏本、唐玉虬本，據校。

【注釋】

〔一〕出自大學傳第九章：所謂治國必先齊其家者，其家不可教而能教人者，無之。故君子不出家而成教於國：孝者，所以事君也。

〔二〕定省：子女早晚給長輩請安。禮記·曲禮上："凡爲人子之禮，冬温而夏凊，昏定而晨省。"鄭玄注："定，安其牀衽也；省，問其安否何如。"

〔三〕就養：侍奉父母。禮記·檀弓上："事親有隱而無犯，左右就養無方。"

〔四〕陳力就列：能貢獻才力以擔任相應的官職。論語·季氏："周任有言曰：'陳力就列，不能者止。'"馬融注："周任，古之良史，言當陳其才力，度己所任，以就其位。"

〔五〕幾諫：輕微婉轉地勸止。論語·里仁："事父母幾諫。見志不從，又敬不違，勞而不怨。"包咸注："幾者，微也。當微諫納善言於父母。"

〔六〕幹蠱：繼承父親未竟的事業。周易·蠱："幹父之蠱。"王弼注："幹父之事，能承先軌，堪其任者也。"

〔七〕納約自牖：從窗戶送進取出。此處引申爲導人向善之義。周易·坎："六四，樽酒簋貳用缶，納約自牖，終無咎。"孔穎達疏："納此儉約之物，從牖而薦之。"

〔八〕蹇蹇匪躬：蹇，通"謇"，忠直。持有爲君國忠直諫諍之心，不必事事躬親。周易·蹇："六二，王臣蹇蹇，匪躬之故。"

〔九〕致命遂志：捨棄生命以實現理想。周易·困："澤無水，困。君子以致命遂志。"孔穎達疏："君子之人守道而死，雖遭困厄之世，期於致命喪身，必當遂其高志，不屈撓而移改也，故曰致命遂志也。"

【集評】

原評：文後評語：如此題祇合如此做，方是元神不壞。（呂葆中本、無錫唐氏本、唐玉虬本）

呂留良：文中評語："傳者"至"君之理"後：老樸，扼住"理"字。"齊家"至"家之謂也"後：此首句，故可如此起上承下冒也，若次句便不得。"君子"至"何哉"後：喝清。"自家"至"君之當事焉"後：祇八字，三句皆分明。"蓋親"至"不殊"後：跌清。"定省"至"君也哉"後：二比實發孝與事君理一處，所以字不挑剔而得。"必陳"至"君哉"後：此語卻有病，事君原自有事，但其理通耳。"以事君"至"之孝"後：亦寬套頭語。"孝以"至"國者此孝也"後：雖三句通話，而意旨分明。（呂葆中本）

文後評語：祇中兩比擒切本句，前後但寫大意，而理足者自不覺其通移，總明得此句祇講家國之理，不說感應，不重責成，不指機關，不曲推變換，自然明確。（呂葆中本、無錫唐氏本、唐玉虬本）

詩云桃之①〔一〕 三節

傳者引三詩而咏歎之，以見齊治之機一也。甚矣治國觀於家也。稽之三詩而皆足徵焉，則齊治之機，夫固通一而莫之間者矣。大學釋齊家治國，言已盡而復咏歎之，以爲君子以天下爲心，非不欲溥而化也，然有本焉，身之謂也，有則焉，家之謂也。端本以和則和，則以善治機不容二者也，其觀之詩乎？詩云："桃之夭夭，其葉蓁蓁，之子於歸，宜其家人。"美賢女之被化則然也。夫家人邇也，國人遠也，勢不同而其理同也，故君子而有以宜其家人，則正始之道〔二〕盡而刑於之化〔三〕肅以教國人，則婦順〔四〕之明章〔五〕者在是矣。不然，夫婦不淑而民多反目也，國可得而教乎？此治國在齊其家，於桃夭而可觀者也。詩云"宜兄宜弟"，美諸侯之令德則然也。夫兄弟親也，國人疏也，分雖殊而其理一也，故君子而有以宜其兄弟，則因心之愛篤而豈弟[六]之德成以教國人，則友於[七]之四達[八]者在是矣。不然，兄弟相猶而民且胥遠[九]也，國可得而教乎？此治國在齊其家，於蓼蕭而可觀者也。詩云"其儀不忒"，正是四國，美君子之有常度則然也。夫父子兄弟之際，道之所寓，而民之所同也。君子之爲父子兄弟而足法也，則是一身之間無非動衆之道，而一國之民皆相率於彝倫之叙[一〇]矣。不然，儀之不慎，人且作慢矣，而民又何法乎？此治國在齊其家，又於鳲鳩而可觀者也。是則家也國也，其分雖有内外之殊，齊也治也，其理初無彼此之別，識治體[一一]者，亦惟知所先後焉爾矣。

【校記】

①詩云桃之篇又載　無錫　唐氏本、唐玉虬本，據校。

【注釋】

〔一〕出自大學傳第九章：詩云："桃之夭夭，其葉蓁蓁。之子于歸，宜其家人。"宜其家人，而後可以教國人。詩云："宜兄宜弟。"宜兄宜弟，而後可以教國人。詩云："其儀不忒，正是四國。"其爲父子兄弟足法，而後民法之也。此謂治國在齊其家。

〔二〕正始之道：正王道之始。文選·卜子夏·毛詩序："周南、召南，正始之道，王化之基。"

〔三〕刑於之化：以禮法對待其妻。後指夫婦和睦。詩經·大雅·思齊："刑於寡妻，至於兄弟，以御於家邦。"鄭玄箋："文王以禮法接待其妻。"

〔四〕婦順：婦女順從孝敬之美德。禮記·昏義："舅姑入室，婦以特豚饋，明婦順也……婦順者，順於舅姑，和於室人，而後當於夫，以成絲麻布帛之事，以審守委積蓋藏。"孔穎達疏："明婦順也者，言所以特豚饋者，顯明其爲婦之孝順也。"

〔五〕明章：表明，彰顯。禮記·昏義："古者天子后立六官、三夫人、九嬪、二十七世婦、八十一御妻，以聽天下之内治，以明章婦順，故天下内和而家理。"

〔六〕豈弟：見子之燕居篇所注。

〔七〕友於：本指兄弟相處彌篤，後割裂用典，以"友於"代"兄弟"。

尚書·君陳："惟孝友於兄弟。"

〔八〕四達：風行天下。禮記·樂禮："周道四達，禮樂交通。"孔穎達疏："四方通達。"

〔九〕胥遠：相互疏遠。詩經·小雅·角弓："騂騂角弓，翩其反矣。兄弟昏姻，無胥遠矣。"鄭玄箋："胥，相也。"

〔一〇〕彝倫之叙：治國安民的常理施行順遂。尚書·洪范："鯀則殛死，禹乃嗣興，天乃錫禹洪範、九疇，彝倫攸叙。"

〔一一〕治體：治國綱領。周書·王褒傳："褒有器局，雅識治體。"

【集評】

呂留良：文中評語："以爲"至"化也"後：結帥天下以仁。"然有"至"謂也"後：結一人定國藏身之恕。"有則"至"謂也"後：結仁讓孝弟慈一齊收拾，文氣古懋，逼真漢人。"美賢"至"然也"後：接口淡宕，得泳歎之神。"則正"至"化肅"後：頓疊句出，而後妙有實境。"不然"至"教乎"後：反掉淡宕，又取泳歎之神。"足法也"後："足法"二字切實。（呂葆中本、無錫 唐氏本、唐玉虬本）

文後評語：泛然頌家國之機，則失恰引三詩細密之蘊；另於三詩講補家國義理，則失引結倡歎神情。祇反覆頓宕間，有虛有實，有迴顧本文，有涵泳不盡之意。先輩樸實中靈巧，自無所不有。（呂葆中本、無錫 唐氏本、唐玉虬本）

此之謂絜①②〔一〕 失之③

傳者指言平天下之要道，詳其得失之異而決其機也。蓋治平之道莫要於推心，而道之所以有得失者，亦顧其存心如何耳，君子可不求治於心乎？且夫論治者貴識體，爲治者貴知要，甚矣王道本於誠意也。夫使今之爲治者，能達於上下四旁〔二〕之人，而通之以公好公惡之道，是緣情以立愛，而不阻於分之殊，順事以恕施〔五〕，而各協於理之一，絜矩〔三〕之道在是矣。盍亦觀諸詩乎？彼"樂祇君子"而以"民之父母"歸之，爲好惡之能絜矩而與民同也；"赫赫師尹"而以"民具爾瞻"戒之，爲好惡之不能絜矩而爲民僇〔四〕也。此可見撫我則后〔五〕，而詩言得衆得國〔六〕者可鑒矣；虐我則讎〔七〕，而詩言失衆失國〔八〕者可鑒矣。然好惡之道，又豈出於理財用人之外哉？彼自夫先謹乎德也，而自然之利致焉；外本內末也，而爭奪之患興焉。此其民心之聚散，係財貨之出入，而康誥所謂惟命不於常者此也，楚書之寶善人〔九〕者此也，舅犯之寶仁親〔一〇〕者此也，而財貨之能絜矩與不能者，不既徵於此乎？再觀秦誓之詞，用休休〔一一〕之臣也，而興邦家之利焉；用媢嫉之臣也，而貽邦家之戚焉。此其人品不同，好惡攸係而得好惡之正者仁人也，知好惡而未盡其道者其次也，不知好惡而拂人之性者其下也，用人之能絜矩與不能者，不亦徵於此乎？是故治天下有大道，絜矩是已；得大道有要機，存心是已。君子能以忠信存心，則誠明有以通天下之志，誠應有以妙萬物〔一二〕之感，而大道可得也；反是而驕焉，而泰焉，道豈有不失者哉！吁，大道得而所以得國得天命者，胥此也；大道失而所以失國失天命者，胥此也。治平君子可不誠以存心而恕以推心哉④！

【校記】

①此之謂絜篇又載俞康本、俞乾本、無錫唐氏本、唐玉虬本，據校。
②此之謂絜，欽定四書文、明文鈔作"此之謂絜矩之道"。
③失之，明文鈔作"合下十六節"。
④推心哉，明文鈔作"推心也哉"。

【注釋】

〔一〕出自大學傳第十章：所謂平天下在治其國者，上老老而民興孝，上長長而民興弟，上恤孤而民不倍，是以君子有絜矩之道也。所惡於上，毋以使下；所惡於下，毋以事上；所惡於前，毋以先後；所惡於後，毋以從前；所惡於右，毋以交於左；所惡於左，毋以交於右。此之謂絜矩之道。詩云："樂祇君子，民之父母。"民之所好好之，民之所惡惡之，此之謂民之父母。詩云："節彼南山，維石巖巖。赫赫師尹，民具爾瞻。"有國者不可以不慎，辟則為天下僇矣。詩云："殷之未喪師，克配上帝。儀監於殷，峻命不易。"道得衆則得國，失衆則失國。是故君子先慎乎德。有德此有人，有人此有土，有土此有財，有財此有用。德者本也，財者末也。外本內末，爭民施奪。是故財聚則民散，財散則民聚。是故言悖而出者，亦悖而入；貨悖而入者，亦悖而出。康誥曰："惟命不於常。"道善則得之，不善則失之矣。楚書曰："楚國無以爲寶，惟善以爲寶。"舅犯曰："亡人無以爲寶，仁親以爲寶。"秦誓曰："若有一個臣，斷斷兮，無他技，其心休休焉，其如有容焉。人之有技，若己有之。人之彦聖，其心好之，不啻若自其口出，寔能容之，以能保我子孫黎民，尚亦有利哉。人之有技，媢疾以惡之。人之彦聖，而違之俾不通，寔不能容，以不能保我子孫黎民，亦曰殆哉。"唯仁人放流之，迸諸四夷，不與同中國。此謂唯仁人爲能愛人，能惡人。見賢而不能舉，舉而不能先，命也；見不善而不能退，退而不能遠，過也。好人之所惡，惡人之所好，是謂拂人之性，菑必逮夫身。是故君子有大道，必忠信以得之，驕泰以失之。生財有大道，生之者衆，食之者寡，爲之者疾，用之者舒，則財恒足矣！仁者以財發身，不仁者以身發財。未有上好仁而下不好義者也，未有好義其事不終者也，未有府庫財非其財者也。孟獻子曰："畜馬乘不察於雞豚，伐冰之家不畜牛羊，百乘之家不畜聚斂之臣。與其有聚斂之臣，寧有盜臣。"此謂國不以利爲利，以義爲利也。長國家而務財用者，必自小人矣。彼爲善之，小人之使爲國家，菑害並至。雖有善者，亦無如之何矣！此謂國不以利爲利，以義爲利也。

〔二〕四旁：四周。荀子·大略："欲近四旁，莫如中央。"

〔三〕絜矩：絜，度量；矩，畫直角或方形用的尺子，引申爲法度、規則。儒家以"絜矩"來規範道德。禮記·大學："所惡於上，毋以使下；所惡於下，毋以事上；所惡於前，毋以先後；所惡於後，毋以從前；所惡於右，毋以交於左；所惡於左，毋以交於右。此之謂絜矩之道。"鄭玄注："絜，猶結也，挈也；矩，法也。君子有挈法之道，謂當執而行之，動作不失之。"

〔四〕僇：同"戮"，殺戮。禮記·大學："辟則为天下僇矣。"

〔五〕撫我則后：關心愛護我的就是我們的君主。尚書·泰誓下："古人有言曰：'撫我則后，虐我則仇。'"

〔六〕得衆得國：得民心即得國家。禮記·大學："道得衆則得國，失衆則失國。"

〔七〕虐我則讐：苛待我們的就是我們的仇敵。

〔八〕失衆失國：失民心即失國家。

〔九〕寶善人：以善人爲寶。

〔一〇〕寶仁親：以仁愛親和爲寶。

〔一一〕休休：心胸開闊，寬容好善。禮記・大學："秦誓曰：'若有一個臣，斷斷兮，無他技，其心休休焉，其如有容焉。'"鄭玄注："休休，云寬容貌。"

〔一二〕妙萬物：萬物化成之神妙。周易・説卦："神也者，妙萬物而爲言者也。"韓康伯注："妙萬物而爲言也，則雷疾風行，火炎水潤，莫不自然相與爲變化，故能萬物既成也。"

【集評】

呂留良：文中評語："蓋治平"至"何如耳"後：一語直貫三得失。"且夫"至"知要"後：言亦得體要。"甚矣"至"意也"後：見大指。"夫使"至"治者"後：妙起，是承上，又截上，得"此之謂"，開口氣脉沛然直達。"能達"至"在是矣"後：體貼精當。"盍亦觀諸詩乎"後：直下兩節，便捷。"彼樂"至"僇也"後：老境。"此可見"至"鑒矣"後：看他夾帶聯絡即束即渡之妙。"然好惡之道"後：祇"好惡"貫下。"又豈"至"外哉"後：此語有病。"彼自"至"興焉"後：看他搏挖一串之妙。"此其"至"親者此也"後：十分便捷。"而財"至"此乎"後：正反言俱括入。"此其"至"下也"後：看他簡練對副之妙。"絜矩是已"後：此大道不是絜矩。"大道失"至"胥此也"後：總收三得失，精嚴。（呂葆中本）

文後評語：舉重成輕，治繁成簡，惟其力大法精，亦由心明手敏，如按孔明營壘，井竈燎然中，具不測之變化，雖老於兵法者，不得而知。全傳專言好惡公私之極，忽及貨財，忽及舉錯，皆是講好惡，就治平中枚舉一二大端指示此理耳。其實禮樂刑政，動止云爲，無非好惡，非謂好惡之，道止於此也。即此二端中，亦貨財詳而舉錯略。以理財用人平對，亦屬後來講章標派名色，章句未嘗有也。文云□□理財用人之外，亦太泥標派之説矣。至君子猶大道，注中明訓居其位而修己治人之術，蓋即指禮樂刑政、動止云爲，總包貨財舉錯之類而言，非絜矩之道也。細玩章句，則其辨自見。（呂葆中本）

文後評語：舉重成輕，治繁成簡，惟其力大法精，亦由心明手敏，如按孔明營壘，井竈燎然中，具不測之變化，雖老於兵法者，不得而知。全傳專言好惡公私之極，忽及貨財，忽及舉錯，皆是講好惡，就治平中枚舉一二大端指示此理耳。其實禮樂刑政，動止云爲，無非好惡，非謂好惡之，道止於此也。即此二端中，亦貨財詳而舉錯略。以理財用人平對，亦屬後來講章標派名色，章句未嘗有也。（無錫 唐氏本、唐玉虬本）

俞長城：文中評語："蓋治平"至"如何耳"後：推心存心括首尾，好惡、三得失直貫，奇。"且夫"至"知要"後：扣住起止，融貫中幅，簡當無敵。"夫使"至"之殊"後：妙起，是承上又截上，得"此之謂"，開口氣脉。"盍亦觀諸詩乎"後：直下兩節，便捷。"爲好"至"同也"後：分晰老潔，又能洗煉。"此可見"至"失國者可鑒矣"後：釋詩而倒雜詩詞，帶束帶渡。"然好"至"外哉"後：祇"好惡"貫下。"而康誥"至"常者此也"後：十分便捷。"而財"至"於此乎"後：每段有能絜矩不能絜矩之分，真天然柱子。"此其人品"至"徵於此乎"後：看他簡練對副之妙。"是故"至"可得也"後：直接。"反是"至"失者哉"後：不平對。"大道得"至"失天命者胥此也"後：總收三得失，精嚴。（俞 康本、俞 乾本）

文後評語：舉重成輕，治繁成簡，惟其力大法精，亦由心明手敏，如按孔明營壘，井竈燎然中，具不測之變化，雖老於兵法者，不得而知。（俞 康本、俞 乾本）

文後評語：變化之妙，隆 萬尚有能手，變化而能整齊，變化而能精到，如天然位置，不費安排，乃爲文家聖境。（俞 康本、俞 乾本、明文鈔、唐玉虬本）

方苞：文後評語：法由義起，氣以神行，有指與物化而不以心稽之樂。歸、唐皆欲以古文名世者，其視古作者未便遽爲斷語，而於時文，則用此嶢然而出其類矣。"推心""存心"貫通章旨，首尾天然綰合，緣熟於古文法度，循題膝理，隨手自成剪裁。後人好講串插之法者，此其藥石也。（欽定四書文、明文鈔）

有國者不可以不慎①〔一〕

　　論有治民之職者，當深致其謹焉。夫人君乃天下之具瞻〔二〕也，使不致其謹焉，何以公天下之好惡而副其所望哉？大學釋治國平天下至此，引詩而申之，謂夫國之安危存乎民，而民之去就存乎君。是以君子以一人居兆庶〔三〕之上，爲有國之主行之於身者，四海仰望之所係，其責亦甚重矣；建極〔四〕於上者，萬方觀聽之所關，其任亦甚大矣。君子於此，毋曰威福自我而可以苟且乘之也，亦毋曰匹夫至賤而可以苟且臨之也。當知人心無常，撫則后〔五〕而虐則仇〔六〕，其向背之幾，有甚可畏者，使一念不謹，則無以遂四海之仰望，而莫大之憂將自此乎兆矣；民罔常懷〔七〕，順則服而逆則去，其離合之勢有深可懼者，使一事不謹，則無以慰萬邦之觀聽，而無窮之患將自此乎致矣。殆必謹之於吾心之微，兢兢業業〔八〕，使所好所惡之萌於內者，務合乎天理之公，而不敢狥吾之私情，必如是而後具瞻之任可勝也，雖欲弗謹，其可得乎？謹之於行政之際，其難其慎，俾所好所惡之施於外者，務順乎天下之欲，而不敢狥吾之私意，必如是而後具瞻之責始慰也，雖欲弗謹，其容已乎？夫知爲國之當謹，則知絜矩之在所當務矣，此傳者示人之深意與！

【校記】

　　①有國者不可以不慎篇又載無錫唐氏本、唐玉虬本，據校。

【注釋】

　　〔一〕出自大學傳第十章：所謂平天下在治其國者，上老老而民興孝，上長長而民興弟，上恤孤而民不倍，是以君子有絜矩之道也。所惡於上，毋以使下；所惡於下，毋以事上；所惡於前，毋以先後；所惡於後，毋以從前；所惡於右，毋以交於左；所惡於左，毋以交於右。此之謂絜矩之道。詩云："樂祗君子，民之父母。"民之所好好之，民之所惡惡之，此之謂民之父母。詩云："節彼南山，維石巖巖。赫赫師尹，民具爾瞻。"有國者不可以不慎，辟則爲天下僇矣。

　　〔二〕具瞻：爲衆人所瞻望。詩經·小雅·節南山："赫赫師尹，民具爾瞻。"毛傳:"具,俱;瞻,視。"

〔三〕兆庶:民衆,百姓。後漢書·崔駰傳:"濟此兆庶,出於平易之路。"

〔四〕建極:建立中正之道。尚書·洪範:"皇建其有極,傳大中之道。"孔穎達疏:"皇,大也。極,中也。施政教,治下民,當使大得其中,無有邪僻。"

〔五〕撫則后:見此之謂絜篇所注。

〔六〕虐則仇:見此之謂絜篇所注。

〔七〕民罔常懷:民衆没有固定不變的歸向。尚書·太甲下:"民罔常懷,懷於有仁。"孔安國傳:"民所歸無常,以仁政爲常。"

〔八〕兢兢業業:謹慎畏懼。尚書·皋陶謨:"無教逸欲有邦。兢兢業業,一日二日萬幾。"孔安國傳:"兢兢,戒慎;業業,危懼。"

【集評】

吕留良:文中評語:"夫國"至"乎君"後:祇兩句,"不可不"意已足,恰好是上文接下語。"是以"至"之主"後:有國者,重頓,有勢。"君子"至"臨之也"後:宕兩句,直激動下文機局,又鬆泛人主"不慎",祇此意差去便到辟,亦祇此意。"使一念"至"兆矣"後:此轉占下"辟則爲天下僇"地,亦先輩疏處。"使一事"至"致矣"後:一念一事,伏後二比意,先輩針綫密如此。"殆必"至"勝也"後:二比切發"慎"字,兼存心行政,講其理乃全,正合誠意慎獨之旨,淺學所不解。"雖欲"至"得乎"後:跌出"不可以不"四字,微切。"謹之"至"容已乎"後:前比是慎其矩,此比是慎其挈。(吕葆中本、無錫唐氏本、唐玉虬本)

文後評語:前半祇在"有國"上説得可畏,以作起"慎"字,猶夫人所能。後幅講"慎"字精當,徹始徹終,了了與誠意傳關會,小儒縮手矣。(吕葆中本、無錫唐氏本、唐玉虬本)

德者本也①〔一〕 二句

傳者較德爲重而財爲輕,示人知所先後也。蓋德必有財,而財以德致者②,傳者於此而較其輕重焉,非欲人知所先後哉?今夫平天下者,必有德以建天下之極[二]，有財以足天下之用，二者雖不可偏廢，而其大分自有不可概論者。何則？德本於③身而加乎民，若不關於財也，不知財出於土，土啓於人，人懷於德，則德也者，雖曰修身之大端，而實治平之要機。以一人厚天下，非德不能溥其公；以天下奉一人，非德不能④享其利。況得之而爲民父母，失之而爲天下僇。信乎德之爲本，而不可以末視之矣。取財於下而益乎上，若不資於德也，不知德以來人，人以啓土，土以生財，則財也者，第⑤曰天下之大命，實則建極之餘功。招之有原，而王府⑥[三]、泉府[四]之隆，可不勞而充也；儲之有道，而職歲[五]、職幣[六]之需，可不求而裕也。況聚之而不救於危亡焉，散之而不害於尊榮焉。信乎財⑦之爲末，而非可與德並論矣。

【校記】

①德者本也篇又載陳名夏本、俞 康本、俞 乾本、無錫 唐氏本、唐玉虬本，據校。

②者，陳名夏本作"也"。

③於，俞 康本、俞 乾本作"乎"。

④不能，陳名夏本作"弗能"。

⑤苐，陳名夏本作"雖"，皇明今文待、無錫 唐氏本作"第"。

⑥王府，陳名夏本、皇明今文待作"玉府"。

⑦財，俞 康本作"才"。

【注釋】

〔一〕出自大學傳第十章：是故君子先慎乎德。有德此有人，有人此有土，有土此有財，有財此有用。德者本也，財者末也。外本內末，爭民施奪。是故財聚則民散，財散則民聚。

〔二〕建天下之極：見有國者不可以不慎篇所注。

〔三〕王府：應爲"玉府"。古代掌管玉器的官署。見周禮·天官·玉府。

〔四〕泉府：古代儲備錢財的府庫，見周禮·地官·泉府。

〔五〕職歲：古代職官名，掌邦賦支出。周禮·天官·職歲："職歲掌邦之賦出，以貳官府、都鄙之財，出賜之數，以待會計而攷之。"

〔六〕職幣：古代職官名，掌官用餘財。周禮·天官·職幣："職幣掌式法以斂官府、都鄙與凡用邦財者之幣，振掌事者之餘財，皆辨其物而奠其録。"

【集評】

楊復所：文後評語：所以爲天地間自然文字，肖甚肖甚。（皇明今文待）

楊復所先生：文後評語：會本章下手，此天地間自然文字。（陳名夏本、呂葆中本、無錫唐氏本、唐玉虬本）

陳名夏：文後評語：荆川爲之，則可以爲自然。若後人爲之，略引上文，不用一精深語，得先輩之貌矣，其中無有也。（陳名夏本）

呂留良：文中評語："二者"至"論者"後：是上節下來語，而理圓氣足。"何則"至"財也"後：圓此句四面靈活。"不知"至"要機"後：根定上文，一絡索出"德"字，方見"者""也"二字，緊接氣脈。"以一人"至"其利"後：何嘗不説德爲財本？"況得之"至"天下僇"後：此處放開便妙。"信乎"至"視之矣"後：兩句一氣鈎連，用筆之妙，兩股祇如一股。"天下之大命"至"裕也"後：何嘗不對德説來？（呂葆中本、無錫唐氏本、唐玉虬本）

文後評語：艾千子傍批云：德爲治天下之根本，非德爲財本也。財爲治平之末務，非財爲德末也。張爾公以爲詁書極確，余以爲不然，平天下章論財用自此始，直至傳末，皆言此事，故"先慎乎德"一句"德"字，便專就財用而言。看此節注云本上文而言，則德之本正對財，財之末正對德，故下節緊接外本内末，非可以泛論治平也。從通章泛論，不説道理不是，實非本節之旨矣，荆川先生作正以緊貼上文理會爲妙耳。（呂葆中本、無錫唐氏本、唐玉虬本）

俞長城：文中評語："今夫"至"之用"後：并提以較低昂，緣上得法。"德本"至"德也者"後：正意。"況得"至"天下僇"後：餘意。"信乎"至"視之矣"後：帶渡帶過，兩股如一。"信乎財"至"并論矣"後：鈎連上句，即帶起下文。（俞康本、俞乾本）

文後評語：對財言，德爲財本；對天下言，德爲平天下本。二説雖並，而根上節來，則"本末"二字，正在相因處看出，文兼兩意，而語有層次，簡潔堅老，名程風格。（俞康本、俞乾本）

此謂唯仁①〔一〕 惡人

　　大學即好惡之嚴者，而表其用情之正焉。夫好善惡惡，天下之至情也，自非仁者之至公，而好惡之能得其正也鮮矣。大學傳之十章，論好惡公私之極，而決其得失之機至此。謂夫善惡不容以並立，而愛惡未始不相通。今觀仁者之放流媢嫉也，既有以沮妨賢病國〔二〕之奸，自有以舒彥聖有技〔三〕之氣，至惡之中而至愛存焉。此非所謂唯仁人能愛人、能惡人者乎？蓋人孰無愛之其所愛而辟焉者，謂之能愛則未也；人孰無惡之其所惡而辟焉者，謂之能惡亦未也。唯仁人也，物格知至有以洞察乎善惡之幾，意誠心正有以深得乎好惡之道。故能以其所愛也，必於其所可愛而愛之焉。斷斷無他者，維持而調護之，群邪不得以非間也；休休〔四〕有容者，專一以信任之，小人不得以疑貳〔五〕也：是愛之者非私也。善本天下之同好，吾與天下共好之而已矣，之其所愛而辟〔六〕焉者，不足以語此，不曰能愛人乎？其所惡也，必於其所可惡而惡之焉。媢嫉有技者，放流之必加不得遺害於善人也；違戾〔七〕彥聖者，屏竄〔八〕之必及不得肆惡於中國也：是惡之者非私也。惡本天下之同惡，吾與天下共惡之而已矣，之其所惡而辟焉者，不足以語此，不曰能惡人乎？夫其能愛人也，則尚賢以崇德，而愛極其公，天下受名賢之福矣；夫其能惡人也，則簡不肖以絀惡，而惡極其公，天下無小人之患矣：是之謂盡絜矩之道者也。得若人以理天下，則於治平之化何有哉？

【校記】

①此謂唯仁篇又載無錫唐氏本、唐玉虬本，據校。

【注釋】

〔一〕出自大學傳第十章：舅犯曰："亡人無以爲寶，仁親以爲寶。"秦誓曰："若有一個臣，斷斷兮無他技，其心休休焉，其如有容焉。人之有技，若己有之。人之彥聖，其心好之，不啻若自其口出，寔能容之，以能保我子孫黎民，尚亦有利哉。人之有技，媢疾以惡之。人之彥聖，而違之俾不通，寔不能容，以不能保我子孫黎民，亦曰殆哉。"唯仁人放流之，迸諸四夷，不與同中國。此謂唯仁人爲能愛人，能惡人。

〔二〕妒賢病國：妒賢嫉能，陷害賢良，給國家帶來災難。明 徐溥奏爲乞恩休致事："然後別選賢才，以居其位，則臣且免妒賢病國之譏。" 明 謝遷再乞歸休疏："尸位素餐之誚必不能免，而妒賢病國之罪亦將何所逃乎？"

〔三〕彥聖有技：善美明達之士，本領高超。尚書·秦誓："人之有技，若己有之。人之彥聖，其心好之。"

〔四〕休休：見此之謂絜篇所注。

〔五〕疑貳：因猜忌而生異心。三國志·吳書·朱績傳："孫綝秉政，大臣疑貳。"

〔六〕辟：通"僻"，偏頗。

〔七〕違戾：抵觸，衝突。晋 袁宏後漢紀·光武帝紀二："謝尚書不量力，内與蕭王違戾，外失河北之心，公所知也。"

〔八〕屏竄：隱藏。漢 王充論衡·程材："材能之士，隨世驅馳；節操之人，守隘屏竄。驅馳日以巧，屏竄日以拙。"

【集評】

呂留良：文中評語："謂夫"至"相通"後：二語平側之理俱到。"既有"至"存焉"後：從惡出愛，即用上文逗明。"唯仁"至"好惡之道"後：尋"能"字源流，人皆可爲仁人是大學微旨，"唯"字不是截斷語。"故能"後："能"字得力。"維持"至"貳也"後：好惡串說，有綫脈。"善本"至"同好"後：此是"矩"。"吾與"至"而已矣"後：是"能絜"。"是之"至"者也"後：點睛。（呂葆中本、無錫 唐氏本、唐玉虬本）

文後評語：人做"唯"字"能"字，止是自然成德不可及之仁人，此方見"能絜矩"三字。人做"能絜矩"，亦止是自然成德不可及之能絜矩，此方見"能絜矩"三字中，有八條目工夫在。愛惡不畫分兩開，通篇用串互，不止爲放流轉接，看釋絜矩之道節，祇言所惡，道理原重惡邊說。絜矩從"恕"字來，不欲勿施，強恕之道本如此。（呂葆中本、無錫 唐氏本、唐玉虬本）

未有好義①〔一〕　二句

　　傳者決言民既忠於君，必不怠其事矣。蓋下之事上，正義之所在也。民既好義矣，則何爲而不成乎？大學論絜矩〔二〕理財，而推以身發財之效。若曰：以一人愛天下者，君之仁也，以天下奉一人者，民之義也，亦民之事也。今也上好仁而下必好義，固矣。夫民患其不好義耳，豈有好義之民而反怠其事哉？蓋謂之曰好義，必其義與心相契，而勤王之節初不由於矯飾；身與義相安，而親上之誠初無俟於勉强。君有力役之徵也，而民爲之趨，雖分之所當爲，而實情之所樂爲者也；君有粟米之徵也，而民爲之供，雖職之所宜爲，而實情之所願爲者也。夫事之出於矯飾者可一也，而不可再也，惟其心與之契也，則厥孚交如〔三〕，雖曰夙夜匪懈，而自不敢以爲怨矣；事之出於勉强者可暫也，而不可常也，惟其身與之安也，則習與性成，雖曰朝夕不暇，而自不見其爲勞矣。力役之趨，歲有常規，不假督責而自相競勸也。蓋必終吾之身斯已矣，豈曰民罔常懷〔四〕，而趨於始者或怠於終乎？粟米之供，歲有常數，不待告戒而自相惕勵〔五〕也。蓋必終君之制斯已矣，豈曰人心無常，而供於始者或替於終乎？是則好義者民也，而其機則由於君，事之克終者民也，而其利則歸於君，絜矩之效如此，理財者奚必外本内末爲哉？

【校記】

　　①未有好義篇又載無錫唐氏本、唐玉虬本，據校。

【注釋】

　　〔一〕出自大學傳第十章：未有上好仁而下不好義者也，未有好義其事不終者也，未有府庫財非其財者也。
　　〔二〕絜矩：見此之謂絜篇所注。
　　〔三〕厥孚交如：待人接物，誠實守信。周易·大有："六五，厥孚交如，威如，吉。"孔穎達疏："厥，其也；孚，信也；交，謂交接也；如，語辭也。"
　　〔四〕民罔常懷：見有國者不可以不慎篇所注。

〔五〕惕勵：警惕激勵。周易·乾："君子終日乾乾，夕惕若厲，無咎。"孔穎達疏："夕惕者，謂終竟此日，後至向夕之時，猶懷憂惕。"

【集評】

原評：文後評語：句句發揮，句句鎔化。（呂葆中本、無錫 唐氏本、唐玉虬本）

呂留良：文中評語："好義"至"相契"後：頓"好"字。"而勤王"至"相安"後：便有事在。"君有力"至"爲者也"後：從"好"字中見終事所以然，卻是"仁"字之應。"夫事"至"再也"後：原評：斷而不斷。調起"終"字古文，開展自由之勢。"雖曰"至"怨矣"後：終事多少辛苦。"蓋必"至"已矣"後："終"字兩邊說盡。"是則"至"由於君"後：連"好仁"來。"事之"至"歸於君"後：接下文去，三"未有"原祇一氣。（呂葆中本、無錫 唐氏本、唐玉虬本）

文後評語：此節雖多疊句，而語意一氣急遞。總以首尾仁財爲主，此二句祇是過接橋筏耳。不重"義"字，祇講"好"字至情，則仁之源流自貫。講"事"字切定力役粟米，下"府庫財"已透。隨風舒卷，如無心之雲，而山澤之氣，關通蟠結，非枯崖斷磵、爭名尺寸之奇者也。（呂葆中本、無錫 唐氏本、唐玉虬本）

此謂國不①〔一〕 二句

傳者釋言國之所以利者，惟在公其利而已②。蓋利者義之和也，爲國者亦有義而已矣，而何以利爲哉？大學引孟獻子之言③釋之如此：今夫國之所以爲利者，不止於雞豚牛羊也，而凡可以專利於上者，皆是類也；不止於聚斂之臣也，而凡可以徵利於下者，皆是類也。今而曰不察焉、不畜焉，是豈獻子不思所以利其國，而顧自處於無所利哉？惟其所謂利者不在利而在義耳。何也？天之生財有限，而益於上者，必損乎下矣，是以一人之故而病天下也，其何利之有焉？君之守位以仁〔二〕，而百姓不足者，君孰與足矣，是殆④以病民而卒以病國也，其何利之有焉？藏之於官固不若藏之於民也，以人從欲固不若欲從人也。如九府〔三〕之供隨所用而必繼，人皆曰此足以爲利矣，君子弗然也，惟於此而不察焉，是能以不貪爲至寶，而稱物以平其施〔四〕，蓋苟利於民而不利於君，固亦爲民父母者之所不辭也，況財散而身自尊乎；如九賦〔五〕之入隨所求而必給，人皆曰此足以爲利矣，君子不然也，惟於此而不畜焉，是能以四境爲外府〔六〕，而兼濟以溥其惠，蓋苟利於民而無利於國，固亦慎德者所不恤也，況有德而必有財乎！由是觀之，求利固害於義也，而利又未嘗必得焉，是義利兩失之也；爲義本非以謀利也，而利必隨之，是義利兩得之也。大夫之所以保家，諸侯之所以保國，天子所以保天下者，卒不外此矣。獻子其眞有所見哉！

【校記】

① 此謂國不篇又載陳名夏本、無錫唐氏本、唐玉虬本，據校。

② 惟在公其利而已，陳名夏本作"惟在能公其利而已"。

③ 大學引孟獻子之言，陳名夏本作"大學論平天下之道而引孟獻子之言"。

④ 殆，陳名夏本作"始"。

【注釋】

〔一〕出自大學傳第十章：孟獻子曰："畜馬乘不察於雞豚，伐冰之家不畜牛羊，百乘之家不畜聚斂之臣。與其有聚斂之臣，寧有盜臣。"此謂國不以利爲利，以義爲利也。長國家而務財用者，必自小人矣。彼爲善之，小人之使爲國家，災害並至。雖有善者，亦無如之何矣！此謂國不以利爲利，以義爲利也。

〔二〕守位以仁：施行仁政以守住權位。周易·繫辭下："聖人之大寶曰位。何以守位？曰仁。"孔穎達疏："聖人何以保守其位，必信仁愛，故言曰仁也。"

〔三〕九府：周代掌管財幣的機構。後泛指國庫。漢書·食貨志："凡貨金錢布帛之用，夏、殷以前其詳靡記，云太公爲周立九府圜法。"顏師古注："周官太府、玉府、內府、外府、泉府、天府、職內、職金、職幣，皆掌財幣之官，故云九府。"

〔四〕稱物以平其施：見禹吾無間篇所注。

〔五〕九賦：周代的九類賦稅。後泛指各種捐稅。周禮·天官·大宰：

"以九賦斂財賄：一曰邦中之賦，二曰四郊之賦，三曰邦甸之賦，四曰家削之賦，五曰邦縣之賦，六曰邦都之賦，七曰關市之賦，八曰山澤之賦，九曰幣餘之賦。"鄭玄注："邦中在城郭者，四郊去國百里，邦甸二百里，家削三百里，邦縣四百里，邦都五百里，此平民也。關市、山澤謂占會百物，幣餘謂占賣國中之斥幣，皆未作當增賦者。"

〔六〕外府：外庫，與王室内府相對。穀梁傳·僖公二年："如受吾幣，而借吾道，則是我取之中府而藏之外府，取之中廄而置之外廄也。"

【集評】

韓求仲先生：文後評語：機法並行之文。（陳名夏本）

陳名夏：文後評語：惟於此而不察，惟於此而不畜，在不以利爲利之下，出"義"字不妥。（陳名夏本）

茅鹿門：文後評語：有條理，有節奏，首尾擊應，而一開一闔，合乎自然。（吕葆中本、無錫唐氏本、唐玉虬本）

大白居：文後評語："此謂"二字，是緊頂語，非推開語。若云不特家如此，國亦如此，則於"此謂"語脉，已隔一綫矣。己丑諸卷，多爲肥辭所掩。（吕葆中本、無錫唐氏本、唐玉虬本）

吕留良：文中評語："而凡"至"下者皆是類也"後：就上文提明國之利道理，又圓活不沾帶，確是"此謂"二字開。"是豈"至"利哉"後：原評：如此跌下，"此謂"二字不隔一絲。"是以"至"病國爲其何利之有焉"後：正講不以利爲利，風韻高古。"藏之"至"從人也"後：原評：四語通上下血脉。"君子弗然也"後：緊根"此謂"不放。"是能"至"至寶"後：正講"以義爲利"。"蓋苟利於民而不利於君"至"有財乎"後：跌宕，皆以精義，令題意襯托得高，補墊得圓滿。"由是"至"失之也"後：真講得透快圓綻。"爲義"至"得之也"後：此句補得有力，即前二比跌宕意生來。"大夫之所以"後：獻子之言。"諸侯之所以保國"後："國"字。"天子"至"此矣"後："平天下"傳一筆收拾，不費綫索，真神品也。（吕葆中本、無錫唐氏本、唐玉虬本）

文後評語：惟義乃利，天下更莫有利於義者，然如此説，則講義仍是講利，好義原爲好利，其爲人心之害反深矣。如釋氏以禍福勸人行善，其本心先壞，以私心行善事，豈復有善根乎？然義之爲利，理本如是，又不可不明，故聖賢必先説利之害義，與懷義之必當去利，然後轉出義本自利，更不須講利，其理乃圓滿無弊。如孟子之仁義不遺親後君，與此傳之以義爲利收結是也。文中處處補出，雖不因利，亦當好義意，襯簟得題理高綻一層，皆是儒者本領之言。其文氣高古，得左 史菁英，不特後人不可及，即先輩中敵手亦寥寥矣。（吕葆中本、無錫 唐氏本、唐玉虬本）

中　庸

人莫不飲①〔一〕　節②

　　中庸明人同具乎道而不察，以見失中之繇也。蓋道本不離於人也，而人自不察耳。聖人即飲食以見道，則夫人之失中也有繇矣，且道之不明不行於天下也。雖夫人氣禀之有偏，亦夫人察識之未至耳，即於飲食可見矣。彼口腹之欲固人情之所不能免，則口實之求亦人道之所不可缺。自天下而觀之，未有一人不飲且食者也；就一人而觀之，未有一日不飲且食者也。夫飲食不離乎日用之間，而正味〔二〕不出乎飲食之外。奈之何甘於飲食者，則正味有所不暇擇焉；需於飲食者，則正味有所不能擇焉。雖曰天下至大也，求其契同嗜之妙者，固宜有之，而我未之見也。何人之不思如此耶？誠思之，則一饜飫之下而自可知矣。雖曰民生至衆也，求其得觀頤〔三〕之舌者，容或有之，而不可多見也。何人之不求如此耶？苟求之，則一咀嚼之餘而自可知矣。是則飲食之味本不離於人也，而不察者，人也；道本不離於人也，而不察者，人也。既不能察，又安望其矯氣質之偏而歸之中乎？

【校記】

①人莫不飲篇又載無錫唐氏本、唐玉虬本，據校。
②節，無錫唐氏本、唐玉虬本作"一節"。

【注釋】

〔一〕出自中庸第四章：子曰："道之不行也，我知之矣，知者過之，愚者不及也；道之不明也，我知之矣，賢者過之，不肖者不及也。人莫不飲食也，鮮能知味也。"

〔二〕正味：純正的美味。莊子·齊物論："民食芻豢，麋鹿食薦，蝍蛆甘帶，鴟鴉耆鼠，四者孰知正味？"

〔三〕觀頤：觀察研究養生之道。周易·頤："觀頤，自求口實。"孔穎達疏："觀頤者，頤，養也，觀此聖人所養物也。"

【集評】

呂留良：文中評語："中庸"至"繇也"後：是上節總注。"雖夫"至"至耳"後：界畫清真。"自天"至"曰不飲且食者也"後："莫不"二字意乃盡而警。"夫飲食"至"之外"後：束三句，出下句，有法度，而題中喻意界畫更清。"奈之何"至"暇擇焉"後："過之"者。"需於"至"能擇焉"後："不及"者。"固宜"至"見也"後："鮮能"搖曳有味。"誠思"至"知矣"後：過來人指點神理，兩"也"字語脉如是。

文後評語：平平爾，淺淺爾，淡淡爾，然正使好高求異者，苦心極力而終出其下。作家朗誦微吟千百遍，而其味益不窮，斯豈可與鬥力競勝者乎？飲食喻日用，飲食之味乃喻道。人都混過，太過不及，乃道之所以不明不行，此不知味，乃人所以過不及之繇。上智愚，在知行之知説，此知味在覺察之知説。能覺察，然後能知行耳。人亦都混過，讀此無毫髮遺憾矣。（呂葆中本、無錫唐氏本、唐玉虬本）

舜好問而①〔一〕 四句②

聖人樂於取善，而尤審於用善焉。蓋善之在天下，取之貴廣，而用之貴精也。聖人以之，則其大智之實可見矣。今夫用人則裕③，自用則小〔二〕，豈獨衆人爲然？雖聖人亦有不能外者。舜之所以爲大智者，何也？蓋聖人生而知之，若無事於問矣④，況好問乎！舜則以道無往而不在，而虛中以聽之⑤，未有一人而弗問，未有問而不出於好者也。聖人聲入心通，宜不待於察矣，況於邇言乎！舜則以言無微而可忽，而致精以求之⑥，未有一言而弗察，未有察而不出於好者也。由其問之所及，以至於察之所得，言或有惡者焉，則擴吾宥過無大〔三〕之仁，隱之而不宣，毋使其有⑦失言之悔，而遂替其納誨〔四〕之初心也。言必有善者焉，則推吾善與人同之量，播之而不匱，必使其得爲善之利，而益竭其啟沃〔五〕之良謨也。夫惡者固不可行矣，而善者亦未必其皆中也，殆必總衆言⑧

之淆亂而括之以兩端，即兩端之殊途而斷之以一理。參伍[六]之下，真知夫中之所在矣，從而用之於民，舍己從人，無一毫之係吝也，豈徒問之察之而已耶！權衡之際，灼見夫中之有在矣，從而取之於民，能自得師，無一毫之勉強也，抑豈徒揚⑨之而已耶！夫有自卑之謙，而存之以大有之量[七]，有稱物之巽[八]，而體之以大壯之勇[九]，則既非智者之過，亦非愚者之不及矣。此舜所以為智之大⑩，而道之所以行乎⑪。

【校記】

①舜好問而篇又載陳名夏本、無錫唐氏本、唐玉虬本、皇明今文待，據校。

②四句，陳名夏本、皇明今文待作"於民"。

③今夫用人則裕，陳名夏本、皇明今文待作"今夫好問則裕"。

④若無事於問矣，陳名夏本、皇明今文待作"若不待於問矣"。

⑤"舜則以道無往而不在，而虛中以聽之"兩句，陳名夏本、皇明今文待作"舜則自牧岳以及於工瞽"。

⑥"舜則以言無微而可忽，而致精以求之"兩句，陳名夏本、皇明今文待作"舜則因其辭而玩其旨"。

⑦有，陳名夏本無。

⑧言，陳名夏本作"善"。

⑨揚，陳名夏本作"楊"。

⑩此舜所以為智之大，陳名夏本、皇明今文待作"此其所以為大智乎"。

⑪而道之所以行乎，陳名夏本、皇明今文待無。

【注釋】

〔一〕出自中庸第六章：子曰："舜其大知也與！舜好問而好察邇言，隱惡而揚善，執其兩端，用其中於民。其斯以為舜乎！"

〔二〕用人則裕，自用則小：遇到疑難請教別人，學識就會淵博精深；祇憑自己的主觀意圖行事，肯定難成大事。尚書·仲虺之誥："好問則裕，自用則小。"

〔三〕宥過無大：若為一時過失，雖大亦可寬恕。尚書·大禹謨："宥過無大，刑故無小。"孔穎達疏："宥過失者，無大，雖大亦宥之。"

〔四〕納誨：進獻善言。尚書·説命上："朝夕納誨，以輔台德。"孔安國傳："言當納諫誨直辭，以輔我德。"

〔五〕啓沃：竭誠開導。尚書·説命上："啓乃心，沃朕心。"孔穎達疏："當開汝心所有，以灌沃我心，欲令以彼所見，教己未知故也。"

〔六〕參伍：相互參證，對比異同。周易·繫辭上："參伍以變，錯綜其數。"

〔七〕大有之量：豐收富有。周易·大有："大有，元亨。"王弼注："大有，包容豐富之象。"穀梁傳·宣公十六年："五穀大熟，爲大有年。"

〔八〕稱物之巽：取物恭謙。周易·謙："君子以裒多益寡，稱物平施。"王弼注："隨物而與施，不失平也。"周易·巽："巽，小亨，利有攸往，利見大人。"孔穎達疏："巽者，卑順之名。"

〔九〕大壯之勇：强盛勇武。周易·大壯："大壯，利貞。"孔穎達疏："壯者，强盛之名。以陽稱大，陽長既多，是大者盛壯，故曰大壯。"

【集評】

艾千子：文後評語：佳處不可廢，然用經語不確處亦當並抹之，乃知但贅經，則雖先輩不能盡確也。（皇明今文待、陳名夏本）

陳名夏：文後評語：隱揚皆以淺説能見全理，兩端句明切不膚，用中數綰上文，則支而索矣。（陳名夏本）

項甌東：文後評語：文字有須打點往來絲絡者，如此題此作是也。（吕葆中本、無錫 唐氏本、唐玉虬本）

稽川南：文後評語：序若貫魚，密如制錦，字字盡心，段段有法，不可苟且看過。（吕葆中本、無錫 唐氏本、唐玉虬本）

茅鹿門：文後評語：文字最怕一直寫，此作逐段回顧，文章意緒多端，每遇關隘去處，須將捆束做一處，令前面説話，多從這裏過。荆川束題，每每無中生有。（吕葆中本、無錫 唐氏本、唐玉虬本）

吕留良：文中評語："聖人"至"善焉"後：分得的確。"蓋善"至"見矣"後："寔"字好。"今夫"至"外者"後：反將下面托起上位，妙甚。"蓋聖人"至"問乎"後：反挑處即見在我權度精切不差之本。"舜則"至"好者也"後：劙苔剥薜，逐字洗出。"由其"至"所得"後：逐步貫穿脱卸，金針密度。"則擴"至"之仁"後：艾評：不切。"隱之"至"初心也"後：講"隱"字都是取善，妙甚。"夫惡"至"行矣"後：如珠旋於盤。"而善"至"中也"後：艾評：此句尤確。"殆必"至"一理"後：融煉入化。"豈徒"至"而已耶"後：道之所以行也。"徒而"至"而已耶"後：用即道之行也，如何又説轉取善來？"夫有"至"不及也"後：原評：束處如風捲亂雲，聚而爲一。（吕葆中本）

文後評語：四句一句生出一句，總來祇成一句，針綫之巧，真神機鬼工矣。其不自用而取諸人處，都有聖人本分在，不是單靠衆人也。其好問好察，隱揚執用，不是大智，如何能有此精切不差之權度？但有聖人權度之精，而又必不自用而取諸人如此，此其智之所以尤大也。看其節次中，都有聖人全身在裡，乃體會入微處。（吕葆中本、無錫唐氏本、唐玉虬本）

故君子和①〔一〕 四句

聖人論君子之善於處人已，而各贊其強焉。蓋和不至於流，而中立無所倚，則皆有以勝其私，而處人與己也各得矣，非天下之至勇，其孰能與於斯哉？夫子以是告子路，所以抑其血氣之剛，而進之以德義之勇也。意豈不曰：習狗於氣，在南北有剛柔之異；理勝於欲，惟君子有得中之行。是故與物無忤之謂和，和則其情易狥，而鮮不至於流者也。君子則和以率物〔二〕，藹然與天下同情也，而樽節〔三〕退讓之禮，并以辨之〔四〕，而不從下以忘反〔五〕；易以近人，怡然與萬物一體也，而亂常狥俗之非，嚴以防之，而不流蕩以自溺：是則真知。夫統同者當有以辨異，而介石之操〔六〕確然其不易灼知；夫大同者不可以比昵，而義方〔七〕之節卓乎其不搖。此真天下所易溺，而君子所獨能自勝者也。雖中流底柱，亦不足以喻其勇矣，不亦矯哉其強乎？獨立不懼之謂中立，中立則其勢易偏，而鮮能有不倚者也。君子則上下無交，似離群矣，而特立之見，非必有所着於物而後能；中行獨復〔八〕，似睽孤〔九〕矣，而自信之真，非必有所依於勢而後定。是則理之所在，既見其爲是，雖舉世非之而不顧，而不與世以推移；義之所在，既知其爲可，雖天下雜之而不亂，而不因人以改革。此真人情所易傾，而君子所獨能自克者也。雖壁立萬仞，有不足以儗其勇矣，不亦矯哉其强乎？吁！和而不流[一〇]，則柔而不失其正，可以處南而起乎南之風矣；中立而不倚，則剛而不失其正，可以處北而超乎北之風矣。此固中庸之不可能者，非汝之所當强者乎？

【校記】

①故君子和篇又載無錫唐氏本、唐玉虬本，據校。

【注釋】

〔一〕出自中庸第十章：子路問强。子曰："南方之强與？北方之强與？抑而强與？寬柔以教，不報無道，南方之强也，君子居之。衽金革，死而不厭，北方之强也，而强者居之。故君子和而不流，强哉矯！中立而不倚，强哉矯！國有道，不變塞焉，强哉矯！國無道，至死不變，强哉矯！"

〔二〕率物：做衆人的榜樣。後漢書·陳寔傳："寔在鄉閭，平心率物。其有争訟，輒求判正，曉譬曲直，退無怨者。"

〔三〕樽節：抑止，約束。明王逵蠡海集·天文類："土克水，水盛則喜土克，是爲樽節堤防。"

〔四〕井以辨之：井水養人，養人爲義，不養非義，故以此分辨義與不義。周易·繫辭傳下："井以辨義。"孔穎達疏："井能施而無私，則是義之方所，故辨明於義也。"

〔五〕從下以忘反：本意是由上游向下游玩樂而忘歸，此處引申爲習從流俗而不可扭轉。孟子·梁惠王下："從流下而忘反謂之流，從流上而忘反謂之連。"

〔六〕介石之操：見説之不以篇所注。

〔七〕義方：爲人之道的訓言。左傳·隱公三年："臣聞愛子，教之以義方，弗納於邪，驕奢淫泆，所自邪也。"

〔八〕中行獨復：中間走，獨自反復。引申爲做事行中庸之道，不靠右不靠左，不偏不倚。周易·復："六四：中行獨復。"

〔九〕睽孤：乖離而孤獨。周易·睽："九四：睽孤，遇元夫。"

〔一〇〕和而不流：和平相處而不改變自己的原則立場。禮記·中庸：

"故君子和而不流,強哉矯!中立而不倚,強哉矯!"鄭玄注:"流,猶移也。"

【集評】

呂留良:文中評語:"是故"至"謂和"後:"和"與"中立"先疏確。"和則"至"流者也"後:此句即剔清"而"字,一轉下便不費手。"君子"至"同情也"後:實講皆明確。"是則"至"比昵"後:原評:驚人佳句卻自體會中來。"此真"至"勝者乎"後:一筆總托出"強哉矯"。"獨立"至"倚者也"後:此句"而"字尤難,分清得此了了。"而特立"至"後定"後:"不倚"意極難說,誰能實指如是。"和而不流"至"北之風矣"後:應南北意,向來未到。(呂葆中本、無錫唐氏本、唐玉虬本)

文後評語:和與中立,每誤混中和,此大謬也。強之矯,重在下半截,"而"字不透,則大意不得。中立與不倚,都看做一片,"而"字一轉難分,皆是題之棘手處。即有明者,止辨支吾間架,不謬而已,安能劈實發明,不用一綫鬆泛討好語如此。有志古人者,當從此著眼。人做"而"字轉折,每段用截做乃清,此偏一滾說。蓋截做都易成四件也,衹和處便見其不流,中立處便得其不倚,乃所以為強哉矯,此見其滾說之妙。(呂葆中本、無錫唐氏本、唐玉虬本)

素隱行怪①②〔一〕 全章③

論中庸之難能,而惟聖人為能盡之也。甚矣,至道之難也!或失則高,或失則止,而中庸之道鮮矣。此其所以非聖人不能也與?夫子之意蓋曰:天下之道,貞夫一〔二〕而已矣,而學道者何其多歧矣乎?是故中庸之道,易知而簡能者也。其或窮隱僻以為知,務詭異以為行。此則好為苟難者之事,未必不有述於後世矣。吾甯無所成名也,而豈為是哉?中庸之道,恆久而不已者也。其或知所擇矣,而限於期月之守,得一善也,而苦於服膺〔三〕之難。此則力不足者之事,未必不遂棄其前功矣。吾惟學之不厭也,而豈能已哉?夫素隱行怪④〔四〕者,遂⑤自以為能人之所不能,而中庸之不可能者,則未之能依也;遵道而廢於半途者,雖無必求人知之心,而人不見知,則未必不悔焉而自阻也。是二者或始於擇術之不審，或病於信道之不篤，而於道均失之矣⑥。君子豈其然乎？知不求之隱也，行不求之怪⑦也，則固不期述於後也⑧，而亦或不見知於當世矣；知吾知也，行吾行也，則固自信乎其心，而一無所悔於其外者矣。若此者，蓋其天聰明之盡也，故似是之非自不能惑；盡性命之極也，故至誠之運自不容息，而勇又非所論矣，非聖人而能之乎？夫聖，則吾豈敢也？然不敢不以是爲則而自勉也。

【校記】

① 素隱行怪篇又載陳名夏本、無錫唐氏本、唐玉虬本，據校。
② 素隱行怪，陳名夏本作"索隱行怪"。
③ 全章，陳名夏本作"能之"。
④ 素隱行怪，陳名夏本作"索隱行怪"。
⑤ 遂，陳名夏本作"雖"。
⑥ 而於道均失之矣，陳名夏本作"而於所謂勇者均失之矣"。
⑦ 怪，陳名夏本作"異"。
⑧ 則固不期述於後也，陳名夏本作"則固無所述於後也"。

【注釋】

〔一〕出自中庸第十一章：子曰："素隱行怪，後世有述焉，吾弗爲之矣。君子遵道而行，半塗而廢，吾弗能已矣。君子依乎中庸，遯世不見知而不悔，唯聖者能之。"

〔二〕貞夫一：貞正的精誠專一。周易·繫辭下："天下之動，貞夫一者也。"孔穎達疏："貞，正也。……貞夫一者，言天地日月之外，天下萬事之動，皆正乎純一也。"

〔三〕服膺：銘記不忘。禮記·中庸："子曰：回之爲人也，擇乎中庸，得一善，則拳拳服膺而弗失之矣。"孔穎達疏："膺，謂胸膺，言奉持守於善道，弗敢棄失。"

〔四〕素隱行怪：求索隱暗之事，而行怪迂之道。指身居隱逸的地方，行爲怪異，以求名聲。禮記·中庸："素隱行怪，後世有述焉，吾弗爲之矣。"孔穎達疏："素，猶鄉也。言方鄉辟害隱身，而行佹譎，以作後世名也。"

【集評】

陳名夏：文後評語：逐節生情，是荊川定格，此作充見清異，依中庸節，不另祐最老。（陳名夏本）

黃貞甫：文後評語：祇以本題字面翻跌，得法得脉。（呂葆中本、無錫唐氏本、唐玉虬本）

章翊兹：文後評語：和筆濡墨，不復甘苦之擇。凡題分所有，以平淡盡之，極老極熟，乃造此境。（呂葆中本、無錫唐氏本、唐玉虬本）

呂留良：文中評語："論中"至"盡之也"後：渾然無迹而全理畢舉。"天下"至"而已矣"後：喚得全理起。"是故"至"能者也"後：先提此句，好。末節及兩節末句已透。"夫素"至"依也"後："君子"前須有此停摺。"君子"至"後也"後：於過文分貼清楚，此處卻祇一滾說。"而亦"至"世矣"後：此筆又活得好。"若此者"至"能之乎"後：知仁勇意收得精湛，"惟聖"句自然意足。"夫聖"至"勉也"後：章評：前兩節不收而收。（呂葆中本、無錫唐氏本、唐玉虬本）

文後評語：自仲尼曰君子中庸章至此，爲一大起結。總以明中庸之義，言過言不及，中庸之所以失也。言知、言仁、言勇，中庸之所以明而行也。知必如舜，仁如顏淵，勇如子路，分言德之成也。統知仁勇之全者，其惟孔子。故開端以"民鮮能"起，此以"惟聖者能之"結，照應分明。中間鮮能知味，起舜之大知，不能期月守，起回之爲人，中庸不可能，起子路問強，皆一"能"字作綫，直至"聖者能之""能"字總收。以仲尼曰起，言中庸爲孔子之教也。以此章結，言必孔子而後謂之能中庸也，故此章純是說孔子，不是泛講過不及兩種人與空贊君子也。上兩節重在"吾弗爲""吾弗能已"兩句，若三節末句颭開，卻正是孔子全相。收拾上八章過不及知仁勇在內，他人轉說轉遠，似於前面數章作複剩語，惟荊川說來祇是一意。（呂葆中本、無錫唐氏本、唐玉虬本）

方苞：文後評語：立定末節作案，做上二節處處對針末節做，末節處處抱緊上文。措意遣辭，如天降地出，一字不可增減。（欽定四書文、明文鈔）

天地之大①〔一〕　二句②

　　造化雖極其大，人情猶歉其大。蓋物之大者莫如天地，而天地亦物也，其能會斯道之全，而盡中乎天下之情也哉。子思論君子之道費而隱〔二〕至此，若曰：道之在天下，豈唯聖人之所不能知所不能行哉？在天地亦有不能盡者。何則？依於形而穹然上浮者，天之爲天也；附於氣而隤然下凝者，地之爲地也。能覆能載〔三〕，能生能成，而法象〔四〕昭於萬物；能寒能暑，能災能祥，而成功著於兩間。物之大者，至天地而止③矣，宜若無所可憾也。然理妙乎形之表而涉於形者，則或限於形之所不及；理超乎氣之外而囿於氣者，則或限於氣之所不及。動靜各一其體，而生成有所偏也，覆載有所窮④也，豈能盡慊乎天下之心？陰陽迭爲消長，而寒暑之或愆其期〔五〕也，災祥之或爽其應也，豈能盡適乎天下之願？俯仰之間，凡感其資始之恩者固有之矣，而委於天之無全功〔六〕者，亦未必無也；戴履之餘，凡感其含弘〔七〕之德者固有之矣，而病於地之無全用⑤〔八〕者，亦未必無也。夫道之所在，雖天地有不能盡者。如此，費隱之實，斷可識矣。

【校記】

①天地之大篇又載陳名夏本、無錫唐氏本、唐玉虬本，據校。
②二句，陳名夏本作"所憾"。
③止，陳名夏本作"至"。
④窮，陳名夏本作"偏"。
⑤用，陳名夏本作"功"。

【注釋】

〔一〕出自中庸第十二章：天地之大也，人猶有所憾。故君子語大，天下莫能載焉；語小，天下莫能破焉。詩云："鳶飛戾天，魚躍於淵。"言其上下察也。君子之道，造端乎夫婦，及其至也，察乎天地。

〔二〕君子之道費而隱：君子之道廣大而又精微。禮記·中庸："君子之道，費而隱。"鄭玄注："言可隱之節也。費，猶佹也，道不費則仕。"

孔穎達疏："言君子之人，遭值亂世，道德違費，則隱而不仕；若道之不費，則當仕也。"

〔三〕能覆能載：覆蓋與承載，謂覆育包容。禮記·中庸："天之所覆，地之所載，日月所照，霜露所隊，凡有血氣者，莫不尊親。"

〔四〕法象：自然界的現象。周易·繫辭上："是故法象莫大乎天地，變通莫大乎四時。"

〔五〕愆其期：失約，誤期。周易·歸妹："歸妹愆期，遲歸有待。"詩經·衛風·氓："匪我愆期，子無良媒。"

〔六〕無全功：沒有完美無缺的事物。列子·天瑞："天地無全功，聖人無全能，萬物無全用。"張湛注："全，猶備也。"

〔七〕含弘：包容博厚。周易·坤："含弘光大，品物咸亨。"孔穎達疏："包含宏厚，光著盛大，故品類之物皆得亨通。"

〔八〕無全用：沒有具備全部功用的事物。

【集評】

艾千子：文後評語：天地之大也，人猶有所憾，如此方是大，方是"猶有"。若時文，乃是天地之小，人皆有憾耳。（陳名夏本）

陳名夏：文後評語：此亦順題成解耳。學人心胸，知勇出焉。順而達，達而順，吞吐百家，光芒雄渾，恐更有過荊川者。（陳名夏本）

邵北虞：文後評語：將題目上緊要數字，往來提掇，翻出無限好意。（呂葆中本、無錫唐氏本、唐玉虬本）

章用召：文後評語：天地之大也，是極擡高口氣。時文因"有憾"二字，遂將天地說似小了，即"猶"字之意，如何得醒出？猶有所憾，亦偶然之辭耳。時文竟說似必不能無憾，何異癡人前說夢？甚有作倒語者曰：有憾正天地之大也。妄為達論，不知與論道之費何干涉？此文順題一截，重發"大"字，重剔"猶"字，使題指畢達無遺。後有作者，蔑以加矣。（呂葆中本、無錫唐氏本、唐玉虬本）

呂留良：文中評語："道之"至"行哉"後：直喝起，得"之""也""猶"，有語脉。"地之為地"至"兩間"後：即"大"字中埋伏下面根子。"物之"至"憾也"後：輕頓住上句。"然理"至"形之所不及"後：活句直取"猶"字。"動靜各一其體"後：所以偏窮之理。"而生"至"窮也"後：回應便捷。"陰陽迭爲消長"後：所以愈爽之理。"俯仰"至"用者亦必無也"後：宛宛曲曲，取"猶"字游絲罥花。"夫道"至"識矣"後：煞句老潔。（吕葆中本、無錫唐氏本、唐玉虬本）

文後評語：但將"之""也"二字重讀句，斷其妙緒迤邐自出，"猶"字飛繞指端矣。通篇衹做"猶"字，並不露一"猶"字面眼。今人定滿紙吆呼要人知我做此字者，定不會做此字者也。（吕葆中本、無錫唐氏本、唐玉虬本）

君子之道①〔一〕 天地

中庸結言斯道之妙，以見其費而隱〔二〕也。甚矣道至妙也，大小遠近，罔不在焉，其費而隱也如此。今夫君子之道，夫婦之所可知能者此也，聖人天地之所不能盡者此也。則始之所以發端，終之所以極致，概可見矣。彼閨門〔三〕之內雖曰莫見莫顯〔四〕之地也，自乾坤分而位已定〔五〕，艮兌分而情已通〔六〕，道之涵於太極〔七〕者，蓋至此而發其胚胎焉，否則，夫婦之愚可以與知者何物耶？居室之際雖曰人倫日用之常也，自夫剛之交於柔也而爲恒柔，遇夫剛也而爲姤，道之具於渾淪者，蓋至此而呈其朕兆焉，否則，夫婦之不肖可以與能者何物耶？夫原其始也固精密而不可間，及其至也則充周而不可窮。天位乎上也，斯道有以峻極之，而覆幬之下，凡其成象而可見者，皆道也。借使天有所不覆②，則道或有限，此固聖人之所勿能備者乎？地位乎下也，斯道有以貫徹之，而持載之上，凡有成形而可觀者，皆道也。借使地有所不載，則道或有極，此固造化之所弗能盡者乎？即夫婦而在夫婦，即天地而在天地，可謂費矣。而在夫婦者，孰主張之在天地者，孰主張之則又隱也。

【校記】

①君子之道篇又載俞康本、俞乾本、無錫唐氏本、唐玉虬本，據校。
②不覆，俞康本、俞乾本作"不能覆"。

【注釋】

〔一〕出自中庸第十二章：君子之道費而隱。夫婦之愚，可以與知焉，及其至也，雖聖人亦有所不知焉；夫婦之不肖，可以能行焉，及其至也，雖聖人亦有所不能焉。

〔二〕費而隱：見天地之大篇所注。

〔三〕閨門：古代稱内室的門。禮記·樂記："在閨門之内，父子兄弟同聽之，則莫不和親。"

〔四〕莫見莫顯：没有什麽東西比隱匿的時候更易見，也没有什麽東西比微小的時候更顯著。禮記·中庸："莫見乎隱，莫顯乎微，故君子慎其獨也。"

〔五〕乾坤分而位已定：乾和坤是周易中的兩卦，二者陰陽相對，乾坤區分，天地之位始定。周易·繫辭下："乾，陽物也；坤，陰物也。陰陽合德，而剛柔有體。以體天地之撰，以通神明之德。"周易·説卦："天地定位，山澤通氣，雷風相薄，水火不相射，八卦相錯。"

〔六〕艮兑分而情已通：艮與兑是周易中的兩卦。兑配西北方，爲正秋。艮爲東北方，爲冬末春初。八卦配八方和八個季節，萬物的春生夏成秋收冬藏可以用八卦説明，最後一個季節是冬末春初，是萬物的成終而成始，把始終結合起來，説明終而復始，八季相通。周易·説卦："兑，正秋也，萬物之所説也，故曰：説言乎兑。……艮，東北之卦也。萬物之所成終而成始也，故曰：成言乎艮。"

〔七〕太極：中國文化史上一個重要的哲學概念，闡明宇宙從無極而太極，以至萬物化生的過程。太極爲天地未開、混沌未分陰陽之前的狀態。周易·繫辭上："易有太極，是生兩儀。"韓康伯注："太極者，無稱之稱，不可得而名，取有之所極，況之太極者也。"

【集評】

原評：文後評語：恰好結通章，亦恰好結"費""隱"二字。（呂葆中本、無錫 唐氏本、唐玉虬本）

呂留良：文中評語："今夫"至"盡者此也"後：緊抱上文。"則始"

至"見矣"後：是結語。"彼閨門之內"後："夫婦"二字着眼。"自乾坤"至"朕兆"後：誰能實講"夫婦"與"道"字原委精通如是？"否則"至"物耶"後：反振出總結語脉。"夫原"至"可窮"後：截講中用結束，格意圓足。"天位"至"皆道也"後：言天地中間無處不充滿也，非空指天地兩位也。"固聖"至"者乎"後：祇是結上文。"而持載"至"皆道也"後：是"察乎"。"即夫"至"隱也"後：指示精密。（<u>呂葆中</u>本、<u>無錫唐</u>氏本、<u>唐玉虬</u>本）

　　文後評語：祇成説道體，總結上文，"不曾牽絆君子"一句，<u>中庸</u>特下"夫婦"二字，不是泛然天地者造物之大夫婦也。故曰：天地絪縕，萬物化醇，男女搆精，萬物化生。又曰：有天地，然後有萬物；有萬物，然後有男女，然後有夫婦；有夫婦，然後有父子；有父子，然後有君臣；有君臣，然後有上下，然後禮儀有所錯。道理次序如此，聖人功用亦如此，宇宙感應變化云爲無不由此。故曰：一陰一陽之爲道。<u>中庸</u>特於此章提出此意，下章即指子臣弟友，與<u>易傳</u>之理相會，昭然可見也。故注下"居室之間"四字，亦正不泛然。吾舉此説，人多信不及，且有譏笑之者。祇緣今人渾身是人欲，而於此尤爲人欲之極，看得曖昧醜褻，不可以口宣而筆書者。不知聖人卻看得此爲天理之極大極微處，戒懼慎獨，正於此下手，於此能人欲净盡，天理流行，則其餘倫物，皆無難盡通之處矣。讀先生此藝，益信吾言之不妄。（<u>呂葆中</u>本、<u>無錫唐</u>氏本、<u>唐玉虬</u>本）

　　<u>俞長城</u>：文中評語："今夫"至"盡者此也"後：緣上入脉。"彼閨門"至"太極者"後：從夫婦上看道之根，不嫌著迹。"否則"至"何物耶"後：是總結語。"夫原"至"可窮"後：四句上下關通。"天位"至"可見者皆道也"後：察乎天地，統言天地間所有，非空敷也。"此固"至"者乎"後：一齊收拾。"即夫婦"至"費矣"後：指示親切。（<u>俞</u>康本、<u>俞</u>乾本）

　　文後評語：總結文章，不添一句議論，而理極精實，故高。（<u>俞</u>康本、<u>俞</u>乾本、<u>唐玉虬</u>本）

武王纘太①②〔一〕 二節

中庸詳二聖〔二〕之事，有得征伐〔三〕之時者，有得制作〔四〕之時者。蓋道以得時爲中也。武王之征伐，周公之制作，一以時而已矣。夫豈無忌憚者哉！中庸引孔子之言，明費隱〔五〕之義至此。謂夫武王、周公之作也，以事觀之，則爲非常之變，以道觀之，則爲庸行之常。何則？征伐，天子之大柄也，然武王之時，殷且亡，周且昌，使區區守此，則三后〔六〕之業自我而隳，萬方之罪〔七〕自我而任。仁人固如是乎？不得已而從事於征伐焉。載斾秉鉞〔八〕，而天討〔九〕以行；吊民罰罪〔一〇〕，而獨夫以誅〔一一〕；應天順人〔一二〕，而顯名以遂。是上帝寵之③，使尊惟一人而右序〔一三〕莫加，富有四海而萬物畢獻。有商之命已革也，皇天眷之，使享有七廟〔一四〕，而宗祧〔一五〕綿長；胤④垂百世，而本支盤固，祚周之命已成也。是則武王之征伐以時，如此豈非中庸之道乎？制作，天子⑤之大權也。然周公之時，武王崩，成王幼，使區區守此，則二后⑥〔一六〕之德自我而斬，一代之治〔一七〕自我而陋。仁人固如是乎？不得已而有事於制作焉。追王〔一八〕之禮，及於⑦古公；上祀之禮，及於⑧后稷；義起之禮，及於天下。以爲從死而不從生，夏、商葬祭之禮未善也，必其喪從死者，祭從生者，使父葬於子不論子爵而論父，子祭其父不論父爵而論子，則禮無或僭，而情無不通矣。降親而不降貴，夏、商喪服之禮未善也，必其親不敵貴，貴不敵親，使期年之喪⑨自庶人而達於大夫，三年之喪〔一九〕自庶人而達乎天子，則貴有降殺〔二〇〕，而賤不加隆矣。是則周公之制作以時，如此獨非中庸之道乎？吁！因時之可爲而大有所爲，此武、周所以同一道與⑩？

【校記】

①武王纘太篇又載陳名夏本、俞 康本、俞 乾本、無錫 唐氏本、唐玉虬本，據校。

②武王纘太，欽定四書文、明文鈔作"武王纘太王"。

③是上帝寵之，陳名夏本作"是以上帝寵之"。

④胤，欽定四書文作"祚"，無錫 唐氏本作"允"。

⑤天子，陳名夏本作"天下"。

⑥二后，皇明今文待作"三后"。
⑦及於，陳名夏本作"及乎"。
⑧及於，陳名夏本作"及乎"。
⑨喪，皇明今文待作"長"。
⑩與，陳名夏本作"歟"。

【注釋】

〔一〕出自中庸第十八章：子曰："無憂者，其唯文王乎！以王季爲父，以武王爲子，父作之，子述之。武王纘大王、王季、文王之緒。壹戎衣而有天下，身不失天下之顯名，尊爲天子，富有四海之内，宗廟饗之，子孫保之。武王末受命，周公成文、武之德，追王大王、王季，上祀先公以天子之禮。斯禮也，達乎諸侯、大夫及士、庶人。父爲大夫，子爲士；葬以大夫，祭以士。父爲士，子爲大夫；葬以士，祭以大夫。期之喪，達乎大夫；三年之喪，達乎天子；父母之喪，無貴賤一也。"

〔二〕二聖：此處謂周文王、周武王。漢書·韋成玄傳："成王成二聖之業，制禮作樂。"顏師古注："二聖，文王、武王也。"

〔三〕征伐：見唯求則非篇所注。

〔四〕制作：制禮作樂。漢書·韋成玄傳："成王成二聖之業，制禮作樂。"

〔五〕費隱：見天地之大篇所注。

〔六〕三后：三個君主或諸侯，古代天子、諸侯皆稱后。此處指禹、湯、文王。楚辭·離騷："昔三后之純粹兮，固衆芳之所在。"王逸注："后，君也，謂禹、湯、文王也。"

〔七〕萬方之罪：各諸侯國之罪。論語·堯曰："朕躬有罪，無以萬方；萬方有罪，罪在朕躬。"

〔八〕載旆秉鉞：扯打旗幟，手執兵器。比喻執掌兵權。詩經·商頌·長發："武王載旆，有虔秉鉞。如火烈烈，則莫我敢曷。"鄭玄注："旆，旗也。"孔穎達疏："載其旌旗以出征伐，又能固執其鉞，志在誅殺。"

〔九〕天討：上天的懲治。後以王師征伐爲天討，意謂稟承天意而行。尚書·皋陶謨："天討有罪，五刑五用哉。"

〔一〇〕弔民罰罪：安撫百姓，討伐暴君。千字文："弔民伐罪，周發殷湯。"孟子·滕文公下："誅其君，弔其民，如時雨降，民大悦。"

〔一一〕獨夫以誅：暴虐無道、殘害民衆的統治者當被誅殺。尚書·泰誓下："獨夫受洪惟作威。"

〔一二〕應天順人：順應天命，合乎人心。周易·革："天地革而四時成。湯、武革命，順乎天而應乎人。"

〔一三〕右序：輔助，佑助。詩經·周頌·時邁："實右序有周。"

〔一四〕七廟：本指四親（父、祖、曾祖、高祖）廟、二祧（高祖的父和祖父）廟和始祖廟。後泛指帝王的宗廟。禮記·王制："天子七廟，三昭三穆，與太祖之廟而七。"鄭玄注："此周制。七者，大祖及文王、武王之祧與親廟四。"

〔一五〕宗祧：宗廟，引申爲宗嗣，嗣續。禮記·祭義："築爲宫室，設爲宗祧，以别親疏遠邇，教民反古復始，不忘共所由生也。"

〔一六〕二后：指周文王、周武王。詩經·周頌·昊天有成命："昊天有成命，二后受之。"毛傳："二后，文、武也。"文選·司馬長卿·封禪文："是以業隆於繈緥，而崇冠於二后。"李善注："二后，謂文、武也。"

〔一七〕一代之治：此處指周文王治下的一代盛世。

〔一八〕追王：爲以仁義取天下的前代君主追加王號。禮記·中庸："追王大王、王季，上祀先公以天子之禮。"

〔一九〕三年之喪：臣爲君、子爲父、妻爲夫服喪三年。論語·陽貨："三年之喪，期已久矣。"

〔二〇〕降殺：遞減。左傳·襄公二十六年："自上以下，降殺以兩，禮也。"

【集評】

艾千子：文後評語：此荆川最膾炙人口文章，然吾終病其時中無忌憚等語。蓋作中庸者，子思也，言武、周者，夫子也，引夫子稱武、周之言以證中庸者，子思也，安得夫子言時遂知有分章照應之中庸，遂以"時"字分别武、周乎？兩扇整排富麗，衆選所宗，吾亦存之。（皇明今文待、陳名夏本、吕葆中本、無錫 唐氏本、唐玉虬本）

陳名夏：文後評語：荆川先生文，鹿門推爲本朝第一。其步驟格律，無可復議，而尤欲天下細觀艾千子諸評，聖賢語中先後不相假借如此，況其他乎？（陳名夏本）

項甌東：文後評語：此長題之兩扇者也，爛然成一篇文字，令人不覺其長。（吕葆中本、俞　康本、俞　乾本、無錫　唐氏本、唐玉虬本）

邵北虞：文後評語：才思豪蕩，氣魄磊落，在荆師稿中，又另是一樣文字。（吕葆中本、俞　康本、俞　乾本、欽定四書文、明文鈔、無錫　唐氏本、唐玉虬本）

吕留良：文中評語："中庸"至"中也"後：提"時"字作主意，合中庸之道，四面圓穩。"以事"至"之常"後：中庸微旨。"何則"至"柄也"後：喝起聳拔。"然武王"至"且昌"後：於此見中庸，不消爲武王斡旋。"不得已"後：三字是盡道之本。"載旆"至"以遂"後：鋪排冠冕典雅，氣雄筆古，渾然元氣。"豈非"之"道乎"後：煞句老到。"追王"之"天下"後：對仗工敵天成。"以爲"至"善也"後：叙禮制中能詳其義。"因時"至"道與"後：結簡而氣象弘達。（吕葆中本、無錫唐氏本、唐玉虬本）

文後評語：天造地設，是大製作手。王摩詰"雲裏帝城雙鳳闕，雨中春樹萬人家"，其象也。杜子美"泰山忽破碎，涇　渭不可求"，俯視但一氣焉。能辨皇州，其氣也，但以整排富麗目之者，村眼耳。此雖孔子之言，然子思引來，卻爲庸行之常，推之以極其至，見聖人因時制宜，各盡中庸之道處。若謂孔子言時，不爲中庸分章照應，然則舜之大智，回之爲人，子路之問强，皆夫子偶然各論耳，又何曾有貼合智仁勇道理？父母其順，夫子自言詩，又何曾爲道之遠邇高卑乎？固哉艾子之論文也。最不通者，兩節都要歸到文之無憂，看先輩文字，何嘗有此說數？（吕葆中本）

文後評語：天造地設，是大製作手。王摩詰"雲裏帝城雙鳳闕，雨中春樹萬人家"，其象也。杜子美"泰山忽破碎，涇　渭不可求"，俯視但一氣焉。能辨皇州，其氣也，但以整排富麗目之者，村眼耳。此雖孔子之言，然子思引來，卻爲庸行之常，推之以極其至，見聖人因時制宜，各盡中庸之道處。若謂孔子言時，不爲中庸分章照應，然則舜之大智，回之爲人，子路之問强，皆夫子偶然各論耳，又何曾有貼合智仁勇道理？父母其順，

夫子自言詩，又何曾爲道之遠邇高卑乎？固哉艾子之論文也。（無錫唐氏本、唐玉虬本）

俞長城：文中評語："中庸"至"時者"後："時"字即切中庸。"以事"至"之常"後：大旨了然。"征伐"至"大柄"後：起法雄厲峭勁，光焰四射。"不得已"至"伐焉"後："不得已"即"時中"。"載旆"至"以遂"後：點化題面，純以議論行之。"是則"至"道乎"後：應股首，應破承，老絕。"追王"至"天下"後：對法工確。"以爲從死"至"中庸之道乎"後：叙禮制中能詳其義。"因時"至"道與"後：結"時"字，結"道"字，周密老辣。（俞康本、俞乾本）

文後評語：不意王守溪後，又有此一篇絕大文章。力量氣格，不差毫髮，王、唐並稍，名不虛立，信夫。王得力在股末，此得力在股頭，又須看王以半節對一節，此兩節板對，皆見前輩脫化之法。首尾不補"無憂"，更爲有識。（俞康本、俞乾本、唐玉虬本）

方苞：文後評語：相題既真，故縱筆所投，無不合節。其提掇眼目，皆本古文法脉，而運以堅勁之骨，雄銳之氣，讀之可開拓心胸，增長智識。（欽定四書文、明文鈔）

王巳山：文後評語：拈"時"字拍合中庸之道，方不是泛作武、周論，兩大比中如許堆垛，不事凌駕，而自然運用無迹。所謂水天大而物之浮者大小畢浮，氣盛則言之短長與聲之高下皆宜也。（明文鈔）

宗廟之禮①〔一〕　二句

聖人定與祭〔二〕之禮，因以明生人之倫也。夫昭穆〔三〕者，生人之大倫也，聖人制宗廟之禮，而因以明之，其大於繼述也可見矣。中庸述武、周之達孝〔四〕至此，蓋謂聖人立祀典以奉先，固所以盡追崇〔五〕之孝，然因人情以立禮，又有以極意義之周。人皆知宗廟之禮，其爲先者盡也，抑知其爲生者亦詳乎？彼大祭〔六〕一舉而太廟啓矣，凡夫以烝以享〔七〕者，夙戒固於其所也；宗廟一啓而子孫聚矣，凡夫若長若幼者，敬事咸在其中也。其儀甚肅，不得歷位以相侵，群然其相聚者，皆截然其有定守也；其體極嚴，不得逾階以相越，翕然其相合者，皆秩然其有成規也。若此者，是果何爲也哉？亦曰明乎倫而已。蓋左昭右穆⁽⁸⁾宗廟之所以綏祖禰⁽⁹⁾者，已有一定不可易之制；而群昭群穆⁽¹⁰⁾子孫之所以繼祖禰者，亦因之爲一定不可易之倫。是儀之肅者，正所以昭其倫也，不惟使昭之無所雜於穆而昭自爲序者，亦長幼之不相紊矣；體之嚴者，正所以別其分也，不惟使穆之無所雜於昭而穆自爲齒者，亦先後之不相陵矣。因先人以爲次，繼昭之後者序於昭，其南向以當明者，存亡同一制也；緣廟制以爲等，繼穆之後者齒於穆，其北向以當幽者，幽明同一位也。故曰：宗廟之禮，所以序昭穆也。

【校記】

①宗廟之禮篇又載無錫 唐氏本、唐玉虯本，據校。

【注釋】

〔一〕出自中庸第十九章：子曰：＂武王、周公，其達孝矣乎！夫孝者，善繼人之志，善述人之事者也。春秋修其祖廟，陳其宗器，設其裳衣，薦其時食。宗廟之禮，所以序昭穆也；序爵，所以辨貴賤也；序事，所以辨賢也；旅酬下爲上，所以逮賤也；燕毛，所以序齒也。踐其位，行其禮，奏其樂，敬其所尊，愛其所親，事死如事生，事亡如事存，孝之至也。郊社之禮，所以事上帝也，宗廟之禮，所以祀乎其先也。明乎郊社之禮、禘嘗之義，治國其如示諸掌乎！＂

〔二〕與祭：親自祭祀。論語·八佾：＂祭如在，祭神如神在。子曰：＇吾不與祭，如不祭。＇＂孔穎達疏：＂親行祭事。＂

〔三〕昭穆：宗廟的輩次排列。古代宗廟制度，天子七廟，諸侯五廟，大夫三廟。以天子而言，太祖廟居中，二、四、六世居左，稱爲昭，三、五、七世居右，稱爲穆。禮記·祭統：＂夫祭有昭穆。昭穆者，所以別父子、遠近、長幼、親疏之序而無亂也。＂

〔四〕達孝：見孝哉閔子篇所注。

〔五〕追崇：對死者追加封號。梁書·侯景傳：＂景又矯蕭棟詔，追崇其祖爲大將軍，考爲丞相。＂

〔六〕大祭：古代重大祭祀之稱，包括天地之祭、禘祫之祭等。周禮·天官·酒正：＂凡祭祀，以法共五齊三酒，以實八尊。大祭三貳，中祭再貳，小祭壹貳，皆有酌數。"鄭玄注："大祭天地，中祭宗廟，小祭五祀。"

〔七〕以烝以享："烝"即烝祭，"享"即享祭，即祭祀。周禮·春官·大宗："以祠春享先王，以禴夏享先王，以嘗秋享先王，以烝冬享先王。"

〔八〕左昭右穆：見本篇注〔三〕。

〔九〕祖禰：祖廟與父廟。周禮·春官·甸祝："舍奠於祖禰，乃斂禽，禂牲，禂馬，皆掌其祝號。"

〔一〇〕群昭群穆：宗廟里供奉的宗祖，昭在昭位，穆在穆位，有倫有序。禮記·祭統："夫祭有昭穆。昭穆者，所以別父子、遠近、長幼、親疏之序而無亂也。是故有事於大廟，則群昭群穆咸在而不失其倫，此之謂親疏之殺也。"

【集評】

呂留良：文中評語："聖人"至"之禮"後：的當。"人皆"至"詳乎"後：分清專主生者說。"彼大"至"啟矣"後："宗廟"二字已舉全節。"凡夫"至"中也"後：下四句都在。"其儀甚肅"後：二比發"之禮"二字，從來所略。"然其"至"成規也"後：合中見分，分所以合，"序"字之理乃盡。"若此"至"倫而已"後：折出"所以"。"蓋左"至"之倫"後：死昭穆生，"昭穆"出得分明。"是儀"至"倫也"後："所以"字清。"不惟"至"紊矣"後："序"字詳切。"因先"至"位也"後：筆筆周匝簡當。（呂葆中本、無錫 唐氏本、唐玉虬本）

文後評語：兩句專指與祭子孫而言。左昭右穆者，廟制也，祇明"宗廟"二字。宗廟之禮，即指子孫、與祭、執事、奔走、拜獻、進退儀文，已包下四句裏，所以序昭穆。言凡子孫、與祭、執事、奔走、拜獻、進退儀文，各以其祖宗之昭穆為行次也。一起發明"宗廟之禮"四字，統舉全節，便見其中規制詳備，氣象肅雝。次明以先人昭穆定子孫之次，次又明各昭穆中，自不紊越，以盡"序"字之義，祇在倫制上說，盡題中所有而止。後來夾入許多祀考類議，看此盡屬閒話耳。（呂葆中本、無錫 唐氏本、唐玉虬本）

文武之政①〔一〕 四句

　　聖人指王政之足徵，而行之存乎人焉。蓋文、武之政未墜②於地也，苟得其人，何不可行之有哉？夫子告哀公之意豈不曰：文、武之前非無政也，而不若文、武之詳；文、武之後非無政也，而不若文、武之善。蓋其創守協心，而凡規畫於遠近者，莫非經世之大典〔二〕；君臣同德，而凡建立於中外者，莫非垂世之大猷〔三〕。今也咸和〔四〕之化雖不可見矣，而左史記事〔五〕，則周官在焉，信以傳信〔六〕，將待夫興廢補獎之君也；永清之盛雖不可睹矣，而右史記言〔七〕，則訓誥存焉，文以行遠，將待夫起衰撥亂之臣也。豈曰無徵而不信乎？特患夫人之不存耳。蓋天下有治人，無治法。誠使上有王者出焉，雖不必文、武之復興，而君盡君道，即今之文、武之君也；下有名世者出焉，雖不必周、召之再作，而臣盡臣道，即今文、武之臣也。上下交而德業成，篤近舉遠，可以追咸和之化，而凡載於周官者，始不爲虛文矣；明良會〔八〕而庶事康〔九〕，由中達外，可以繼永清之盛，而凡具於訓誥者，始不爲空言矣。夫爲治之道，不取必於政而取必於人如此。吾君能爲文、武焉，則必有文、武之臣以輔之，而魯其東周矣，何謂王政之難復耶？

【校記】

①文武之政篇又載俞 康本、俞 乾本、無錫 唐氏本、唐玉虬本，據校。
②墜，無錫 唐氏本作"墮"。

【注釋】

〔一〕出自中庸第二十章：哀公問政。子曰："文、武之政，布在方策。其人存，則其政舉；其人亡，則其政息。人道敏政，地道敏樹。夫政也者，蒲盧也。故爲政在人。"

〔二〕大典：重要典籍。後漢書·鄭玄傳："鄭玄括囊大典，網羅衆家。"

〔三〕大猷：大道。尚書·周官："若昔大猷，制治於未亂，保邦於未危。"

〔四〕咸和：融洽和諧。尚書·無逸："自朝至於日中昃，不遑暇食，用咸和萬民。"孔穎達疏："以諧和萬民。"

〔五〕左史記事：左史，春秋時晉、楚兩國設置的史官，專門記載歷史事件。禮記·玉藻："動則左史書之，言則右史書之。"

〔六〕信以傳信：可信就作爲可信的留傳下去。史記·太史公自序："信以傳信，疑以傳疑。"

〔七〕右史記言：右史，古代史官，專門記載歷史言論。

〔八〕明良會：賢明的君主和忠良的臣子風雲際會。宋 黃定參政謝公挽詞："落落明良會，千齡際遇難。"

〔九〕庶事康：诸事安寧。尚書·虞書·益稷："元首明哉，股肱良哉，庶事康哉。"孔穎達疏："衆事皆得安寧哉。"

【集評】

胡思泉：文後評語：先講文、武之政之善，後脫下"在方册"，"人存政舉"更不費力，深得以文、武望哀公意。（吕葆中本、無錫 唐氏本、唐玉虬本）

李唅雲：文後評語：通篇須用意提綴點動翻轉成文。此不著相文字，惟荆川有之。昆湖子謂韶盡美矣篇，庶乎可以語此。（吕葆中本、俞康本、俞乾本、無錫 唐氏本、唐玉虬本）

吕留良：文中評語："文、武之前"至"之善"後：議論便警拔，付後入可演半篇矣。"蓋其"至"大典"後：文 武便是人存。"信以"至"君也"後：方策便爲後人。"文以"至"臣也"後：人兼君臣，爲下修身，取人張本。"豈曰"至"信乎"後：過文一筆，屈曲而下，絶無痕迹。"雖不"至"復興"後：歆媚哀公好。"而君"至"君也"後："其"字見精采。"上下而德業成"後：有爲政節在。"篤近"至"虛文矣"後：繳上即起下。（吕葆中本、無錫 唐氏本、唐玉虬本）

文後評語：先輩法律之精，針綫之巧，至荆川而備矣。而純乎大家古文氣骨，局面甚宏遠，不僅以精巧自顯，此先輩中所不可及也。（吕葆中本、俞康本、俞乾本、無錫 唐氏本、唐玉虬本）

故君子不①〔一〕 節②

　　中庸原君子當修其身，必歷推修身之所當務者也。蓋身者出治之本也，事親知人知天，獨非修身之所當務哉。昔夫子告哀公爲政之意至此，謂夫立政之本存乎人，取人之則存乎身，身之所係大矣。故夫君子以一人而居天下之上，以一身而建天下之極〔二〕，苟不修其身，則好惡或徇於私意，祇以啓偏聽獨任之端，而授任或及於匪人〔三〕，何以成正大光明之業？此君子之欲以人立政者，不可不先修其身也。然修身必以道，修道必以仁，苟不事親，則孝敬或衰於一本，而惻怛之心將無由以充③其量，殆有失身於非僻〔四〕而不自知者矣，思修身而不事其親可乎？欲盡親親〔五〕之仁，必由尊賢之義，苟不知人，則邪正或昧於從違，而孝敬之理將無由以考其詳，殆有陷親於不義而不自覺者矣，思事親而不知夫人可乎？夫知人④將以事親，而親親則有殺〔六〕焉；事親由於尊賢，而尊賢則有等焉。是等殺之從⑤出者天也，有不知焉，則行之而不著，習矣而不察。雖曰知人亦徒擬議於形迹之粗，而不足以達於天叙天秩〔七〕之妙，於尊賢也必有以紊其序，於親親也必有以失其倫矣。知天之學，其可以或緩乎？蓋惟知天，則賢賢〔八〕親親各得其理，修身之道盡矣，身修則取人之則立矣。文、武之政，何患其不舉哉！

【校記】

①故君子不篇又載俞康本、俞乾本、無錫唐氏本、唐玉虬本，據校。
②節，俞乾本、無錫唐氏本、唐玉虬本作"一節"。
③充，俞康本、俞乾本作"克"。
④知人，俞康本、俞乾本作"夫知人"。
⑤從，俞康本作"賢"。

【注釋】

〔一〕出自中庸第二十章：修身以道，修道以仁。仁者，人也，親親爲大；義者，宜也，尊賢爲大。親親之殺，尊賢之等，禮所生也。在下位不獲乎上，民不可得而治矣。故君子不可以不修身。思修身，不可以不事親；

思事親，不可以不知人；思知人，不可以不知天。

〔二〕建天下之極：見有國者不可以不慎篇所注。

〔三〕匪人：不是親近的人。周易·比："比之匪人。"王弼注："所與比者皆非己親，故曰比之匪人。"

〔四〕非僻：見瑟兮僩兮篇所注。

〔五〕親親：關愛親人。孟子·盡心上："親親而仁民，仁民而愛物。"

〔六〕親親則有殺：親戚之間也分等級，有親疏遠近。禮記·文王世子："其族食世降一等，親親之殺也。"鄭玄注："殺，差也。"

〔七〕天敘天秩：見子所雅言篇所注。

〔八〕賢賢：尊敬學識修養俱佳的有德之人。論語·學而："子夏曰：'賢賢易色。'"邢昺疏："上'賢'謂好尚之也，下'賢'謂有德之人。"

【集評】

呂留良：文中評語："中庸"至"者也"後：或評：單扼修身與層遞語法不合，不知此節層遞語法不同。倒縮到修身，正是得語法處。"取人"至"大矣"後：祇完得"修身"一句。"苟不"至"私意"後：體會"仁"字。"祇以"至"匪人"後：即攝"義"字。"然修身"至"充其量"後：從"道"字"仁"字體會來。"夫知人"至"殺焉"後：看其下筆玲瓏，串入"親親"，不嫌唐突，亦不費注腳。"是等"至"知焉"後：重在"知"字，亦不費注腳。"知人"至"倫矣"後：講得明白。"修身之道盡矣"後：下個"盡"字便分明。（呂葆中本、無錫唐氏本、唐玉虯本）

文後評語：此節為貫串上二節，句法遞下，似注到知天，不知卻是層層伸脚語。頭重末輕，一層歸并一層，謂必須如此。又須如此，而後完得"修道以仁"一句也，逐層"不可不"自有意義。空挑則失理，實發多怕支離，祇為不明得合義禮智以成仁道理耳。看先生行文，直是天造地設，渾然不覺其難，是甚力量！（呂葆中本、俞康本、俞乾本、無錫唐氏本、唐玉虯本）

俞長城：文中評語："中庸"至"務者也"後：即一破承，便分明之極。"蓋身"至"務哉"後：明白。"取人"至"大矣"後：重提修身，下面便有把握。"則好惡"至"授任"後：此皆指行政講。"此君子"至

"身也"後：頓住。"苟不事親"至"親可乎"後：反將事親納在修身內，得旨。"而慚"至"知者矣"後：克其量，考其詳，俱有見。"苟不知人"至"人可乎"後：又將知人納在事親內。"知人"至"殺焉"後：聯貫處不支離，不牽強。"事親"至"或緩乎"後：知天是事親，知人細工夫，修身盡頭處，講得明切。"蓋惟"至"舉哉"後：荊川以爲直到知天修身之道，放盡原重修身說。晚邨抹其側重，知天想錯會矣。（俞 康本、俞 乾本）

文後評語：事親、知人、知天，皆修身分內事，非謂先知天，然後知人，事親以次及修身也。此節書最難理會，是文斟酌明顯。晚邨論書論文，亦極詳切，吾不能易之矣。（俞 康本、俞 乾本、唐玉虬本）

知斯三者①〔一〕 節②

中庸原身之所由修，而因以達於治也。夫三近固所以修身也，知此，則天下國家之治，特舉而措之耳。中庸言此，結上文修身之意，起下文九經〔二〕之端也。若曰：君子不患乎政之弗舉，而患乎身之不正；不患乎身之不正，而患乎從入之無知耳。苟或知以好學〔三〕近也，仁以力行〔四〕近也，勇以知恥〔五〕近也，而入德之方察之，既精初不迷於向往之途焉；則必知以知此道也，仁以體此道也，勇以強此道也，而修身之理見之有定，自不謬乎端本〔六〕之地焉。夫修身則知天知人之功自此而會其全，以人立政〔七〕之則自此而建其極〔八〕矣，其於治也何有哉？蓋以己觀人，雖有物我之間，而其理同也，知所以修身〔九〕，則出乎身者加乎民〔一〇〕，必有以溥吾成物〔一一〕之公，而妙吾大觀〔一二〕之化，使人亦得以進其德而行其道焉，治人之理，不外於身而得之矣；以一身觀萬身，雖有衆寡之殊，而其理一也，知所以治人〔一三〕，則篤於近者舉乎遠〔一四〕，必有以盡法制品節〔一五〕之詳，極裁成〔一六〕輔相〔一七〕之道，使天下國家皆得以修夫德而凝夫道焉，此治天下國家之理，不外於人而得之矣。自身以上則治於內者，嚴密而精詳；自身以下則治於外者，廣博而周遍。哀公欲行文、武之政，盍於身圖之？

【校記】

①知斯三者篇又載無錫 唐氏本、唐玉虬本，據校。
②節，無錫 唐氏本、唐玉虬本作"一節"。

【注釋】

〔一〕出自中庸第二十章：子曰："好學近乎知，力行近乎仁，知恥近乎勇。知斯三者，則知所以修身；知所以修身，則知所以治人；知所以治人，則知所以治天下國家矣。"

〔二〕九經：儒家提倡的治國平天下的九項準則。禮記・中庸："凡爲天下國家有九經，曰：修身也，尊賢也，親親也，敬大臣也，體群臣也，子庶民也，來百工也，柔遠人也，懷諸侯也。"

〔三〕知以好學：孜孜學習以具備智慧、知識和才幹。禮記・中庸："好學近乎知，力行近乎仁，知恥近乎勇。"

〔四〕仁以力行：踴躍踐行、與人相接以知人與人之間應該相互關愛。禮記・中庸："好學近乎知，力行近乎仁，知恥近乎勇。"

〔五〕勇以知恥：明辨榮辱是非、善惡美醜以堅持正義、抵制邪惡。禮記・中庸："好學近乎知，力行近乎仁，知恥近乎勇。"

〔六〕建其極：見有國者不可以不慎篇所注。

〔七〕出乎身者加乎民：言行出於自身，影響到別人。周易・繫辭上："言出乎身，加乎民；行發乎邇，見乎遠。言行，君子之樞機。"

〔八〕成物：使自身以外的人或物有所成就。禮記・中庸："誠者，非自成己而已也，所以成物也。成己，仁也；成物，知也。性之德也，合外内之道也。"孔穎達疏："物，猶事也。……成就外物。"

〔九〕篤於近者舉乎遠：見文武之政篇所注。

〔一〇〕品節：按等級、層次而加以節制。禮記・檀弓下："品節斯，斯之謂禮。"孔穎達疏："品，階格也；節，制斷也。"

【集評】

吳效先：文後評語：此重修身上，知三近所以修也。治人治天下國家，皆修身之推也。講所以治内入道德，尤中肯綮。（呂葆中本、無錫唐氏本、唐玉虬本）

呂留良：文中評語："中庸"至"治也"後：是下節過脉。"君子"至"地耳"後：是指陳九經來源。"過或"至"恥近也"後：轉合一氣。

"而入德"至"途焉"後：是"知三者"之"知"字。"則必"至"地焉"後：是"知修身"之"知"字。"夫修身"後：頓重首段。"以人"至"極矣"後：都祇在前文貫合。"其於"至"有哉"後："治"字總一筆，好！"蓋以"至"同也"後：人與天下國家分際的實。"使人"至"道焉"後：抱達德達道。遠"自身以上"後：結上文。"自身以下"後：起下文。（吕葆中本、無錫唐氏本、唐玉虬本）

文後評語：雖結上文，意卻主引起下九經耳，然下文亦祇在前文討取，其綫索之密，如老女治機，分綜布經，提拽皆有度數，錦文雜組，要祇是法細也。（吕葆中本、無錫唐氏本、唐玉虬本）

柔遠人則①〔一〕 畏之

中庸論常道之施於天下者，而各有其效焉。蓋柔遠人〔二〕、懷諸侯〔三〕，皆常道之施於天下者也。信能行此，而其效有不可必哉？夫子告哀公問政及此，謂夫九經〔四〕始於吾身而達之於朝廷家國，既皆有其效矣，而措之天下者何如？蓋遠人之去就靡常，未易使之歸也，苟能柔之，則往來各遂其情，有以動其出途之願，賢否各得其所，有以啓其觀光之心，聞風者輕千里而來也，慕義者悉襁負〔五〕而至也，不假乎智力之私，而天下之旅皆傾心於我矣。諸侯之向背不一，未易使之畏也，苟能懷之，則顛危咸在於扶持，而德之博者其威必廣，朝貢不違其素願，而感吾德者，自畏吾威，莫敢不來享也，莫敢不來王也，不俟吾駕馭之術，而六服〔六〕之衆皆將翊戴乎我矣。是則四方之歸，非吾有求於民，柔之以道也；天下之畏，非諸侯有私於我，懷之以道也。吾君欲行文、武之政，可謂之難必而自阻耶。大抵明其道，不計其功，君子之心也。若中人則見利而後動，此夫子必歆之以效，以激發哀公之志也。如此而尚不悟，則其乞糴於齊而齊不救，出奔於越而越不憫也，亦何怪哉？

【校記】

①柔遠人則篇又載無錫唐氏本、唐玉虬本，據校。

【注釋】

〔一〕出自中庸第二十章：凡爲天下國家有九經，曰：修身也，尊賢也，親親也，敬大臣也，體群臣也，子庶民也，來百工也，柔遠人也，懷諸侯也。修身則道立，尊賢則不惑，親親則諸父昆弟不怨，敬大臣則不眩，體群臣則士之報禮重，子庶民則百姓勸，來百工則財用足，柔遠人則四方歸之，懷諸侯則天下畏之。

〔二〕柔遠人：安撫遠方邦國民衆。禮記·中庸："凡爲天下國家有九經，曰：修身也，尊賢也，親親也，敬大臣也，體群臣也，子庶民也，來百工也，柔遠人也，懷諸侯也。"鄭玄注："遠人，蕃國之諸侯也。"孔穎達疏："柔遠人，則四方歸之。遠人，謂蕃國之諸侯，四方則蕃國也。"

〔三〕懷諸侯：安撫好四方藩國諸侯。

〔四〕九經：見知斯三者篇所注。

〔五〕襁負：用襁褓背負，形容強力負重。論語·子路："則四方之民襁負其子而至矣，焉用稼？"包咸注："負者以器曰襁。"

〔六〕六服：周王畿以外的諸侯邦國曰服，其等次有六：侯服、甸服、男服、采服、衛服、蠻服。尚書·周官："六服群辟，罔不承德。"

【集評】

胡思泉：文後評語：折辭尚簡，入興歸嚴，自是元家鼻祖。（呂葆中本、無錫唐氏本、唐玉虬本）

呂留良：文中評語："中庸"至"下者"後：兩字扣。"謂夫"至"吾身"後：綫索。"而達"至"家國"後：界畫。"蓋遠"至"歸也"後：倒喝"則"字乃動。"不假"至"之私"後：王道。"是則"至"懷之以道也"後：方見文、武之政之效，原不是功利。（呂葆中本、無錫唐氏本、唐玉虬本）

文後評語：荆川先生少年時，其文即簡潔老勁如此。"歸畏"二字，寫入柔懷意中，不覺露功利權勢之心，則雖行送往迎來、繼絕舉廢諸事，亦非文、武之政也。斯文説來，自是純王氣象。（呂葆中本、無錫唐氏本、唐玉虬本）

既稟稱事①②〔一〕

食之而必以其功，此王政之見於待③工者也。甚矣，君子不食志〔二〕而食功〔三〕也！不如是，何以寓旌別之意哉？且國有六職〔四〕，百工居〔五〕一焉。百工身役於官，不得自食其力，而所賴以養之者君也，禄④以代耕〔六〕，固報工之常典矣。然均之爲工也，而勤惰異焉；均之爲既稟⑤〔七〕也，而豐儉殊⑥焉。苟食浮於人〔八〕，則徼倖之患生，而惰者何所勉？苟人浮於食〔九〕，則觖望之患生，而能者何所勸？是故日⑦省〔一〇〕之餘，則一日⑧之勤惰見矣，從而上下其食焉，類族辯⑨物〔一一〕，勤者不嫌於豐，而惰者不嫌於儉也；月試〔一二〕之下，則一月之勤惰見矣，從而次第其食焉，比物醜類〔一三〕，豐者不以爲恩，而儉者不以爲怨也。以功而易食者，各安其分，初不容以妄求，雖曰誅賞未行，而賢否自別矣；以食而報功者，各隨其才，初不容以濫與⑩，雖曰黜陟未舉，而優劣自分矣。夫食以養之，則人知工之有利，而食以⑪事稱〔一四〕，則人知功⑫之勤者之尤有利也。知工之有利，故人樂於工；知勤之尤有利，故工樂於勤。來百工之道，端不外此矣。⑬

【校記】

①既稟稱事篇又載陳名夏本、俞康本、俞乾本、無錫唐氏本、唐玉虬本，據校。

②既稟稱事，陳名夏本作"既廩稱事"。

③待，皇明今文待作"得"。

④禄，俞康本爲墨釘。

⑤稟，陳名夏本作"廩"。

⑥殊，陳名夏本作"異"。

⑦日，俞康本作"弓"。

⑧日，俞康本作"月"。

⑨辯，皇明今文待、俞康本、俞乾本、明文鈔作"辨"。

⑩與，俞康本、俞乾本、明文鈔作"予"。

⑪以，陳名夏本作"與"。

⑫功，俞 康本、俞 乾本作"二"。

⑬此後尚有"雖然，以功詔禄，周先王馭臣之法也，而非特可施之百工也。哀公諸臣皆毁瓦畫墁之工耳，乃授之以柄，胙之以土，而不思所以裁抑之。如吾夫子，蓋梓人之善用群材者，終身布衣蔬食，曾不得享廪人之餘粟也。稱事之義，哀公其知之乎？"數句。底本無，見於陳名夏本、俞 康本、俞 乾本。

【注釋】

〔一〕出自中庸第二十章：日省月試，既廪稱事，所以勸百工也。

〔二〕食志：按動機給人吃的，即以志向動機取人。孟子·滕文公下："子何以其志爲哉？其有功於子，可食而食之矣。且子食志乎？食功乎？"

〔三〕食功：按功績給人吃的。即以實際貢獻取人。

〔四〕六職：謂治、教、禮、政、刑、事六種職事。周禮·天官·小宰："以官府之六職，辨邦治：一曰治職，以平邦國，以均萬民，以節財用；二曰教職，以安邦國，以寧萬民，以懷賓客；三曰禮職，以和邦國，以諧萬民，以事鬼神；四曰政職，以服邦國，以正萬民，以聚百物；五曰刑職，以詰邦國，以糾萬民，以除盗賊；六曰事職，以富邦國，以養萬民，以生百物。"

〔五〕百工：古代掌營建製造的工官名稱，後成爲各種手工業者和手工業行業的總稱。周禮·冬官·考工記·總序："國有六職，百工與居一焉。"鄭玄注："百工，司空事官之屬，於天地四時之職，亦處其一也。"

〔六〕禄以代耕：古時官吏不耕而食，稱因官食禄爲代耕。禮記·王制："諸侯之下士，視上農夫，禄足以代其耕也。"

〔七〕既廪：古代官府發放的給養俸禄。

〔八〕食浮於人：俸禄優厚，超過才能所應得的。禮記·坊記："故君子與其使食浮於人也，寧使人浮於食。"鄭玄注："食，謂禄也，在上曰浮。"

〔九〕人浮於食：人的才幹超過其所應得的俸禄。

〔一〇〕日省：每天考察或省視。

〔一一〕類族辨物：於不同事物中類聚所同，即異中求同；於同類事物中辨析其異，即同中求異。周易·同人："天與火，同人，君子以類族辨物。"孔穎達疏："族，聚也，言君子法此同人以類而聚也。辨物，謂分辨事物,各同其黨使自相同,不間雜也。"

〔一二〕月試:每月考核。

〔一三〕比物醜類:連綴同類事物,進行排比歸納。禮記·學記:"古之學者,比物醜類。"鄭玄注:"以事相況而爲之。醜,猶比也。"

〔一四〕食以事稱:所得給養俸禄與其功績相稱。

【集評】

艾千子:文後評語:使非食以養之,以後疊用四小比,有古人流動圓接之意,則吾不解此文之佳處安在矣。(皇明今文待、陳名夏本)

陳名夏:文後評語:其勢似層層剥换,而未有灝氣以行之,徒見輕率耳。持議之確,予服千子。(陳名夏本)

吕留良:文中評語:"百工"至"君也"後:議論必從源頭來,便精確而大矣。"然均"至"殊焉"後:轉"稱"字義。"勤者"至"簡也"後:極相懸總是當。"豐者"至"怨也"後:造物自然之道,所謂奉三無私者也。"以功"至"其分"後:其道甚大。"雖曰"至"别矣"後:斟酌尚有效功賞罰在。"夫食"至"有利也"後:袛淺淺發揮,而意理開拓,機勢沛然,有坡翁之樂。"知工"至"於勤"後:艾評:圓接。(吕葆中本)

文後評語:在工言工,在食言食,於上面不更加出大拍頭、油幌子,而義旨閎深,味之益厚。千子所見,不離氣局詞章,徒自呈其陋耳。(吕葆中本)

俞長城:文中評語:"百工"至"君也"後:即扣"既稟"不泛。"然均"至"殊焉"後:勤惰豐儉,一篇之主。"苟食"至"所勤"後:遏"稱"字。"雖曰誅"至"别矣"後:補意斟酌。"夫食"至"利也"後:項接古法,逼"勤"字。"知工"至"此矣"後:愈逼愈緊。"以功詔禄"至"百工也"後:亦讀書見大義處。"哀公"至"工耳"後:波致古雋。(俞康本、俞乾本)

文後評語:不征故實,不使議論,清真淒硬,層迎曲折,自然入古,歐、柳妙境。(俞康本、俞乾本、唐玉虬本)

胡思泉:文後評語:在工言工,在食言食,於上面不更加出大拍頭、油幌子,而義旨閎深,味之益厚。(無錫唐氏本、唐玉虬本)

戴囧得：文後評語："勤""懶""豐""儉"四字是一篇眼目，通篇將此四字運用，而反正相生，淺深遞下，次第位置，不爽絲毫，至末收到一"勤"字，全是古文法脈，作小題者宜三復也。（明文鈔）

王巳山：文後評語：勤惰屬事，豐儉既稟，從此夾出"稱"字來，一綫相承，層次曲暢，是極有章法文字。（明文鈔）

高塘：首二比事稟分舉虛提宜稱之，故次二比反逼"稱"字，中二比正疏"稱"字，又二比詠歎"稱"字，後四比説"稱"之好處，以起下"勤"字，此一篇次第。（明文鈔）

見乎蓍龜①〔一〕 二句

論至誠之幾，而兩有所驗焉。甚矣，誠之不可掩也！稽之蓍龜〔二〕，觀之四體〔三〕，而幾之微者著矣。今夫至誠所以能前知者，豈出於意想測度之私哉？亦以實理之在天地間者，自有不容掩焉耳。且以蓍龜言之，方其數之未定，吉凶固無形也。及問焉以言，而用動用靜，自貞勝〔四〕而不窮。有蓍龜襲吉〔五〕者矣，有蓍龜共違〔六〕者矣，亦有筮從〔七〕而龜逆〔八〕、筮逆而龜從〔九〕者矣。藏於寂然不動之中，而呈於受命如響〔一〇〕之後，其吉者非有心於福之，其凶者非有心於禍之，在蓍龜固不自知也。是蓋天載無聲無臭〔一一〕，而蓍龜神物爲能紹天之明，故道非器不顯，而象數〔一二〕之間若有鼓其機而不能自已耳。以四體言之，方其迹之未涉，得失固無兆也。及②性術〔一三〕所行，而履祥履錯，各從類而不爽。有俯仰皆宜者矣，有俯仰皆悖者矣，亦有始敬而繼之以怠、始怠而繼之以敬者矣。隱於卒然有感之餘，而萌於介然有覺之頃，其得者本不期於矜持，其失者本不期於暴棄，在四體固不自知也。是蓋帝則至微至幽，而人之精神與造化相爲流通，故天非人不因，而周旋之際若有牖其衷〔一四〕而不能自已耳。夫見乎③蓍龜，則百姓可與能也，而非鬼神合其吉凶者，固不能極深而研幾也；動乎四體，則百姓日用而不自知也，而非清明在躬〔一五〕者，固不能定取捨之極也。至誠前知之道，斷可識矣。

【校記】

①見乎蓍龜篇又載欽定四書文、陳名夏本、無錫唐氏本、唐玉虬本，

據校。

②及，陳名夏本作"乃"。

③乎，陳名夏本作"爲"。

【注釋】

〔一〕出自中庸第二十四章：至誠之道，可以前知。國家將興，必有禎祥；國家將亡，必有妖孽。見乎蓍龜，動乎四體。

〔二〕蓍龜：古人占卜用的蓍草與龜甲，筮用蓍，卜用龜。禮記·中庸："見乎蓍龜，動乎四體。"尚書·大禹謨："鬼神其依，龜筮協從，卜不習吉。"

〔三〕四體：手足四肢，還包括體、相、音、形等。

〔四〕貞勝：守正執一，則可以御萬變而無不勝。周易·繫辭下："吉凶者，貞勝者也。"韓康伯注："貞者，正也，一也……萬變雖殊，可以執一御也。"

〔五〕襲吉：重得吉兆，吉事相因。左傳·哀公十年："趙孟曰：'吾卜於此起兵，事不再令，卜不襲吉。行也。'"杜預注："襲，重也。"

〔六〕龜筮共違：占卜所用龜甲和蓍草顯示的都不是吉兆。尚書·洪範："龜筮相違，故可以祭祀、冠婚，不可以出師征伐。龜筮共違於人，用靜吉，用作凶。"

〔七〕筮從：筮占得吉兆。尚書·洪範："汝則從，龜從筮從。"

〔八〕龜逆：龜卜未得吉兆。史記·龜策列傳："楚靈將背周室，卜而龜逆，終被乾溪之敗。"

〔九〕筮逆而龜從：占卜時，蓍占顯示不是吉兆，龜卜顯示吉兆。尚書·洪範："汝則從，龜從筮逆，卿士逆，庶民逆，作內吉，作外凶。"

〔一〇〕受命如響：占卜得到的吉凶答復就像敲擊物體必有回聲一樣靈驗。周易·繫辭上："其受命也如響，無有遠近幽深，遂知來物。"

〔一一〕天載無聲無臭：上天之事，沒有聲音，沒有氣味。詩經·大雅·文王："上天之載，無聲無臭。"

〔一二〕象數：易學術語，周易的組成要素。周易中"象"指卦象、爻象，即卦爻所象之事物及其時位關係，"數"指陰陽數、爻數，是占筮求卦的基礎。

〔一三〕性術：性情的表現形式。禮記·樂記："樂必發於聲音，形於動靜，人之道也。聲音動靜，性術之變，盡於此矣。"鄭玄注："性術，言此出於性也。"

〔一四〕牖其衷：啓發其內心。明 洪應明菜根譚："貞士無心徼福，天即就無心處牖其衷。"

〔一五〕清明在躬：形容人的心地光明正大，頭腦清晰明辨。禮記·孔子閒居："清明在躬，氣志如神。嗜欲將至，有開必先。"

【集評】

艾千子：文後評語：此節蓍龜四體，禎祥妖孽，時文每每腹誹心謗，充其說，盡抹煞者，獨言前知，空空而已。惟先輩鄭重不苟，看此作將蓍龜四體挽入天道處。（陳名夏本、呂葆中本、無錫 唐氏本、唐玉虬本）

陳名夏：文後評語：不待見且動而即知，此最足誤人學問。先輩行文，祇是理明而識到。（陳名夏本）

胡思泉：文後評語：詞氣甚壯而昌，說理處又極細。（呂葆中本、無錫 唐氏本、唐玉虬本）

呂留良：文中評語："論至誠之幾"後：幾在彼，誠在此，兩邊並到。"今夫"至"私哉"後：艾評：方見前知，亦是中庸。"亦以"至"焉耳"後：亦祇是誠耳。"且以"至"形也"後：從上兩"將"字看取見動。"有蓍"至"從者矣"後：原評：得文家實相。"藏於"至"之後"：見動源流當下進出所見微而寔。"其吉"至"知也"後：兩"乎"字得神。"是蓋"至"已耳"後：實講至理，誰能之？"夫見"至"極也"後：見動祇在蓍龜四體，知其見動卻祇在至誠。無至誠，眼前刻刻見動，誰能知得？（呂葆中本、無錫 唐氏本、唐玉虬本）

文後評語：看兩"乎"字，則吉凶原不關蓍龜四體事。蓍龜四體，固不知其該見動也。然則以爲此爲見此爲動者，原是至誠耳。至誠如何，便知其見動，在天地間皆此實理。惟至誠之心有此實理，故湊著便得。世間無一刻無一物不見動，祇是無至誠，空見動，空消滅耳，可見見動原在至誠心眼裏。但說挽入天道，猶是捕風捉影之談。先生通微，止是至誠分上看得親切也。（呂葆中本、無錫 唐氏本、唐玉虬本）

方苞：文後評語：見處、動處莫非幾也，幾由誠發，故至誠便可前知，原屬一串事。此實能道其所以然，使"見乎""動乎"字與下文兩"必先"字早有貫注之勢。啓禎諸家文，更覺驚邁，而入理精深處，究不能出其範圍。（欽定四書文）

善必先知①②〔一〕 三句

惟至誠之知幾〔二〕，所以合德於神也。夫幾也者，神之所爲也，而至誠知之，亦神矣哉！且天地之間，明則有至誠，幽則有鬼神，若將判然二物矣，而孰知有合一者存乎？何則？禎③祥妖孽與夫蓍龜〔三〕四體〔四〕之倫，所以徵夫福之將至者不必皆同，而均謂之善也；所以徵夫禍之將至者不必皆同，而均謂之不善也。苟見其幾而知之不早，固不可以言至誠矣；苟有所知而有所不知，亦不可以言至誠之如神也。今也有一善焉，幾動於彼而誠動於此，固無幽深遠近〔六〕，而凡爲福之徵者，隨其所見而無不知之矣；有一不善焉，幾動於彼而誠動於此，亦無幽深遠近，而凡爲禍之徵者，隨其所見而無不知之矣。至誠若此，而不可謂之神乎？蓋善之先見與不善之先見，皆鬼神氣機之微④露也，而吾獨能先知之。故鬼神涵⑤天地之實理，而洩其機於朕兆之間；吾亦全天地之實理，而炳其幾於著見之始。神以知來〔五〕，人皆知鬼神之不測如此也，而不知至誠先知之哲，所以占事而知來者，實與鬼神而合其吉凶；神以體物〔六〕，人皆知鬼神之不測如此也，而不知至誠周物之知，所以探賾而索隱〔七〕者，實能質諸鬼神而無疑。方禍福之未至歟⑥，至誠與鬼神同一，寂然不動之體也；及⑦禍福之將至歟⑧，至誠與鬼神同一，感而遂通之妙也。在鬼神也誠而形，在至誠也誠而明⑨，謂至誠之不如神也哉？

【校記】

①善必先知篇又載陳名夏本、俞康本、俞乾本、無錫唐氏本、唐玉虬本，據校。

②善必先知，陳名夏本、欽定四書文、明文鈔作"善必先知之"。

③禎，明文鈔作"正"。

④微，俞康本、俞乾本作"徵"。

⑤涵，陳名夏本作"函"。

⑥及，明文鈔作"乃"。

⑦歟，欽定四書文作"與"。

⑧歟，欽定四書文作"與"。

⑨在至誠也誠而明，陳名夏本作"無至誠也誠而明"。

【注釋】

〔一〕出自中庸第二十四章：禍福將至，善，必先知之；不善，必先知之。故至誠如神。

〔二〕幾：微妙之處。周易・繫辭上："夫易，聖人之所以極深而研幾也。"

〔三〕蓍龜：見見乎蓍龜篇所注。

〔四〕四體：見見乎蓍龜篇所注。

〔五〕神以知來：（以蓍草）的神秘預知未來。周易・繫辭上："神以知來，知以藏往，其孰能與此哉！"

〔六〕體物：生成萬物。禮記・中庸："鬼神之爲德，其盛矣乎！視之而弗見，聽之而弗聞，體物而不可遺。"鄭玄注："體，猶生也。"孔穎達疏："言鬼神之道生養萬物無不周遍，而不有所遺；言萬物無不以鬼神之氣生也。"

〔七〕探賾而索隱：探究深奧的道理，闡發隱微的事情。周易・繫辭上："探賾索隱，鈎深致遠，以定天下之吉凶，成天下之亹亹者，莫大乎蓍龜。"

【集評】

陳名夏：文後評語："如神"無一誕語，而通篇呼應，稍稍見逼塞耳。（陳名夏本）

吳崑麓：文後評語：通篇一"幾"字貫，有見。（吕葆中本、無錫唐氏本、唐玉虬本）

艾千子：文後評語："如神""如"字逼真，且言其所以然，兩"必"字亦不放過。（吕葆中本、俞康本、俞乾本、無錫唐氏本、唐玉虬本）

章翊兹：文後評語：善不善，祇就禍福説，深一步，作人事所爲説者，非也。如神，祇就先知説。進一步，作挽面造化説者，亦非也。大抵深説進説，最能欺世惑人。要之題理，正猶贅疣之附頭目耳。先知當是静照耳。若云誠動於世，幾於有意將迎矣。且誠何以動？亦無究竟義在。説理影響

處，易於瞞人，特為抹出。（呂葆中本）

呂留良：文中評語："且天"至"鬼神"後：並起軒翥。"禎祥"至"不善也"後：善不善便是福禍將至之兆，猶言吉凶也，人多添出謬說，得此提醒極明。"苟見"至"如神也"後：見其幾指見動等知之，早指善不善，語自分明。爾公以為自矛盾而抹之，憒憒矣。"今也有一善焉"後：艾評："必"字。"幾動"至"於此"後：二語妙甚。"固無"至"徵者"後：鐵板鑿定。"蓋善"至"露也"後："神"字先透。"故鬼神"至"之始"後：一理通貫處能實道其所以然。"方禍福"至"妙也"後：原評：合說更自朗透。總是一誠自為通復，故無有彼此幽明之隔。"在鬼神"至"誠而明"後：二句尤分明。（呂葆中本、無錫唐氏本、唐玉虬本）

文後評語：理極精，法極密，而文極明快。雖以語孺子老嫗，皆可曉然，此所謂已至聖處者也。幾動於彼，事物呈其朕，如禎祥妖孽蓍龜四體之屬，誠動於此，幾至則感而遂通天下之故。動則俱動，非將迎之謂也。誠何以動？誠之明。動也，如目之忽見，耳之忽聞，所見所聞，幾動於彼也。見明聽聰而心通理得，誠動於此也。靜烋者，二氏之說，非聖賢語也，即由其說言之，烋即動也。彼意欲其雖動而本體常寂，故曰靜烋，非有不動之理也。將迎者，幾未至而自私用智，非誠動也。荊川語本無病，且正見其體晰之精，評者自打泥團耳。（呂葆中本）

文後評語：理極精，法極密，而文極爽快。雖以語孺子老嫗，皆可曉然，此所謂已至聖處者也。（俞康本、俞乾本）

章翊茲：文後評語：善不善，祇就禍福說，深一步，作人事所為說者，非也。如神，祇就先知說。進一步，作挽面造化說者，亦非也。大抵深說進說，最能欺世惑人。要之題理，究竟其義何在？（俞康本、俞乾本、無錫唐氏本、唐玉虬本）

俞長城：文中評語："且天地"至"存乎"後：并提老。"所以徵夫福"至"謂之善也"後：善不善，乃禍福將至之兆，即上數句提掇不支。"苟見"至"至誠矣"後：挑"先"字。"苟有"至"如神也"後：挑"必"字。"今也有"至"知之矣"後：兩下機關躍然。"蓋善"至"先知之"後：先提"神"字。"故鬼神"至"見之始"後：同此一誠，兩下貫通處，說得明切。"方禍福"至"體也"後：補此一層，見至誠不是將迎

揣度。"在鬼神"至"誠而明"後：二語尤分曉確當。（俞康本、俞乾本）

文後評語：至誠鬼神，同一天道，無不相通，如人身血脈，到處流注，一觸即覺，不待撫揉也，實詮真極融洽之妙。提晰高老，補襯周密。（俞康本、俞乾本）

文後評語：至誠鬼神，同一天道，無不相通，如人身血脈，到處流注，一觸即覺，不待撫揉也，實詮真極融洽之妙。（唐玉虬本）

方苞：文後評語：貫穿經傳，於所以必先知之理洞然於心，故能清空如話。（欽定四書文、明文鈔）

故君子尊①②〔一〕 一節

君子修德凝道之功，期於小大之兼致而已。蓋君子學以致其道也，則夫存心以極其大，而致知以盡其小者，其功固不可缺也與。且夫兼小大而不遺者道也，君子之修德以凝道者，何如其爲用力也哉！蓋德性者，學問之所統會也，君子爲能尊之，致其昭事〔二〕之誠，而褻天有所不敢也，是既有以立學問之大本矣；問學者，德性之所散殊也，君子爲能道之，循其進爲之方，而深造期於自得也，是又有以收德性之全功焉。夫尊德性以凝斯道之無外，而德性有一之弗備，則猶爲有外也；道問學以凝斯道之無間，而學問有一之弗究，則猶爲有間也。是故包含萬物，而不爲私意之所蔽，其於德性之廣大〔三〕者，已無不致矣，而廣大之中有條理而可循，未嘗不精微也，則盡之而不使其或差焉，是學問之所以造其理者乎？同體太③虛〔四〕，而不爲私意之所累，其於德性之高明〔五〕者，已無不極矣，而高明之內有實地而可據，未嘗不中庸也，則道之而不使其或過焉，是學問之所以履其事者乎？至於炯然靈覺，德性不慮而知也，故而溫之，不失其良知而已矣，若夫義理之繁，有待於問學而後知者，則日知其所未知，不敢委諸已知而遂已焉；渾然全具〔六〕，德性本不學④而能也，厚而敦之，不失其良能而已矣，若夫節文〔七〕之祥，有待於問學而後能者，則日謹其所未謹，不敢委於已能而遂已焉。至是而尊德性道問學〔八〕之事，無以復加矣。

【校記】

①故君子尊篇又載陳名夏本、無錫唐氏本、唐玉虬本，據校。

②故君子尊，陳名夏本作"故君子尊德"。

③太，無錫 唐氏本作"本"。

④學，陳名夏本作"慮"。

【注釋】

〔一〕出自中庸第二十七章：故君子尊德性而道問學，致廣大而盡精微，極高明而道中庸。

〔二〕昭事：光明坦蕩地服事。詩經·大雅·大明："昭事上帝，聿懷多福。"鄭玄箋："昭，明。"孔穎達疏："明事上天。"

〔三〕廣大：見歸與歸與篇所注。

〔四〕太虛：天空。文選·孫興公·游天臺山賦："太虛遼廓而無閡，運自然之妙有。"李善注："太虛，謂天也。"

〔五〕高明：見歸與歸與篇所注。

〔六〕全具：用於祭祀的牲畜身體完整無損稱全具。此處引申爲完備、完整。禮記·月令："是月也，乃命宰祝循行犧牲，視全具。"孔穎達疏引王肅云："純色曰犧，體完曰全。"

〔七〕節文：見子所雅言篇所注。

〔八〕尊德性道問學：注重道德内省，追求學問精湛。禮記·中庸："故君子尊德性而道問學，致廣大而盡精微，極高明而道中庸。"鄭玄注："德性，謂性至誠者；道，猶由也。問學，學誠者也。"孔穎達疏："君子尊德性者，謂君子賢人尊敬此聖人道德之性，自然至誠也；而道問學者，言賢人行道由於問學，謂勤學乃致至誠也。"

【集評】

陳名夏：文後評語：總是"尊德性道問學"一語作主，下數語依朱注分貼，造理履事，良知良能，極合儒者知行并進之旨。（陳名夏本）

章翊茲：文後評語：下四句，各插德性學問，安頓亦易。但此題理蘊繁重，作之者必奪忙亂，首句定不能如此詳婉耳。疏夷間邊，如以綸巾羽扇處百萬軍中。（吕葆中本、無錫 唐氏本、唐玉虬本）

吕留良：文中評語："且夫"至"道也"後：一句喝入。"蓋德"至

"統會也"後：首句互發見相資應全理。"夫尊"至"無外"後：又頓二比，收上起下，氣局閑暇。"而德性"至"外也"後：警策。"是故"至"致也"後：以索貫錢。"而廣"至"可循"後："而"字打成一片，其理的實。"至於炯然靈覺"後：非聖學之故。"德性"至"知而也"後：祇是已知已能，不說良知良能。"若夫"至"遂已焉"後：義理在德性外耶？知能皆有兩樣矣。（呂葆中本）

文後評語：黃貞父評其德性問學，渾然合一，有識之文。余正嫌其打成兩開，不能渾然合一耳。"廣大""高明"二句，尚說來一片，至"溫故"二句，忽然分畫有德性之知能、有問學之知能，豈下二句"而以"二字，與上兩"而"字文法意義各樣乎？其意謂已知已能，不足言德性，必良知良能乃合耳。不知知能即德性，義理節文即問學，非謂知能各有兩種也。（呂葆中本）

溫故而知①〔一〕 二句

君子存其心於已知已能者，而致其知於未知未能者。蓋溫故敦厚，心之存也，知新崇禮，知之致也。於此交盡其功，則德修而道可凝矣。且道之在天下，非存心不能領其要，非致知不能會其全，而存心致知，則有不可以一端求者。彼良知得以天啓，此吾心之故也，但人心危〔二〕而道心微〔三〕，或不免於昏耳。惟君子也乾乾〔四〕不息，以保其湛一之天，存存〔五〕有常，以求其浹洽〔六〕之趣，則一本貫乎萬殊，而知新有其地矣。故凡昔所未知者，由精及粗，而典學〔七〕不遺乎終始；即物窮理，而真見必底於天人。一日知之，日日知之，析之既極其精而不亂，合之必盡其大而無餘，而溫故蓋有所助矣。良能出於天賦，此吾心之厚也，但嗜欲深而天機〔八〕淺，始不免於薄耳。惟君子也戒慎不睹〔九〕，以完其渾淪之質，恐懼不聞〔一〇〕，以培其貞純之妙，則忠信可以學禮，而崇禮有其地矣。故凡昔所未崇者，研其幾於天叙天秩〔一一〕，而細行在所必矜；考其詳於中規中矩，而大閑〔一二〕在所必慎。一日崇之，日日崇之，品節〔一三〕既極其詳明，德性自爲之堅定，而敦厚蓋有所助矣。夫君子本末不陷於一偏，而内外之交相爲用如此，所以道之大小無不體，而居上居下，無不宜也歟！

【校記】

①溫故而知篇又載無錫唐氏本、唐玉虬本，據校。

【注釋】

〔一〕出自中庸第二十七章：溫故而知新，敦厚以崇禮。

〔二〕人心危：見德之不修其一篇所注。

〔三〕道心微：見德之不修其一篇所注。

〔四〕乾乾：見君子欲訥篇所注。

〔五〕存存：保全育成已存者。周易·繫辭上："天地設位，而易行乎其中矣。成性存存，道義之門。"孔穎達疏："此明易道既在天地之中，能成其萬物之性，使物生不失其性，存其萬物之存，使物得其存成也。性謂稟其始也，存謂保其終也。"

〔六〕浹洽：普遍沾潤。漢書·禮樂志："於是教化浹洽，民用和睦；災害不生，禍亂不作。"顏師古注："浹，徹也；洽，沾也。"

〔七〕典學：心系學問，常勤奮學習。尚書·說命下："念終始，典於學。"孔穎達疏："念終念始，常在於學。"

〔八〕天機：見顏淵喟然篇所注。

〔九〕戒慎不睹：在別人看不到的地方也警惕謹慎。禮記·中庸："是故君子戒慎乎其所不睹，恐懼乎其所不聞。"

〔一〇〕恐懼不聞：在別人聽不到的地方也唯恐有所閃失。

〔一一〕天叙天秩：見子所雅言篇所注。

〔一二〕大閑：基本的行爲準則。論語·子張："大德不逾閑。"孔安國注："閑，猶法也。"邢昺疏："大德之人謂上賢也，所行皆不越法則也。"

〔一三〕品節：見知斯三者篇所注。

【集評】

原評：文後評語：依注發揮甚當，又不抹殺"而"字"以"字。（呂葆中本、無錫唐氏本、唐玉虬本）

呂留良：文中評語："君子"至"能者"後：老致。"彼良知"至

"昏耳"後：已知已能與良知良能自别，作者每以德性之知能爲説，故多誤拈，其實非也。"惟君"至"不息"後：亦不切"温故"。"以保"至"之天"後：差路去。"則一"至"地矣"後：互處見"而""以"字。"一日"至"温故"後：切當。"戒慎"至"之妙"後：腐句。（吕葆中本）

　　文後評語：良知良能，自然之理，人人之所同，不可以故厚名之者也。已知已能，必然之理，人各不同，然無人不有其所。已知已能者，故曰故曰厚。人爲故厚要貼德性，故每引良知良能，不知凡人之所已知已能，亦皆德性，即如其次致曲之曲，亦德性也。（吕葆中本）

辟如天地①〔一〕 節②

　　中庸於聖德之全，必即造化以喻之也。夫聖人與天地合其德也，觀乎天地，而聖德之全可見矣，中庸取喻之意如此。且夫非聖人不足以配乎天地，非天地不足以擬乎聖人。惟吾夫子集大成於群聖，參妙用於兩間，内外本末無不備者。故自其渾淪者而觀之，方寸之微而萬事之理以具，淵嘿之地而萬化之本以涵。譬之天地焉，大哉乾元〔二〕，凡物爲之資始；至哉坤元〔三〕，凡物爲之資生。洪纖高下，孰不在於持載之上？飛潛動植，孰不在於覆幬之下？人皆曰天地之廣大有如此者，而聖人之德何以異於是乎？又自其散殊者而觀之，物有大小，而泛應之曲當〔四〕；時有久暫，而運用之不息。辟之天地焉，四時有序，寒暑爲之相錯；日月有明，晝夜爲之相代。變化而能久成，往來有循環之運；得天而能久照，萬古仰貞明〔五〕之體。人皆曰造化之流行有如此者，而聖人之德又何以異於是乎？

【校記】

①辟如天地篇又載無錫唐氏本、唐玉虬本，據校。
②節，無錫唐氏本、唐玉虬本作"一節"。

【注釋】

〔一〕出自中庸第三十章：仲尼祖述堯、舜，憲章文、武；上律天時，下襲水土。辟如天地之無不持載，無不覆幬；辟如四時之錯行，如日月之代明。

〔二〕大哉乾元：伟大啊，天的元气。周易·乾："大哉乾元，萬物資始，乃統天。"孔穎達疏："以萬象之物，皆資取乾元而各得始生，不失其宜，所以稱大也。"

〔三〕至哉坤元：至善啊，大地的元氣。周易·坤："至哉坤元，萬物資生。"孔穎達疏："至哉坤元者，歎美坤德，故云至哉。至，謂至極也，言地能生養至極，與天同也。"

〔四〕泛應之曲當：廣泛適應，無不恰當。朱子語類卷十三："若得胸中義理明，從此去量度事物，自然泛應曲當。"

〔五〕貞明：日月能固守其運行規律而常明。周易·繫辭下："日月之道，貞明者也。"孔穎達疏："言日月照臨之道，以貞正得一而爲明也。"

【集評】

呂留良：文中評語："惟吾"至"兩間"後：緊根上文。"內外"至"備者"後：立此句開局。"故自"至"觀之"後：二比分柱，即炤下"小德""大德"。"辟之天地焉"後：仍根"天地"，好。即炤下末句。"聖人之德"後："德"字炤注即炤下兩"德"字。（呂葆中本、無錫唐氏本、唐玉虬本）

文後評語：首節注即云"兼內外該本末"，便爲小德大德張本。下節注云"此言天地之道"，以見上文取譬之意。可見"持載"二句，即並育並行之大德。"四時"二句，即不害不悖之小德，提出立局，鑿然不易。（呂葆中本、無錫唐氏本、唐玉虬本）

萬物並育①〔一〕 四句

中庸舉造化之極其妙，而必原其所以妙也。蓋造化之顯諸仁者，皆其藏諸用者爲之也。中庸舉其妙而原其由，非借此以見聖德之全歟？意謂：觀夫天地則見聖人天地之道何如。彼高明〔二〕如天而萬物覆焉，博厚如地而萬物載焉。人知物之並育矣，而不知本乎天者親上，本乎地者親下，類聚之中而有群分者在也，何相害乎？四時相推而歲成焉，日月相推而明生焉。人知道之並行矣，而不知寒暑各以其期，升沉各以其序，互根之中而有對待者存也，何相悖乎？夫並育並行〔三〕疑於混而無別矣，而且不害不悖〔四〕焉，其孰主張之哉？蓋太極〔五〕分而爲陰陽，陰陽分而爲五行，其在物也，則性命之各正其在道也，則一理之各具脈絡分明而往不息也，非小德之川流〔六〕歟？不害不悖，疑於涣而無統矣，而且並育並行焉，其孰綱維之哉？蓋五行一陰陽，陰陽一太極，於物也，此其資始資生之原於道也，此其誠通誠復之蘊根本盛大而出無窮也，非大德之敦化〔七〕歟？惟其蘊之而小大之兼該，故其發之而混闢之皆宜。然則仲尼之德，一理混②融，而泛應曲當〔八〕，豈不從可見哉？

【校記】

①萬物並育篇又載俞 康本、俞 乾本、無錫 唐氏本、唐玉虬本，據校。
②混，俞 康本作"渾"。

【注釋】

〔一〕出自中庸第三十章：萬物並育而不相害，道並行而不相悖。小德川流，大德敦化，此天地之所以爲大也。
〔二〕高明：高大光明。禮記·中庸："博厚所以載物也，高明所以覆物也。"
〔三〕並育並行：共同生長，同時施行。
〔四〕不害不悖：互不妨害，互不違背。
〔五〕太極：見君子之道篇所注。
〔六〕小德之川流：小德如江河，川流不息。禮記·中庸："小德川流，大德敦化，此天地之所以爲大也。"鄭玄注："小德川流，浸潤萌芽，喻諸侯也。"
〔七〕大德之敦化：大德敦厚，化育萬物。
〔八〕泛應曲當：見辟如天地篇所注。

【集評】

宗方城：文後評語：初看似平平，細閱之，理趣自足，體格自正。（吕葆中本、無錫 唐氏本、唐玉虬本）
茅鹿門：文後評語：此篇極得闔闢之法，推此足以例餘。（吕葆中本、

無錫 唐氏本、唐玉虬本）

呂留良：文中評語："觀夫"至"何如"後：從末後句外意倒入百尺之桐，無枝蓋奇。"類聚"至"在也"後：下語都有精意。"夫並育"至"悖焉"後：一綫穿過，妙在互看。（呂葆中本、無錫 唐氏本、唐玉虬本）

文後評語：荆川會皇甫柏泉，自謂其文所謂宋頭巾氣習，求一秦字漢語了不可得，正如村俗匠人，不欲呈技於輪扁，故不敢請正，其訶諷皇甫也至矣。此等文若不從太極通書、正蒙會其旨趣，那得此高簡的實之妙？近世名士祇求秦字漢語，卻不曾得秦 漢家奴脚汗，便欲讕訛宋人，視荆川此等文又將何如也？（呂葆中本、無錫 唐氏本、唐玉虬本）

俞長城：文中評語："觀夫"至"何如"後：入脉横絶若雲。欲知聖人，當觀天地，便庸徑矣。"彼高明"至"相害乎"後：不害，確。"類聚"至"在也"後：親徑語，精警。"四時"至"相悖乎"後：不悖，確。"夫並育"至"張之哉"後：偏已互看見奇，他人依注板分，理便不醒透。"蓋太極"至"在道也"後："物"字"道"字，各還正詮。（俞 康本、俞 乾本）

文後評語：宋人之理蘊，周人之氣格，既精實，又高老，宇內有數文字，漢 唐諸人，當拜下風，況近世乎？（俞 康本、俞 乾本、唐玉虬本）

惟天下至①[一] 所倚

中庸論誠之至者，其功用無爲而成焉。甚矣惟天下至誠爲能化也，則其功用之成，豈倚着於物而後能哉？中庸三十二章以大德敦化[二]言之，亦天道也。且自聖人觀之，無妄之妙雖曰均受於天，而實天之獨厚者也；太極[三]之真雖曰同具於人，而實人類之首出者也，斯之謂天下之至誠也。夫其體之存也，而有可久之德，故其用之發也，而有可大之業。彼率性之道之著於人倫者爲大經，而以私欲自累者恒失之也。至誠能經綸之，其群分也而有禮以相接，其類聚也而有恩以相愛，人極[四]立而天下之達道[五]行矣。天命之性[六]之會於吾心者爲大本，而以私意自小者多失之也。至誠爲能立之，純乎理弗雜乎欲，動以天不間以人，全體備而天下之大本立矣。理之所自出者爲天地之化育，而蔽於私者又或歧天人而二之也。至誠則配天行健，吻合其静專動直[七]之機，應地無疆[八]，默契其静翕動闢[九]之蘊，有不滯於聞見者矣。若此者，乃其誠立之天，自有以妙明通之用，不思而得一，有心而無爲者也，夫豈倚於物而勉強行之哉？體信之地，自有以爲達順之原，不勉而中一，順其事而無情者也，豈必涉於迹而矯揉爲之哉？是則至誠者，德之本也；功用之盛者，化之終也。非至誠，孰能與於斯？嗚呼！斯之謂天道也。易曰聖人見天下之動，而觀其會通以行其典禮，言經綸大經〔一〇〕也。曰窮理盡性以至於命〔一一〕，言立本而知化也。至誠之道，易備之矣。蓋吾夫子之心法，而子思宗之也，未至於誠當何如？亦曰：擬議以成其變化，則人亦天矣，賢亦聖矣。功用之在至誠者亦在我矣。

【校記】

①惟天下至篇又載無錫 唐氏本、唐玉虬本，據校。

【注釋】

〔一〕出自中庸第三十二章：惟天下至誠，爲能經綸天下之大經，立天下之大本，知天地之化育。夫焉有所倚？肫肫其仁，淵淵其淵，浩浩其天。苟不固聰明聖知達天德者，其孰能知之？

〔二〕大德敦化：見萬物並育篇所注。

〔三〕太極：見君子之道篇所注。

〔四〕人極：綱紀，綱常。南朝 梁 沈約梁明堂登歌·歌黑帝："祚我無疆，永隆人極。"

〔五〕達道：通行不變之道。禮記·中庸："君臣也，父子也，夫婦也，昆弟也，朋友之交也，五者，天下之達道也。"

〔六〕天命之性：上天所賦予人的稟性。禮記·中庸："天命之謂性，率性之謂道，修道之謂教。"

〔七〕靜專動直：貞靜專一，直道而行。周易·繫辭上："夫乾，其靜也專，其動也直，是以大生焉。"韓康伯注："專，專一也。"孔穎達疏："若氣不發動，則靜而專一，故云其靜也專；若其運轉，則四時不忒，寒暑無差，剛而得正，故云其動也直。"

〔八〕應地無疆：迎合大地無邊之德，前途一片光明。周易·坤："安貞之吉，應地无疆。"韓康伯注："地也者，形之名也。"孔穎達疏："安貞之吉，應地无疆者，安謂安静，貞謂貞正，地體安静而貞正。人若得静而能正,即得其吉,應合地之无疆,是慶善之事也。"

〔九〕靜翕動闢:凝聚收斂,發展分化。周易·繫辭上:"夫坤,其靜也翕,其動也闢,是以廣生焉。"韓康伯注:"翕,斂也。止則翕斂其氣,動則闢開以生物也。"孔穎達疏:"夫坤,其靜也翕,其動也闢,是以廣生焉者,此經明坤之德也。坤是陰柔,閉藏翕斂,故其靜也翕,動則開生萬物,故其動也闢。"

〔一〇〕經綸大經:籌劃治理天下大綱。禮記·中庸:"惟天下至誠,爲能經綸天下之大經,立天下之大本,知天地之化育。"鄭玄注:"至誠,謂孔子;大經,謂六藝而指春秋也。"

〔一一〕窮理盡性以至於命:徹底推究事物的道理,透徹瞭解人類天性。周易·説卦:"窮理,盡性,以至於命。"韓康伯注:"命者,生之極,窮理則盡其極也。"

【集評】

原評:文後評語:醇樸之文,骨氣隱然。(吕葆中本、無錫唐氏本、唐玉虬本)

錢吉士:文後評語:三段上繫"至誠",下屬"焉倚",獨有斟酌。朱子既云三者皆誠之功用;又云經綸是用,立本是體。李九我曰:"體用"二字,祇説用中之體,用自立本而出之,則爲經綸,自經綸而入之,則爲立本。此説得之,附記。(吕葆中本、無錫唐氏本、唐玉虬本)

吕留良:文中評語:"雖曰"至"者也"後:"天下"二字有着落。"夫其"至"存也"後:首一句。"彼率"至"大經"後:出句老。天下常道皆名經,而民彝爲大,看下語便括此句。"至誠"至"見者矣"後:"知"字實詮,不作虛玄語。"若此"至"無爲者也"後:"無倚"句極難説,老學作家乃有此精實力量。(吕葆中本、無錫唐氏本、唐玉虬本)

知遠之近①〔一〕

能明乎致遠之由,此君子知幾〔二〕之一端也。蓋地有遠近,而理實相須也。君子能知遠之由於近焉,則必不敢忽於近矣。中庸論君子入德〔三〕之事,蓋曰:

君子必有爲己之心而後誠可蓄，尤必有知幾之明而後德可進。今夫自彼而言謂之遠，自我而言謂之近。遠而邦家又遠，而至於天下人皆知其爲遠也，而於近何與焉？近而吾身又近，而至於吾心人皆知其爲近也，而於遠何與焉？惟君子也，方其下學之始，雖無精義入神[四]之功，自其上達之幾，已有反本窮源之妙。知夫近之不終於近也，而終於遠；遠之不始於遠也，而始於近。一善也，而千里之外應焉，是果何爲其然哉？反之於我，固自有化成之基也。一不善也，而千里之外違焉，此又何爲其然哉？省之於己，固自有招尤之道也。故近取諸身[五]，則有得而有失；遠取諸物[六]，則有是而有非。君子於此不煩測度而自得矣。夫知遠之近，則遠者乃吾自治之推，而近者正吾用力之地。君子自省之功盡於近，而篤恭之效成於遠，其始固有自矣。

【校記】

①知遠之近篇又載無錫唐氏本、唐玉虬本，據校。

【注釋】

〔一〕出自中庸第三十三章：君子之道，淡而不厭，簡而文，溫而理，知遠之近，知風之自，知微之顯，可與入德矣。詩云："潛雖伏矣，亦孔之昭。"故君子內省不疚，無惡於志。君子之所不可及者，其唯人之所不見乎？詩云："相在爾室，尚不愧於屋漏。"故君子不動而敬，不言而信。詩曰："奏假無言，時靡有争。"是故君子不賞而民勸，不怒而民威於鈇鉞。詩曰："不顯惟德！百辟其刑之。"是故君子篤恭而天下平。

〔二〕知幾：有預見，看出事物發生變化的隱微徵兆。周易·繫辭下："知幾其神乎？君子上交不諂，下交不瀆，其知幾乎？"韓康伯注："幾者，動之微，吉之先見者也。"

〔三〕入德：進入聖人品德修養的境域。禮記·中庸："君子之道，淡而不厭，簡而文，溫而理，知遠之近，知風之自，知微之顯，可與入德矣。"鄭玄注："入德，入聖人之德。"

〔四〕精義入神：精研事物的微義，達到神妙的境地。周易·繫辭下："精義入神，以致用也。"韓康伯注："精義，物理之微者也。神，寂然不動，感而遂通，故能乘天下之微，會而通其用也。"

〔五〕近取諸身：從自身以及周圍環境發生的異常變化取象。周易·繫辭下："古者庖犧氏之王天下也，仰則觀象於天，俯則觀法於地，觀鳥獸之文與地之宜，近取諸身，遠取諸物，於是始作八卦以通神明之德，以類萬物之情。"

〔六〕遠取諸物：從遠處各種物體變化取象。

【集評】

王遵巖：文後評語：見理之文，不必游詞，祇片言便已入解。（吕葆中本、無錫 唐氏本、唐玉虬本）

吕留良：文中評語："君子"至"近矣"後：所以可入德。"蓋曰"至"可進"後：從上文統轉三句，是第一句起法。"今夫"至"之近"後：急扣本題。"遠而"至"與焉"後："遠近"字不蒙混。"惟君"至"之妙"後：是下學立心之際，未入德之前，斟酌不混。"反之"至"基也"後：實發"之"字，好。"故近"至"有非"後：知之兼好歹是。"君子"至"得矣"後：此"知"字祇見得大段樞要處，不講知至工夫。（吕葆中本、無錫 唐氏本、唐玉虬本）

文後評語：上面説立心爲已，是得大頭腦，此三句卻又就其中曉得了下手樞機所在。故曰：又知此三者，混在上文甲裏不得，混在入德工夫不得。此又祇得一句，可移撥混下二句，不得。明此，知此文之不易到矣。（吕葆中本、無錫 唐氏本、唐玉虬本）

上天之載①〔一〕 三句②

論至德者，必歸之於無物而後盡也。蓋聲臭〔二〕微矣，而猶未離乎物也，無物則神，此天道聖德之所以爲至乎！子思引詩以贊不顯篤恭之妙也。且夫德而曰不顯，則是本不可以形容也，於不可形容之中而求其可以形容者，其惟詩之所謂"上天之載，無聲無臭"者乎？何則？氣機寂感而聲生焉，氣機聚散而臭生焉。謂之聲，則若有相摩者矣，然特一氣之潛萌，而杳乎不得其形也，語道者苟③以爲太音希聲〔三〕亦可也，而今曰無聲；謂之臭，則若有相盪者矣，然特一氣之絪緼〔四〕，而杳乎不得其形也，語道者苟④以爲明德惟馨〔五〕亦可也，而今曰無臭。無聲無臭〔六〕，則是天以神化爲至敎，而聖人以神化爲至德。退藏之密〔七〕，渾然無心，而無心之域，非特形之有涯者所不能名，雖氣之無涯者，亦所不能名也，盈天地間無一物之可名也，而可謂之顯乎？以是而擬議〔八〕於内聖外王之蘊，其至矣。玄德〔九〕之運，坦然無爲，而無爲之域，非特依於形者所不能象，雖附於氣者，亦所不能象也，盈天地間無一物之可象也，而可謂之顯乎？以是而擬議於聖神功化之極，其至矣。彼詩之所謂"不大聲以色"者，與其所謂"德輶如毛"〔一〇〕者，固皆欲以形道，而不知聲色之與毛，則猶未離乎形，曰不大，曰如，則又未離乎有也。是皆滯於有物之内，而非所論於無物之妙也，豈若是詩之爲至也哉？吁，聖同天，不其深乎？雖然，其所謂無者，非窈窈冥冥〔一一〕之謂也，宇宙之間，無聲無臭者道也。大而風霆，小而蟻蠓，凡其雜然而有聲者，孰非道也？煮蒿〔一二〕昭明〔一三〕，百物之精，凡其雜然而有臭者，孰非道也？苟窈窈冥冥而謂無，則是老子以無觀妙之説，而非所以語聖人之神化矣。

【校記】

①上天之載篇又載陳名夏本、無錫唐氏本、唐玉虬本，據校。
②三句，陳名夏本作"至矣"。
③苟，陳名夏本無。
④苟，陳名夏本無。

【注釋】

〔一〕出自中庸第三十三章：詩云："予懷明德，不大聲以色。"子曰："聲色之於以化民，末也。"詩曰"德輶如毛"，毛猶有倫。"上天之載，無聲無臭"，至矣！

〔二〕聲臭：見下學而上篇所注。

〔三〕太音希聲：最大最美的聲音乃是無聲之音。老子道德經："大方無隅，大器晚成，大音希聲，大象無形，道隱無名，夫唯道善貸且成。"王弼注："聽之不聞名曰希，不可得聞之音也。有聲則有分，有分則不宫而商矣。分則不能統衆，故有聲者非大音也。"

〔四〕絪緼：古代指天地陰陽二氣交互作用的狀態。周易·繫辭下：

"天地絪縕，萬物化醇；男女構精，萬物化生。"孔穎達疏："絪縕，相附着之義，言天地無心，自然得一，唯二氣絪縕，共相和會，萬物感之，變化而精醇也。"

〔五〕明德惟馨：真正的美德芬芳馨香，沁人心脾。尚書·君陳："黍稷非馨，明德惟馨。"孔穎達疏："明德之所遠及，乃惟爲馨香爾。"

〔六〕無聲無臭：見見乎蓍龜篇所注。

〔七〕退藏之密：退隱藏身不使人知，而使才能存養於内。周易·繫辭上："聖人以此洗心，退藏於密。"韓康伯注："言其道深微，萬物日用而不能知其原，故曰退藏於密，猶藏諸用也。"

〔八〕擬議：草擬，多指事先的考慮。周易·繫辭上："擬之而後言，議之而後動，擬議以成其變化。"

〔九〕玄德：高深幽潛的德性。尚書·舜典："玄德升聞，乃命以位。"孔安國傳："玄謂幽潛，潛行道德，升聞天朝，遂見徵用。"

〔一〇〕德輶如毛：德輕得像羽毛一樣。意謂人施行仁德並不困難，而在於其人有無德行。詩經·大雅·烝民："人亦有言：德輶如毛，民鮮克舉之。我儀圖之，維仲山甫舉之，愛莫助之。"鄭玄箋："輶，輕。"孔穎達疏："德之在人，此於無德之時，非復益重，其輕如毛。"

〔一一〕窈窈冥冥：形容精深微妙。莊子·在宥："至道之精，窈窈冥冥；至道之極，昏昏默默。"郭象注："窈、冥、昏、默，皆了無也。"

〔一二〕焄蒿：祭品所散發出來的香臭之氣。禮記·祭義："其氣發揚於上，爲昭明，焄蒿，悽愴，此百物之精也，神之著也。"鄭玄注："焄，謂香臭也；蒿，謂氣烝出貌也。"孔穎達疏："焄謂香臭生，言百物之氣，或香或臭；蒿，烝出貌，言此香臭烝而上出，其氣蒿然也。"

〔一三〕昭明：昭然可見的神靈光影。

【集評】

艾千子：文後評語：起處欲言無聲臭，先言聲臭，曲折解剝，又不急下，姑爲不了語，以走起下文。此文之佳境，盡於此矣。一結乃令人之所尊，而先輩嚴孔老之辨如此。（陳名夏本）

韓求仲：文後評語：先將無聲無臭盡力發揮，則下"至矣"意便已躍

然,此煉局之妙。(陳名夏本、呂葆中本、無錫唐氏本、唐玉虯本)

張爾公:文後評語:講"至矣"二比,文情淡遠空廓,一切不染,與本題正合,此先輩落筆悠然處,靜思之自見。但"至矣"之後,又轉纏"德輶如毛""不大聲色"前二詩作翻駁語,以見無聲無臭之詩之爲至,殊覺多事。況一路引詩,都是逐段詠歎,此處僅將"不大聲色""德輶如毛"二詩描出"至矣"神情,形容不顯篤恭之妙,正不必以詩駁詩也。(陳名夏本)

文後評語:講"至矣"二比,文情淡遠空廓,一切不染,與本題正合,此先輩落筆悠然處。但"至矣"之後,又轉纏前二詩作翻駁語,殊覺多事,況一路引詩,都是逐段詠歎,此處僅將"不大聲色""德輶如毛"二詩,描出"至矣"神情,形容不顯篤恭之妙,正不必以詩駁詩也。(呂葆中本、無錫唐氏本、唐玉虯本)

陳名夏:文後評語:荆川學、庸不免有腐氣,如此文,前路"太音希聲"等,皆喻中設喻,而後人或未知其非,遂相與服誦,而不知荆川之可傳,政不在此。(陳名夏本)

呂留良:文中評語:"且夫"至"容也"後:從"至矣"倒入神理,曲暢。"其惟"至"臭者乎"後:直入得脉。"何則"至"臭生焉"後:先將聲臭之微妙托出,"無"字尤高。"語道"至"可也"後:姿態跌宕。"而今日無聲"後:不了語押住好作勢。"盈天地"至"顯乎"後:"至矣"祇在泳歎迴翔,得神,有採菊見南山之妙。"盈天地間無一物之可象也,而可謂之顯乎"後:語不離宗。"如則"至"妙也"後:此語自佳,然是題前落脉語,於此未免重新比較矣。"豈若"至"也哉"後:"至矣"是贊德,非贊詩也。"其所謂"至"謂也"後:得此,發明"無"字,方絕滲漏。"宇宙"至"非道也"後:説理精邃,有神采,得正蒙、理窟意思。(呂葆中本、無錫唐氏本、唐玉虯本)

文後評語:純以頓挫轉側,迴旋容與,領略言外不著不盡之妙。此非老斲輪,安能得手應心,存不疾不徐之數於糟粕哉?(呂葆中本、無錫唐氏本、唐玉虯本)

孟子上

我非愛其①〔一〕 二句

時君言己心是而迹非，宜其見譏於民也。蓋齊王之愛牛，固不忍之心，非愛其財也。其不能自解於百姓之言，豈亦未能反其本心〔二〕與？昔宣王因孟子之設難而言此，若曰：易牛之事，我自行之，我尚昧之，何怪乎百姓之言耶？且百姓以我爲愛，固矣。自我而言，牛一物耳，雖並與羊而費之，亦未必有損於我也，況所費者止於一牛耶？齊地雖褊小，固不靳乎一牛之費也；羊亦一物耳，雖並與牛而全之，亦未必有益於我也，況所全者止於一牛耶？寡人雖好貨，固不惜乎一牛之利也。雖然，使我以牛而易羊，以大而易小，則我之心不待言而明，百姓之疑不待辨而釋矣。今也以羊視牛，牛其大者也，牛無罪也，而吾易之以羊焉，以牛視羊，羊其小者也，羊亦無罪也，而吾顧以之易牛焉。百姓聞有牛羊之異，必將曰：王之不忍於牛者，非故厚夫牛也，爲夫牛之利於羊故也，則其以爲愛也亦宜矣，吾安能逃其責耶？百姓計夫大小之差，自將曰：王之獨忍於羊者，非不惜夫羊也，捨羊而可以全牛故也。入而心非，出而巷議〔三〕，固其所矣，吾亦何以自白耶？噫，非孟子啓之以仁術，則不忍之心，齊王不自知也，百姓不能知也，天下後世亦孰從而知之？甚矣，孟子之有功於齊王也！

【校記】

①我非愛其篇又載無錫 唐氏本、唐玉虬本，據校。

【注釋】

〔一〕出自孟子·梁惠王上第七章：齊宣王問曰："齊桓、晉文之事，可得聞乎？"孟子對曰："仲尼之徒無道桓、文之事者，是以後世無傳焉，臣未之聞也。無以，則王乎？"曰："德何如，則可以王矣？"曰："保民而王，莫之能禦也。"曰："若寡人者，可以保民乎哉？"曰："可。"曰："何由知吾可也？"曰："臣聞之胡齕曰：王坐於堂上，有牽牛而過堂下者，王見之，曰：'牛何之？'對曰：'將以釁鐘。'王曰：'舍之！吾不忍其觳觫，若無罪而就死地。'對曰：'然則廢釁鐘與？'曰：'何可廢也？以羊易之。'不識有諸？"曰："有之。"曰："是心足以王矣。百姓皆以王爲愛也，臣固知王之不忍也。"王曰："然。誠有百姓者。齊國雖褊小，吾何愛一牛？即不忍其觳觫，若無罪而就死地，故以羊易之也。"曰："王無異於百姓之以王爲愛也。以小易大，彼惡知之？王若隱其無罪而就死地，則牛羊何擇焉？"王笑曰："是誠何心哉？我非愛其財。而易之以羊也，宜乎百姓之謂我愛也。"曰："無傷也。是乃仁術也，見牛未見羊也。君子之於禽獸也，見其生，不忍見其死；聞其聲，不忍食其肉。是以君子遠庖廚也。"

〔二〕本心：天性，天良。孟子·告子上："鄉爲身死而不受，今爲宮室之美爲之；鄉爲身死而不受，今爲妻妾之奉爲之；鄉爲身死而不受，今爲所識窮乏者得我而爲之，是亦不可以已乎？此之謂失其本心。"

〔三〕入而心非，出而巷議：朝堂上迎合君主，口是心非；朝堂外非議時政，誹謗君主。史記·秦始皇本紀："入則心非，出則巷議。"

【集評】

胡思泉：文後評語：此荊川經心文字，一筆掃來，圓通滑脫，略無硬澀重滯之態。黃鐘大呂，終不可及。（呂葆中本、無錫唐氏本、唐玉虬本）

呂留良：文中評語："自我而言"後："我"字直起。"雖並"至"牛耶"後：辨得委宛明暢。"雖然"至"釋矣"後：此一跌轉出"宜乎"，卻正是自辨不愛財，妙甚。"以牛"至"牛焉"後：服罪在"牛羊何擇"句。"百姓"至"故也"後：先摹百姓之謂，後掉出"宜乎"，情事宛然。"非孟子"至"之甚矣"後：兩句正是不自知口氣，世間人心日在道理中起滅，卻都坐不知譬過，讀此令我震悸。（呂葆中本、無錫唐氏本、唐玉虬本）

文後評語：先輩論文品，以本色爲第一。荊川亦謂具千古隻眼人，信手寫出，如寫家書，便是宇宙間絕好文字。無他，祇是入情入理，自然曲折如法。情不眞，理不當，即顛顛説好話，講繩墨，不可謂之有法也。如此作摹寫齊宣語氣，如新脱諸口，其中鈎聯起滅，轉摺倒互，曲盡其妙，而天趣橫流，一筆揮就，須知原不在語氣上摹寫也。眼前立著一個欲悟未悟之齊宣，替他布設出一段自己解説不來光景，確然是"是誠何心哉"。下轉語，確然見"王笑曰"三字情態，從此落筆，自然鬚眉活現，並後文"王説曰"與"反求不得"數語，都迸露矣，得不謂之神品乎？故曰本色爲第一也。（呂葆中本、無錫唐氏本、唐玉虬本）

樂以天下① 〔一〕 四句

人君能通天下之情，必爲政於天下矣。蓋王道以得民心爲本也，憂樂之情通於天下，王業不自此而成乎？孟子因宣王雪宮之問而啓之，若曰：人君憂樂一也，私於己者，適以起民之怨，同於物者，可以得民之心。何則？上下之分雖殊，而事之順於心者，均之爲樂也，今也樂民之樂，而民亦樂其樂，則其樂也非一人之獨樂，乃天下皆以爲樂者也，不曰樂以天下乎？君民之勢雖殊，而事之拂乎心者，均之爲憂也，今也憂民之憂，而民亦憂其憂，則其憂也非一人之私憂，乃天下皆以爲憂者也，不曰憂以天下乎？公道昭明〔二〕，而同結人心之有道，至仁遍覆，而感乎天下之有機，如是而有不王者哉？吾見天下同有是樂者，莫不曰吾君能所欲與之聚也，吾何爲而不沾其惠？愛戴歸往，不約而自同矣。天下同有是憂者，莫不曰吾君能所惡弗之施也，吾何爲而不被其澤？心悅誠服，不謀而自合矣。遐邇協於率從，而九圍〔三〕之廣於我乎式也，雖欲無王，不可得也；中外同於推戴，而一統之命於我乎凝也，借曰不王，有是理耶？是則憂樂之係於君心者雖微，而效驗之關於治道者甚大。吾王雪宮之樂，不推之於民，以爲致王之本，可乎？

【校記】

①樂以天下篇又載無錫唐氏本、唐玉虬本，據校。

【注釋】

〔一〕出自孟子·梁惠王下第四章：齊宣王見孟子於雪宮。王曰："賢者亦有此樂乎？"孟子對曰："有。人不得，則非其上矣。不得而非其上者，非也；爲民上而不與民同樂者，亦非也。樂民之樂者，民亦樂其樂；憂民之憂者，民亦憂其憂。樂以天下，憂以天下，然而不王者，未之有也。"

〔二〕昭明：顯明，顯著。尚書・堯典："百姓昭明，協和萬邦。"孔穎達疏："昭，亦明也。"

〔三〕九圍：九州。詩經・商頌・長發："帝命式於九圍。"孔穎達疏："謂九州爲九圍者，蓋以九分天下，各爲九處，規圍然，故謂之九圍也。"

【集評】

呂留良：文中評語："上下"至"樂也"後：上四句分互看，此二句合并看，不是複述語。"則其樂"至"樂者也"後：語脉清出，"以"字意醒。"公道"至"有機"後：頓四句落下，勢便莊嚴。"吾見"至"樂者"後：仍根樂憂來。"吾君"至"聚也"後：畢竟重樂民憂民邊說。"雖欲"至"得也"後：還反說口氣。（呂葆中本、無錫唐氏本、唐玉虬本）

文後評語：人止泛說憂樂同民者，謬也。樂民樂，憂民憂，是即有王政。樂其樂，憂其憂，是王化之應。其實民之憂樂，與其憂樂各不同也。故上四句是分說，樂以天下憂以天下，謂政成化洽，上下各得其憂樂，便是王者氣象。此是一統說，亦非混一憂樂也，大意祇責重樂民憂民耳。文徑清徹，大氣渾然。（呂葆中本、無錫唐氏本、唐玉虬本）

從流上而①〔一〕 一句

國君有游觀〔二〕之樂，則固有泛舟之役。水勢有順逆之異，則亦有從流而上之時矣，從流上而知反焉可也。今也縱目於河山之美，溯洄從之〔三〕，知往而不知止，軍國之務有所不恤也；恣情於魚鳥之觀，逆流而濟，知進而不知退，興居之節〔四〕有所不知也。夫從流而上，則人之用力也勞，而舟之欲進也難，如是而不知返焉。其或波流湍急之處，雖其行之不能甚遠，而人力則已費矣；當其流或稍緩之餘，雖其人力或能暫息，而時日則已靡矣。以甚勞之力而挽難進之舟，以有限之日而供無窮之樂，連之所以②爲名，不在是乎？

【校記】

①從流上而篇又載無錫 唐氏本、唐玉虬本，據校。
②所以，無錫 唐氏本無。

【注釋】

〔一〕出自孟子·梁惠王下第四章：從流下而忘反謂之流，從流上而忘反謂之連。

〔二〕游觀：游玩觀覽。漢書·王襃傳："無有游觀廣覽之知，顧有至愚極陋之累。"

〔三〕溯洄從之：逆流而上。詩經·秦風·蒹葭："蒹葭蒼蒼，白露爲霜。所謂伊人，在水一方。溯洄從之，道阻且長。"

〔四〕興居有節：日常生活有節度。晋 葛洪抱樸子·至理："食飲有度，興居有節。"

【集評】

吕留良：文中評語："國君"至"之樂"後：起有闕文。"從流"至"可也"後：跌重"忘反"。"夫從"至"返焉"後：總頓此三句，轉出"謂之連"，最有力，韓 歐多用此法。"其或"至"縻矣"後：刻畫名義甚精巧，而文氣極浩汗馳驟。"以甚"至"之樂"後：又總頓三句，收煞祇是一法，文氣更雄厚。（吕葆中本、無錫 唐氏本、唐玉虬本）

文後評語：寥寥二百言耳，其中屈盤反側，停頓縈紆，刻畫形容，奇巧無數，卻又有一曲千里、縱其所如之勢，真神技也。泛説溯流佚游，極其鋪張，填易詞字，便可移掇。妙於"上而忘反"四字推詳情事，發明"連"字名義，工巧異常，與上文絶不相同，一字移掇不動，此良工苦心處。俗眼但以尖穎略過，孤負作家也。（吕葆中本、無錫 唐氏本、唐玉虬本）

惟君所行也①〔一〕

齊臣於君之游觀〔二〕，而欲其自審所尚也。夫古法之當遵，而時弊之當②戒，此理之易見者。齊臣尤③欲其君之自審焉，豈非所以定其趨也哉？想晏子告景公之意以爲，進言者臣也，而擇術者君也。彼先王之法，當今之弊，臣固已盡言於君而不敢隱矣。然公則勝私，私則滅公，理欲不容於並立，而與治同道〔三〕，與亂同事〔四〕，從違必決於一定。先王之法，固今人之所慕而當行者也，或安於卑近而不進，則有不能行者焉；當今之弊，固今人之所樂而必行④者也，或陷於危亡而不救，則有不可行者焉。使君有見於成憲〔五〕之當遵，而不諉於古今之不相及也，於是而省耕〔六〕，而省斂〔七〕，則一游而頌聲作，不獨在先王，而且在吾⑤君矣，其或反⑥是而以先王爲不足法焉，亦惟君之自棄耳，由人乎哉？使君有見於湛樂〔八〕之可從，而不知危亡之可惡也，於是而流連，而荒亡〔九〕，則一游而謗聲作，不獨在他國，而且在齊國矣，其或反是而以晏安爲不可懷焉，亦惟君之自悟耳，由人乎哉？或進而與先王同其善也，雖曰諫行而言聽，臣與有榮焉，然而善則歸於君；或退而與後世同其陋也，雖曰諫不行而言不聽，臣與有辱焉，然而過則歸於己也。將爲諸侯度歟？將爲諸侯憂歟？禍福之至，皆自己求之耳，將使以憂⑦而以休⑧歟？將⑨使弗食而弗息歟？生民之命，惟懸於吾君耳。爲善也而惟日不足，人固不能導之於惡也；爲不善也而惟日不足，人亦不能挽之於善也。吾君其知所自擇哉！夫晏子之爲是言以告君者，非欲使其君泛然於理欲之辨而出入於公私之間也，正欲委其責於君，而趨向之路不可不慎耳。

【校記】

①惟君所行也篇又載陳名夏本、俞康本、俞乾本、無錫唐氏本、唐玉虬本，據校。

②當，俞康本作"堂"。

③尤，陳名夏本作"猶"。

④必行，俞乾本作"必安行"。

⑤吾，俞乾本無。

⑥反，俞乾本作"及"。
⑦憂，陳名夏本作"助"。
⑧憂而以休，俞康本、俞乾本作"休而以助"。
⑨將，俞乾本作"與將"。

【注釋】

〔一〕出自孟子·梁惠王下第四章：昔者齊景公問於晏子曰："吾欲觀於轉附、朝儛，遵海而南，放於琅邪。吾何修而可以比於先王觀也？"晏子對曰："善哉問也！天子適諸侯曰巡狩，巡狩者，巡所守也。諸侯朝於天子曰述職，述職者，述所職也。無非事者。春省耕而補不足，秋省斂而助不給。夏諺曰：'吾王不游，吾何以休？吾王不豫，吾何以助？一游一豫，爲諸侯度。'今也不然：師行而糧食，飢者弗食，勞者弗息。明明胥讒，民乃作慝。方命虐民，飲食若流。流連荒亡，爲諸侯憂。從流下而忘反謂之流，從流上而忘反謂之連，從獸無厭謂之荒，樂酒無厭謂之亡。先王無流連之樂，荒亡之行。惟君所行也。"

〔二〕游觀：見從流上而篇所注。

〔三〕與治同道：與治者原則方法一致。尚書·太甲下："與治同道罔不興，與亂同事罔不亡。"

〔四〕與亂同事：與亂者原則方法相同。

〔五〕成憲：既定的法令。尚書·説命下："監於先王成憲，其永無愆。"孔安國傳："先王成法。"

〔六〕省耕：古代帝王視察春耕。孟子·梁惠王下："春省耕而補不足，秋省斂而助不給。"孫奭疏："春則省察民之耕，而食不足者則補之。"

〔七〕省斂：古代帝王視察秋收。孟子·梁惠王下："春省耕而補不足，秋省斂而助不給。"孫奭疏："秋則省察民之收，而有力不足者則助之。"

〔八〕湛樂：過度逸樂。詩經·小雅·北山："或湛樂飲酒，或慘慘畏咎。"

〔九〕荒亡：無節制地沉迷於田獵宴樂。

【集評】

原評：文後評語：兩端語，側重法古一邊。此文股股含着此意，情辭

深婉，氣勢跌蕩，格調磊落。（陳名夏本）

王遵巖：文後評語：兩端話，卻側重法古一邊，此文股股含着此意。情詞深婉，氣勢跌宕，格調磊落。（陳名夏本、俞 康本、俞 乾本）

文後評語：雖持兩端話，卻側重法古一邊，此文股股含着此意。情詞深婉，氣勢跌宕，格調磊落，時藝中罕見。（吕葆中本、無錫唐氏本、唐玉虬本）

陳名夏：文後評語：此等文，人皆知之，不必予贅也。（陳名夏本）

薛方山：文後評語：操縱闔闢，動中文機，轉折層疊，無非規君於善意。（吕葆中本、無錫唐氏本、唐玉虬本）

茅鹿門：文後評語：川雲嶺月，探之不窮，令人神骨俱解。（吕葆中本、無錫唐氏本、唐玉虬本）

錢純中：行文如有源之水，漸次入海，層波疊浪，而魚龍出没乎其中。十二股文字，股股相生，亦一奇也。（吕葆中本、俞 康本、俞 乾本、無錫唐氏本、唐玉虬本）

錢用章：文後評語：讀此文，如登臺者，一層高一層；如弈棋者，一著緊一著。意不倒置，詞無疊狀，可謂絶作。（吕葆中本、俞 康本、俞 乾本、明文鈔、無錫唐氏本、唐玉虬本）

吕留良：文中評語："夫古"至"審焉"後：剔出進言之意、立説之法。"然公"至"一定"後：題前先鎮壓大義，兩比下面活處開煞。"先王"至"行者也"後：先拈所虛引"惟"字。"或安"至"行者焉"後：不能不可，匠心入妙。"使君"至"及也"後：接"君"字起，留"惟"字，弄活法。"其或"至"人乎哉"後：轉法妙甚，"惟"字情旨在此逼拶。"使君"至"人乎哉"後：顛倒回互，以取"惟"字，其義乃盡。"或進"至"善也"後：筆筆飛動。"雖曰"至"歸於己也"後：又將"臣"逼"惟君"，妙。已透相悦意。"將爲諸"至"吾君耳"後：原評：不離二意，翻覆一"惟"字，生枝生葉，不見重疊。"爲善也"至"自擇哉"後：推極言之，又進一層，直逼出主意。（吕葆中本、無錫唐氏本、唐玉虬本）

文後評語："惟"字兩邊説，是逼法，不是活法。活法正是逼法，不行此，則行彼，道理分别如此，祇看君所行何如。此處卻是他人著力不得，此句逼拶極狠，非謂但憑君做也。文之妙，亦祇是步步逼得緊，變化從此

而生。（呂葆中本、無錫唐氏本、唐玉虬本）

俞長城：文中評語："進言"至"君也"後：先扣本題，次頂上文。"然公"至"一定"後：先緊後鬆，文瀾不竭。"先王之法"後：此下四比，祇以回互法取"惟"字義。"或安"至"不能行者焉"後：不能不可，用意精妙。"使君"至"相及也"後：接"君"字起，留"惟"字，丟活法。"則一"至"齊國矣"後：儆戒有力。"或進"至"善也"後：此下四比又以平列法取"惟"字義。"雖曰"至"歸於己也"後：又將"臣"逼"惟君"，妙。已透相悅意。"將爲諸"至"吾君耳"後：前論道理，此論利害。"爲善也"至"自擇哉"後：直逼至此，文勢緊甚。（俞康本、俞乾本）

文後評語：美盡諸評，不復贅也。（俞康本、俞乾本）

王巳山：文後評語：鞭辟"惟"字，明暗相參，生殺互用，極變化闔闢之奇。（明文鈔）

高嶁：文後評語：上文並舉兩端，"惟"字歸併一路，或暗頂上文，或明拈上文，或分舉，或遞串，或合併，或交互，一提一束，無一不是"惟"字精神。（明文鈔）

所謂故國①〔一〕 三句

大賢論所以爲故國〔二〕者，不在物而在人也。蓋世臣〔三〕者，國之所藉以爲安者也，而豈喬木之可同哉？孟子言此，將以責宣王之無親臣〔四〕也。意豈不曰：國微其人，誰與共理？王知夫國之所以重者乎？彼土地之廣，受之先王，人民之衆，傳之先君，此故國也。以故國言之，必有喬木焉，亦必有世臣焉，二者皆其所宜有也。然喬木者不過天之所生，何有於成敗之數？地之所長，何關乎理亂之機？人民之所安養者，不在是也；土地之所鞏固者，不在是也。指此而謂之故國，豈理也哉？若夫世臣也者，主爵〔五〕相承，而與國相爲終始；忠貞世篤，而與國相爲存亡。庶民小子皆有所恃而不恐，所謂价人維藩〔六〕者此也；宗廟社稷皆有所賴而不危，所謂大宗維翰〔七〕者此也。指此而謂之故國，不亦宜哉？夫世臣之有益於人國，其大如此。今齊王也，親臣且無，況世臣乎！齊國之不至於殆也，亦幸矣。

【校記】

①所謂故國篇又載無錫唐氏本、唐玉虬本，據校。

【注釋】

〔一〕出自孟子·梁惠王下第七章：孟子見齊宣王曰："所謂故國者，非謂有喬木之謂也，有世臣之謂也。王無親臣矣，昔者所進，今日不知其亡也。"

〔二〕故國：歷史悠久的古國。孟子·梁惠王下："所謂故國者，非謂有喬木之謂也，有世臣之謂也。"趙岐注："故者，舊也。……人所謂是舊國也。"

〔三〕世臣：累世修德的有功勛的舊臣。孟子·梁惠王下："所謂故國者，非謂有喬木之謂也，有世臣之謂也。"孫奭疏："世臣，累世修德之舊臣也。"

〔四〕親臣：親自任用的臣子，親近之臣。

〔五〕主爵：職官名，掌封爵等事。初設於秦，後歷代變更名稱和職能，唐初廢名。

〔六〕價人維藩：披甲執銳之武人是國家安全的屏藩。詩經·大雅·板："價人維藩，大師維垣，大邦維屏，大宗維翰，懷德維寧，宗子維城。"鄭玄箋："價，甲也。被甲之人，謂卿士掌軍事者。"

〔七〕大宗維翰：王的同姓宗族是國家的棟樑。詩經·大雅·板："價人維藩，大師維垣，大邦維屏，大宗維翰，懷德維寧，宗子維城。"鄭玄箋："大宗，王之同姓之適子也。"

【集評】

呂留良：文中評語："此故國也"後：先出"故國"，留"所謂"發義。"以故國"至"宜有也"後：喬木世臣並提，纔轉得"非"字"有"字意出。"然喬木者"後：轉落一氣，祇如散行。"人民"至"固者不在是也"後：對照世臣。"指此"至"也哉"後："之謂"二字，語足。"庶民"至"維藩者此也"後：回映喬木意。（呂葆中本、無錫唐氏本、唐玉虬本）

文後評語：如此虛淺題，必用古文間架，古文氣脉，有實義，有虛機，

一片天成。行墨老潔，所謂獅子搏兔，亦用全力者也。（吕葆中本、無錫唐氏本、唐玉虬本）

人力不至於此①〔一〕

　　時君自矜克敵非出於人力，欲取之意有在矣。蓋不戰而勝，燕人之怨君然也。齊王乃歸諸天焉，無乃欲緣此以自濟與？昔齊王語孟子之意以爲，天下之事出於天者易成，由於人者難必。我之於燕，以力則相當，以勢則相敵，宜乎不易勝也。今也燕師方至，而遂有倒戈之勢，我軍一臨，而遂獲全勝之功，人皆以爲人之力也。自我言之，戰則必勝，雖人力所有也，而未必得乎成功之速；攻則必取，雖人力所能也，而實難乎克捷之易。城門不閉〔二〕，果我師之能乎？必默有以主其事而莫之爲而爲。士卒不戰，果我軍之力乎？必陰有以神其機而莫之致而致。方張起旅，雖我之謀，而師貞〔三〕之吉實非吾之所能爲也。否則，成敗之迹未可必也，豈可遂謂齊足以勝燕哉？舉兵加誅，雖吾之力，而五旬之舉〔四〕實非吾之力也。不然，相持之勢非一日矣，豈能遂必齊之克勝哉？齊王之言如此，則其欲取之意有在矣。吁！不取必於民心，而取必於天意，此齊王之所以不免千里而畏人也，惜哉！

【校記】

①人力不至於此篇又載無錫唐氏本、唐玉虬本，據校。

【注釋】

〔一〕出自孟子·梁惠王下第十章：齊人伐燕，勝之。宣王問曰："或謂寡人勿取，或謂寡人取之。以萬乘之國伐萬乘之國，五旬而舉之，人力不至於此。不取，必有天殃，取之何如？"孟子對曰："取之而燕民悦，則取之。古之人有行之者，武王是也。取之而燕民不悦，則勿取。古之人有行之者，文王是也。以萬乘之國伐萬乘之國，簞食壺漿，以迎王師。豈有他哉？避水火也。如水益深，如火益熱，亦運而已矣。"

〔二〕城門不閉：周赧王元年（前314），齊王命令章子率領五都的軍隊，偕同北方邊境的士卒，一起討伐燕國。燕國的士兵不迎戰，城門也不關閉，燕君噲死，齊軍大勝。史記·燕世家："士卒不戰，城門不閉，燕君噲死，齊大勝，燕子之亡。"

〔三〕師貞：用兵之道須持正義之名。周易·師："師貞，丈人，吉，無咎。"孔穎達疏："師，衆也。貞，正也。丈人，謂嚴莊尊重之人。言爲師之正，唯得嚴莊丈人監臨主領，乃得吉，無咎。"

〔四〕五旬之舉：用五十天攻下敵國。

【集評】

呂留良：文中評語："我之"至"勝也"後：嫌其頭太重。"今也"至"力也"後：頓此句有局，然後人定演作長段半幅矣。"必默"至"莫之爲"後：下句直逼。"不取"至"惜哉"後：以大義收宕，是古文大家結裹。（呂葆中本）

文後評語：不用游兵，不設疑陣，堂堂正正，小營寨，具大規模。（呂葆中本、無錫唐氏本、唐玉虬本）

昔者太王①②〔一〕 二者③

大賢兩陳圖變之策，而因責君之自審也。夫經權不同，均之圖變之良策也，人顧處之何如耳？滕君盍知所自勵哉？孟子因其畏大而爲之籌曰：吾君受制於大國也，揆之於勢不得乎萬全之謀，反之於己不越乎兩端之策，試爲君陳之。昔太王〔二〕之事狄人也，先之以皮幣，繼之以寶馬，而卒莫弭侵陵之患。於是以土地爲輕，以人民爲重，而即有事於岐山之遷〔三〕。然王雖去而人不忘其澤，地雖易而民不改其聚，此蓋④用權以圖存，在古人已有成迹者矣。或謂人君之於土地也，受之天子，傳之先君，而吾不欲⑤以自主，有民人焉，有社稷焉，而吾未可以輕去，故寧以宗社⑥之故病吾身，毋寧以吾身之故棄宗社，此蓋守經〔四〕以俟死，在古人已有定論者矣。斯二者固皆足以圖變，然就時而設其可爲之策，臣之所能也；權彼此以決一定之機，非臣之所能也。君其反觀於己，而度德以處之，可以權則權，可以經則經也，而不必於他求；內省諸心，而量力以行之，太王固可法，人言亦可從也，而不必於外望。以勢論之，若去之爲便矣，其或反是而以義爲不可焉，亦惟君之自審⑦耳，可不爲之長慮也哉？以理論之，若守之爲是矣，其或反是而以權爲必可行焉，亦惟君之自諒耳，可不爲之深謀也哉？要之能如太王焉，則國亡而身在，固不失爲創造之君；不能如太⑧王焉，則國亡而與亡，亦無負於有邦之責，君其勉乎哉！

【校記】

①昔者太王篇又載無錫 唐氏本、唐玉虬本、欽定四書文、明文鈔，據校。
②昔者太王，欽定四書文、明文鈔作"昔者太王居邠"。
③二者，欽定四書文、明文鈔作"合下二節"。
④蓋，欽定四書文作"皆"。
⑤不欲，欽定四書文作"不敢"。
⑥宗社，欽定四書文作"社稷"。
⑦審，欽定四書文作"諒"。
⑧太，無錫 唐氏本作"大"。

【注釋】

〔一〕出自孟子·梁惠王下第十四章：滕文公問曰："滕，小國也。竭力以事大國，則不得免焉，如之何則可？"孟子對曰："昔者大王居邠，狄人侵之。事之以皮幣，不得免焉；事之以犬馬，不得免焉；事之以珠玉，不得免焉。乃屬其耆老而告之曰：'狄人之所欲者，吾土地也。吾聞之也：君子不以其所以養人者害人。二三子何患乎無君？我將去之。'去邠，逾梁山，邑於岐山之下居焉。邠人曰：'仁人也，不可失也。'從之者如歸市。或曰：'世守也，非身之所能爲也。效死勿去。'君請擇於斯二者。"

〔二〕太王：指周代 太王 古公亶父。

〔三〕岐山之遷：周代 太王 古公亶父因避戎狄武裝進攻，帶領周族人從豳地遷移到岐山南面山下定居。史記·周本紀："古公亶父復修后稷、公劉之業，積德行義，國人皆戴之。薰育戎狄攻之，欲得財物，予之。已復攻，欲得地與民。民皆怒，欲戰。古公曰：'有民立君，將以利之。今戎狄所爲攻戰，以吾地與民。民之在我，與其在彼，何異？民欲以我故戰，殺人父子而君之。予不忍爲。'乃與私屬遂去豳，度漆、沮，逾梁山，止於岐下。"

〔四〕守經：固守祖制常法。漢書·貢禹傳："朕以生有伯夷之廉，史魚之直，守經據古，不阿當世。"

【集評】

呂留良：文中評語："昔太王"至"之患"後：看其兩比對法，使虛實兩忘於自然。"於是"至"之遷"後：此比看其煉縮之妙。"然王"至"迹者矣"後：此見太王之難，便是請擇處。"或謂"至"輕去"後：此比看其支架之妙。"故寧"至"論者矣"後：見效死之難。"斯二"至"能也"後：有此頓宕，氣勢便空闊，正見孟子不下斷決語，不是胡盧提也。"君其"後："君請"二字着實。"內省"至"論之"後："擇"法。"要之能如太王焉"後："擇"之要。（呂葆中本、無錫唐氏本、唐玉虬本）

文後評語：上兩節以十六字對一百十三字，不見有斷鶴續鳧之病，亦不見有差排紐捏之勞，可謂奇矣。而上兩大節祇作二比，下一節七個字，卻重發六比，而意理與局法適相稱，又一奇也。論理論事勢，孟子自有一定之則，到人主才德力量所至，豈孟子之所能強？開陳善道，使之自取，要之孟子意中，固未嘗不以第一等作為望滕君也。"君"字提重，"擇"字放活，正得深意。結末繳轉能為太王、不能為太王，兩平中自見歸重。所謂歸重者，非但歸重太王之覓遷地也，歸重在"仁人也"三句耳。此是孟子一生本領，中具旋乾轉坤手段，莫作腐儒迂闊難行語輕看。（呂葆中本、無錫唐氏本、唐玉虬本）

方苞：文後評語：屬對之巧，製局之奇，細看確不可易。須知題之賓主、輕重、前案後斷之間，自有天然部位，妙手乃得之耳。（欽定四書文）

原評：文後評語：上兩節以十六字對一百十三字，不見有斷鶴續鳧之病，亦不見有差排紐捏之勞，可謂奇矣。而上兩大節祇作二比，下一節七個字，卻重發六比，而意理與局法適相稱，又一奇也。（明文鈔）

王耘渠：文後評語：製局之奇固矣。須知其妙全在審題之賓主、輕重、前案後斷之間，天然部位，確不可易，故謂之化工在手。（明文鈔）

且以文王①②〔一〕 五句③

聖化不能自成，而待人以成，見致王之難也。蓋文王之德之久，宜無不可以成化者，而尤待乎後人，致王之難固可見矣。無惑乎丑之疑孟子也，意豈不曰：子謂齊王猶反手，其然豈其然乎？蓋古人欲有爲於天下，或限於德所不能爲，或靳於年所不及爲，吾固不暇論矣。且文王何如人哉！言其德則爲聖人而極盛，凡發政施仁，無非是德之推也；言其年則至期頤〔二〕而後崩，是多歷年所，無非一德之遠也。夫久於其道，固宜天下化成矣，然猶三分之勢，僅得其二。觀於詩，但見汝墳遵化〔三〕而已，能使汝墳之遵化，不能使舉世皆汝墳也；周王壽考〔四〕，固宜遐不作人〔五〕矣，然猶政教之布未及於九。觀於書，但曰西土怙冒〔六〕而已，能使西土之怙冒，不能使普天④皆西土也。則文王既弗克王於其身矣，將不有賴於其後乎？迨夫武王繼之，其承厥志，克商集九年之大統〔七〕；周公又繼之，成文之德，制作開八百之太平〔八〕。然後丕顯〔九〕之功因丕承〔一〇〕而益彰，天下一統，不獨汝墳爲然也，是雖文德之垂而微，武王亦難乎其爲力矣；肇造之績因述事而益著，萬邦作乂〔一一〕，不獨西土爲然也，是雖文德之餘波而微，周公將與其人俱往矣。安望其大行〔一二〕乎？吁，此文王所以賴武周之繼也！今夫子曰齊王，則固期以大行，而非止於未⑤洽；曰反手，則固無庸於繼，而亦不待百年。是果夫子優於文耶。

【校記】

①且以文王篇又載陳名夏本、無錫唐氏本、唐玉虬本，據校。
②且以文王，陳名夏本作"且以文王之德"。
③五句，陳名夏本作"大行"。
④普天，陳名夏本作"後世"。
⑤未，陳名夏本作"不"。

【注釋】

〔一〕出自孟子·公孫丑上第一章：（公孫丑）曰："若是，則弟子之惑滋甚。且以文王之德，百年而後崩，猶未洽於天下。武王、周公繼之，然後大行。今言王若易然，則文王不足法與？"曰："文王何可當也！由湯至於武丁，賢聖之君六七作。天下歸殷久矣，久則難變也。武丁朝諸侯有天下，猶運之掌也。紂之去武丁未久也，其故家遺俗，流風善政，猶有存者；又有微子、微仲、王子比干、箕子、膠鬲，皆賢人也，相與輔相之，故久而後失之也。尺地莫非其有也,一民莫非其臣也,然而文王猶方百里起,是以難也。"

〔二〕期頤:百歲之年。禮記·曲禮:"人生十年曰幼,學。二十曰弱,冠。三十曰壯,有室。四十曰強,而仕。五十曰艾,服官政。六十曰耆,指使。七十曰老,而傳。八十九十曰耄……百年曰期頤。"鄭玄注:"期,猶要也;頤,養也。不知衣服厚味,孝子要盡養道而已。"

〔三〕汝墳遵化:本義是順汝河堤岸行走,此處比喻道化暢行天下。詩經·國風·汝墳:"遵彼汝墳,伐其條枚。"毛序:"汝墳,道化行也。文王之化行乎汝墳之國。"鄭玄注:"遵,循也;汝,水名也;墳,大防也。"

〔四〕周王壽考:周文王年歲很高。詩經·大雅·棫樸:"周王壽考,遐不作人。"鄭玄注:"周王,文王也。是時九十餘矣,故云壽考。"

〔五〕遐不作人:何不培養造就人才!詩經·大雅·棫樸:"周王壽考,遐不作人。"孔穎達疏:"作人者,變舊造新之辭。"

〔六〕西土怙冒:周文王勤勉治理周部族領導下的西方小國,功勞卓著。尚書·康誥:"惟乃丕顯考文王,……用肇造我區夏,越我一二邦,以修。我西土惟時怙冒,聞於上帝,帝休。天乃大命文王。"孔安國傳:"我西土,岐周。"

〔七〕集九年之大統:周武王完成了周文王受命九年沒有成就的帝業。尚書·武成:"我文考文王克成厥勳,誕膺天命以撫方夏,大邦畏其力,小邦懷其德,惟九年大統未集。"孔安國傳:"九年而卒,故大業未就。"

〔八〕開八百之太平:周文王、周武王討商伐紂,開創周朝八百年基業。

〔九〕丕顯:英明。尚書·康誥:"惟乃丕顯考文王,克明德慎罰。"

〔一〇〕丕承:舊謂帝王承天受命,此處指周代歷代國君很好地繼承先人帝業。尚書·君奭:"惟文王德,丕承無疆之恤。"

〔一一〕萬邦作乂:各諸侯國貿易興旺,民衆安居,天下開始得到治理。尚書·益稷:"蒸民乃粒,萬邦作乂。"

〔一二〕大行:大道之行,治理國家社會的最高準則能够運行天下。禮記·禮運:"大道之行也,天下爲公。選賢與能,講信脩睦。"

【集評】

　　胡思泉先生：文後評語：祇在"汝墳""西土"上略加點綴，便分未洽大行，此老會安排處。（陳名夏本）

　　韓求仲先生：文後評語：局雖兩截，脉則一綫，點化詩書處，運實爲虛。（陳名夏本）

　　陳名夏：文後評語：有節次可用機法，即見荊川能事，一反一正，一開一合，允稱宗匠。（陳名夏本）

　　胡思泉：文後評語：意不驚人，語不駭俗，卻自舂容典雅，種種可愛。祇在"汝墳""西土"上略加點綴，即分未洽大行，此老會安排處。（呂葆中本、無錫唐氏本、唐玉虬本）

　　李衷一：文後評語：題本重文王，故下截不放着文王。疊生議論，得回顧法，又得點綴法。抑揚關照，絕有精神。（呂葆中本、無錫唐氏本、唐玉虬本）

　　呂留良：文中評語："蓋古人"至"論矣"後：提起得勢，疏宕入古。"且文王"後："且"字接出，橫甚。"能使"至"墳也"後：未洽天下，蘊藉風流。"則文王"至"身矣"後：逗"王"字閑中着眼。"然後"至"力矣"後："大行"炤"未洽"，祇用向語作轉。"雖文德之餘波"後：仍歸"文德"，好！（呂葆中本、無錫唐氏本、唐玉虬本）

　　文後評語：滿口津津，故作委婉。斡旋文王，卻都是老大不然。菶菲孟子口吻，傳神妙手。（呂葆中本）

孟施舍似①〔一〕　二句

　　亦以其氣象言之耳，何則？曾子反求諸己〔二〕者也，子夏篤信聖人者也。傳而能習〔三〕，曾子非不篤信乎聖人也。然而存誠密於三省〔四〕，精義進於一貫，大要則以反求諸己爲務者也，而孟施舍爲能似之。舍之養勇也，其曰能無懼而已矣，則是所不可勝者常在於我，而敵不知其所攻。敵不知其所攻，則敵之加乎我者，雖縱橫萬變，而固可以不失其在我者矣。其與曾子之反求諸己者不有似乎？篤志近思，子夏非不反求諸己也。然而文學獨能得其一體，春秋不敢贊乎一詞，大要則以篤信聖人爲事者也，而北宮黝爲能似之。黝之養勇也，其曰刺萬乘〔五〕若刺褐夫〔六〕，則是所可勝者常在於敵，而敵不知其所守。敵不知其所守，則我之加乎敵者，雖縱橫萬變，而固可以必勝乎彼矣。其與子夏之篤信聖人者不有似乎？曾子之所有事者，仁義以爲干櫓〔七〕，忠信以爲甲冑〔八〕，而舍則馳騖於戰勝攻取之間，其事不同而皆取必於爲己，則爲似耳；子夏之所有事者，夫子步而步焉，夫子趨而趨焉，而黝則較量於寬博〔九〕萬乘之間，其事不同而皆取必於爲人，則爲似耳。

【校記】

①孟施舍似篇又載無錫唐氏本、唐玉虬本，據校。

【注釋】

〔一〕出自孟子·公孫丑上第二章：孟施舍似曾子，北宮黝似子夏。夫二子之勇，未知其孰賢，然而孟施舍守約也。昔者曾子謂子襄曰："子好勇乎？吾嘗聞大勇於夫子矣：自反而不縮，雖褐寬博，吾不惴焉；自反而縮，雖千萬人，吾往矣。"孟施舍之守氣，又不如曾子之守約也。

〔二〕反求諸己：反過來從自己身上尋找原因，或者對自己提出要求。孟子·公孫丑下："不怨勝己者，反求諸己而已矣。"

〔三〕傳而能習：凡所傳授之事，能夠正確講習而不妄傳。論語·學而："吾日三省吾身：爲人謀而不忠乎？與朋友交而不信乎？傳不習乎？"邢昺疏："凡所傳授之事，得無素不講習而妄傳乎？……傳惡穿鑿。"

〔四〕三省：從三種行事準則反省自己。論語·學而："吾日三省吾身：爲人謀而不忠乎？與朋友交而不信乎？傳不習乎？"

〔五〕萬乘：一萬乘兵車。此處代指天子。孟子·梁惠王上："萬乘之國，弒其君者，必千乘之家。"趙岐注："萬乘，兵車萬乘，謂天子也。"

〔六〕褐夫：卑賤之人。孟子·公孫丑上："視刺萬乘之君，若刺褐夫。"

〔七〕仁義以爲干櫓：以遵循仁義道德作爲像盾牌一樣的防禦裝備。禮記·儒行："儒有忠信以爲甲冑，禮義以爲干櫓；戴仁而行，抱義而處。"鄭玄注："干櫓，小楯大楯也。"孔穎達疏："儒者以忠信禮義亦御其患難，謂有忠信禮義則人不敢侵侮也。"

〔八〕忠信以爲甲胄：以忠信的品德作爲像鎧甲一樣的防護裝備。禮記・儒行："儒有忠信以爲甲胄，禮義以爲干櫓；戴仁而行，抱義而處。"鄭玄注："甲，鎧；胄，兜鍪也。"孔穎達疏："儒者以忠信禮義，亦御其患難，謂有忠信禮義則人不敢侵侮也。"

〔九〕寬博：衣服寬大。此處代指褐夫。孟子・公孫丑上："不受於褐寬博，亦不受於萬乘之君。"

【集評】

吕留良：文中評語："亦以"至"之耳"後：起有關文。"曾子"至"者也"後：先立二子作主。"傳而"至"聖人也"後：圓理。"則是"至"所攻"後：精言。"雖縱横"至"我者矣"後：口説施舍意中對寫曾子。"曾子"至"己則爲似耳"後：不倫之倫，須與清析。（吕葆中本、無錫唐氏本、唐玉虬本）

文後評語：論語句，似應立舍、黝爲主，而援卜、曾儗之。蓋孟子原爲論己之不動心，因公孫丑借孟賁爲言，故孟子亦借黝、舍之養勇以引入養氣之説，一步步打到自身上。養勇亦以守約爲上，故二子中已是北宮陪舍，借黝、舍陪出曾子、子夏，卻又是子夏陪曾子。孟子之學，源本曾子，故説曾子正陪出自己，一路脱卸到曾子一住。此二句雖是品評黝、舍，卻正爲過渡出曾子、子夏。空中形影颷颰，是孟子文章神化處，故此文先提曾子、子夏，正得賓主回互之妙。至其間各人説各家景致，絶不相關，卻暗中已對面傳神，"似"字祇點逗而得。其用意之精，與下手之敏，皆非粗心者所曉。（吕葆中本、無錫 唐氏本、唐玉虬本）

志壹則動①〔一〕 二句

大賢論志氣有交動之機，以見功當交盡也。蓋志爲氣之主，固當動氣，而氣爲志之輔，亦能動志也。大賢對舉而言之氣，其可以失養乎？孟子因公孫丑疑其養氣之説故言此。若曰：我之次氣於志者，非相遠之謂，乃即次之謂也。何則？志者氣之帥，妙於無形，而實爲百體〔二〕之綱維；藏於至寂，而實爲五官之主宰。使其不壹則已，如或念慮之萌於中者有介石之操〔三〕，而不迷於往來之感，心思之動於內者有必行之力，而不惑於將迎之累，則志於是乎壹矣。大體立於中，而小體應於外。耳之聽，目之視，惟所向而各效其職，不言而自喻也；手之持，足之行，惟所趨而卒從其令，不戒而自孚[四]也。自其常而觀之，志之動氣如此，志不在所當養乎？然人知志之動氣，而不知氣之動志。蓋氣者體之充，惟志之從，若不能以自行也，惟志之聽，若不能以自用也。惟其不壹則已，使念慮未萌而事之：應乎外者，一任夫氣之所趨，不由中以爲之制，心思未動而物之；感乎外者，一任夫氣之所向，不由心以爲之節，則氣於是乎壹矣。攻取之欲既勝，而湛一之體以失，雖曰五官之主宰，亦且震撼而不寧；非惟不足以馭氣，而反爲氣所馭也，雖曰百體之綱維，亦且倉皇而失措；非惟不足以使氣，而反爲氣所使也。自其變而觀之，氣之動志又如此，氣不在所當養乎？公孫丑於此，亦可以自悟矣。

【校記】

①志壹則動篇又載俞康本、俞乾本、無錫唐氏本、唐玉虬本，據校。

【注釋】

〔一〕出自孟子·公孫丑上第二章：（公孫丑）曰："敢問夫子之不動心，與告子之不動心，可得聞與？""告子曰：'不得於言，勿求於心；不得於心，勿求於氣。'不得於心，勿求於氣，可；不得於言，勿求於心，不可。夫志，氣之帥也；氣，體之充也。夫志至焉，氣次焉。故曰：'持其志，無暴其氣。'""既曰'志至焉，氣次焉'，又曰'持其志，無暴其氣'者，何也？"曰："志壹則動氣，氣壹則動志也。今有蹶者趨者，是氣也，而反動其心。"

〔二〕百體：身體各部位。禮記·樂記："惰慢邪辟之氣，不設於身體。使耳目鼻口心知百體，皆由順正，以行其義。"

〔三〕介石之操：見說之不以篇所注。

〔四〕不戒而自孚：不待戒告而自然爲人所信服。周易·泰卦："翩翩，不富以其鄰，不戒以孚。"王弼注："不待戒而自孚也。"孔穎達疏："不待戒告而自孚信以從己也。"

【集評】

原評：文後評語：兩股中遥相呼應，如空山之音，語欲斷而意還續。（呂葆中本、無錫唐氏本、唐玉虬本）

呂留良：文中評語："大賢"至"養乎"後：句中賓主回互自見。"我之"至"謂也"後：答問意接口，提清先輩筋節處。"使其"至"壹矣"後：兩"壹"字境象不同，各出精義，中有氣在。"惟所"至"喻也"後：其爲動，固不同。"自其常"至"養乎"後：畫然天開。"然人"至"動志"後：兩對中插此二句作轉紐，祇成一片流水。"惟其不壹則已"後：仍根志不壹來，好！"一任"至"之制"後：不放此句。（呂葆中本、無錫唐氏本、唐玉虬本）

文後評語：道理本位，畢竟氣輕。答問語意，卻側重氣說，兩句若不平講，則語意不盡，平講而不側重下句，猶未盡語意也。是板扇格，又是流水格，而道理本位又到，體認精細有此。（呂葆中本、無錫唐氏本、唐玉虬本）

俞長城：文中評語："大賢"至"養乎"後：則重下句。"我之"至"謂也"後：接口甚緊。"使其"至"之感"後：伏"氣"字。"耳之聽"至"喻也"後："動"字直切。"自其常"至"養乎"後："常變"二字有眼。"然人"至"動志"後：二比中有此轉接，流水妙對。（俞康本、俞乾本）

文後評語：兩句乎對，中作轉紐，側注下句，立格已高，壹字動字，實理實境，人見迭爲消長，精透無比。（俞康本、俞乾本、唐玉虬本）

聖人之於①[一] 六句

賢者即聖人爲人之至，而推後聖爲聖之至也。蓋聖莫盛於夫子也，豈特如群聖之異於衆人而已哉？有若深知而贊之如此。宜孟子引之以證其異於夷尹也。且欲知夫子之異於群聖，盍自群聖之異於衆人者而觀之。彼凡物固有類矣，聖人之於民，形同天地之塞，性同天地之帥，亦類也。但其盡性至命[二]，與凡民之自暴自棄者，高下固不可以例觀；踐形[三]惟肖，與君子之修身體道者,安勉亦不容以並論。首出於羣類之上,乃所謂億人之人兆人之人也,挺拔於羣萃之表,非特爲一鄉之士一國之士也,古之聖人蓋如此,合而觀之,則未有如夫子者焉。蓋自生民以來,或聖而君天下者有之,而勳業近止於一時;或聖而師天下者有之,而事功不及於後世。若吾夫子者,一身會太極之全,雖其盡性不加於羣聖也,而其立言垂訓,以爲萬世盡性者之準則,則非羣聖之可與矣,不尤爲出類之異者哉?一心涵造化之蘊,雖其踐形不加於羣聖也,而其垂世立教,以爲萬世踐形者之法程,則羣聖有所不逮矣,不尤爲拔萃之至者哉?

【校記】

①聖人之於篇又載無錫 唐氏本、唐玉虬本,據校。

【注釋】

〔一〕出自孟子·公孫丑上第二章:"伯夷、伊尹於孔子,若是班乎?"曰:"否。自有生民以來,未有孔子也。"曰:"然則有同與?"曰:"有。得百里之地而君之,皆得以朝諸侯,有天下。行一不義,殺一不辜而得天下,皆不爲也。是則同。"曰:"敢問其所以異?"曰:"宰我、子貢、有若,智足以知聖人。汙,不至阿其所好。宰我曰:'以予觀於夫子,賢於堯舜遠矣。'子貢曰:'見其禮而知其政,聞其樂而知其德,由百世之後,等百世之王,莫之能違也。自生民以來,未有夫子也。'有若曰:'豈惟民哉!麒麟之於走獸,鳳凰之於飛鳥,太山之於丘垤,河海之於行潦,類也。聖人之於民,亦類也。出於其類,拔乎其萃。自生民以來,未有盛於孔子也。'"

〔二〕盡性至命:把生命的潛能發揮到極致。周易·說卦:"和順於道德而理於義,窮理盡性,以至於命。"韓康伯注:"命,生之極。"

〔三〕踐形:人內在的德性通過體態容貌、行爲擧止顯發出來的精神風貌。孟子·盡心上:"形色,天性也。惟聖人,然後可以踐形。"趙岐注:"形,謂君子體貌尊嚴也。……踐,履居之也。"

【集評】

吕留良:文中評語:"聖人"至"亦類也"後:"類也"之實。"但

其盡性至命"後:"出拔"之實。"與凡民"之"例觀"後:"出類"句
確。"踐形"至"並論"後:"拔萃"句確。"首出於"至"兆人之人也"
後:是"出類"。"古之聖人蓋如此"後:束一句,畫然。"合而"至"者
焉"後:罅縫中插此句,又朗然。"蓋自"至"後世"後:擊出"盛"字,
原是與聖人較量,不指及衆生。"若吾"至"群聖也"後:孔子之於群聖
亦類也。"不尤"至"者哉"後:語句清出。(吕葆中本、無錫唐氏本、
唐玉虬本)

文後評語:三節總答所以異於夷 尹之問,而引三子之言以證之。都對
古今聖人比較,與凡民無與,有若要說得品級分明,故將衆人與群聖先算
起一層耳。"出類"二句,總説古今聖人,末句纔説孔子更盛如古今聖人,
看此篇節次極分明。"出類"二句,人看來一樣,則複衍無別,於是造爲
一句指群聖,一句指孔子之説,尤爲杜撰,不知雖一樣指群聖,而義原不
同類。指庸衆萃,指大賢以下,此解從來混過,得此快然。孔子盛於群聖,
其道德體段,原自不同,看集大成章可見。必欲從事功衡量,於是單推高
其立言垂訓以當之,卻看小了孔子也。總是於聖人真實分量信不及,疑孔
孟,疑程 朱,都祇看自己眼孔低小耳。(吕葆中本、無錫唐氏本、唐玉
虬本)

國家閑暇①〔一〕 政刑

際可爲之時,盡當爲之務,此强仁之事也。蓋政與刑皆人君之當務也,及
時而有以明之,寧非强仁之事乎?孟子勉當時之意,豈不曰:君人者與其有惡
辱之心,孰若爲强仁之事?其道奈何?亦曰:及時以圖治而已。彼草昧之初,
時未至而不暇爲;危迫之際,時已去而不及爲。今也四鄰輯睦,外患爲之不
起,而建功立業此其機也;一人有慶,内變爲之不生,而革故鼎新兹其會也。
夫時者難得而易失,幸而當此之時,其可以自逸乎?必也謹衣袽之戒〔二〕,及
其未亂而拳拳於制治之圖;懷復隍〔三〕之憂,及其未危而切切於保邦之計。如
政所以正民也,與吾賢者能者而明之,参伍錯綜以求其損益之宜,援古證今以
酌其因革之當,大綱焉張之而不弛也,小紀焉理之而不亂也,明其政如此,則
建功立業之本在是矣;如刑所以齊民也,與吾賢者能者而明之,審其時焉而輕

典重典⁽⁴⁾之異用，察其情焉而上服下服⁽⁵⁾之異施，有罪者不至於倖免也，無辜者不至於濫及也。明其刑如此，則革故鼎新之道在是矣。內治既修，外患自弭，雖大國且將畏之，而何辱之不可免，何榮之不可致乎？吁！人君亦可以自悟矣。

【校記】

①國家閑暇篇又載無錫唐氏本、唐玉虬本，據校。

【注釋】

〔一〕出自孟子·公孫丑上第四章：孟子曰："仁則榮，不仁則辱。今惡辱而居不仁，是猶惡濕而居下也。如惡之，莫如貴德而尊士，賢者在位，能者在職。國家閑暇，及是時明其政刑。雖大國，必畏之矣。詩云：'迨天之未陰雨，徹彼桑土，綢繆牖戶。今此下民，或敢侮予？'孔子曰：'為此詩者，其知道乎！能治其國家，誰敢侮之！'今國家閑暇，及是時般樂怠敖，是自求禍也。禍福無不自己求之者。詩云：'永言配命，自求多福。'太甲曰：'天作孽，猶可違；自作孽，不可活。'此之謂也。"

〔二〕衣袽之戒：用破布堵塞漏水的船艙。此處比喻對潛伏的危機應有所戒備。周易·既濟："六四，繻有衣袽，終日戒。"王弼注："繻宜曰濡，衣袽所以塞舟漏也。"

〔三〕復隍：城墙倒塌，覆於城池之上。復，通覆。比喻君道傾危。周易·泰卦："城復於隍，勿用師。"孔穎達疏："謂君道已傾，不煩用師也。"

〔四〕輕典重典：較輕的刑罰與較重的刑罰。周禮·秋官·大司寇："一曰刑新國用輕典，二曰刑平國用中典，三曰刑亂國用重典。"鄭玄注："新國者，新辟地立君之國。用輕法者，為其民未習於教也……亂國，篡殺叛逆之國。用重典者，以其化惡，伐滅之也。"

〔五〕上服下服：上服指古代五刑中施於臉部的割鼻或刺額的刑罰，下服是施於身體下部的刑罰。周禮·秋官·小司寇："聽民之所刺宥，以施上服下服之刑。"鄭玄注："上服，劓墨也；下服，宮刖也。"賈公彥疏："墨劓施於面，故為上服；宮刖施於下體，故為下服。"

【集評】

　　呂留良：文中評語："彼草"至"及爲"後：夾逼出"及"字。"今也"至"不其"後：閒眼實境。"必也"至"之圖"後："及"字對危亂說方徹切。"吾賢"至"明之"後：根綫索來。"參伍"至"革之"後：明政刑實境。（呂葆中本、無錫唐氏本、唐玉虬本）

　　文後評語：大旨爲惡辱者轉計，故下文曰未雨，曰侮予，曰自求禍，刻刻在危亡立脚。從此看"及是時"三字，是何意象？文正於此見警策。若泛看眞閒眼說，筋弛神懈，憑他危言激論，都作套子話觀耳。（呂葆中本、無錫唐氏本、唐玉虬本）

　　俞長城：文中評語："彼草"至"及爲"後：夾逼出"及"字。"今也"至"其機也"後：是戰國之閒眼。"必也"至"之圖"後："及"字出。"如政"至"明之"後：根賢能來。"參伍"至"革之"後：是明政。"如刑"至"時焉"後：是明刑。（俞康本、俞乾本）

　　文後評語：閒眼對危亂，說明政刑，確有實事，"及"字更警切動人。（俞康本、俞乾本、唐玉虬本）

先王有不①〔一〕　節②

　　大賢舉先王體仁〔二〕之極功，以見心之裕於治也。蓋體仁足以長人也，先王以仁心而行仁政，其於治天下也何有？若曰：不忍人之心，夫人之所同也，而全是不忍人之心，非夫人之所能也，況其有是政乎？在昔先王，乾元〔三〕坤元〔四〕之妙，完具於繼善成性〔五〕之初，而天精天粹之懿，不虧於形生神發〔六〕之後，有是心也，而即有是政焉。不待於擴充也，裁成輔相〔七〕之方，隨所感而自著，蓋內聖之德立，而外王之業已基矣；不假於勉強也，神化宜民〔八〕之術，隨所觸而自應，蓋天德之統會，而王道之行已著矣。以不忍人之心，行不忍人之政，則政由心出，而非徒法不能以自行，心以政運，而非徒善不足以爲政。存神妙過化〔九〕之機，而斯民悉入於甄陶，天下雖大，可以運諸掌上矣，何也？吾心之量本如是，其大而先王爲能極其大也。明通妙公溥〔一〇〕之施，而斯民自臻於熙皞，天下之治，可以如視諸掌矣，何也？吾心之體本如是，其全而先王爲能會其全也。

【校記】

①先王有不篇又載 無錫 唐氏本、唐玉虬本，據校。
②節，無錫 唐氏本、唐玉虬本作"一節"。

【注釋】

〔一〕出自孟子·公孫丑上第六章：孟子曰："人皆有不忍人之心。先王有不忍人之心，斯有不忍人之政矣。以不忍人之心，行不忍人之政，治天下可運之掌上。"

〔二〕體仁：躬行仁道。周易·乾："君子體仁，足以長人。"孔穎達疏："言君子之人，體包仁道，泛愛施生，足以尊長於人也。"

〔三〕乾元：乾是天，元是始，乾元即是天道之始。此處以"乾元"形容天子之大德。周易·乾："大哉乾元，萬物資始，乃統天。"孔穎達疏："乾是卦名，元是乾德之首。"朱熹本義："乾元，天德之大始。"

〔四〕坤元：大地產生萬物之德。周易·坤："至哉坤元，萬物資生，乃順承天。"王弼注："地也者，形之名也；坤也者，用地者也。"孔穎達疏："地能生養。……萬物資地而生。"

〔五〕繼善成性：人從天道變化中得到善，人性使天道賦予的善得以完成。周易·繫辭上："一陰一陽之謂道，繼之者善也，成之者性也。"

〔六〕形生神發：人的形體外貌之生成與精神品質之勃發。周易本義·序："形一受其生，神一發其智，情偽出焉，萬緒起焉。"

〔七〕裁成輔相：學習運用天道。周易·泰："裁成天地之道，輔相天地之宜，以左右民。"

〔八〕宜民：安撫民衆使其安定。詩經·大雅·假樂："假樂君子，顯顯令德。宜民宜人，受祿於天。"孔穎達疏："宜於民而能安之，宜於人而能官之。"

〔九〕神妙過化：聖賢以德感化衆人，其所過之處或所居之地，民衆均受其教化，移風易俗，神妙莫測。孟子·盡心上："夫君子所過者化，所存者神，上下與天地同流。"趙岐注："過此世能化之，存在此国，其化如神。"

【集評】

呂留良：文中評語："人之所同"至"能也"後：界畫畢清，直包章末。"人之所能"至"是政乎"後：能全便有政不得有此。"昔先王"後：支離。"乾元坤元之妙"後：陳氣腐調。"不待"至"基矣"後："斯有矣"語意乃見下文字眼，先輩例不甚避。"過化之機"後：陳氣腐調。"吾心"至"大也"後：上顧"人皆有"，下顧五節，說理卓然。（呂葆中本）

文後評語：擔斤兩處，不多數句，正勝人家麤糟骨董。先王有心斯有政，便是現成擴充盡處，後人擴充，亦須到此方得。筆筆爲下五節發凡，卻自高飛不留痕迹。（呂葆中本、無錫唐氏本、唐玉虬本）

取諸人以①〔一〕 節②

君子成己〔二〕而有以成物〔三〕，則善之所及者大矣。蓋君子之善以成己爲體，而尤以成物爲用也。成人已而無間，善孰加焉？孟子論聖賢樂善之誠至此，若曰：聖如大舜，固嘗取諸人以爲善矣。是道也，本之雖所以成己，推之實所以成物。何則？夫人向善之心每生於有所激勵也，取彼之善而爲之於我，則彼之樂吾見取者，皆將幡然有悟，而益修其所未至矣，修之者在人，而感之者非我乎？夫人進善之力每得於有所誘掖也，取人之善而爲之於己，則人之樂吾所取者，皆將惕然自奮，而益進其所未能矣，進之者在人，而助之者非我乎？師資之下，自藏乎曲成之機，獨得之中，自寓乎同得之美。與人爲善如此，君子之善孰有大於此哉？蓋挾善以自私者，知有己而不知有人，非大也；持一善以教人者，及於近而不及於遠，非大也。今也吾之取善無窮，而之向善亦無窮，大以成其大，小以成其小，而曲成之餘無棄物矣；吾之取善不已，而人之進善亦不已，弱者趨於強，愚者趨於明，而同得之後無遺才矣。君子之善，信莫有加於此也。即此觀之，而舜之大於禹與子路可見矣。

【校記】

①取諸人以篇又載無錫唐氏本、唐玉虬本，據校。
②節，無錫唐氏本、唐玉虬本作"一節"。

【注释】

〔一〕出自孟子·公孫丑上第八章：孟子曰："子路，人告之以有過，則喜。禹聞善言，則拜。大舜有大焉：善與人同，舍己從人，樂取於人以爲善；自耕稼、陶、漁以至爲帝，無非取於人者。取諸人以爲善，是與人爲善者也。故君子莫大乎與人爲善。"

〔二〕成己：成就自己，使自身有所成就。禮記·中庸："誠者，非自成己而已也，所以成物也。成己，仁也；成物，知也。性之德也，合内外之道也。"

〔三〕成物：成就外物，使自身以外的一切有所成就。

【集評】

吕留良：文中評語："是道"至"成物"後：此節就道理推論不是事實，此三字妙甚。他家呆粘舜意中作用，失之遠矣。"取彼"至"未至矣"後："與"字祇如此，實講自足。"蓋挾"至"大也"後：又起兩種，托出"莫"字。"今也"至"棄物矣"後：祇如此講，莫大自足。（吕葆中本、無錫唐氏本、唐玉虬本）

文後評語：此題後人頗生雋巧，然終不能勝此之老當。故知凡文求雋巧動人，正是本領不濟事處。（吕葆中本、無錫唐氏本、唐玉虬本）

孟子道性①〔一〕 二句

大賢論性而徵諸聖，無非以明性之本善而已。甚矣性無不善也，觀之堯舜而可見矣，此孟子所以發滕世子也。昔者先王迹熄而道術裂〔二〕，於是有以性爲惡者，是以聖人爲必不可及也。有以聖人爲不可及者，是蓋以自信其性之本無善也，雖如滕世子之賢，亦不能無疑於其說矣。孟子於其過宋而來見也，將因其向道之誠，而導之以反正之漸。委曲以相示者無他説也，惟即夫天精天粹之真，於以開其明而通其蔽；論難以相喻者無他説也，惟本夫良知良能之始，於以解其惑而牖其衷。如仁爲四德之元，至善矣，而仁固性也，外仁而言性者，一人之私言也；如義公天下之利，至善矣，而義固性也，外義而言性者，非天下之公言也。求之於古，堯聖人也，盡性者也，仁昭義立〔三〕，而峻極②克明〔四〕，善莫加焉，是性之善於堯見之也。有不善焉，堯固不能增益其所本無矣，何以立人道之極〔五〕如是乎？舜聖人也。盡性者也，由仁義行，而玄德升聞〔六〕，善莫加焉，是性之善於舜見之也。有不善焉，舜固不能矯性而爲之矣，何以盡人倫之至如是乎？總古今而並觀，則知天機〔七〕之不容息；總聖愚而並視，則知降才〔八〕之不容異。此孟子道性善，而必徵諸堯舜者，欲世子信其言之大而非誇也。爲世子者，亦惟以性善爲必可復，以聖賢爲必可至，而篤信力行焉，庶乎無負於孟子之教矣！

【校記】

①孟子道性篇又載陳名夏本、無錫唐氏本、唐玉虬本，據校。
②極，陳名夏本作"德"。

【注釋】

〔一〕出自孟子·滕文公上第一章：滕文公爲世子，將之楚，過宋而見孟子。孟子道性善，言必稱堯舜。世子自楚反，復見孟子。孟子曰："世子疑吾言乎？夫道一而已矣。"

〔二〕道術裂：道術受到諸家學派的分割與破壞。莊子·天下："道術將爲天下裂。"郭象注："裂，分離也。道術流弊，遂各奮其方，或以主物，則物離性以從其上，而性命喪矣。"

〔三〕仁昭義立：（一些人）仁德彰顯，帶動整個社會樹立道義。漢劉向説苑·君道："仁昭而義立，德博而化廣。"

〔四〕峻極克明：能够弘揚光明崇高的道德。"極"爲"德"之誤。尚書·堯典："克明峻德，以親九族。"

〔五〕人道之極：做人的頭等大事。荀子·禮論："禮者，人道之極也。"

〔六〕玄德升聞：潜蓄而不著於外的品德上傳被朝廷知道。尚書·舜典："玄德升聞，乃命以位。"孔安國傳："玄謂幽潜，潜行道德。升聞天朝，遂見徵用。"

〔七〕天機：見顔淵喟然篇所注。

〔八〕降才：天賦秉性。孟子·告子上："非天之降才爾殊也，其所以陷溺其心者然也。"

【集評】

陳名夏：文後評語：仁、義、堯、舜分作四比，此先輩便徑，然文特空朗可法。（陳名夏本）

艾千子：文後評語：文有辨折，勁氣直下，而波瀾層疊，在荊川稿中，又似別調。（呂葆中本、無錫唐氏本、唐玉虬本）

呂留良：文中評語："昔者"至"術裂"後：開口淵源闊遠而真。"於是"至"惡者"後：艾評：古文。"是以"至"及也"後：此自棄者。"是蓋"至"善也"後：自棄定轉出自暴。"委曲"至"其蔽"後："道"字便合"必稱"意講，好。"如仁"至"善矣"後：提出仁義，講"善"字老當。"求之"至"性者也"後：貫合。"是性"至"本無矣"後：祇證性善。"爲世子"至"必可"後：起下復見。（呂葆中本、無錫唐氏本、唐玉虬本）

文後評語：兩句祇作一意并説極是，下句總是發明性善實證耳。看下文道一，即"性善"句，引"成覵"三段，即"稱堯舜"句也。"道必稱"三字，亦祇一意活看，不分煞，高甚。性善反面，祇對性惡一宗，不旁及三品之論，所見尤卓。蓋凡爲異端，祇要掀翻"善"字，故性惡之説，是其正宗。善惡混，無善惡，知其説之駭世而不足以統攝，故又遁此二宗，則惑亂益巧矣。善惡混者，故降善與惡同等，援善入惡，所謂落水拖也。無善惡者，故揞惡與善同滅，所謂予及汝偕亡也，總是極憎這"善"字，必欲打掉了乃得。看告子先本作杞柳之説，後遁而爲湍水，又遁爲生之謂性，其話頭有轉換，宗旨祇一而已。後來謂無善無惡心之體，便是這狐精狡獪，別無他法。（呂葆中本、無錫唐氏本、唐玉虬本）

成覵謂齊①〔一〕 節②

大賢歷引古人之言，以明道無二致也。甚矣天下之性無異道也，歷觀古人之言，而其義自明矣。孟子因滕世子有疑於性善堯舜之説而釋之至此，若曰：吾謂道之一者，非一人之私言也，而嘗有所徵矣。昔者成覵謂景公曰：出類拔萃，人知聖賢之異於人矣，不知降衷[二]本乎一理。彼丈夫也，我亦丈夫也，希聖希賢[三]，皆在我耳，何可畏之有？非特成覸爲然也，顏淵之言亦有之，蓋曰：重華協帝[四]，人知舜之至德矣，不知賦命本乎一原。舜何人也？予亦何人也？自責自修，則人皆舜矣，何不可及之有？非特顏淵爲然也，公明儀之言亦有之，蓋曰：文王，我師也，周公嘗有是言矣。自我觀之，文王之所以爲聖者，本不加於此性之外，我所以師文王者，亦惟率吾性之常。文王信我師也，而周公豈欺我哉？歷觀三子之言，則性道之一也必矣，世子亦惟篤信力行以師聖賢可也，而何必復求他説耶？抑考之世子，喪禮問於然友，而來觀者之悦，井田[五]委於畢戰，而動遠人之歸，亦庶乎不負孟子之教矣，而滕卒不得爲善國者，豈褊小之國終不可爲耶？抑安於卑近而自不肯盡力以爲之耶？亦可惜哉！

【校記】

① 成覸謂齊篇又載無錫 唐氏本、唐玉虬本，據校。
② 節，無錫 唐氏本、唐玉虬本作"一節"。

【注釋】

〔一〕出自孟子·滕文公上第一章：成覸謂齊景公曰："彼丈夫也，我丈夫也，吾何畏彼哉？"顏淵曰："舜何人也？予何人也？有爲者亦若是。"公明儀曰："文王，我師也。周公豈欺我哉？"今滕絕長補短，將五十里也，猶可以爲善國。書曰："若藥不瞑眩，厥疾不瘳。"

〔二〕降衷：見生而知之篇所注。

〔三〕希聖希賢：寄希望於聖人與賢人。宋 周敦頤通書·志學："聖希天，賢希聖，士希賢。"

〔四〕重華協帝：舜帝名叫重華，與堯帝合志。尚書·舜典："曰若稽古帝舜，曰重華，協於帝。"孔安國傳："華，謂文德，言其光文重合於堯，俱聖明。"

〔五〕井田：因土地被劃分爲許多方塊，形似"井"字，故曰井田制。井田制是中國 西周時期實行的土地公有制度。穀梁傳·宣公十五年："古者三百步爲里，名曰井田。井田者，九百畝，公田居一。"孟子·滕文公上：

"方里而井，井九百畝。其中爲公田，八家皆私百畝，同養公田。公事畢，然後敢治私事。"

【集評】

　　呂留良：文中評語："吾謂道之一者"後：入手老潔。"昔者"至"一理"後：擒定性善。"非特"至"有之"後：史記合傳文法。"文王"至"言矣"後：筆筆老潔。"而滕"至"惜哉"後：閑情逸致，結甚高闊，卻正是下節講論，未嘗泛濫開去。（呂葆中本、無錫唐氏本、唐玉虬本）

　　文後評語：此種文冰清雪淡，直是難得滋味出。須不食煙火老仙，可與畫地爐共語耳。便是急流勇退人，到此也去不得，何論俗物？（呂葆中本、無錫唐氏本、唐玉虬本）

民事不可①〔一〕　節②

　　大賢告君以農事之當重，必引詩以見之也。甚矣民之所重在食也，觀之於詩，豈不益信其然哉？孟子答滕文公爲國之問，若曰：爲政以養民爲先，養民以重農爲要。彼南面〔二〕自奉〔三〕者，孰不曰小人之事，非大人之所與也，不知農者天下之大本，而況公家〔四〕之用又有資於是者，忽焉而不加之意可乎？安於逸樂者，孰不曰農夫之憂，非君子之所屑也，不知食者生民之大命，而況學校之教又有賴於此者，慢焉而不致其力可乎？必也憂以天下，拳拳於制地分田之舉，惟恐一民之不遂其生；所期無逸，而切切於務本力穡之圖，惟恐一夫之不得其所，然後可也。詩不云乎：晝而取茅，宵而索綯〔五〕。以爲葺蓋之需，亟升其屋，而治之以爲禦寒之計，何若此其急也！蓋一歲之計在於春，今雖非其時也，未幾而協風〔六〕告於太史，東作〔七〕之功又將朝夕以從事矣，而何暇於治室〔八〕乎？爲食之始在於春，今雖非其時也，未幾而日月底於天廟〔九〕，百穀之種又將既耕而播之矣，而何暇於乘屋〔一〇〕乎？夫民之自重其事如此，人君憂民之憂者，而可不知所重哉？

【校記】

　　①民事不可篇又載無錫唐氏本、唐玉虬本，據校。

②節，無錫唐氏本、唐玉虬本作"二節"。

【注釋】

〔一〕出自孟子·滕文公上第三章：滕文公問爲國。孟子曰："民事不可緩也。詩云：'晝爾於茅，宵爾索綯；亟其乘屋，其始播百穀。'"

〔二〕南面：古代人君聽政之位居北，其面向南，故後指居人君之位。莊子·盜跖："凡人有此一德者，足以南面稱孤矣。"左傳·襄公二十六年："鄭於是不敢南面，楚失華夏則析公之爲也。"論語·雍也："雍也，可使南面。"包咸注："可使南面者，言任諸侯治。"

〔三〕自奉：自己需求的日常供養。漢劉向説苑·政理："賢君之治國，其政平，其吏不苛，其賦斂節，其自奉薄。"

〔四〕公家：國家或公衆。禮記·王制："是故公家不畜刑人，大夫弗養士。"

〔五〕索綯：製作繩索。詩經·豳風·七月："晝爾於茅，宵爾索綯。"鄭玄箋："夜作絞索，以待時用。"

〔六〕協風：春天温和的風。國語·周語上："命農大夫咸戒農用，先時五日，瞽告有協風至。"韋昭注："立春日融風。"

〔七〕東作：春耕。尚書·堯典："寅賓出日，平秩東作。"孔安國傳："歲起於東而始就耕，謂之東作。"

〔八〕治室：治家，持家。

〔九〕日月底於天廟：太陽和月亮運行到室宿方位上。國語·周語上："農祥晨正，日月底於天廟，土乃脉發。"韋昭注："底，至也；天廟，營室也。孟春之月，日月皆在營室。"營室即室宿，二十八星宿之一。周禮·考工記·輈人："龜蛇四游，以象營室也。"鄭玄注："營室，玄武宿，與東壁連體而四星。"

〔一〇〕乘屋：修蓋房屋。詩經·豳風·七月："晝爾於茅，宵爾索綯；亟其乘屋，其始播百穀。"鄭玄箋："乘，治也。"

【集評】

呂留良：文中評語："不知"至"大本"後：要言不煩。"而况"至

"是者"後：照後制禄。"不知"至"大命"後：照後明倫。"必也"至"後可也"後：不可緩是王者仁心仁政所出，講得深邃。"何若此其急也"後：頓斷末句，重講，好。"蓋一歲"至"時也"後：是詩言之時，是不可緩之故。"而何"至"室乎"後：祇解乘屋。"夫民"至"重哉"後：分曉。（呂葆中本、無錫唐氏本、唐玉虬本）

文後評語：不可緩，人止説得農之當重，廑泛論耳。不緩，先須具不忍之心，即有後面不忍之政，誰能説到此？引詩所以證不可緩，而詩語是冬間乘屋，祇在末句中。看出民間閑時他事勤渠，都祇爲此事，乃見其不可緩之至，於此亦體貼精細。（呂葆中本、無錫唐氏本、唐玉虬本）

詩云雨我①〔一〕 一節

大賢因詩以推助法之行於周者，正以見其可復也。蓋法之不善，未有久而不變者，觀助法之不改於周，而立法之善可知矣。孟子引詩以爲言，欲滕君深信而力行之也，意豈不曰：滕之所以不用助法，豈有疑於助法之獨行於殷而不行於周也哉？吾嘗於詩而有徵矣，誠以井田之爲制，今人之所不可知也，而公私之異名，則固今人之所能辨也。詩人乃曰："雨我公田，遂及我私。"公田〔二〕之名他無所見也，而獨見於詩者如此。然據其名而究其實，在夏時，貢法〔三〕之始立也，不過則壤以賦之而已，其田固在民也，不聞有所謂公田也；在今時，貢法之相沿也，不過履畝以税〔四〕之而已，其田亦在民也，不聞有所謂公田也。若夫合之爲一井也，而中外之異其區，分之爲九夫〔五〕也，而公私之別其界，惟助法則然耳。夫是詩而殷詩也，則可使是詩而周詩也，則周之所以授田者，不亦可知也哉？何則？代耕〔六〕之制，吾竊有聞於周室之頒禄〔七〕矣，固公田爲之也，而其籍則既去也。今是詩而曰公田焉，則是有周革命之後，而所以體國經野〔八〕者，一惟助法之是遵，蓋上下兼濟之道，信莫有善於此者，而周人則由商舊改者也，特助與徹之異其名耳；九一〔九〕之政，吾嘗有聞於文王之治岐矣，固公田爲之也，而無徵則不信也。今是詩而曰公田焉，則成周盛治之時，而所以制土處民〔一〇〕者，一惟助法之是守，蓋公私兼利之宜，信莫有善於此者，而周人則損益於商者也，特七十畝與百畝之異其制耳。向使我周而不用助法也，則固無公田矣。詩人之言何謂也哉？

【校記】

① 詩云雨我篇又載陳名夏本、無錫唐氏本、唐玉虬本，據校。

【注釋】

〔一〕出自孟子·滕文公上第三章：詩云："雨我公田，遂及我私。"惟助爲有公田。由此觀之，雖周亦助也。

〔二〕公田：周代土地制度實行井田制，由勞動者共同耕種而把收穫物交給統治者的田地叫公田。詩經·小雅·大田："雨我公田，遂及我私。"

〔三〕貢法：貢賦之法。尚書·禹貢孔安國傳："禹制九州貢法。"孔穎達疏："禹制貢法，故以禹貢名篇。貢賦之法，其來久矣，治水之後，更復改新，言此篇貢法，是禹所制，非禹始爲貢也。"

〔四〕履畝以稅：丈量土地，按土地畝數征稅。公羊傳·宣公十五年："初稅畝，初者何？始也。稅畝者何？履畝而稅也。"何休注："履踐案行，擇其善畝、穀最好者稅取之。"

〔五〕九夫：古指九夫所耕的九百畝田。周禮·地官·小司徒："乃經土地而井牧其田野，九夫爲井，四井爲邑，四邑爲丘，四丘爲甸，四甸爲縣，四縣爲都，以任地事而令貢賦。"漢書·食貨志："正其經界，六尺爲步，步百爲畝，畝百爲夫，夫三爲屋，屋三爲井，井方一里，是爲九夫。"

〔六〕代耕：舊時官吏不耕而食，爲官食祿。禮記·王制："諸侯之下士，視上農夫，祿足以代其耕也。"

〔七〕頒祿：發放工資或獎金福利。隋書·百官志："凡頒祿，視年之上下。畝至四釜爲上年，上年頒其正；三釜爲中年，中年頒其半；二釜爲下年，下年頒其一。無年爲凶荒，不頒祿。"

〔八〕體國經野：創建國家或治理國家。周禮·天官·序官："惟王建國，辨方正位，體國經野，設官分職，以爲民極。"鄭玄注："體猶分也，經謂爲之里數。鄭司農云：'營國方九里，國中九經九緯，左祖右社，面朝後市，野則九夫爲井、四井爲邑之屬是也。'"

〔九〕九一：九分抽一的納稅制度。孟子·滕文公上："請野九一而助，國中什一使自賦。"

〔一〇〕制土處民：按土地肥磽而列其等差，分與勞動人民，安頓百姓。漢書·食貨志："王者不窺牖户而知天下，此先王制土處民，富而教之之大略也。"國語·魯語下："先王制土，籍田以力，而砥其遠邇。"韋昭注："制土，制其肥磽以爲差也。"

【集評】

陳明卿先生：文後評語：祇於題中虛字著精神，轉覺通篇摩蕩有勢，斡旋得法。（陳名夏本、吕葆中本、無錫唐氏本、唐玉虬本）

陳名夏：文後評語：讀雅而知周家一代之田制，非孟夫子無此經濟實學。文中或單折數語，或援引數語，曲見筆法之妙。（陳名夏本）

馬君常：文後評語：不用凌駕，但就題敷寫，略一跌宕，便爾躍然，此僧繇點睛法也。（吕葆中本、無錫唐氏本、唐玉虬本）

韓求仲：文後評語：可見文之動處，全以頓挫得之。（吕葆中本、無錫唐氏本、唐玉虬本）

吕留良：文中評語："滕之"至"也哉"後：滕之不助，亦古法壞，大勢如此，未必有此疑，祇是孟子引以極言其善耳。"而公"至"辨也"後：題前喝起最有力，後面曲折都振醒。"公田"至"如此"後：見孟子無中生有善讀書引證之法。"然據"至"其實"後：一句轉紐敲定來。"在夏"至"而已"後：公田祇與貢對較，正合上善不善主意。"其田"至"亦在民也不聞有所謂公田也"後：指畫分明，有此二比，"惟"字爲"有"字，精神激出。"惟助法則然耳"後：恰好。"夫是"至"詩也"後：隨跌一句，峭甚。"則可"至"也哉"後：轉韻悠揚，"由是觀之"句語脉正須緩受。"固公田爲之也"後：祇據"公田"二字爲主。"今是"至"田焉"後："由是"句亦指此二字。"蓋上下"至"此者"後：抱合"莫善於助"大主意。"而周人"至"名耳"後：找此句，"雖"字乃活，"亦"字亦醒出。"固公"至"信也"後：原評：股中凡數折祇一氣貫下。"向使"至"田矣"後：原評：滔滔説來，一反截住。（吕葆中本）

文後評語：徹之與助，祇耕斂賦税之不同，其制同爲井田。戰國時井田法壞，不但不行助，並不知有徹矣。近文頗有謂孟子意在復徹者，其説非不佳，然細思不是孟子主意，總欲復井田。既復井田，則索性復助法耳。

蓋孟子時周法已盡忘，故其告君行王道，都索性從天理當然起論，如孔子夏時殷輅之義，未嘗有必遵周制意也。通節大旨，祇了"莫善於助"一句，借詩引證，亦祇取"公田"二字。雖周亦助，謂周徹亦總是井田耳，非謂徹祇更名法悉同助也。文中祇拈"公田"二字，打轉"莫善"，靈活明快，人止賞其挑剔虛神，不知其入理之細密矣。（呂葆中本、無錫唐氏本、唐玉虬本）

夫物之不①〔一〕 五句

大賢即物情之不一者而極言之，時人之失見矣。夫物之不齊，自倍蓰〔二〕而至什伯〔三〕、千萬，皆其自然之情也，豈可得而強其同哉？孟子言之以告陳相意謂：許子之道不以精粗美惡齊其價，而但以輕重長短大小多寡強其同，是未知物之情者乎？何則？物之不齊初不在輕重長短之間也，而存乎精與粗焉。試以兩物而相形，輕重同矣，長短同矣，而精粗一別，何如其不同耶？物之不齊亦不在多寡大小之間也，而存乎美與惡焉。誠以兩物而相較，多寡同矣，大小同矣，而美惡一判，何如其不齊耶？是蓋本於造化者或有厚薄之殊，成於工師〔四〕者亦有巧拙之異，其為不齊者乃物之當然也，固非立異者之可以強而同，亦豈尚同者之可以強而異哉？此其相去亦不但毫釐之差而已也。或相倍蓰者有之，或相什伯者有之，或相千萬者有之。夫以倍蓰而視什百②固遠矣，以什百而視千萬益遠矣。擬形容而象物宜，則亦倍蓰其價而什百其價斯可也，借使以長短輕重之同而價無二焉，吾恐物失其情，而日中之市〔五〕，雖神農不能以齊天下之民矣，況許子乎！計若物而授若直，則亦什百其價而千萬其價斯可也，借使以多寡大小之同而價無二焉，吾恐物失其平，而司虣〔六〕之法，雖賢君不能以息天下之爭矣，況許子乎！許子之道，是滋偽之端也，肇亂之由也。子乃稱其國中無偽焉，童子無欺焉，亦謬之甚矣！

【校記】

①夫物之不篇又載無錫唐氏本、唐玉虬本，據校。
②百，無錫唐氏本作"伯"。

【注釋】

〔一〕出自孟子·滕文公上第四章：曰："夫物之不齊，物之情也。或相倍蓰，或相什伯，或相千萬。子比而同之，是亂天下也。巨屨小屨同賈，人豈爲之哉？從許子之道，相率而爲僞者也，惡能治國家？"

〔二〕倍蓰：數倍。

〔三〕什伯：超過十倍、百倍。

〔四〕工師：西周時司空的屬官，工官的總名。是各種工藝的主管人，也負責訓練藝徒。禮記·月令："是月也，命工師令百工審五庫之量，金鐵、皮革、筋角、齒羽、箭幹、脂膠、丹漆毋或不良。"鄭玄注："工師，司空之屬官也。"

〔五〕日中之市：古代在中午進行物物交換的集市。周易·繫辭下："日中爲市，致天下之民，聚天下之貨，交易而退，各得其所。"

〔六〕司虣：周代職官名，主管禁止市上喧鬧、侵犯及結群飲食。周禮·地官·司虣："禁其鬥囂者，與其虣亂者、出入相陵犯者、以屬游飲食於市者，若不可禁，則搏而戮之。"

【集評】

原評：文後評語：一篇若斷若聯，渾然無迹，大抵荊川文字，有一題則有一樣法度，什伯千萬，不可一律齊者。（呂葆中本、無錫唐氏本、唐玉虬本）

呂留良：文中評語："許子"至"情者乎"後：開口自然流動，得其神理，乃能搖曳夷猶。"試以"至"同耶"後：清辨。"蓋本"至"之異"後：推明所以不齊之故。情者，自然之理也。此一段發揮，乃見斤兩。"此其"至"而已也"後：倏然跌下，神行不測。"借使"至"許子乎"後：此侵占比同二句否？或疑題本七句，則破承總講處又無此意。（呂葆中本）

文後評語：於此評，深可參荊川之文一題必有一樣法度，至什伯千萬之不齊，其法豈可求乎？可求也。但舉一切講章與時師指授之陋法，一洗空之，至於盡忘，然後取白文諷詠，得其自然神理節奏，如庖丁之解牛，依乎天理，批卻導窾，因其固然，每至於族，見其難爲，視止行遲，動刀甚微,謀然已解,恢恢乎游刃有餘地,祗此數語,足以盡荆川之法。所謂一題一樣、什伯千萬不齊者,止此一樣而已。(吕葆中本、無錫唐氏本、唐玉虯本)

此其大略①〔一〕 節②

議古之法有未備,酌今之責有所歸,此大賢之告滕臣也。蓋法不必泥乎古,而善用法者存乎人也。大賢以是而歸之滕君與臣焉,蓋欲各任其責也。夫滕文公使畢戰問井地〔二〕,孟子告之至此,若曰:井地之法,諸侯惡其害己也,而皆去其籍,今不可以追復矣。故吾之所云如先公後私之等,不過其粗迹而已,其推移之妙有不得而悉者焉;吾之所言如内外公私之分,不過其近似而已,其經畫之方有不得而述者焉。分田以養小人,雖得於講求之素,而非方策之成規也;制禄〔三〕以養君子,僅得於傳聞之後,而非不刊之定典〔四〕也。若夫推而行之,或損或益,務求合乎人情;以時措之,或因或革,必使宜於土俗。此豈吾言之所能盡乎?亦在乎君與子耳。必也君主其綱於上運,神化於推移之下,而有以率乎臣,同心共濟,分田之制,以之而立矣;子分其責於下審,權變於經畫之餘,而有以輔乎君,同寅協恭〔五〕,制禄之規,以之而定矣。吁!苟非其人,道不虛行,神而明之,存乎其人也。滕之君臣,可不知所用心耶?

【校記】

①此其大略篇又載無錫唐氏本、唐玉虯本,據校。
②節,無錫唐氏本、唐玉虯本作"一節"。

【注釋】

〔一〕出自孟子·滕文公上第三章:孟子曰:"子之君將行仁政,選擇而使子,子必勉之。夫仁政,必自經界始。經界不正,井地不均,穀禄不平。是故暴君汙吏必慢其經界。經界既正,分田制禄,可坐而定也。夫滕,壤地褊小,將爲君子焉,將爲野人焉。無君子莫治野人,無野人莫養君子。請野九一而助,國中什一使自賦。卿以下必有圭田,圭田五十畝。餘夫二十五畝。死徙無出鄉,鄉田同井,出入相友,守望相助,疾病相扶持,則百姓親睦。方里而井，井九百畝，其中爲公田。八家皆私百畝，同養公田。公事畢，然後敢治私事，所以別野人也。此其大略也。若夫潤澤之，則在君與子矣。"

〔二〕井地：即井田。孟子·滕文公上："經界不正，井地不鈞。"朱熹集注："井地，即井田也。"

〔三〕制禄：制定官吏的俸禄標準。孟子·滕文公上："經界既正，分田制禄可坐而定也。"趙岐注："制禄，以庶人在官者比上農夫，轉以爲等差。"

〔四〕不刊之定典：不能更改的欽定典章制度。梁書·蕭子雲傳："伏以聖旨所定樂論鐘律緯緒，文思深微，命世一出，方懸日月，不刊之典，禮樂之孝，致治所成。"

〔五〕同寅協恭：同僚恭謹事君，共襄政事。尚書·皋陶謨："百僚師師，百工惟時……同寅協恭，和衷哉。"孔安國傳："使同敬合恭而和善。"

【集評】

原評：文後評語：體莊而意簡，是嘉靖初年風調，至末年變而昌大矣。觀此及錦泉、震川諸作，當自辨之。（吕葆中本）

吕留良：文中評語："其推"至"悉者焉"後：即大略中見"潤澤"。"若夫"至"土俗"後：所以"潤澤"之理，祇兩言而大要已括。"必也"至"率乎臣"後：綫索照應。"子分"至"輔乎君"後：分貼君臣，有義理。（吕葆中本、無錫 唐氏本、唐玉虬本）

文後評語：先輩文於謹嚴潔凈中，別具一種風格，非後人之所能爲，亦并不使後人知愛。蓋其源流甚高甚遠，隆 萬從講章求之，便相隔萬山矣。（吕葆中本）

文後評語：體莊而意簡，是嘉靖初年風調。（無錫 唐氏本、唐玉虬本）

昔者趙簡①②〔一〕　爲也③

觀御者〔二〕不廢法以從利，可以知君子之自守矣。蓋御雖一藝，而其法固有不可苟者。法苟④廢矣，其如獲禽⑤何哉？此王良之所以不肯爲，而孟子引之以證枉尺直尋〔三〕之不可也。且夫君子之守道，曲藝〔四〕之守法，一也。吾聞王良之爲御矣。昔者趙簡子使王良與嬖奚乘，蓋將以觀其藝之何如也。既終日矣而不獲一禽，奚則曰天下之賤工[五]也，不然豈其終日而一無所獲乎？良聞而請復之，至於不可而強之，蓋自知其非御之罪，而欲以再試其藝之何如也。始一朝耳而獲十禽，奚則曰天下之良工[六]也，不然豈其一朝而十有所獲乎？良之請復於奚也，則既足以解賤工⑥之誚，而簡子之使良掌乘於奚也，則更將以盡展其良工之用矣，良也乃獨以爲不可者。何也？蓋奚之射固非拙於前而工於後，良之御亦非激於敗以爲其功。其始也，未知奚之射也，而爲之範我馳驅[七]，御則是也，而獲禽顧若是之少；其再也，既知奚之射也，而爲之詭⑦遇[八]，御則非也，而獲禽顧若是之多。詩有之，"不失其馳[九]"言詭遇則非御⑧也，"舍矢⑨如破[一〇]"言倖獲則非射也。詭遇不可以繼，而倖獲不可以屢，小人之射，良豈能貫與之共事也哉？此良所以必辭掌乘之命於簡子也。夫御者固執技⑩以事人，而射御亦同功以致用，以御者比射者，而可以得禽，宜無不可爲也。然猶羞與之比推，羞與比之心，而自一朝之獲，雖積而至於若丘陵之多，彼亦必不屑爲之矣。御者且然，而況君子固以德爲御者也！乃若枉道以比人，獨何與？

【校記】

①昔者趙簡篇又載俞 康本、俞 乾本、無錫 唐氏本、唐玉虬本，據校。

②昔者趙簡，明文鈔作"昔者趙簡子"。

③爲也，明文鈔作"弗爲也"。

④苟，俞 乾本無。

⑤禽，俞 康本作"俞"。

⑥工，俞 康本作"二"。

⑦詭，俞 康本作"絶"。

⑧御，俞 康本作"卸"。

⑨舍矢，俞 康本作"金朱"。

⑩技，俞 康本作"伎"。

【注釋】

〔一〕出自孟子·滕文公下第一章：且夫枉尺而直尋者，以利言也。如以利，則枉尋直尺而利，亦可爲與？昔者趙簡子使王良與嬖奚乘，終日而不獲一禽。嬖奚反命曰："天下之賤工也。"或以告王良。良曰："請復之。"強而後可，一朝而獲十禽。嬖奚反命曰："天下之良工也。"簡子曰："我使掌與女乘。"謂王良。良不可，曰："吾爲之範我馳驅，終日不獲一；爲之詭遇，一朝而獲十。"

〔二〕御者：駕馭車馬的人。儀禮·既夕："御者執策，立於馬後。"

〔三〕枉尺直尋：屈折的祇有一尺，伸直的卻有一尋。比喻在小處委屈一些，以求得較大的好處。孟子·滕文公下："枉尺而直尋，宜若可爲也。"

〔四〕曲藝：小技能。此處代指從事各種小技能的工匠。禮記·文王世子："進士謂此矣，曲藝皆誓之。"鄭玄注："曲藝，謂小技能也。"孔穎達疏："曲藝謂小小技術，若醫蔔之屬也。"

〔五〕賤工：技藝不夠高超的工匠，亦作爲對工匠的貶稱。孟子·滕文公下："昔者趙簡子使王良與嬖奚乘，終日而不獲一禽。嬖奚反命曰：'天下之賤工也。'"趙岐注："謂王良鄙賤之工師也。"

〔六〕良工：技藝高超精湛的工匠。周禮·考工記："輻廣而鑿淺，則是以大扤，雖有良工，莫之能固。"

〔七〕範我馳驅：要求我按照規矩法度去駕車奔馳，即納我驅馳於軌範之中。孟子·滕文公下："吾爲之範我馳驅，終日不獲一；爲之詭遇，一朝而獲十。"趙岐注："範，法也。"

〔八〕詭遇：違背禮法，驅車橫射禽獸。比喻用不正當的手段去追求、取得某種東西。

〔九〕不失其馳：駕車馳騁遵守禮制法度。比喻做事中規中矩，合乎法度。詩經·小雅·車攻："四黃既駕，兩驂不猗。不失其馳，舍矢如破。"

〔一〇〕舍矢如破：射箭技術精佳，箭一放出就能射中目標。

【集評】

呂留良：文中評語："蓋將"至"何如也"後：此處看其鋪襯。"既終日矣"後：加一"矣"字"耳"字都見筆妙。"而簡子"至"何也"後：此處忽然展起議論，開合排宕，將"簡子曰"以下十餘句就在議論中帶叙出，句句如題，筆筆變化，真神工也。"未知"至"馳驅"後：妙筆

"御則"至"之少"後：插此句，妙。"不失"至"御也"後：分清皂白，妙。"舍矢"至"也哉"後：一氣滾下，長江大河之文。"夫御"至"爲也"後：直下波瀾浩大，真有風利不得泊勢。"然猶"至"之心"後：此句生動有神。"而自"至"之矣"後：緊對尺尋意，正須着力寫出。（呂葆中本、無錫唐氏本、唐玉虬本）

文後評語：洪濤迅流，渾灝漩洑，魚龍沙石，神物百變，皆挾之而東奔，斯海内之奇觀也。請問講先輩法家，此爲如題挨做否乎？陵駕才情否乎？叙事着議論否乎？爲案爲斷，眉目不分否乎？股法段落，合繩尺否乎？吾知必瞪目直視，欲發聲而不知口處矣。（呂葆中本、俞康本、俞乾本、明文鈔、無錫唐氏本、唐玉虬本）

俞長城：文中評語："昔者"至"蓋將以觀其藝之何如也"後：叙次竟分二比，極穩。"既終"至"賤工也"後：加一"矣"字"耳"字者，見華妙。"良之"至"之誚"後：頓跌數語，波瀾不繞。"良也"至"何也"後：一句蹴起絕世奇文。"蓋奚"至"其再也"後：王良口中語，在作者筆下代寫，風馳雨驟中卻句句挨題，直叙極整練、極乾净、極紆迴峭折，廬陵、南豐妙境。"言詭"至"御也"後：點清好。"詭遇不可以繼"後：筆不停，幾快絕。（俞康本、俞乾本）

文後評語：羽扇綸巾，輕裘緩帶，百萬驍勇，聽其指麾，而神色不動，所謂鬥智不鬥力者也。（俞康本、俞乾本、唐玉虬本）

黄際飛：文後評語：試以右手逐句指題，以左手逐句指文，看文中何句是題，何句是文，還題處有文否，行文處有題否？謂之不是挨講不可也。然無凌駕處乎，凌駕曾礙挨講乎？未嘗不是案也。然無斷制乎，斷曾礙案乎？有處以題還題，增減不數字，而所增減之數字，不可不察其神氣也。有處以我馭題，平增無數議論，而所增之議論，不可不察其部位也。（明文鈔）

高塘：文後評語：題首二段以叙事發端，至"簡子曰"以下，純以議論行叙事中，一段點化王良口中語，即從上文融會而出，下節羞比弗爲之意，已埋伏於此，是謂眼光上下，乃一篇扼要處。王巳山云："上扼不可，下注弗爲，中題要害，故能批卻導窾也。"（明文鈔）

脅肩諂笑①〔一〕 二句

　　強以足恭〔二〕於人，其勞甚矣。蓋恭而無禮〔三〕，則已爲勞，而況強爲足恭焉，其勞不亦已甚乎？孟子引曾子之言，以明污賤之可恥若此。今夫鞠躬而拱立，此致恭〔四〕之常，以爲未足以結人之懽也，於是有聳體以爲容者矣；承顏而下氣，此事人之常，以爲未足以售我之媚也，於是有強笑以爲色者矣。夫人固自有聳體之時，但俯仰自我不爲勞也，乃若本非有所聳而故爲聳也，則雖曰吾聳吾肩，殆若重有所負而苦其不能舉焉，而力以舉之者矣，勞何如耶？人固自有發笑之時，但樂然後笑不爲勞也，乃若本非有所笑而強爲笑也，則雖曰吾發吾笑，殆若重有所蹙而苦其不能展焉，而力以展②之者矣，勞何如耶？人皆曰治畦勞事也，夏月治畦〔五〕又重勞也。手足而胼胝〔六〕焉可謂勞矣，然猶出於精神鼓舞之自然，曾不若一聳體之過爲矯揉也；面目而黧黑〔七〕焉可謂勞矣，然猶出於筋骨歷練之自至，曾未若一強笑之過爲造作也。以此較彼，果孰爲勞哉？然人之受其脅肩諂笑者，方自以爲快，而不知彼之勞若此也；其自爲脅肩諂笑者，方幸人之我快也，而亦自忘其勞矣。吁，不亦可哀也哉！

【校記】

①脅肩諂笑篇又載無錫唐氏本、唐玉虬本，據校。
②展，無錫唐氏本作"舉"。

【注釋】

〔一〕出自孟子·滕文公下第七章：公孫丑問曰："不見諸侯，何義？"孟子曰："古者不爲臣不見。段干木逾垣而辟之，泄柳閉門而不內，是皆已甚。迫，斯可以見矣。陽貨欲見孔子，而惡無禮。大夫有賜於士，不得受於其家，則往拜其門。陽貨矙孔子之亡也，而饋孔子蒸豚。孔子亦矙其亡也，而往拜之。當是時，陽貨先，豈得不見？曾子曰：'脅肩諂笑，病於夏畦。'子路曰：'未同而言，觀其色赧赧然，非由之所知也。'由是觀之，則君子之所養可知已矣。"

〔二〕足恭：過度謙敬，以取媚於人。論語·公冶長："巧言、令色、足恭，左丘明恥之，丘亦恥之。"孔安國注："足恭，便辟貌。"孔穎達疏："便辟，其足以爲恭。"

〔三〕恭而無禮：過於恭敬而不懂禮法節制。論語·泰伯："恭而無禮則勞，慎而無禮則葸，勇而無禮則亂，直而無禮則絞。"邢昺疏："恭而無禮則勞者，勞謂困苦，言人爲恭孫，而無禮以節之，則自困苦。"

〔四〕致恭：謙卑退讓以得到恭敬。周易·繫辭上："謙也者，致恭以存其位者也。"孔穎達疏："謙也者，致恭以存其位者，言謙退致其恭敬。"

〔五〕夏月治畦：夏天在田地從事耕种、澆灌菜畦等勞動。孟子·滕文公下："脅肩諂笑，病於夏畦。"趙岐注："仲夏之月治畦灌園之勤也。"

〔六〕手足而胼胝：手掌足底生滿老繭，形容經常辛勤勞動。韓非子·外儲説左上："手足胼胝，面目黧黑，勞有功者也。"

〔七〕面目而黧黑：面貌黑黄色，形容憔悴的樣子。

【集評】

李衷一：文後評語：荆川平日酷慕鶴灘，此篇寫神。與鶴灘勃如戰色篇相似。描真如畫，愈發愈神，令脅肩諂者心怖。（吕葆中本、無錫 唐氏本、唐玉虬本）

吕留良：文中評語："今夫"至"懂也"後：從淺入深，步步用襯，剔得神。"乃若"至"聲也"後：刻畫處"病"字已伏。"則雖曰"至"何如耶"後：此種白描形容，非精於古者不能。"然猶"至"自然"後：挑出"病於"。"然人"至"勞矣"後：結得宕逸生動，古文機趣。（吕葆中本、無錫 唐氏本、唐玉虬本）

文後評語：摩畫脅諂，人皆從形象描繪，誰能於神理意思上體發？昔人稱梅聖俞詩，能寫難狀之景，如在目前。梅集祇是清真刻削，不著脂粉耳。不著脂粉而精采穠麗，神氣生動，自左傳、莊子、史記而外，其妙不傳矣。（吕葆中本、無錫 唐氏本、唐玉虬本）

請損之月①〔一〕 後已

改行者之不果，亦貪心致之也。夫人不可有因循之心也，一有是心，而盗行且安之矣,況於爲政乎?且或人之意以爲日攘一雞〔二〕既非君子之道矣,於是損日攘而爲月攘〔三〕焉,則鄰人孳生之計,其畜之也無窮,而在侵漁之圖,其取之也有限。我之所攘於鄰者,以今而較之昔,殆三十而得一焉;鄰之見攘於我者,以今而較之昔,殆三十而失一焉。在我不爲日有所獲,在鄰人不爲日有所損,斯亦庶乎其可矣。於是而遂已之,吾不能也。至於來年,則以日而計之雖若不足,以歲而計之已爲有餘,我之所攘於鄰者,其欲亦可以厭矣。一年之內鄰人雖不能盡保其有,一年之外,我亦不至於終肆其貪,鄰之見攘於我至是而後已者,其數亦可以盈矣。若此者,何如也?夫改日攘而爲月攘,爲其非君子之道也,而月攘獨爲君子之道乎?來年已之爲其非君子之道也,而當年攘之獨爲君子之道乎?知厚斂之不可而不能已者,無以異此矣。

【校記】

①請損之月篇又載無錫 唐氏本、唐玉虬本,據校。

【注釋】

〔一〕出自孟子·滕文公下第八章:戴盈之曰:"什一,去關市之征,今茲未能。請輕之,以待來年,然後已,何如?"孟子曰:"今有人日攘其鄰之雞者,或告之曰:'是非君子之道!'曰:'請損之,月攘一雞,以待來年,然後已。'如知其非義,斯速已矣,何待來年?"

〔二〕日攘一雞:本義是每天偷一隻雞。比喻積弊惡習。孟子·滕文公下:"今有人日攘其鄰之雞者,或告之曰:'是非君子之道!'曰:'請損之,月攘一雞,以待來年然後已。'"趙岐注:"攘,取也。取自來之物也。孟子以此爲喻,知攘之惡當即止,何可損少月取一雞,待來年乃止乎?"

〔三〕月攘:每月偷(一隻雞)。比喻舊時惡習難改。出處同〔二〕。

【集評】

吕留良:文中評語:"則鄰人"至"有限"後:偏有好義例名目,後世經濟如是如是。"於是"至"來年"後:不已是本心,來年是名義,落下好筆法。"雖若"至"有餘"後:講後已都是貪計較,妙甚。"而月"至"道乎"後:駁得警切。(吕葆中本、無錫 唐氏本、唐玉虬本)

文後評語：通身坐在貨財裏面打算，分明是貪殘作用，卻偏要妝扮多少善政條議名色，曰我愛民，千古小人經濟派頭如睹。説來年已處，都是説攘法，妙甚。（吕葆中本、無錫唐氏本、唐玉虬本）

知我者其①〔一〕 二句

　　觀聖人以作經〔二〕爲功過，而自任之意有在矣。蓋作經以明道者，聖人之心，而至於托天子之權者，聖人之不得已也。孟子引之以爲言，所以見其自任之重也與。昔孟子歷叙群聖之事，而及於孔子之春秋，意謂：聖人在上而經制〔三〕大備，聖人在下而述作大明，雖位有窮達，而其撥亂反正之功則一也。吾固謂春秋爲天子之事矣，孔子之自言亦云：吾嘗歎人之莫我知矣，但述而不作，此吾之素所從事者，則固無以發吾之蘊而致人之知也。自春秋之作也，而知我者其在斯乎？吾嘗以聞過爲幸矣，但爲下不倍〔四〕，此吾之素所從事者，則固可以寡過於身而遠罪於世也。自春秋之作也，而罪我者其在斯乎？謂之曰知我者，蓋有見於道之所在而是非繫焉，此其人心通塞之機，世運否泰〔五〕之會，辨之不可不早，反之不可不力，而凡有衛道之心者，固不得而諉其責也。春秋者，所以嚴理欲之辨者也。爲人君父者必明於其義，而後免乎首惡之名；爲人臣子者必明於其義，而後免於篡弒之戮。惟其意而不惟其法，是吾志之所在也。人之以是知我也，容有之矣。謂之曰罪我者，蓋有見於位之所在而賞罰繫焉。此其禮樂出於天子，威福作於惟辟〔六〕，世治則王道行，世亂則王迹熄，而凡居無位之地者，固不得而僭其權也。春秋者，所以定予奪之歸者也。其書則魯國之史也，而列國之善惡何與焉？其人則匹夫之卑也，而王朝之命討何與焉？以空言而托之虚位，是予之所竊取者也。人之以是罪我也，容有之矣。是則一春秋也，謂人知我可也，謂人罪我可也。觀於孔子之言，益可見春秋爲天子之事，而非聖人，莫之能修矣。

【校記】

①知我者其篇又載陳名夏本、無錫唐氏本、唐玉虬本，據校。

【注釋】

〔一〕出自孟子·滕文公下第九章：春秋，天子之事也。是故孔子曰："知我者其惟春秋乎！罪我者其惟春秋乎！"

〔二〕作經：創制治國的典律規章。漢書·揚雄傳："諸儒或譏以爲雄非聖人而作經，猶春秋吳、越之君僭號稱王，蓋誅絕之罪也。"

〔三〕經制：治國的制度典章。漢書·賈誼傳："豈如今定經制，令君君臣臣，上下有差，父子六親，各得其宜，姦人亡所幾幸，而群臣衆信，上不疑惑！"顏師古注："經，常也。"

〔四〕爲下不倍：身居低位而不自暴自棄。禮記·中庸："是故居上不驕，爲下不倍。"

〔五〕否泰：否，易經六十四卦之一，象天地不交，上下不通，表征惡運；泰，易經六十四卦之一，象天地交泰，上下流通，表征好運。"否泰"比喻命運的好壞。

〔六〕威福作於惟辟：惟有君王才能作威作福。尚書·洪範："惟辟作福，惟辟作威，惟辟玉食。"孔安國傳："惟君得專威福，爲美食。"孔穎達疏："惟君作威得專。……王肅云：'辟，君也。'"

【集評】

韓求仲先生：文後評語：知罪相對，宜兩扇做，獨作四大股，規局奇邁，中間變化驟馳，如神龍之出没。（陳名夏本）

陳名夏：文後評語：四大比中，當行以古淡道折，如"不得而諉其責"之下，用春秋序傳成語，殊未合法。（陳名夏本）

薛方山：文後評語：無才力文，便繩趨尺步，爲範我馳驅之法；有才力文，故憑虚御風，有掀揭宇宙之氣。（吕葆中本、無錫唐氏本、唐玉虬本）

胡思泉：文後評語：知罪相對，似宜兩扇做，荆川獨造成四大股文，規句奇邁，而中間變化馳驟，壯偉發越，他稿亦不曾如此。其讀破萬卷書，故筆下有此神耳。（吕葆中本、無錫唐氏本、唐玉虬本）

吕留良：文中評語："蓋作"至"得已也"後：義圓理足，可以净掃瞽儒疑謬曲說。"孔子"至"亦云"後：落句古，得史記之妙。"吾嘗歎"至"知矣"後：攀扯着迹爲要剔起"惟"字，卻拖泥帶水。"謂之曰知我者"後：自注：不合語脉。"蓋有"至"繫焉"後：道位二義，炳如日星。"此其"至"其責也"後：孟子歷叙心事亦著。"春秋"至"辨者也"後：提一句，見手法。"爲人君"至"之戮"後：所以知處在義，"知"字纔光明正大，他作止是私契曲諒耳。"惟其"至"其法"後：得春秋大用。"春秋者"至"取者也"後："罪"字引伏得妙，若道罪我者不是，便失其旨。"是則"至"罪我可也"後：二句深得語意。（呂葆中本）

文後評語：聖人作春秋，爲天地古今衛道計，而其事實與位違，聖人誠有不得已焉者，非謂能諒此不得已者爲知我，不諒此不得已者爲罪我也。知我者亦罪我，罪我者亦知我，非謂分應此兩種人也。祇"春秋，天子事也"一句內，知罪兩種道理並到，知我罪我，合下道理如此。聖人祇在春秋上講，不管天下後世有此兩種人議論也。若爲天下後世人知罪我想，則似知我是而罪我非，望知我而病罪我矣。不道聖人"知罪"二字，祇作一例看，乃見天理人情之極至。（呂葆中本、無錫唐氏本、唐玉虬本）

辟兄離母①〔一〕　二句

舍天親〔二〕而他適，齊士之不得爲廉可知矣。蓋兄與母天親也，仲子舍之而顧於於陵是處焉，尚得爲廉士哉？孟子欲明陳仲子之非廉，故先即其行以曉匡章也，意豈不曰：人情之所謂廉者，非必曰孤介特立，舉天下一無所親而後爲廉也，亦視夫義之所在何如耳？何則？人之有兄，本同氣之親〔三〕也，雖朝夕與居，猶恐其情之或疏，而至於相睽〔四〕矣，況可辟耶？人之有母，本天親之愛也，雖左右趨承，猶恐其勢之相違，而或至於遠矣，況可離耶？仲子以兄之室爲不義之室而弗居也，顧辟其兄而於陵是處焉，兄而可辟，則天下之人孰有可與者乎？以母之食爲不義之食而弗食也，顧離其母而處於於陵焉，母而可離，則天下之人孰有可親者乎？人見其辟兄者，將必以其不資於兄而爲廉矣，殊不知兄非他人之比，則雖居其室焉，亦非所以藉其勢而無害於廉也。且於陵之所居者，未必爲伯夷之所筑，又何必舍此而就彼耶？人見其離母者，將必以其不資於母而爲廉矣，殊不知母非他人之比，則雖食其食焉，亦非所以求於人而無傷於廉也，況於陵之所食者，未必爲伯夷之所樹，又何必外是而他從耶？使仲子而亦人子也，則兄猶不可辟，母猶不可離矣。今仲子而爲廉士焉，乃獨可以辟其兄而離其母乎？吾不知廉之所以爲廉者，果若是其無兄無母否也？噫！匡章以其小者信其大者，奚可哉？

【校記】

①辟兄離母篇又載無錫唐氏本、唐玉虬本，據校。

【注釋】

〔一〕出自孟子·滕文公下第十章：（孟子）曰："仲子，齊之世家也。兄戴，蓋祿萬鐘。以兄之祿爲不義之祿而不食也，以兄之室爲不義之室而不居也，辟兄離母，處於於陵。他日歸，則有饋其兄生鵝者，己頻顣曰：'惡用是鶃鶃者爲哉？'他日，其母殺是鵝也，與之食之。其兄自外至，曰：'是鶃鶃之肉也。'出而哇之。以母則不食，以妻則食之；以兄之室則弗居，以於陵則居之。是尚爲能充其類也乎？若仲子者，蚓而後充其操者也。"

〔二〕天親：指父母、兄弟、子女等血親。隋書·楊慶傳："妻敬之與漢高，殊非血胤；呂布之於董卓，良異天親。"

〔三〕同氣之親：同胞兄弟。後漢書·東平獻王蒼傳："凡匹夫一介，尚不忘簞食之惠，況臣居宰相之位，同氣之親哉！"

〔四〕相暌：互相背離。

【集評】

呂留良：文中評語："人情"至"何如耳"後：一筆破盡。"雖朝夕"至"暌矣"後：以至性語襯托起"辟""離"，令仲子無地自容。"兄而"至"與者乎"後：語必刺骨。"母而"至"親者乎"後：答曰：有。問：何人？曰：妻。"人見"至"廉矣"後：匡章等見識。"殊不知"至"廉也"後：公兄介弟作惡，斯不可耳。"且於陵"至"彼耶"後：一轉駁處，於陵更緊利。"使仲子"至"否也"後：結得道宕屈摺，唐人學秦文有此。（呂葆中本、無錫唐氏本、唐玉虬本）

文後評語：逐步逼到盡頭，皆以至理至情托起，不待述後事，罪案已

定，真老吏手也。（吕葆中本、無錫唐氏本、唐玉虬本）

惡用是鶂①〔一〕 一句

齊人以物爲無所用，以譏兄之受饋也。蓋廉者每過於好潔也，齊士以一鵝之饋爲非，豈所謂過於潔者乎？想仲子見人之饋生鵝於其兄也，遂頻顣而言曰：人之饋是鶂鶂〔二〕者於兄，固以兄爲有所用之，兄之受是鶂鶂者於人，亦必自以爲有所用之也。自我言之，亦惡用是爲哉？蓋苟非吾之所有，則一介可以無取，而苟非生死之所關，則皆爲身外之物。將謂是鶂鶂者可以供祭與，則羊豕魚臘之陳取給於禄而有餘，況大夫五鼎〔三〕，又無所用於鵝也；將謂是鶂鶂者可以養母與，則雞豚狗彘之畜取盈於家而自足，況老者食肉，又無所待於鵝也。雖曰受一鵝之饋，若未至犯苞苴〔四〕之戒也，然而至於饕餮〔五〕無厭者，則亦一鵝之類也，將安用之？雖曰享一鵝之奉，若未至於窮口腹之欲也，然而至於食前方丈〔六〕者，則亦一鵝之積也，將安用之？呼！仲子之言若此，雖不可以概於交際往來之常，而亦可以見其持身之潔矣。抑嘗因是考之古，自祭祀、賓客、養老之需，大則牛豕，小則狗雞，水陸之產，兔雉鱻蚳，莫不咸在，而鵝獨不與焉，豈其尚以鵝爲難得，而亦先王之菲於飲食，不取備物〔七〕之意與？後世習爲奢靡，而酒食宴會之間非鵝不行，甚至一鵝之費與羊豕同價。嗟乎！亦惡用是鶂鶂者爲哉？然則仲子之説，其亦不可以廢矣。

【校記】

①惡用是鶂篇又載無錫唐氏本、唐玉虬本，據校。

【注釋】

〔一〕出處同辟兄離母篇。
〔二〕鶂鶂：鵝鳴聲。此處借指鵝。孟子·滕文公下："惡用是鶂鶂者爲哉？"趙岐注："鶂鶂，鵝鳴聲。"
〔三〕五鼎：古代行祭禮，大夫用五個鼎，分別盛羊、豕、膚(切肉)、魚、臘五種供品。孟子·梁惠王下："前以三鼎，而後以五鼎與？"趙岐注："士祭三鼎，大夫祭五鼎。"

〔四〕苞苴：即蒲包，用葦或茅編織成的包裹魚肉之類食品用的草袋。此處指古人饋贈的魚肉之類的禮物。禮記·曲禮上："凡以弓劍、苞苴、簞笥問人者，操以受命，如使之容。"鄭玄注："苞苴，裹魚肉或以葦或以茅。"孔穎達疏："苞者以草包裹魚肉之屬也，……苴者亦以草藉器而貯物也。"禮記·少儀："笏、書、脩、苞苴……其執之，皆尚左手。"鄭玄注："謂編束菅葦以裹魚肉也。"

〔五〕饕餮：中國古代傳說中的一種凶惡貪食的野獸。呂氏春秋·先識："周鼎著饕餮，有首無身，食人未咽，害及其身，以言報更也。"漢 東方朔 神異經·西南荒經："西南方有人焉，身多毛，頭上戴豕，貪如狼惡，好自積財，而不食人穀，強者奪老弱者，畏群而擊單，名曰饕餮。"

〔六〕食前方丈：吃飯時面前一丈見方的地方擺滿了食物。形容飲食奢靡、闊氣。孟子·盡心下："食前方丈，侍妾數百人，我得志弗爲也。"趙岐注："極五味之饌食列於前方一丈。"孫奭疏："食之前有方丈之廣，以極五味之饌而列之。"

〔七〕備物：儀衛、祭祀等所用的器物。左傳·定公四年："備物典策，官司彝器。"孔穎達疏引服虔云："備物，國之職物之備也，當謂國君威儀之物，若今繖扇之屬。"

【集評】

呂留良：文中評語："固以"至"所用"後：輕挑"用"字起。"蓋苟"至"之物"後：自回護井上之李，妙甚。"將謂"至"祭與"後：展翅飛舞，正得"惡"字前勢。"況大夫"至"鵝也"後：妙於擊刺。"況老"至"鵝也"後：鵝非肉耶？"雖曰"至"之饋"後：又展開。"然而"至"用之"後：妙論天下何多嗜鵝者。"抑嘗"至"同價"後：大結有裨風俗。"嗟乎"至"爲哉"後：雋甚。（呂葆中本）

文後評語：段段用大道理壓著，不作尖酸嘲刺語，廉士迂拘僻戾之狀宛在目。若時作，則將仲子爲蘇州花面科諢鬼臉矣。（呂葆中本、無錫 唐氏本、唐玉虬本）

是鶃鶃之肉也①〔一〕

世卿〔二〕告弟之意，以其所食即其所不可受者也。夫物不可受，則不可食矣。世卿之告其弟，夫亦以其廉之不能充其操〔三〕乎？孟子援此以闢仲子之非廉也。且交際之間，儀所以享之也，物所以將之也，彼饋仲子之兄以生鵝者，未必非交際之禮也，而仲子則不義之矣，其他日母之殺而食之也，仲子亦當不食之矣。故其兄告子曰：是鶃鶃之肉也。意以是肉也，受之者非正禮，則食之者非正味也，汝謂不可受，而獨可食乎？在兄爲不義，在母猶不義也，汝不潔於兄而獨潔於母乎？非免死而將食之，何安於於陵三咽〔四〕之病？既心非而又食之，何甘於井間螬食〔五〕之餘？言乎子之常，則受命而弗怠，固不敢辭肉於母，充乎汝之操，則辟纑〔六〕以易粟，其容無待於妻乎？夫其責弟之言此者，雖未知果出於正，而仲子之爲廉也則過矣，故曰蚓而後可也。

【校記】

①是鶃鶃之肉也篇又載無錫唐氏本、唐玉虬本，據校。

【注釋】

〔一〕出處同辟兄離母篇。

〔二〕世卿：世代承襲爲卿大夫。此處指齊國陳世家陳仲子之兄陳戴。公羊傳·隱公三年："尹氏者何？天子之大夫也。其稱尹氏何？貶。曷爲貶？譏世卿。世卿，非禮也。"何休注："世卿者，父死子繼也。"

〔三〕充其操：操守體現在所有行爲中。孟子·滕文公下："若仲子者，蚓而後充其操者也。"

〔四〕三咽：吞食三口。孟子·滕文公下："陳仲子豈不誠廉士哉！居於陵，三日不食，耳無聞，目無見也。井上有李，螬食實者過半矣，匍匐往，將食之，三咽，然後耳有聞，目有見。"

〔五〕井間螬食：蟲子將井里上的李子吃掉大半。孟子·滕文公下："陳仲子豈不誠廉士哉！居於陵，三日不食，耳無聞，目無見也。井上有李，螬食實者過半矣，匍匐往，將食之，三咽，然後耳有聞，目有見。"趙岐注:"螬,蟲也。"孫奭疏:"井里之上有李果爲螬蟲所食者,其實已過半矣。"

〔六〕辟纑:績麻和練麻之事。孟子·滕文公下:"是何傷哉?彼身織屨,妻辟纑,以易之也。"趙岐注:"緝其麻曰辟,練其麻曰纑,故云辟纑。"

【集評】

吕留良:文中評語:"且交際"至"將之也"後:一起似隔遠,卻正提覷覷來頭。"彼餽"至"義之矣"後:"是"字未點,而勢已到。"故其"至"是肉也"後:點題入化,祇一句以後都不拈著。"受之者"至"食乎"後:"是"字活筆。"非免"至"之病"後:刻毒難當。"充乎"至"妻乎"後:更刻毒。(吕葆中本、無錫唐氏本、唐玉虬本)

文後評語:本句原祇提起得仲子前言,令其自愧,若加一句議論,便失語妙,然不發泄議論。本句口氣,數言衍盡,其意又不快,妙於題前重理前言,兩相照對,點題祇消一句,更不演摹唇吻,以下竟寫題外意思,極刻露,卻不傷本句口氣,此荆川變法出奇處也。(吕葆中本、無錫唐氏本、唐玉虬本)

孟子下

泄泄猶沓沓也①〔一〕

　　大賢援古語而証諸今，所以爲人臣戒也。蓋考古所以鑑今也，古今之習俗既同，而其言亦豈有二致哉？此孟子所以戒人臣也。蓋曰：天下之言善者，固考於前而不謬；天下之言不善者，亦質諸古而有徵。詩人固以泄泄〔二〕爲深戒矣。然所謂泄泄者，何説也？其即沓沓〔三〕之謂乎？當衰周板蕩〔四〕之餘，而禮儀寖弛，人臣務爲偷惰之行，固多有怠緩而悦從者矣，其與今時之習俗無以異也，詩人是以謂之泄泄焉；及戰國傾危之後，而禮義益薄，人臣競爲穨靡之風，固亦多有怠緩而悦從者矣，其與衰周之習俗無以異也，今人是以謂之沓沓焉。以持禄保位爲智，以亡身徇國爲愚，今之沓沓者則然也，是泄泄之謂也，向使人臣皆知靖恭爾位〔五〕，則詩人不謂之泄泄，而今人不謂之沓沓矣；以讒諂面諛爲得計，以引君當道爲迂闊，今之沓沓者則然也，即泄泄之謂也，向使人臣皆知克艱厥臣〔六〕，則泄泄不見譏於古，而沓沓不見譏於今矣。昔日有周之臣若此，是以無救於周室之衰；今日列國之臣若此，是以益甚夫列國之亂。豈非所謂異世而同惡者哉？

【校記】

①泄泄猶沓沓也篇又載無錫唐氏本、唐玉虬本，據校。

【注釋】

〔一〕出自孟子·離婁上第一章：詩曰："天之方蹶，無然泄泄。"泄泄猶沓沓也。事君無義，進退無禮，言則非先王之道者，猶沓沓也。故曰：責難於君謂之恭，陳善閉邪謂之敬，吾君不能謂之賊。

〔二〕泄泄：多言，妄加議論。詩經·大雅·板："天之方蹶，無然泄泄。"鄭玄箋:"泄泄,猶沓沓也。"

〔三〕沓沓:多言多語。詩經·大雅·蕩:"如沸如羹。"鄭玄箋:"其笑語沓沓,又如湯之沸,羹之方熱。"

〔四〕板蕩:政局混亂,社會動盪。詩經·大雅有板、蕩兩篇,都是寫當時政治黑暗,政局動亂。南朝 宋 謝靈運擬魏太子鄴中集·王粲:"幽厲昔崩亂,桓靈今板蕩。"唐太宗賜蕭瑀:"疾風知勁草,板蕩識誠臣。"

〔五〕靖恭爾位:恭謹從事,忠於職守。詩經·小雅·小明:"嗟爾君子,無恒安處。靖共爾位,正直是與。"鄭玄箋:"靖,謀也。"

〔六〕克艱厥臣:臣子克服做臣子的艱難,忠於職守。尚書·大禹謨:"曰后克艱厥后,臣克艱厥臣。"孔穎達疏:"臣能重難其爲臣之職。"

【集評】

吕留良:文中評語:"當衰"至"怠緩"後:開局閎敞,氣勢渾龐,是漢文骨脈。"其輿"至"異也"後:兩開中"猶"字意足。"以持"至"謂也"後:渾發情態,令我回思萬曆至崇禎間事,如在眼前。"向使"至"沓矣"後:反掉筆力,便振颺。"以讒"至"今矣"後:千古一氣生成此一群,種類獨多。"昔日"至"益甚"後:收局甚大,浩氣盤旋,通身超舉。(吕葆中本、無錫 唐氏本、唐玉虬本)

文後評語:人祇會在方言上生情播弄耳,即有慨歎波瀾,支吾口吻,是多少衰颯卑靡之音,那得此大開大闔,大議論,大規模,大手筆! 不熟於班孟堅,無此局段,不熟於兩漢文字,無此精神。(吕葆中本、無錫 唐氏本、唐玉虬本)

是猶弟子①〔一〕 一句

大賢於小國之恥爲人役,必即喻以明其不可免也。蓋小國貴自強也,猶之弟子而恥受命於師,惡可得而免哉? 今夫徒有恥於爲役之心,而不求免於爲役之道,未見其能知恥也。何則? 今以小國而師大國,則是大國非特國大於我,實則吾之所師矣。既以小國而師大國,則是以小國而受大國之命,其即以弟子而受師之命矣。大小強弱之勢,猶謂可得而逃;師生授受之分,本不可得而易。故召而無諾〔二〕、無隱無犯〔三〕者，固弟子事師之禮，而大國令小國共者，亦友邦交際之常。今小國之於大國，不能降心以相從也，而偃然有崛强自大之心，地不可得而醜也，德不可得而齊也，而顧恥受其命焉。吾見爲大國者，小則有威讓之令，大則有攻伐之兵矣，雖欲恥之，其可得而免乎？是猶弟子之於先師，不能安意以承教也，而侈然有居位並行之意。年則不相若也，道則不相似也，而顧恥受其命焉。吾見爲先師者，小則施之以夏楚之教〔四〕，大則麾之於門牆之外〔五〕矣，雖欲恥之，其可得而免乎？以弟子而恥受命於先師，必無爲弟子焉可也；以小國而恥受命於大國，必無師大國焉可也。既師之而復恥之，亦何用乎？

【校記】

①是猶弟子篇又載無錫唐氏本、唐玉虬本，據校。

【注釋】

〔一〕出自孟子·離婁上第七章：今也小國師大國，而恥受命焉，是猶弟子而恥受命於先師也。如恥之，莫若師文王。師文王，大國五年，小國七年，必爲政於天下矣。

〔二〕召而無諾：聽到召喚，來不及應諾，馬上赴就。此處指弟子聽到老師的召喚，迫不及待地赴趨，表示恭敬之至。禮記·曲禮上："父召無諾，先生召無諾，唯而起。"鄭玄注："應辭唯恭於諾。"

〔三〕無隱無犯：指事師之道。對於老師，弟子不必隱瞞其錯誤，然又不可犯言直諫。禮記·檀弓上："事親有隱而無犯，左右就養無方，服勤至死，致喪三年。事君有犯而無隱，左右就養有方，服勤至死，方喪三年。事師無犯無隱，左右就養無方，服勤至死，心喪三年。"鄭玄注："隱，謂不稱揚其過失也。無犯，不犯顏而諫。"孔穎達疏："無犯是同親之恩，無隱是同君之義……但子之事親，本主恩愛，不欲聞親有過惡，故有隱，不欲違親顏色，故無犯。臣之事君，利在功義，若有惡不諫，社稷傾亡，故有犯。君之過惡，衆所同知，故云無隱也。"

〔四〕夏楚之教：古代學校兩種體罰越禮犯規者的用具。後來泛指體罰學童的工具。禮記·學記："夏、楚二物，收其威也。"鄭玄注："夏，榎也；楚，荆也。二者所以撲撻犯禮者。"孔穎達疏："夏、楚二物收其威也者，學者不勤其業，師則以夏、楚二物以笞撻之。所以然者，欲令學者畏之，收斂其威儀也。"

〔五〕門牆之外：師門之外。論語·子張："夫子之牆數仞，不得其門而入，不見宗廟之美，百官之富。"

【集評】

吕留良：文中評語："今夫"至"耻也"後：此句是主意，直吸動如耻節，説他不能耻，妙。"今以"至"師矣"後：喝起得勢。"大小"至"而逃"後：可知逆在師大國，不在弱小抗强大。"故召"至"之禮"後：又頓得勢重。"今小國"至"而醜也"後："猶"字須兩邊夾看，二比一氣流轉，有自然成渠之妙。"是猶"後：二字天成，轉出。"以弟子"至"子焉可也"後：結出主意，渡注下節。（吕葆中本、無錫唐氏本、唐玉虬本）

文後評語：不是訶其不受命，正訶其爲弟子。不是怪他耻，正是怪他師，正是怪他失所耻，正是要他知所耻，步步激發，逼到如耻之路上。頓挫押排，小文大勢。（吕葆中本、無錫唐氏本、唐玉虬本）

滄浪之水①〔一〕 二節

聖人於孺子之詠，而因發其理也。甚矣！吉凶不僭在人〔二〕也，觀水之所濯，皆其自取，而應感之理可識矣。且夫不仁之人方其未至於危亡也，則安其危而樂其亡者，既無所不至矣。及其既至於危亡也，則又未始不以爲莫之致而至也，是不知所自反也，觀之於水可見矣。有孺子歌曰：滄浪之水清兮，清可濯也，其以之而濯吾纓乎？滄浪之水濁兮，濁可濯也，其以之而濯吾足乎？若此者，蓋其樂意形於感，而天機〔三〕動於無心，不問其清與濁，而皆可以適於用，不問其纓與足，而皆可以致其潔，此孺子所以寓意於物，而無所容心者也。然以聖人觀之，有因物付物〔四〕而不可易者。乃遂呼門人而謂之曰：小子其聽之哉！彼謂清而可以濯纓，是惟其清也，而後以濯纓矣，不然均之爲水也，而纓何獨於其清乎？彼謂濁而可以濯足，是惟其濁也，而後以濯足矣，不然均之爲水也，而足何獨於其濁乎？二水相形，而美惡異焉；二物相形，而貴賤異焉。纓之濯也，非至潔不可也，苟泛以水之濁者而濯之，非惟不足以致潔，而適以納之於污也；足之濯也，不必如纓之潔可也，雖不以水之清者濯之，亦猶可以去其污而取其潔也。水出於山下之泉，則清者其本體也，而或不免於濁焉，雖欲濯纓而有所不可得矣。是濯纓者水也，而移之於足者亦水也，人何與焉？人因物而異形，則濁者其淆諸物也，而有時乎清焉，又將以濯足者而濯纓矣。是濯足者水也，而移之於纓者亦水也，人何與焉？由是觀之，則夫仁而得福非幸也，自取之也；不仁而得禍非不幸也，亦自取之也。水可以澄濁而求清，不仁者亦可以轉禍而爲福矣。

【校記】

①滄浪之水篇又載無錫唐氏本、唐玉虬本，據校。

【注釋】

〔一〕出自孟子·離婁上第八章：孟子曰："不仁者可與言哉？安其危而利其菑，樂其所以亡者。不仁而可與言，則何亡國敗家之有？有孺子歌曰：'滄浪之水清兮，可以濯我纓；滄浪之水濁兮，可以濯我足。'孔子曰：'小子聽之：清斯濯纓，濁斯濯足矣。自取之也。'夫人必自侮，然後人侮之；家必自毀，而後人毀之；國必自伐，而後人伐之。太甲曰：'天作孽，猶可違；自作孽，不可活。'此之謂也。"

〔二〕吉凶不僭在人：人生是吉是凶，取決於其自身的品德與行動。尚書·咸有一德："惟吉凶不僭，在人；惟天降災祥，在德。"

〔三〕天機：見顔淵喟然篇所注。

〔四〕因物付物：根據自然法則使萬物按照本性去發展而各盡其用。清張爾岐老子説略卷下："爲道而至於無爲，則可以物付物，泛應無方，而無不爲矣。"

【集評】

呂留良：文中評語："且夫"至"不至矣"後：上節下忽接此節，其勢甚突，卻正有一段意思於空際盤折，得此爽然。"是不"至"見矣"後：

看他瀟灑自在。"此孺子"至"心者也"後：頓宕瀠紆，閒中筋節，萬曆後大家專講此法。"是惟"至"纓矣"後：虛空敲打，十分醞藉。"二水"至"潔也"後：翻覆盡意。"水出"至"纓者水也"後：皆從仁不仁之理生意，互講變動不居之義，更十分警策。"而移"至"與焉"後：自取不言而透。"人因"至"與焉"後：此比講改過遷善意，尤得立言之旨，向來未及。"由是"至"亦自取之也"後：挑得清警。（<u>呂葆中</u>本、<u>無錫 唐氏</u>本、<u>唐玉虬</u>本）

文後評語：章義都在上下，兩節祇引得"自取"二字耳。不遠不近，清機肆流，春風楊柳，秋露芙蓉，一段風流神彩，盡在珠簾掩映間。（<u>呂葆中</u>本、<u>無錫 唐氏</u>本、<u>唐玉虬</u>本）

小子聽之①〔一〕

聖人呼門人而聽所聞之歌，以有感而然也。蓋理無往而不在，固不當以邇言而忽之也。歌出於孺子，而理妙於心通，此聖人所以使門人聽之也歟！昔聖人聞<u>滄浪</u>之歌聲，悟物理之攸寓〔二〕，故呼小子而聽之。若曰：川上之歎〔三〕，吾嘗有感於川流之不息矣，而其清濁之體，未之聞也，今茲之歌胡爲而及於此哉？臨河之歎〔四〕，吾亦有感於河水之洋洋矣，而其濯纓濯足之用，則未之有得也，今日之歌何由而及於是哉？滄浪之水本無情也，而歌之者有情，得於耳而感於心，我誠有默然自會者矣，小子其可置之不聞耶？孺子之歌或無心也，而聽之者何心，觸於外而驚於中，我蓋有超然獨得者矣，爾小子其可忽之弗聽耶？要當因其所已言而究其所未言，繹其旨趣於傾聽之下，而不特接其音響之疾徐；即其所已聞而探其所未聞，逆其志意於達聽之餘，而不徒賞其聲節之高下。其曰：滄浪之水清兮，可以濯我纓。在水之用則然矣，於焉引而伸之，必有得其至理於水，而忘言乎水可也，歌之於彼，聽之不於子乎？其曰：滄浪之水濁兮，可以濯我足。孺子之歌固然矣，於焉觸類而長之，必有會其妙於水，而不泥於水可也。契之以心，聽之不始於耳乎？

【校記】

①小子聽之篇又載<u>無錫 唐氏</u>本、<u>唐玉虬</u>本，據校。

【注釋】

〔一〕出處同滄浪之水篇。

〔二〕攸寓：遙遠的外域。漢書·叙傳下："攸攸外寓，閩越東甌。"顏師古注："攸攸，遠貌。"

〔三〕川上之歎：孔子曾站在河畔上，眼望長流不息的河水，感歎時光就像這河水一樣易逝且不復返。論語·子罕："子在川上曰：'逝者如斯夫，不捨晝夜！'"

〔四〕臨河之歎：孔子在衛國得不到重用，準備西行去晋國拜見執掌國政的權臣趙簡子。到黃河邊，聽說竇鳴犢、舜華被趙簡子所殺，面河興歎道："美麗的黃河水呀，洋洋灑灑！孔丘不過黃河，這是命啊！"竇鳴犢與孔子的政治主張是一致的，反對僭越，崇尚禮治，因極力反對趙簡子的僭越行爲而被殺。孔子諱傷其類，感歎自己的政治主張不能實施。史記·孔子世家："孔子既不得用於衛，將西見趙簡子，至於河而聞竇鳴犢、舜華之死也，臨河而歎曰：'美哉水！洋洋乎！丘之不濟，此命也。'"

【集評】

原評：文後評語：淺淺淡淡，玲玲瓏瓏，小題長技。（吕葆中本、無錫唐氏本、唐玉虬本）

吕留良：文中評語："川上"至"未之聞也"後：原評：稱其來得自在。余則以爲此太着相，猶是先輩拙處。"滄浪"至"情也"後：遠情先到。"我誠"至"者矣"後：聖人之聽不同。"小子"至"聞耶"後：是呼聽。"孺子"至"心也"後：靈機不滯。"要當"至"聽之下"後：教之聽法。"而不"至"疾徐"後：是聽辭義，不聽善歌。"滄浪"至"水可也"後：原評：引用上文，卻不露下文。"歌之"至"子乎"後："聽之"二字意足。（吕葆中本）

文後評語：意空勢窄，殊難逞長，看他逐節虛引下文，用意皆有淺深次第，步驟得法，機局相生，自覺波濤滅沒無限矣。（吕葆中本、無錫唐氏本、唐玉虬本）

道在邇而①〔一〕 節②

　　大賢於爲道者，而深著其不可以過求也。蓋道不外於孝弟〔二〕，固夫人可能也。捨近易而求之遠且難者，其亦弗思之甚矣。孟子發之以示人人道之方也，蓋曰：道之不明不行也，豈惟不求之故哉？亦求之過者之弊也。何也？自人之率性之理而言，謂之道。夫道也，吾知其邇焉已矣。自人之弘道〔三〕之功而言，謂之事。夫事也，吾知其易焉已矣。顧人以邇者爲不足道也，乃測深窮高，而惟求道於其遠；以易者爲不足事也，乃絕俗亢行，而惟從事於其難。故不惟遠者無益於志也，而其所謂邇者失之矣；不惟難者無益於得也，而其所謂易者失之矣。天道豈誠遠乎哉？事豈誠難乎哉？今夫親長即道也，於人爲甚邇，親之長之即事也，於人爲甚易也。誠使天下不獨親其親也，而皆愛其親焉，不獨長其長也，而皆敬其兄焉。則其愛同也而其民睦，其敬同也而其民順，絜矩〔四〕之化以章，而道德無不一，風俗無不同矣。大順〔五〕之實以積〔六〕，而民志於是乎成，禮俗於是乎刑矣。是不過率夫近易之行，而能致夫天下之平矣。蓋雖不求遠而遠者固在其中也，不求諸難而難者可坐而致也。此道在邇而事在易之驗也，求道者固可以不自反歟？

【校記】

①道在邇而篇又載無錫唐氏本、唐玉虬本，據校。
②節，無錫唐氏本、唐玉虬本作"一節"。

【注釋】

〔一〕出自孟子·離婁上第十一章：孟子曰："道在邇而求諸遠，事在易而求之難。人人親其親、長其長，而天下平。"

〔二〕孝弟：孝順父母，敬愛兄長。論語·學而："其爲人也孝弟，而好犯上者，鮮矣。"邢昺疏："孝於父母，順於兄長。"朱熹集注："善事父母爲孝，善事兄長爲弟。"

〔三〕弘道：此處指弘揚儒家聖賢之道。論語·衛靈公："人能弘道，非道弘人。"

〔四〕絜矩：見此之謂絜篇所注。

〔五〕大順：國泰民安、天下諸事順暢的一種理想治世狀態。禮記·禮運："天子以德爲車，以樂爲御，諸侯以禮相與，大夫以法相序，士以信相考，百姓以睦相守，天下之肥也，是謂大順。大順者，所以養生、送死、事鬼神之常也。"

〔六〕實以積：穀粟財貨等。左傳·文公十八年："縉雲氏有不才子，貪於飲食，冒於貨賄，侵欲崇侈，不可盈厭，聚斂積實，不知紀極，不分孤寡，不恤窮匱。"

【集評】

胡思泉：文後評語：余喜此篇筆氣絕好，如珠走盤中，字字欲活。（呂葆中本、無錫唐氏本、唐玉虬本）

呂留良：文中評語："自人"至"之道"後：出得老當。"顧人"至"道也"後：轉"而"字。"故不"至"失之矣"後：兩句下須有此收煞局勢，乃從字不突，理更湛足。"今夫"至"易也"後：落得親切，古大家氣脈。"誠使"至"親也"後：一筆流轉。"是不"至"平矣"後：繳一句緊。"蓋雖"至"致也"後：找二語圓滿。（呂葆中本、無錫唐氏本、唐玉虬本）

文後評語：一氣混茫而下，絕不見有轉運費力處，真江河力量。（呂葆中本、無錫唐氏本、唐玉虬本）

問有餘必曰有①〔一〕

大賢於親志〔二〕之已形而順承之，可謂善事其親矣。蓋善事其親者，貴乎體其志而不違也。曾子知親志之所在，而以必有答之，其承順父母之志，而不忍傷之者乎。昔孟子言此，以見曾子得事親之道也，意謂：親身固爲事守〔三〕之大，而事親之道亦不容以易盡也。吾觀曾子之養曾晳，固請所與於將徹之時矣。然而樂與人同者，曾晳之志也，使有所及而有所不及，則難繼之惠未足以遂其同人之願矣，天機〔四〕感觸之餘，其肯以物之有餘者，而取足於一己耶？物各得所者，曾晳之心也，使心無窮而物有限，則將徹之餘亦無以滿其大公之量矣，稱物平施[五]之下，又安知物之有餘者，而得遂其志焉否耶？故其發問之間，固不自私於我以隘其物與之公，亦非取必其有而責之以備物[六]之養者矣。但見親志未形之先，固以言而探其蘊，而親其志既形之後，必即言以慰其心，於是迎其意而必曰有焉。蓋以奉養之具，雖不過樂其日用之常也，而取之者尚未至於終窮，則晏樂之時，猶可推之以及物者矣；酒肉之養，雖不過安其所居之位也，而用之者猶未至於匱乏，則飲食之暇，猶可普之以及物者矣。是非無而爲有，而故阿意以承之也。公物之念得於發問之初，而所以將順之者自不容已，亦非有餘不盡，而故曲意以順之也。更與之心已妙於相體之素，而所以敬承之者自不可遏，謂之曰有，信乎？親心與人而兩忘，子心與親而無間矣。若曾子者，不謂之善體親之心而何哉？

【校記】

①問有餘必曰有篇又載無錫唐氏本、唐玉虬本，據校。

【注釋】

〔一〕出自孟子·離婁上第十九章：孟子曰："事孰爲大？事親爲大；守孰爲大？守身爲大。不失其身而能事其親者，吾聞之矣；失其身而能事其親者，吾未之聞也。孰不爲事？事親，事之本也。孰不爲守？守身，守之本也。曾子養曾皙，必有酒肉。將徹，必請所與。問：'有餘？'必曰：'有。'曾皙死，曾元養曾子，必有酒肉。將徹，不請所與。問：'有餘？'曰：'亡矣。'將以復進也，此所謂養口體者也。若曾子，則可謂養志也。事親若曾子者，可也。"

〔二〕親志：父母的志向意願。孟子·離婁上："若曾子，則可謂養志也。"孫奭疏："是其遂其親之志意而不違者也，故曰養志也。"

〔三〕事守：應當遵守的法度。禮記·禮運："杞之郊也，禹也；宋之郊也，契也：是天子之事守也。"鄭玄注："先祖法度，子孫所當守。"孔穎達疏："杞郊禹，宋郊契，蓋是夏、殷天子之事；杞、宋是其子孫，當所保守，勿使有失。"

〔四〕天機：見顏淵喟然篇所注。

〔五〕稱物平施：見禹吾無間篇所注。

〔六〕備物：見惡用是鶃篇所注。

【集評】

　　呂留良：文中評語："然而"至"願矣"後：活畫個曾晳出來。"天機"至"已耶"後：原評：問意雙關，摹出曾晳心事。"稱物"至"否耶"後：便已照起下句。"故其"至"養者矣"後：此意更好，見曾晳之仁慈，益見曾子"必"字之妙。"但見"至"其心"後：又根請"所與"來，正見爲與人而設。"蓋以"至"終窮"後："有"字斟酌，活畫個誠謹守約的曾子出來。"則晏"至"物者矣"後：曾晳之志卻在曾子意中，妙。"是非"至"承之也"後：發揮"必"字，精義入神。"公物"至"容已"後：就"必"字活畫出曾子之仁孝誠敬。"有信"至"間矣"後：兩邊妙合於"志"字之中。（呂葆中本、無錫唐氏本、唐玉虬本）

　　文後評語：就曾晳一問，便寫出他春風沂水胸懷；就曾子一答，便寫出他誠身守約一本孝經體段。即語言之下，得見其人，此是文章第一等妙處。司馬遷爲史家之冠，也衹得此妙，吾謂荆川文從史、漢得力，正爲此也。若他人學史、漢，止在段落筆意詞句間摹儗形似，從何處夢見古人哉？不見得狂士之志，則曾子之必曰有，亦止在口體上事，惟寫得曾晳志出，而後曾子之所養乃見，而曾子此一答之志亦見。寫曾晳問處，便有曾子在內，寫曾子答處，仍有曾晳在內。兩人性情氣象迥乎不同，而此際相關一意，卻正是"志"字體會得神也。（呂葆中本、無錫唐氏本、唐玉虬本）

焉得人人①②〔一〕 合下節

　　大賢論小惠之不足以遍物，見爲政者當務其大也。蓋惟有大德而後可以博施也。苟以小惠爲事，而欲遍於人人焉，其可得乎？此孟子所以譏子產也。若曰：君子不以小惠而妨於政者，豈有所吝於施惠哉？亦以小惠之不足於用耳。何則？推子產以乘輿濟人〔二〕之心，則必人人而濟之，而後足以滿其意也。不知國中之水，其當涉者非一人矣，苟徒杠輿梁〔三〕之未成，其欲涉而未能者亦非一人矣。以乘輿而濟一人焉，子產之所能也，以乘輿而濟人人焉，其將能乎？夫人人而濟之，是欲人人而悅之也，如使人人而悅之，豈特非爲政者公平正大之體哉？而勢固有不暇給矣。蓋一日之間其望恩③於我者，不知凡幾也，吾欲一一以周之，則先施者獲及時之惠，而繼與者已不勝其後時之怨矣，是人無窮而日有限也，其將何以給之哉？一日之間其賴吾之惠者，不知其幾也，吾將一一而遍之，則人之乘時以利於上者皆不能相待而急於並濟而上之，隨時以利於下者必以漸相及而病於兼與矣，是日則少而人則多也，其又何以給之哉？吁！每人而悅之，較之不令人喜者，何如也？日亦不足，較之俄頃功化〔四〕者，何如也？此王道之所以爲至，而小惠之所以不可行歟？

【校記】

① 焉得人人篇又載陳名夏本、無錫唐氏本、唐玉虬本，據校。
② 焉得人人，陳名夏本、皇明今文待作"焉得人人而濟之"。
③ 恩，陳名夏本作"忍"。

【注釋】

〔一〕出自孟子·離婁下第二章：子產聽鄭國之政，以其乘輿濟人於溱、洧。孟子曰："惠而不知爲政。歲十一月徒杠成，十二月輿梁成，民未病涉也。君子平其政，行辟人可也，焉得人人而濟之？故爲政者，每人而悅之，日亦不足矣。"

〔二〕乘輿濟人：用車幫助別人渡過河。比喻竭力助人克服困難。孟子·離婁下："子產聽鄭國之政，以其乘輿濟人於溱、洧。"趙岐注："有冬涉者，仁心不忍，以其乘車度之也。"

〔三〕徒杠輿梁：橋梁。孟子·離婁下："歲十一月徒杠成，十二月輿梁成，民未病涉也。"孫奭疏："徒杠者，説文云：矼，石橋也，俗作杠，從木，所以整其徒步之石。……今云輿梁者，蓋橋上橫架之板若車輿者，故謂之輿梁。"

〔四〕功化：功業與教化。漢書·賈誼傳："使時見用，功化必盛。"

【集評】

艾千子：文後評語："每人""日亦"二句，如經營已久，急起揮描，惟恐不及之像。先輩作文用心之妙，猶令讀者追想也。（皇明今文待、陳

名夏本、吕葆中本、無錫 唐氏本、唐玉虬本）

　陳名夏：文後評語：題中應有此婉轉，經營慘淡，而一筆揮就，不見斧鑿之痕，是製義神手。（陳名夏本）

　李衷一：文後評語：讀荊川文，當於意象外得其神髓處，方知其佳。（吕葆中本、無錫 唐氏本、唐玉虬本）

　胡思泉：文後評語：一氣直貫到底，而流走圓注，大是蘇長公風裁。（吕葆中本、無錫 唐氏本、唐玉虬本）

　吕留良：文中評語："推子產"至"一人矣"後：此原統論爲政之義，借一筆喚起"人人濟之"，然後析出"焉得"爲醒豁耳。艾評以爲方接得子產，非也，此處正不必接子產。"夫人"至"悦之也"後：過下鬆爽即溜，便是喚起一筆一個關捩。"豈特"至"給矣"後：挽上文一筆，妙。此等機法自荊川而精。"吾欲"至"怨矣"後：體貼不足意，推勘人情事理。原評謂其筆端有畫。"一日"至"給之哉"後：艾評：何等刻畫。（吕葆中本、無錫 唐氏本、唐玉虬本）

　文後評語：人但見其流走圓融，一氣順成耳。須玩其中鈎綰提串顛倒翻跌之妙，如李營丘畫樹，必無一寸直枝直幹，而干霄拔地之勢益奇。慶曆以後，講截搭題法，皆從此得宗，然不能尋其自然流轉、一氣無迹之妙矣。（吕葆中本、無錫 唐氏本、唐玉虬本）

有故而去①〔一〕　五句②

　　先王於去國之臣，而待之曲盡其禮焉。甚矣先王之能體群臣也，雖於去國之臣，而亦無所不盡其禮焉，則人臣固宜有以厚報之矣。此孟子援古以見今之不然也，想其告宣王之意若謂：王知舊君之有服固也，而亦知舊君之所以遇其臣者乎？何則？人臣義有不合而不容不去者，所以明進退之節而不敢苟也；人君聽其去而不必其留者③，所以成人臣之志而不敢强也。則臣之去也，固非悻悻然以④薄其君⑤；而君於其臣之去也，亦豈能恝然自處⑥其⑦薄乎？於是慮其或不免於致寇〔二〕也，則使人導之出疆⑧而豫防⑨其患焉，庶乎即次〔三〕之無所虞，而懷資〔四〕之無所慮⑩也。蓋禮義以爲干櫓〔五〕，固君子之所以自衛也，而曲爲保護以使之利有攸往〔六〕者，亦君心之不能自已者耳。又慮其無以爲之先容也，則先之於其所往而稱道其賢焉，庶幾見用於他國，亦猶見用於吾國也。蓋出疆必載贄⑪〔七〕，固君子之所以自進也，而曲為汲引以使之喪不速貧〔八〕者，亦君心之不能自已者耳。至於臣之在國也，有田里以養其廉焉，必待其去之三年不反也，然後從而收之焉⑫。苟三年之內而幸其或反⑬也，則將以其未收之田里而與之可也；苟三年之外而尚幸其或反也，則雖以其既收之田里而復還之亦可也。蓋其反與不反⑭，雖⑮人臣之所自為去就，而非人君之所能必也，但人君之心則固嘗⑯冀其必反耳。夫導之出疆，則恐⑰其行之弗利也，況有執之而使不得行者乎？先於所往，則惟恐其國之不用也，況有極⑱之而沮其見用者乎？三年而後收其田里，則於心猶以為速也，況有方其去而遽絕其來者乎？此則雖謂之舊君，而其視臣如手足者固自在也，安得而不為之服也哉⑲？

【校記】

①有故而去篇又載陳名夏本、俞康本、俞乾本、無錫唐氏本、唐玉虯本、皇明今文待、明文鈔、欽定四書文，據校。

②五句，陳名夏本、皇明今文待、俞康本作"田里"。

③不必其留者，俞康本作"不敢必其留者"，俞乾本作"不敢必"。

④以，欽定四書文無。

⑤薄其君，俞康本、俞乾本作"薄待其君"。

⑥自處，俞康本作"自處於"。

⑦其，俞康本無，俞乾本作"於"。

⑧疆，俞乾本作"彊"。

⑨豫防，明文鈔作"預防"。

⑩慮，欽定四書文、明文鈔作"戀"。

⑪贄，皇明今文待、俞康本、俞乾本作"質"。

⑫焉，明文鈔無。

⑬反，俞乾本作"及"。

⑭與不反，俞康本、俞乾本作"與其不反"。

⑮雖，俞康本、俞乾本作"與雖"。

⑯嘗，陳名夏本、俞康本、俞乾本作"常"。

⑰恐，俞康本、俞乾本作"惟恐"。

⑱極，皇明今文待作"及"。

⑲哉，俞康本、俞乾本無。

【注釋】

〔一〕出自孟子·離婁下第三章：諫行言聽，膏澤下於民；有故而去，則君使人導之出疆，又先於其所往；去三年不反，然後收其田里。

〔二〕致寇：招致強盜來搶奪。比喻居非其位，才不稱職。周易·解："六三：負且乘，致寇至，貞吝。"王弼注："處非其位，履非其正，以附於四。用夫柔邪，以自媚者也。乘二負四，以容其身，寇之來也，自己所致。"

〔三〕即次：安居之所。周易·旅："旅即次，懷其資，得童僕，貞。"王弼注："次者，可以安行旅之地也。"

〔四〕懷資：獲得資財。周易·旅："旅即次，懷其資，得童僕，貞。"王弼注："懷，來也。……懷來資貨。"

〔五〕干櫓：見孟施舍似篇所注。

〔六〕利有攸往：利於勇往直前。周易·賁："賁，亨，柔來而文剛，故亨。分剛上而文柔，故小利有攸往，天文也。"

〔七〕出疆必載贄：帶著觀見的禮物出門。謂急於出仕。孟子·滕文公下："孔子三月無君則皇皇如也，出疆必載質。"趙岐注："質，臣所執以見君者也。"

〔八〕喪不速貧："喪"即喪事，此處指丟官。丟了官不至於很快就窮困潦倒。禮記·檀弓上："有子問於曾子曰：'問喪於夫子乎？'曰：'聞之矣，喪欲速貧，死欲速朽。'"

【集評】

艾千子：文後評語：凡先輩文字，不獨妙於運勢布格，當觀其代題設想，確有事蹟，不虛設處，皆由學問所至，如明進退之節，成人臣之志，君子所以自衛、所以自進，及三年之外，還以既收之田里等語，皆以身設想其時事，而用古人之事以實之，此極使學問，善於補題者。先輩勝人處在此。（皇明今文待、陳名夏本、呂葆中本、無錫唐氏本、唐玉虬本）

陳名夏：文後評語：爲去者先設地步，舊君情事，層層婉發，不特補題之法開拓心胸，而其文致如風水相遭，波紋動蕩而無窮境，可謂聖於文矣。（陳名夏本）

李東一：文後評語：高着在於去處兩護其是，不然，於君爲厚，於臣則恝然矣。不是荆川，安得此高論？（呂葆中本、無錫唐氏本、唐玉虬本）

杜静臺：文後評語：篇中不用實講，止點本文字樣過，發意之文也。愈玩愈有情。（呂葆中本、無錫唐氏本、唐玉虬本）

呂留良：文中評語："人臣"至"强也"後：如此説"去"字，纔見君臣之義合當如此，不是曲護君子也。世人一味以諧媚爲固位，君臣從何得此識議？"則臣"至"悻然"後：接出圓暢。"於是"後：虚字襯出舊君情至。"蓋禮"至"者耳"後：安頓君子，正是舊君加意之厚。"至於"至"可也"後：股法變換。"苟三"至"亦可也"後：補意圓徹。"蓋其"至"必也"後：又襯托君子一筆。"但人"至"反耳"後：情至語。"夫導"至"行者乎"後：直提下節，較論作結，先輩有此法，今不行矣。（呂葆中本、無錫唐氏本、唐玉虬本）

文後評語：君臣以義合，合則爲君臣，不合則可去，與朋友之倫同道，非父子兄弟比也。不合，亦不必到嫌隙疾惡。但志不同，道不行，便可去，去即是君臣之禮，非君臣之變也。祇爲後世封建廢爲郡縣，天下統於一君，遂但有進退而無去就。嬴秦無道，創爲尊君卑臣之禮，上下相隔懸絶，并進退亦制於君而無所逃，而千古君臣之義，爲之一變。但以權法相制，而君子行義之道幾亡矣。其有言及"去"字者，諧臣媚子，輒以貳心大逆律之，不知古君臣相接之禮當然也。此文講有故而去，正得此義。若但以斡旋君子立説，猶後世諧媚眼孔中見識耳。委婉愷至，令讀者悽愴感發而不能自已，此所謂文之至者生乎情也。（呂葆中本、無錫唐氏本、唐玉虬本）

張桐初：文後評語：實講止數語，前後俱於題外斡旋，如此識力，先輩中不多得。（俞康本、俞乾本）

馬君常：文後評語：善用賓中主、主中賓，而主意妙處，更得賓意已醒，非化工手不能辦。（俞康本、俞乾本）

俞長城：文中評語："人臣義"至"苟也"後：出脱"有故"二字，見身分。"人君"至"強也"後：此意又補得高。"於是"至"寇也"後：接法。"蓋禮"至"者耳"後：題外斡旋，文心圓妙。是視臣如手足。"又慮"至"容也"後：頂法。"至於"至"收之焉"後：變法。"苟三年之内"至"之可也"後：文情之妙，能使題情俱盡。"三年而後"至"來者乎"後：句尤沉痛。（俞康本、俞乾本）

文後評語：代臣設想一番，代君設想一番，但覺滿腔熱血，從紙上流出。懇摯入情，人所共賞，尤妙將臣之身分看得高，則禮遇之重見。此處全在乎識。（俞康本、俞乾本）

方苞：文後評語：深明古者君臣之義，由熟於三經、三禮、三傳，而又能以古文之氣格出之。故同時作者，皆爲所屈。蓋或識不及遠，或才不逮意，雖苦心營度，終不能出時文蹊徑也。（欽定四書文、明文鈔）

胡思泉：文後評語：凡先輩文字，不獨妙於運勢布格，當觀其代題設想，確有事蹟，不虛設處，皆由學問所至，如明進退之節，成人臣之志，君子所以自衞、所以自進，及三年之外，還以既收之田里等語，皆以身設想其時事，而用古人之事以實之，此極使學問，善於補題者。先輩勝人處在此。（明文鈔）

非禮之禮①〔一〕 一節

論理之不適乎中者，大人〔二〕所不屑也。甚矣大人察理之精也，其於禮義之間，有一不適乎中者哉？且夫經權一道也，守乎經者，貴乎通之以權；心迹兩途也，拘於迹者，要當會之以心。何者？禮本於會通之觀，雖有定體而未始有定用也。故有於此爲禮，於彼爲非禮者，苟徒見夫此之爲禮也，而遂執之以爲常，則悦乎故，不即乎新，非所謂觀其會通者矣，不爲非禮之禮乎？義本於物宜之象〔三〕，雖有定理而未始有定形也。故有於此爲義，於彼爲非義者，苟徒見夫此之爲義也，而遂守之以爲固，則泥於古，或違乎今，非所謂象其物宜者矣，不爲非義之義乎？禮曰非禮，義曰非義。夫人之爲此者，非知其非禮非義而冒爲之也，以其察理之不精耳。大人則秉離〔四〕之照，既有以見天下之賾〔五〕，昭格〔六〕之文，又有以見天下之動〔七〕，不信不果，一龍德〔八〕以神其化也，無意無必，一虎變[九]以妙其用也。以禮從事而不強事以從禮，天下之正位自我立矣，何有非禮之禮乎？以義狥時而不違時以狥義，天下之大道自我行矣，何有非義之義哉？蓋其靜而虛也，心不蔽於一偏，故其動而直也。理自融於萬變，未及乎大人者，宜何如？亦曰自察理始。

【校記】

①非禮之禮篇又載無錫唐氏本、唐玉虬本，據校。

【注釋】

〔一〕出自孟子·離婁下第六章：孟子曰："非禮之禮，非義之義，大人弗爲。"

〔二〕大人：德行高尚之人。

〔三〕物宜之象：外部形狀容貌與内部屬性規律相符合的物象。周易·繫辭上："聖人有以見天下之賾，而擬諸其形容，象其物宜，是故謂之象。"

〔四〕離：光明。周易·離："明兩作，離；大人以繼明照於四方。"孔穎達疏："離爲日，日爲明。"

〔五〕天下之賾：天下萬物紛亂雜陳，繁複無緒。周易·繫辭上："聖人有以見天下之賾，而擬諸其形容，象其物宜，是故謂之象。"

〔六〕昭格：神明對下顯示吉祥。舊唐書·禮儀志："況乎地殊丙巳，未答靈心，迹匪膺期，乃申嚴配。事昧彝典，神不昭格。此其不可者一也。"

〔七〕天下之動：天下萬物本質或規律呈現於外的變化。周易·繫辭上："聖人有以見天下之動，而觀其會通，以行其典禮。"

〔八〕龍德：龍出現在地表上，恩德所施普遍廣大。比喻偉人出現，澤被蒼生，恩德普遍。周易·乾："見龍在田，德施普也。"孔穎達疏："見龍在田，德施普者，此以人事言之。用龍德在田，似聖人已出在世，道德恩施能普遍也。"

〔九〕虎變：謂虎皮的花紋斑斕多彩。比喻因時制宜，革新創制，斐然可觀。周易·革："九五。大人虎變，未占有孚。象曰：大人虎變，其文炳也。"孔穎達疏："損益前王，創制立法，有文章之美，焕然可觀，有似虎變,其文彪炳。"

【集評】

呂留良:文中評語:"且夫"至"道也"後:此句得。"心迹"至"以心"後:此便染良知家説心迹,豈可分哉!"觀雖"至"用也"後:道個禮便具變化之理,道個義便具神明之用。"禮曰"至"精耳"後:反擊出"大人弗爲"理致,瑩徹。"大人"至"用也"後:大人重寫一段,見大人察理之精,又與大賢以下不同所爲可與權者也。"以禮從事"後:語有病。"蓋其静"至"未及乎"後:數言甚高,然味其語意,亦似重心爲體,理爲用,微有病。"大人"至"理始"後:一結至理不刊。(呂葆中本)

文後評語:其言有極精者,深得力於經學理學,其有小疵者,則當時惑於心學所致,當分析觀之。禮便是事之理,義便是時之宜,禮義之原,雖在吾心,然無其事、非其時,禮義亦無從見,一有事、一當時,便有個禮義在,分拆不得。若説以禮從事,以義徇時,卻早是兩件也。有是迹,即有是心,所謂非禮之禮,非義之義,在其人之爲之者,亦自其心認以爲禮義而誤,故曰:察理不精,非拘迹者乃爲非禮非義,而會之心者方爲其禮義也。良知家看得天下一切有爲之迹,皆是外假,惟吾心之知覺爲良知、爲天理,是即名禮義,不知聖賢之禮義,正在事與時上看,事得其理,時中其宜,吾心之禮義乃完。若於事與時,察之不精,憑心妄斷,冥行自是,正所謂非禮之禮,非義之義也。此處正須辨析。(呂葆中本)

文後評語:其言有極精者,深得力於經學理學。(無錫 唐氏本)

予未得爲①〔一〕 二句

大賢自幸得被聖人之澤,推尊之意②至矣。蓋聖人之澤無遠弗被也,而況去聖人③之世若此其近者乎?此所以得繼其傳也,想其推尊意曰:聖人之垂教也④,恒曠世而相感;學者之希聖也,必聞風而後興。何則?**孔子**之道之大,雖以及門之士,猶或歎其難聞⑤,而況予之未得及門者乎?此其願學之心若有不容自遂⑥者矣。**孔子**之道之妙,雖以從游之徒,猶或疑其有隱,而況予之未得從游者乎?此其誦法〔二〕之私,若⑦有不能自致者矣。然不知予之所深幸者,則以聖人之道，固將教萬世之後而無窮，而聖人之澤，又方在五世之内而未斬。精神心術之蘊，所以立人極〔三〕而扶世教者，傳之尚有人焉，而予因得聞之，於以明其善而成其身，蓋雖時中之聖，吾⑧嘗謂其未能有行也，而亦⑨不敢以自棄也，庶乎迹其近似而已矣；禮樂文章之著，所以繼往聖而開來學者，傳之尚有人焉，而予因得聞之，於以成其德而達其材，蓋雖見知之人，吾嘗謂其無有乎爾也，而亦不敢以自誣也，庶乎竊其餘緒而已矣。若此者，皆孔子餘澤之所及也。向使既不幸而不得生於其時⑩，又不幸而不得生於五世之内，則不惟哲人既逝，吾將安仿，而微言又絕，吾其悵悵乎無所適從矣。然則去聖人之世，若此其未遠也，豈非予之所深幸者乎？⑪

【校記】

①予未得爲篇又載陳名夏本、無錫 唐氏本、唐玉虬本，據校。

②推尊之意，陳名夏本作"其推尊之意"。

③而況去聖人，陳名夏本作"而況大賢去聖人"。

④"此所以得繼其傳也，想其推尊意曰：聖人之垂教也"數句，陳名夏本作"此所以雖不得親相授受，而猶得以繼傳也。想孟子推尊之意豈不曰：聖人之垂教也"。

⑤猶或欹其難聞，陳名夏本作"猶或欹其不可得聞"。

⑥不容自遂，陳名夏本作"不容以自遂"。

⑦若，無錫 唐氏本作"固"。

⑧吾，陳名夏本作"而"。

⑨亦，陳名夏本作"所"。

⑩其時，陳名夏本作"孔子之時"。

⑪底本至此結束。陳名夏本此處後尚有"吁！孟子所以推尊孔子者如此。然其自任之重，固有不可得而辭者矣"數句。

【注釋】

〔一〕出自孟子·離婁下第二十二章：孟子曰："君子之澤，五世而斬。小人之澤，五世而斬。予未得爲孔子徒也，予私淑諸人也。"

〔二〕誦法：稱頌並效法。史記·秦始皇本紀："始皇長子扶蘇諫曰：

'天下初定，遠方黔首未集，諸生皆誦法孔子，今上皆重法繩之，臣恐天下不安。"

〔三〕人極：見惟天下至篇所注。

【集評】

艾千子：文後評語：君子之澤，五世而斬。小人之澤，五世而斬。注云：大約君子小人之澤，五世而絕。此君子小人，泛論有位無位者，言此等大約五世而絕，非若舜、禹、湯、文、武、周公、孔子其道千百世相傳無終窮也。蓋言聖道之傳，與天地爲終始，非平常君子小人，可以世澤限者之比。而況孔子去今未遠，又在百年之近，得私淑諸人，則其傳道之確，有可以自任者，不待言矣。語意如此，今作者將君子之澤，徑指聖人，則舜、禹、湯、文，何由接續，孔子之道，何由至今？真不善解注者矣。惟荆川云聖人之道，固將教萬世之後而無窮，聖人之澤，又方在五世之内未斬，此方是讀書人。（陳名夏本、吕葆中本、無錫唐氏本、唐玉虬本）

陳名夏：文後評語：是欣慰之情，亦能總見私淑分量，時文每以私淑照"竊取"二字，極尖極巧，不若先輩之樸茂。（陳名夏本）

李啽雲：文後評語：上句語言甚急，措詞稍多，則失之緩，措詞大略，則失之枯。今用賓主詠歎文法，便無二者之病。（吕葆中本、無錫唐氏本、唐玉虬本）

吕留良：文中評語："蓋聖人"至"傳也"後：眼孔大，志氣高，便見聖人之澤不在五世而斬例内，孟子祇取其去聖之近耳。"孔子"至"者乎"後："予未得爲"太息深微，不止不親炙，其意超然。"然不知"至"未斬"後：回旋上節，見解卓越。"精神"至"人焉"後：韓評：從"人"字説到"私"字，宛轉玲瓏。"若此"至"及也"後：一句收拾尊孔自謙意。"向使"至"之内"後：反振作結，一倡三歎，歐、曾古文勝地。（吕葆中本、無錫唐氏本、唐玉虬本）

文後評語：歷叙群聖至此，自任得統意已自分明，卻仍歸尊孔子，謂幸而世近有傳人，得聞大道。其自任意，正在自謙處領會。此作用意全在上一句，似有恨於不及親炙。而當時親炙者，未有足與斯道之傳。直待孟子以私淑當見知之任，與末章世未遠居甚近意相照，此旨隱然言表。看

"私淑諸人"四字，則曾、思以來，雖源流井然，不足當此任也明矣。朱子之學受之延平，推而上之，豫章、龜山亦源流井然，然序統則直承程子，蓋龜山、豫章、延平亦所私淑之人也。文中云雖及門從游者，猶難聞有疑，於自謙見自任之大，卻又渾然不露。此等識解，雖先輩中少有及者。玩兩"也"字，有歎恨意，有欣幸意，有自解以興起後世意，止就本文分疏難盡。得結末反掉一段，神情四溢，吟歎無窮，非深於古文者不知。（呂葆中本）

鄭人使子①②〔一〕 一節

　　藝士〔二〕能免於難者，繇其善於取友也。蓋射雖一藝，而授受固有不可苟者。孺子以端人〔三〕免難，羿以匪人〔四〕召禍，是故君子辨之於早也。今夫殺羿者蒙也，羿招之也，蒙之殺羿者射也，羿教之也，觀乎子濯孺子而羿之罪著矣。春秋之世，子濯孺子以射鳴於鄭，庚公之斯以射鳴於衛，於是鄭人使子濯孺子侵衛，衛使庚公之斯追之，兩技相角，雌雄未可知也。孺子以疾作而不能執弓也，曰吾死矣，是覘之於我而有感於天亡之數也；既而知其為庚公之斯也，曰吾生矣，是覘之於人而深幸其得朋之助也。其僕不知而疑焉，孺子解之曰：吾謂吾生者，非謂斯之技不足以殺我也，亦逆知其不忍殺我耳。何也？斯嘗學射於尹公之他矣，他嘗學射於我矣。他，端人也，非忍人〔五〕也，其為他之友者必端人也，非忍人也，焉有端人而肯背本以邀利者哉？孺子所以能自信其不死也。未幾而庚公之斯至焉，曰夫子何為不執弓？蓋疑其能，而示之以弗能也。孺子曰吾③疾作而不能執弓，蓋示之以情也。夫攻其無備，出其不意，斯固可以必得志於孺子矣。彼則曰："小子之射學諸他，他之射學諸夫子，道傳於夫子而因以弊之，非仁人④也，吾弗忍也。雖然，朝而受命，臨敵而棄之，非忠也，吾弗敢也。"乃扣輪出鏃，發乘矢〔六〕而後反焉。出鏃，以示不殺也，乘矢，以示有禮也，庶乎無害於師而有辭於君矣。是則師以及師，庚斯報德之厚也，況親授業如羿者，而忍殺之乎？友以及友，孺子料人之智⑤也，況親受業如蒙者，而不能察其奸乎？以斯而律蒙，罪不容誅矣，而羿亦孺子之罪人也，抑有疑焉，斯幸而遇孺子之疾也，故得以兩全而無害。且使孺子而無恙也，將戰乎？將不戰乎？使孺子無恙而必戰也，斯將與之抗乎？不與之抗乎？

曰吾師之師也,任其横行而不與之抗乎?嗚呼!衞其危矣,吾不知庾斯又何如處也。要之屈恩以伸義,屈義以伸恩,無一可者也。爲斯計者宜何如?辭於君而弗敢將焉,可也。

【校記】

①鄭人使子篇又載陳名夏本、無錫唐氏本、唐玉虬本,據校。
②鄭人使子,明文鈔作"鄭人使子濯孺子侵衞"。
③吾,陳名夏本作"我"。
④人,陳名夏本無。
⑤智,陳名夏本作"至"。

【注釋】

〔一〕出自孟子·離婁下第二十四章:逢蒙學射於羿,盡羿之道,思天下惟羿爲愈已,於是殺羿。孟子曰:"是亦羿有罪焉。"公明儀曰:"宜若無罪焉。"曰:"薄乎云爾,惡得無罪?鄭人使子濯孺子侵衞,衞使庾公之斯追之。子濯孺子曰:'今日我疾作,不可以執弓,吾死矣夫!'問其僕曰:'追我者誰也?'其僕曰:'庾公之斯也。'曰'吾生矣。'其僕曰:'庾公之斯,衞之善射者也。夫子曰吾生,何謂也?'曰:'庾公之斯學射於尹公之他,尹公之他學射於我。夫尹公之他,端人也,其取友必端矣。'庾公之斯至,曰:'夫子何爲不執弓?'曰:'今日我疾作,不可以執弓。'曰:'小人學射於尹公之他,尹公之他學射於夫子。我不忍以夫子之道反害夫子。雖然,今日之事,君事也,我不敢廢。'抽矢扣輪,去其金,發乘矢而後反。"

〔二〕藝士:有技藝技能的人。

〔三〕端人:正直的人。孟子·離婁下:"夫尹公之他,端人也,其取友必端矣。"趙岐注:"端人,用心不邪僻。"

〔四〕匪人:行爲不端正的人。周易·否:"否之匪人。"李鼎祚集解引虞翻曰:"以臣弑其君,子弑其父,故曰匪人。"

〔五〕忍人:心腸堅硬殘忍之人。左傳·文公元年:"且是人也,蠭目而豺聲,忍人也,不可立也。"杜預注:"能忍行不義。"

〔六〕乘矢：四枝箭。孟子·離婁下："抽矢扣輪，去其金，發乘矢而後反。"趙岐注："禮射四發而去。乘，四也。"

【集評】

韓求仲先生：文後評語：直敘是古法，毫釐之差，與說書無異，在氣脈轉折、章法頓放處辨之。（陳名夏本、呂葆中本、俞康本、俞乾本、明文鈔、無錫唐氏本、唐玉虯本）

陳名夏：文後評語：於敘事中見議論，不強割題義，橫就己法，此老成之文也，然近日效之者衆。如題問答，茫無筆力，譬之學步，得其似而失其神，於制義遠矣。（陳名夏本）

原評：文後評語：敘述本語，即生斷義，段段俱用此法。但錯綜短長，不可蹤迹，其機之妙，熟讀屈原、伯夷傳等處得來。（呂葆中本、無錫唐氏本、唐玉虯本）

沈虹臺：文後評語：東萊云：文字須有數行齊整處，有數行不齊整處，此用之長題最善，觀是篇可見。（呂葆中本、俞康本、俞乾本、無錫唐氏本、唐玉虯本）

艾千子：文後評語：摹擬史記文字，作孟子敘事長題，當用此法，斷制凌駕者非也。至此文之妙，前輩評之詳矣。（呂葆中本、俞康本、俞乾本、無錫唐氏本、唐玉虯本）

呂留良：文中評語："今夫"至"教之也"後：祇兩語勘案，引例定獄，無辭鐵筆也。"春秋"至"於衛"後：並提似兩不相干，映激下意，史記法也。"孺子"至"助也"後：組織記事問答，忽在語外，忽入語中，有形無迹，用筆入神，此精於史記者，非時文揍講之所有。"吾謂"至"我耳"後：偏有餘閒，補題語所無，卻正中題之要害。"斯嘗"至"我矣"後：看他簡筆，別有韻致。"他，端人也"至"忍人也"後：補句照蒙、羿。"焉有"至"者哉"後：宕語刺骨，敘中發論，而無議論之痕。"吾疾作而不能執弓"後："而"字好。"小子"至"夫子"後：簡筆，又換別韻。"道傳"至"忍也"後：纔經其轤轉，形模奇變。"是則"至"殺之乎"後：方下判詞，比例科斷，以繳上"罪"字。"而羿"至"罪人也"後：繳"薄"字。"抑有"至"惡也"後：大結發明總注全私恩廢公

義之説。（吕葆中本、無錫唐氏本、唐玉虬本）

文後評語：有排場，有事實，有言語，此題中之堆垛也；有真情，有駁辨，有比例，有判斷，此題外之堆垛也。先案後斷，則叙處呆板，夾案夾斷，則忙亂支離，此卻將題中題外堆垛，以一鑪熔鑄而出之，或插入叙記中，或提出語句外，或增補閑情，或簡省文法，可長可短，忽整忽斜，看左傳、國語、公羊、穀梁及史記、漢書同叙一事，各見妙筆。此詳彼略，東漲西坍，情事不殊，境界頓易，此所謂化工手也，惟荆川得其奧耳。（吕葆中本、俞康本、俞乾本、無錫唐氏本、唐玉虬本）

俞長城：文中評語："今夫"至"罪著矣"後：一篇叙事，斷制祇在起結數語，不支離，不夾離，筆力斬然。"春秋"至"於衛"後：史家叙法。"孺子"至"執弓也"後：四句煉作一句。"既而"至"斯也"後：六句煉作一句。"其僕"至"疑焉"後：五句煉作一句。"亦逆知"至"我耳"後：逆提"忍"字，對正文。"他，端人也，非忍人也"後：再提"忍"字。"必端人也，非忍人也"後：三提"忍"字。"焉有"至"利者哉"後：射正文。"孺子"至"死也"後：虛頓。"未幾"至"以情也"後：史家叙法。"斯固"至"孺子矣"後：反頓住。"彼則"至"弊之"後：史家叙法。"非仁"至"忍也"後：不忍不敢，鎔煉精絶。"出鏃"至"於君矣"後：結住一節。"以斯"至"罪人也"後：繳"薄"字，輕而緊。"斯幸"至"無恙也"後：大結發明總注全私恩廢公義之説。（俞康本、俞乾本）

文後評語：古法所不必言，得古文之法，而絶無一古文字句，所以爲精。又不好用古法，而顛倒題之節次，遺漏題之正面，此時文之聖也。於今日爲時文之聖，於異日即古文之雄，此不寄前人之籬下者也。啓、禎諸公，誰能窺其堂奧？（俞康本、俞乾本）

原評：文後評語：摹擬史記文字，作孟子叙事長題，當用此法，斷制凌駕者非也。（明文鈔）

王巳山：文後評語：篇章句字純乎一片生氣，蒸動其間，但講法猶是皮相也。近人或好言直叙，藉口荆川，祇辨得講書體耳，當以韓評及吾説參之。（明文鈔）

今有同室①〔一〕 二節

　　觀夫人所以處親疏之變者，而聖賢之所遇可知矣。夫聖賢之所遇，不必其皆同，而其揆一〔二〕也。禹、稷之視天下也若室，顏子之視天下也若鄉，而進退之機於是乎辨矣。且夫天之生聖賢也，有斯民之寄焉，有斯道之寄焉。寄之民，則不得不達而上之，使其有以利乎天下；寄之道，則不得不窮而下之，使其有以教乎萬世。今夫禹、稷先顏子而聖者也，而進其道於救民，顏子後禹、稷而賢者也，而退其道於修己，趨不同也。而孔子均賢之者，何哉？吾考其時矣，夫當禹、稷之時，則舉天下猶同室〔三〕也。謂之同室，則其義親，其情切，幸而無鬥也，固吾之欲也。其不幸而有鬥也，此則爾室〔四〕之不睦也，而吾之救之，有不容緩者矣，故雖被髮纓冠〔五〕而往救可也。夫冠冕之儀，吾人之所以飾貌者也。今而至於被髮，則其儀既若是褻矣，而君子必冒爲之而不顧焉者，何也？此無他，戚之也。不然，是謹其末儀而略其大，故權不足以通變，而情至於忘親固也。甚矣此禹、稷所以鑒乎同室之鬥而必於進也！使其無心於天下，而亦樂顏子之樂，則是忍於溺吾同室也，忍於飢吾同室也，而上天斯民之寄，其將若之何哉？夫顏子之時，則舉天下猶鄉鄰也。謂之鄉鄰，則其義疏，其情緩，其群然而無爭也，固鄰之利也。其卒然而有鬥也，此則邑人之灾也，而吾之處之，有不必於救者矣，故雖閉戶而自守可也。夫患難之恤，吾人之所以善鄰者也。今而至於閉戶，則其情既若是恝矣，而君子必忍爲之而不顧焉者，何也？此無他，疏之也。不然，則是求人者重而自爲者輕，知外侮之禦，無有家之閑惑〔六〕也。甚矣此顏子所以鑒於鄉鄰之鬥而必爲退也！使其有心於天下，而亦憂禹、稷之憂，則一簞不足以食其鄰也，一瓢不足以飲其鄰也，而上天斯道之寄，其將若之何哉？呼！觀於此，而聖賢出處之大辨，從可識矣。

【校記】

①今有同室篇又載無錫唐氏本、唐玉虬本，據校。

【注釋】

〔一〕出自孟子·離婁下第二十九章：孟子曰："禹、稷、顏回同道。

禹思天下有溺者，由己溺之也。稷思天下有飢者，由己飢之也。是以如是其急也。禹、稷、顏子，易地則皆然。今有同室之人鬥者，救之，雖被髮纓冠而救之，可也。鄉鄰有鬥者，被髮纓冠而往救之，則惑也，雖閉戶，可也。"

〔二〕揆一：事物雖有差異，但衡量的標準是一致的。孟子·離婁下："先聖後聖，其揆一也。"趙岐注："揆，度也。言聖人之度量同也。"

〔三〕同室：一家人。

〔四〕爾室：自己家裡。詩經·大雅·抑："相在爾室，不愧屋漏。"

〔五〕被髮纓冠：來不及將頭髮束好，來不及將帽帶系上。形容急於去救助別人。孟子·離婁下："今有同室之人鬥者，救之，雖被髮纓冠而救之，可也。"趙岐注："纓冠者，以冠纓貫頭也。"孫奭疏："今有同室之人有鬥爭者，救勸之者雖被髮而纓冠於頭而救勸之，可也，無它，以其人情於同居是爲親者也。"

〔六〕閑惑：亦作"間惑"。離間迷惑。魏書·元曄傳："頃者，咸陽、京兆王自貽禍敗，事由間惑，猶有可矜。"

【集評】

許伯贊：文後評語：提挈孔子賢之一語，是形求惟肖。蘇文忠、郭恕先贊所謂恕先在焉、呼之或出者也。（呂葆中本、無錫唐氏本、唐玉虬本）

呂留良：文中評語："禹、稷"至"若鄰"後：筆情古雋。"且夫"至"萬世"後：禹、稷之救民，亦道之寄也，分屬有未確。"而孔子"至"時矣"後：提起話頭，全神飛動。"夫當"至"室也"後：一句引入喻言。"謂之"至"無鬥也"後：太平時聖人亦同道曲摺，皆有意思。"不然"至"其大"後：反振一筆，其義乃徹。"此禹"至"進也"後：補繳所喻本指。"則是"至"飢吾同室也"後：穿插扭捏便碍理，自取拙路。"夫顏子"至"災也"後：筆筆古雋典雅。（呂葆中本）

文後評語：委委宛宛，使題內之理，與題外之神，無不曲暢，微情鬥旨，令善讀者千百遍味之，而益鼓舞不倦。古人所謂有汁漿者也。（呂葆中本、無錫唐氏本、唐玉虬本）

匹夫而有①②〔一〕 二節

　　大賢兩推聖人不有天下之故，以見天與子也。蓋聖人之有天下，不獨以其德，亦以天子之薦與繼世之不賢耳。不然，其如德何哉？此孟子歷舉群聖之事，以證禹之非德衰也。想其告萬章之意若謂③：吾子謂禹爲德衰者，蓋徒知益之爲舜、禹，而不知啓之非朱、均也，且自古聖人之不有天下者亦多矣，豈獨益哉？何則？匹夫而有天下者，非曰德爲聖人，而天遂與之也。功④不得違勢而獨立，名不得背時而獨彰。必也⑤德如舜矣，而又⑥有薦舜如堯者，而後可以帝於虞；德如禹矣，而又有薦禹如舜者，而後可以王於夏。舜不遇堯，一耕稼之夫而已矣；禹不遇舜，一崇伯〔二〕之子而已矣。是故仲尼雖有舜、禹之德，而所遇非堯、舜也，孰委之以國焉？孰授之以政焉？蓋其德則是⑦，其位則非，天⑧亦何從而與之天下哉？若夫有德矣，有薦矣，而亦不有天下者，何也？蓋匹夫以⑨有天下者，與繼世以有天下者⑩，其勢常相低昂者也。繼世而有天下者，非曰德不如聖人，而天遂廢之也。先王之澤未泯，天心之眷未衰。必也大惡如桀，而後有南巢之放〔三〕；大惡如紂，而後有牧野之誅〔四〕。禹之天下苟不遇桀，未亡也；湯之天下苟不遇紂，未亡也。故益、伊尹、周公，雖有舜、禹之德，有天子之薦，而所遇非桀、紂也。啓之賢足以繼夏，而商則太甲焉；太甲之賢足以繼周⑪，而周則成王焉。蓋雖與子也，猶與賢也，天亦奚必奪此而與彼哉！夫伊尹、周公、孔子皆聖人也，而不有天下，其何疑於益？商、周皆繼世者也，其何疑於禹？比類觀之，天意見矣，而獨謂禹爲德衰哉？

【校記】

　　①匹夫而有篇又載陳名夏本、俞康本、俞乾本、無錫唐氏本、唐玉虬本、皇明今文待、明文鈔、欽定四書文，據校。
　　②匹夫而有，欽定四書文、明文鈔作"匹夫而有天下者"。
　　③謂，陳名夏本作"曰"。
　　④功，俞康本作"幼"。
　　⑤也，明文鈔作"曰"。
　　⑥又，俞乾本作"人"。

⑦是，皇明今文待作"王"。
⑧非、天，皇明今文待作"匹夫"。
⑨以，皇明今文待作"而"。
⑩者，皇明今文待無。
⑪周，俞康本、俞乾本、明文鈔作"商"。

【注釋】

〔一〕出自孟子·萬章上第六章：萬章問曰："人有言：'至於禹而德衰，不傳於賢而傳於子。'有諸？"孟子曰："否，不然也。天與賢，則與賢；天與子，則與子。昔者舜薦禹於天，十有七年，舜崩。三年之喪畢，禹避舜之子於陽城。天下之民從之，若堯崩之後不從堯之子而從舜也。禹薦益於天，七年，禹崩。三年之喪畢，益避禹之子於箕山之陰。朝覲訟獄者，不之益而之啟，曰：'吾君之子也。'謳歌者不謳歌益而謳歌啟，曰：'吾君之子也。'丹朱之不肖，舜之子亦不肖。舜之相堯，禹之相舜也，歷年多，施澤於民久。啟賢，能敬承繼禹之道。益之相禹也，歷年少，施澤於民未久。舜、禹、益相去久遠，其子之賢不肖，皆天也，非人之所能為也。莫之為而為者，天也；莫之致而至者，命也。匹夫而有天下者，德必若舜、禹，而又有天子薦之者。故仲尼不有天下。繼世以有天下，天之所廢，必若桀、紂者也。故益、伊尹、周公不有天下。伊尹相湯以王於天下。湯崩，太丁未立，外丙二年，仲壬四年。太甲顛覆湯之典刑，伊尹放之於桐。三年，太甲悔過，自怨自艾，於桐處仁遷義；三年，以聽伊尹之訓己也，復歸於亳。周公之不有天下，猶益之於夏，伊尹之於殷也。孔子曰：'唐、虞禪，夏后、殷、周繼，其義一也。'"

〔二〕崇伯：此處指夏禹之父鯀。國語·周語下："其在有虞，有崇伯鯀。"韋昭注："鯀，禹父。崇，鯀國；伯，爵也。"

〔三〕南巢之放：商湯打敗夏桀，將其流放於南巢。尚書·仲虺之誥："成湯放桀於南巢，惟有慚德。"孔安國傳："湯伐桀，武功成，故以為號。南巢，地名。"孔穎達疏："桀奔南巢，湯縱而不迫，故稱放也。……鄭玄云：'巢，南方之國，世一見者，桀之所奔，蓋彼國也。以其國在南，故稱南耳。'"

〔四〕牧野之誅：商朝末年，周武王聯軍與商朝軍隊在牧野決戰，商紂兵敗自焚，商朝滅亡。詩經·大雅·大明："牧野洋洋，檀車煌煌，駟騵彭彭。維師尚父，時維鷹揚。涼彼武王，肆伐大商，會朝清明。"

【集評】

艾南英：文後評語：凡先輩及近日名手所難及者，皆在理題。若孟子篇中此等題，稍能自運者皆知爲之。故雖有名作，吾皆不以爲難，獨存荆川此篇，雖法中寓巧，然終非先生難事也。評者不必標注太過，讀者但作如是觀，使在論語學庸中又當別論矣。周公、孔子不有天下，比益、伊尹更異。孟子原爲答禹德衰而附及耳，究竟作文，不必株求道理，學者細思之。（皇明今文待）

陳名夏：文後評語：得意在中比一過文，以低昂句涉經生氣，姑存之。（陳名夏本）

喬君求：文後評語：如李、杜作排律，雖對待嚴密，而精神流快，綫索在手，屈伸自如。（呂葆中本、俞康本、俞乾本、無錫唐氏本、唐玉虬本）

李衷一：文後評語：守溪君娶篇作三大轉，此篇對局立過文，俱絕奇文字。二扇中有對處，有不甚相對處，有虛實相對處，又一格也。（呂葆中本、俞康本、俞乾本、無錫唐氏本、唐玉虬本）

沈虹臺：文後評語：轉折有神，抑揚有法，順鋪中卻生議論，方正自出圓融。（呂葆中本、無錫唐氏本、唐玉虬本）

黄葵陽：文後評語：作文貴知頭腦，以伊、周、孔形益，以商、周繼世形啓，此大頭腦也。過文低昂數語，尤見針綫。此荆川改門人莫子良作也，一經其手，便成絕好文字。（呂葆中本、無錫唐氏本、唐玉虬本）

胡思泉：文後評語：通篇用意周匝，起伏轉調，更賣弄精神。（呂葆中本、無錫唐氏本、唐玉虬本）

韓求仲：文後評語：此題仍是一串意，不應兩對。荆川開中有闔，其妙可以意求。（呂葆中本、明文鈔、無錫唐氏本、唐玉虬本）

呂留良：文中評語："蓋聖人"至"不賢耳"後：一筆全提。"蓋徒知"至"均也"後：片言破的。"且自古"至"益哉"後：此句轉得夭矯自此以下節節打透，所謂獅子吼也。"匹夫"至"下者"後：恰好接出。"非曰"至"與之也"後：緊根"天"字落脈。"舜不"至"子而已矣"後：翻出一層波瀾，且引得"故"字起。王槐野云：千古痛快卓犖之義。"蓋其德"至"下哉"後：仍用"天"字煞。"若夫"至"昂者也"：用過文貫串兩扇。杜靜臺云：如對胸之衣，而中用一紐，妙處在此。上下聯作一板，史記列傳中多此法。"禹之"至"紂未亡也"後：波瀾更奇。"必"字透。"蓋雖"至"彼哉"後：股雖平對上節，而繳語自見主客。（呂葆中本、無錫唐氏本、唐玉虬本）

文後評語：若不界畫斷截分明看，幾忘其為對板格，生滅變換活遞之妙，惟細心老於此道者知之。全為解說禹德之不衰，與益所以不得傳之故，歸之天命，其說已盡。然天命是渺茫渾淪語，此下數節，又推明天命所以然之理。兩股起迄，提出"天與"，此又知達頭腦處。（呂葆中本、無錫唐氏本、唐玉虬本）

俞長城：文中評語："蓋聖人"至"不賢耳"後：總括兩節意，而不露諸聖人，高絕。"且自古"至"益哉"後：此句轉得矢驕，自此以下節節打透。"匹夫"至"與之也"後：緊根"天"字落脈。"舜不"至"子而已矣"後：千古痛快卓絕之義。"是故"至"政焉"後：鉤剔分明。"蓋其"至"天下哉"後：仍用"天"字煞。"若夫"至"昂者也"後：用過文貫串兩扇，如對胸之衣，而中用一紐，妙處在此。上下聯作一片，史記列傳中多此法。"繼世"至"廢之也"後：對法圓緊。"故益"至"紂也"後：此句補得更好，湯、武心事亦見。（俞康本、俞乾本）

文後評語：格律本成弘，而議論英爽，又文章一大開闔。仲尼有舜、禹之德，人所知也。伊周有天子之薦，人不會道。前比曰：天何從而與之以天下哉？後比曰：天奚必奪此以與彼哉？有理有勢，"天"字不涉渺茫。（俞康本、俞乾本）

原評：文後評語：此題仍是一串意，不應兩對。行文開中有闔，其妙可以意求。（欽定四書文）

方苞：文後評語：理精法老，語皆天出，幾可與韓氏對禹問相方。（欽定四書文）

王耘渠：文後評語：其兩扇則照題截敘耳，無一語裁對之痕，其過文則隨題轉落耳，無一字添設之意，直作一篇散行古文讀。而其中起伏變滅，煙雲萬狀，非昌黎不能爲。荆川集多奇文，斷以此爲壓篇。（明文鈔）

方望溪：文後評語：理精法老，語皆天出，幾可與韓氏對禹問相方。（明文鈔）

王巳山：文後評語：其以正合，以奇勝。此文奇正相生，不可測試。（明文鈔）

高嶹：文後評語：兩節語似平舉，意寔側重下節，此文過峽一段，固是文家關鍵法。然承上注下，意趣所重，前人從未拈出。（明文鈔）

予天民之①〔一〕 三句

聖人自言有覺民之具，而不容不任覺民之責焉。蓋兼善天下，聖賢之意也。伊尹以此自任，其所以從湯之聘與？且天生物而厚於人，天生人而厚於先覺，其所以厚於先覺者，即所以厚於人者也。是故百姓日用而不知，彼非不具此理也，我於其中其同具焉，而獨能覺之者乎？凡民有待而後興，彼非不可與覺也，我於其中其有覺焉，而獨能先之者乎？先覺矣而不覺後覺，則是爲天心之所獨厚，而不能體天心之所均愛，非天所以惠民之意，亦非我所以奉天之意也。吾將因其不息之體，而通其暫蔽之機，使日用而不知者，皆自我而去其昏昏〔二〕焉；本吾獨得之明，以道其共由之路，使有待而後興者，皆自我而歸於昭昭〔三〕焉。平章〔四〕之治，雖未即睹其成功，而輔翼振德〔五〕之心必欲如堯者。蓋有不能自已者矣，使天下而復有先覺者焉，吾固可以安於畎畝而無所事也。今而未見其人也，非予覺之，其孰能覺之？而使是民爲堯之民乎？風動〔六〕之化，雖未即見之行事，而善與人同之心必欲如舜者。蓋有不能自已者矣，使天下而復有先覺者焉，吾固可以遂其嚚嚚〔七〕而無所爲也。今而未見其人也，非予覺之，其孰能覺之？而使是民爲舜之民乎？由是言之，尹之用於湯者爲民也爲天也，湯之用尹者亦爲民也爲天也，君臣之交，豈有一毫私意容於其間哉？割烹〔八〕之疑可以解之矣。

【校記】

①予天民之篇又載無錫唐氏本、唐玉虬本，據校。

【注釋】

〔一〕出自孟子・萬章上第七章：天之生此民也，使先知覺後知，使先覺覺後覺也。予，天民之先覺者也。予將以斯道覺斯民也。非予覺之，而誰也？思天下之民，匹夫匹婦有不被堯、舜之澤者，若己推而内之溝中。其自任以天下之重如此，故就湯而説之以伐夏救民。吾未聞枉己而正人者也，況辱己以正天下者乎？聖人之行不同也，或遠或近，或去或不去，歸潔其身而已矣。吾聞其以堯、舜之道要湯，末聞以割烹也。

〔二〕昏昏：糊塗，愚昧無知。老子："俗人昭昭，耀其光也，我獨昏昏。"孟子・盡心下："賢者以其昭昭使人昭昭，今以其昏昏使人昭昭。"

〔三〕昭昭：明白，心智清朗。

〔四〕平章：平正彰明。尚書・堯典："九族既睦，平章百姓。"孔安國傳："平和章明百姓。"

〔五〕輔翼振德：幫助並施加恩惠。孟子・滕文公上："勞之來之，匡之直之，輔之翼之，使得得之，又從而振德之。"趙岐注："匡正直其曲心，使自得其本善性，然後又從而振其羸窮。德，恩惠之德也。"

〔六〕風動：見無爲而治篇所注。

〔七〕囂囂：悠然自得，無欲無求。孟子・盡心上："人知之，亦囂囂；人不知，亦囂囂。"趙岐注："囂囂，自得無欲之貌也。"

〔八〕割烹：割切烹調。泛指烹飪。孟子・萬章上："人言伊尹以割烹要湯，有諸？"趙岐注："負鼎俎而干湯。"

【集評】

呂留良：文中評語："且天"至"人者也"後：卓然出衆。"是故"至"之者乎"後：從"民"轉出"覺"，從"覺"轉出"先"，字字有發揮。"先覺矣"至"之意也"後：此一振，理勢俱足，筆陣雄蕩，是古文手腕。"吾將"至"昏焉"後：道本在斯民。此等語無本領者必不能道，即讀此亦忽略過去。"本吾"至"昭焉"後：先覺以斯道覺民。"使天下"至"民乎"後：跌起"誰"字，好。方見聖賢赤心不是妄自尊大，孟子"捨我其誰"亦是實語痛切語。"尹之"至"天也"後：對付章情發揮，得此理，

洞達。（吕葆中本、無錫唐氏本、唐玉虬本）

文後評語：體帖出聖人一片赤心，本天直下，不狥己私，亦并不狥天下，即有罪不敢赦，罪在朕躬之意。當時君臣一德，是何擔任？是何敬畏？此三句正見顧諟明命之旨。著一點矜情浩氣，便是後世英雄自負大言，與聖仁分上無涉。不涉聖人分上，便純是私意。其自負大言，正是割烹伎倆矣。先輩於此煞理會來。（吕葆中本、無錫唐氏本、唐玉虬本）

五羊之皮食牛①〔一〕

賢人之自鬻〔二〕也有其直，而其受直也有所事。蓋士之未遇，污辱之事固其所不辭也，而謂以之要君〔三〕則謬矣。此萬章舉所傳聞於百里奚之事以質於孟子，若曰：古之聖賢固有自潔其身而後進者矣，亦有自污其身以求進者矣。當百里奚之去虞入秦，欲自進於穆公而未有路也，欲久於旅處〔四〕而又無以爲資也，乃自鬻於養牲者之家。蓋養牲者之家，獸皮固其所有餘也，而蓄産蕃息，則牧圉必有藉乎人；奚之貧賤，牧圉固其所能事也，而羈旅無資，則獸皮亦可以爲用。於是養牲者計工而授之直也，則量其傭力之費，而與之以五羊之皮；爲奚者受若直而不敢怠若事也，則得其五羊之皮，而爲之任其飯牛之役。在養牲者則爲以死獸之餘而易生獸之用，蓋不惟得其僮僕之具，而且有以爲蕃毓之利；在奚則爲以其力之出於己而易其貨之出於人，蓋不惟遂其食力之計，而且有以爲托身之所。是以奚之既貴，而人猶稱之曰五羖大夫〔五〕，從其自鬻之所得者而名之也；穆公之舉奚，而人皆曰舉之牛口之下〔六〕，從其自鬻之所事者而名之也。君子不恥於自污其身以要君而求進也，固如此哉。雖然，要君之誣不足辨也，而飯牛之事則宜有之。夫養牲者，順物之性而已矣；治人者，順人之性而已矣。昔牧豎對軒轅之問種樹，知養人之術〔七〕，故奚之飯牛者，其所以治秦者也。史又稱奚之治秦，勞不坐乘，暑不張蓋，胼胝手足，以勤百姓，所謂牧圉之役不苦於此者。故奚之治秦者，其所以飯牛者也。

【校記】

①五羊之皮食牛篇又載無錫唐氏本、唐玉虬本，據校。

【注釋】

〔一〕出自孟子·萬章上第九章：萬章問曰："或曰：'百里奚自鬻於秦養牲者五羊之皮，食牛以要秦穆公。'信乎？"孟子曰："否，不然。好事者為之也。百里奚，虞人也。晉人以垂棘之璧與屈產之乘，假道於虞以伐虢。宮之奇諫，百里奚不諫。知虞公之不可諫而去，之秦，年已七十矣。曾不知以食牛干秦穆公之為汙也，可謂智乎？不可諫而不諫，可謂不智乎？知虞公之將亡而先去之，不可謂不智也。時舉於秦，知穆公之可與有行也而相之，可謂不智乎？相秦而顯其君於天下，可傳於後世，不賢而能之乎？自鬻以成其君，鄉黨自好者不為，而謂賢者為之乎？"

〔二〕自鬻：自賣其身，自售其才能。孟子·萬章上："百里奚自鬻於秦養牲者五羊之皮，食牛以要秦穆公。"趙岐注："人言百里奚自賣五羖羊皮為人養牛，以是而要秦穆之相。"

〔三〕要君：要挾君主。論語·憲問："臧武仲以防求為後於魯，雖曰不要君，吾不信也。"

〔四〕旅處：行旅暫為棲處，未能安適。周易·旅："九四：旅於處，得其資斧，我心不快。"

〔五〕五羖大夫：春秋時期虞有賢才的大夫百里奚。羖，公羊。史記·秦本紀："乃使人謂楚曰：'吾媵臣百里奚在焉，請以五羖羊皮贖之。'……穆公大說，授之國政，號曰五羖大夫。"

〔六〕牛口之下：借指卑下的地位。史記·商君列傳："夫五羖大夫，荊之鄙人也。聞秦穆公之賢而願望見，行而無資，自粥於秦客，被褐食牛。期年，穆公知之，舉之牛口之下，而加之百姓之上，秦國莫敢望焉。"

〔七〕問種樹知養人之術：問種樹的方法，得到了治民的方法。唐 柳宗元種樹郭橐駝傳："問者曰：'嘻，不亦善夫！吾問養樹，得養人術。'"

【集評】

吳崑麓：文後評語：枯淡題，發得豐贍精雅過人如此，無難題矣。（呂葆中本、無錫 唐氏本、唐玉虬本）

胡思泉：文後評語：狀百里奚無聊無倚、自卑自屈情狀，宛然在目。

（呂葆中本、無錫 唐氏本、唐玉虬本）

　　錢純中：文後評語：巧拙互用，合而成雅。就百里奚身上，生出養牲者作對，流水做去，一步進一步，祇見其深，不見其重。（呂葆中本、無錫 唐氏本、唐玉虬本）

　　呂留良：文中評語："賢人"至"其直"後：古拙可喜。"當百里奚"至"之家"後：便爲"要"字伏案，史家狠手。"蓋養"至"藉乎"後：入徑委曲，妙切物情，此古人之奇、古人之雅也，今人不能爲，且反以爲迂拙矣。"則量"至"若事也"後：原評：走對甚活。"在養"至"毓之利"後：刻畫盡致，錦繡天機，正妙在瑣屑入俗。（呂葆中本、無錫 唐氏本、唐玉虬本）

　　文後評語：杜子美詩最多拙樸俚碎之句，然其牢籠物態，雕鏤人情，正於拙樸俚碎中得古來不傳之妙，故昔人稱云子美"詩之聖"。堯夫又別傳。荊川先生自言其詩率意信口，不調不格，以寒山擊壤爲宗。而其譏當時名家，消磨剝裂於月露蟲魚，以景差、唐勒、曹植、蕭統爲聖人，而冀爲其後，又自謂聞人詩文，如羅刹國人驟聞華音，不省爲何說，其唾罵如此，正有得於少陵宗旨耳。此文刻畫皆在俗情細事，而天真爛熳，無中生有，空際散花，遂成奇絕。乃知後人之以修飾浮麗爲雅者，正古人之所謂俗也。（呂葆中本、無錫 唐氏本、唐玉虬本）

孔子聖之時者也①〔一〕

　　大賢名至聖之所以爲聖者，不外乎中而已。蓋道之所貴者，中也，大賢於孔子而以聖之時名之，正以見其異於群聖歟！孟子願學孔子者也，其推尊之意以爲：人至乎聖而止，道至乎中而止，不觀伯夷、伊尹、柳下惠之偏，孰知孔子之全乎？以孔子言之，可仕可止〔二〕，可久可速〔三〕。所遇雖出於殊途，仕之止之，久之速之，其道則由於一貫。若此者，乃其蘊諸中也，微妙不測，非方體之所能拘；措諸用也，充周不窮，非形器之所能滯。方其止也速也，疑於清矣，而有或仕或久者在，與時屈伸，經權並用，未嘗不清而不倚於清也；方其仕也久也，疑於和且任矣，而有或止或速者存，隨時消息，常變皆宜，未嘗不任而不倚於任也，未嘗不和而不倚於和也。不思而得，從容於從心不逾之境，殆如太和元氣〔四〕之運於四時矣；不勉而中，默成於毋固毋我之域，殆如太極〔五〕全體之妙於五行矣。謂非聖之時者乎？蓋行造其極之謂聖，道會其全之謂時，聖可能也，時爲難也，此孔子之聖所以爲至，而非夷、尹、惠之所能及也。噫！孟子亦善言德行者矣，抑不特是也。周子曰：孔子與天地參而四時同。邵子曰：仲尼行無轍迹。皆言其時也，亦不特諸儒稱之也。孔子自名亦曰：無可無不可。雖不以聖之時自任，而其實自有不容掩者，此固其心法之精之所在也。雖然，學未至乎聖，而遽欲爲其時，則心無所主，或反流於猖狂縱姿者矣。漢儒反經合道之論可鑒也，故時非聖人不能用也。

【校記】

①孔子聖之時者也篇又載無錫 唐氏本、唐玉虬本，據校。

【注釋】

〔一〕出自孟子·萬章下第一章：孟子曰："伯夷，聖之清者也；伊尹，聖之任者也；柳下惠，聖之和者也；孔子，聖之時者也。"

〔二〕可仕可止：可做官即做官，可歸隱就歸隱。形容一種從容的人生態度。宋 潘興嗣濂溪先生墓志銘："每從容爲予言：'可止可仕，古人無所必。束髮爲學，將有以設施，可澤於斯民者。必不得已，止未晚也。'"

〔三〕可久可速：可持續則持續，可速成則速成。表達一種從容的處世態度。宋 高登祖中康銘："可久可速，亦步亦趨，周旋中禮，仲尼之徒。"

〔四〕太和元氣："太和"亦作"大和"。天地間冲和之氣。周易·乾："保合大和，乃利貞。"朱熹本義："太和，陰陽會合冲和之氣也。"鶡冠子·泰録："天地成於元氣，萬物成於天地。"陸佃解："元氣，太虛也。太虛含天地，天地含萬物，故其言如此。"

〔五〕太極：見君子之道篇所注。

【集評】

黄寓庸：文後評語：通篇不講"時"字，而"時"字意已見透露。（吕葆中本、無錫 唐氏本、唐玉虬本）

楊維斗：文後評語：易云中正。伊川謂中重於正、正不必中也。三聖

之正，與孔子同，而孔子之中，非三聖所及。元與程，皆重"中"字，有識。（呂葆中本、無錫唐氏本、唐玉虬本）

錢吉士：文後評語：唐公三文，有儒者氣象，程文自是英雄。（呂葆中本、無錫唐氏本、唐玉虬本）

呂留良：文中評語："大賢"至"群聖與"後：提出"中"字，正見發明，看末節注，三子智不足及時中道理自得。"推尊"至"中而止"後：兩句便胞胎下兩節道理。"以孔子"至"一貫"後：原評：原上文來，略加點化，便非直述。"若此者"至"能滯"後：渾涵寫大象，是"時"字元神。無此本領，便落空油。"方其"至"清也"後："時"字難下實疏，借實形主，不可少此，但須出得圓妙耳。"未嘗"至"清也"後：如此等語，便落通套。"不思"至"時者乎"後：以泳歎點染"時"字，如微雲映月而成華。"蓋行造"至"能及也"後：又用兩句結，祗似注脚，卻已吞吐到末節。"孔子"至"無不可"後：的據。"雖然"至"恣者矣"後：曰聖之時先須得其聖，而後論其時，此意好。"漢儒"至"用也"後："時"字是聖人甚語，近着用便不走，聖人亦無用時意。（呂葆中本）

文後評語：湯霍林稱其祗衍仕止久，速點清任和，末結數語，模寫"時"字。張爾公貶之，謂講"時"字纏繞清任和，爲眼中金屑，反掩卻孔子真精神。兩説相反，皆執一而廢百。霍林之言，開後來空油一派，此纏繞之可憎固也，然竟憑虛混解"時"字，不靠墻壁，亦無把柄，終欠親切。能借照發精義，而又不纏繞，則爾公之説失矣。能於仕止久速清任和外，透露"時"字元神實相，不僅從客位討活計，則霍林之説醜矣。要之兩家皆不到荆川門裏耳。首尾各立兩語，是通篇着力處，不但扼書題蘊，并下面至爾力而中非爾力，三子智不足以及時中之義，隱然言表。此亦是荆川門巧不鬥力處。祗此數語，先入關中王矣。其餘較長短於敷演間者，皆垓下諸侯耳。張評破承不必抬出"中"字，此俗眼講究，非學者正法也。時之妙正在中，不知中而言時，未有不流於倡狂縱恣矣。此正荆川精於理學得力處，爾公何足與言此？上種説數，似乎高老，足以惑後，故辨之。（呂葆中本、無錫唐氏本、唐玉虬本）

未嘗不飽①〔一〕 二句

　　國君必致饗〔二〕於褻味〔三〕者，敬賢之至也。蓋飲食細事，而敬則無所不在也，雖褻味而不敢忽焉，斯平公所以爲敬賢之至也歟！且夫大烹之奉〔四〕，雖國君之所以養賢，而至於國君之就食於賢者，則固有無擇於其豐與儉者矣。何則？疏食菜羹，唐不自以爲褻而必以羞〔五〕之於君，平公不知其爲褻而必以食之於己。夫人君之於食也，每甘於玉食之享，而未嘗投之以藿食〔六〕之粗。人情之於食也，每厭飫於口體之所常奉，而亦每苦口於其滋味之所未試，是以雖食之而有所不能飽矣。今平公之於亥唐也，乃命之而未嘗不食，食之而未嘗不飽者，豈故爲矯情之舉，以要悦賢之名哉？蓋有不敢不飽者耳。想其尊德樂道之心素切於平時者，固將見之於羹也，況賢者身自臨之，其敢以不敬乎？崇德尚賢之念發之於由衷者，固將每飯而不忘也，況賢者身自命之，其敢以不飽乎？雖曰賓主之相享也，必勸之而後飽矣，今則無事於勸也，而必期於飽焉者，蓋其敬隆於師事，而不取以賓主相享之常禮自居也；雖曰人君之三飯〔七〕也，必侑之而後飽矣，今則無事於侑也，而必期於飽焉者，蓋其志在於忘勢，而不敢以人君三飯之常禮自處也。惟賢者有明德之馨，故其所以羞於王公者，不必其物之豐；惟人君有好德之誠，故其所以享於君子者，亦將惟德其物而不敢厭矣。此其所以雖疏食菜羹而未嘗不飽也歟？

【校記】

　　①未嘗不飽篇又載無錫唐氏本、唐玉虬本，據校。

【注釋】

　　〔一〕出自孟子·萬章下第三章：晋平公之於亥唐也，入云則入，坐云則坐，食云則食。雖蔬食菜羹，未嘗不飽，蓋不敢不飽也。
　　〔二〕致饗：古代諸侯朝聘，主國向來賓贈送酒食，並以幣帛勸侑。此處指用酒食奉養賢士。周禮·秋官·掌客："夫人致禮八壺、八豆、八籩，膳大牢，致饗大牢。"鄭玄注："夫人致禮，助君養賓也……饗有壺酒。"儀禮·聘禮："致饗以酬幣。"鄭玄注："酬幣，饗禮酬賓勸酒之幣也。"

〔三〕褻味：平素嗜好的食物。資治通鑒·後梁均王貞明六年："閏月庚申朔，蜀主作高祖原廟於萬里橋，帥后妃、百官，用褻味，作鼓吹祭之。"胡三省注："褻味，常御嗜好之味也。"

〔四〕大烹之奉：以豐盛的食物奉養人。"大亨"亦作"大烹"，指豐盛的酒食。周易·鼎："而大亨以養聖賢。"王弼注："亨者，鼎之所爲也。"宋 蘇軾初別子由："無憂賴賢婦，藜藿等大烹。"

〔五〕羞：進獻。左傳·隱公三年："可薦於鬼神，可羞於王公。"杜預注："羞，進也。"孔穎達疏："鄭玄注：'庖人云：備品物曰薦，致滋味乃爲羞。'"

〔六〕藿食：以豆葉爲食。指粗食。南朝 梁 沈約與約法師書："此生篤信精深，甘此藿食。"

〔七〕三飯：第三次用餐。儀禮·士昏禮："三飯卒食，贊洗爵酳酢主人。"禮記·玉藻："君既食，又飯飧。飯飧者，三飯也。"孔穎達疏："三飯，並謂飧也，謂三度飧也。"

【集評】

呂留良：文中評語："夫人君"至"之粗"後：此句接得飄颻，更覺上句住得突兀，有味。"人情之於食也"後：更跌開一步。"是以"至"飽矣"後："蓋"字勢飛動。"想其"至"敬乎"後：推究不敢之故，屈摺而雋警，妙聯"食糞"句來。"雖曰"至"飽矣"後：轉折猶龍。"今則"至"飽焉者"後：回映未嘗不好。"蓋其"至"居也"後：曲盡不敢之意。"惟賢"至"厭矣"後：仍聯上來，總結遒勁圓綻。"此其"至"飽也歟"後：是"蓋"字總收。（呂葆中本、無錫 唐氏本、唐玉虬本）

文後評語："未嘗"句，承"雖"字來，"蓋"字總上三句，然卻又裝頭不得。玩其一氣聯貫，暗插上文之法，講"不敢不"極其刻畫，寫出平時敬賢全神，不似時文衹以挑剔瞥過。淺小題，古人用意精細如此！無一句不轉卻，氣不促，脉不斷，蜿蜒騰騫，真神物也。（呂葆中本、無錫 唐氏本、唐玉虬本）

斯可受禦①②〔一〕 盡也

　　大賢答門人兩即王者之制刑，以定辭受之節也。蓋先王本人情而制刑，則亦緣人情而制禮者也。取非其有者，不同於禦人之可誅，則亦何嫌於受其交際也哉？昔萬章以諸侯之交際爲不可受，孟子既以交際有禮諭之矣，而章猶未以爲然也，乃借禦而問之，以爲禦之所以取諸人者，雖爲不義，而其交以道接以禮，亦猶之人也，其亦可受與？夫禦之不可受，萬章非有所疑也，特欲得孟子之説以爲辨難之地耳。孟子直答之以不可受，而引康誥以明之，蓋攘奪奸宄即爲凡民之所同怨，而與衆共棄必爲王法之所不容，固不待教之不改而後誅，必將比而必誅者也。康誥者，周之典，夏、殷則已然矣。三代〔二〕雖純任道以致治，而未嘗不純任法以懲奸，迭相沿襲，而於今爲烈者也。夫刑之所取，禮之所去也，如之何其可受之乎？孟子以禦爲不可受，萬章始得而伸其説矣，以爲禦之所以可惡者，爲其取之不義也。諸侯之取民，猶之禦也，苟交以道而接以禮，亦猶之禦也，而君子一辭一受，其説何居焉？萬章之説是以取非其有者爲真③盜也。孟子從而詰之曰：三王〔三〕之制，不待教而誅者禦也。子以爲後有王者作，將比今之諸侯而誅之，同於所以待禦者乎？必將教之不改而後誅之，異於所以待禦者乎？苟待教而後④誅，則取非其有者之非盜也亦明矣。夫取非其有而遂謂之盜，非但比物醜類〔四〕之謂也，乃充⑤類至義之盡而極言之也。君子議道雖自已而制法，則以民充⑥類而至義之盡，非所以制法也。然則法之所可原情之所可恕也，如之何而不可受乎？夫不以取非其有爲義，而亦不以取非其有者爲盜，所謂錯綜斟酌之權，而毫釐不容於不辨者也，章也可以無惑矣。大抵先王受玉⑦帛萬方之獻，而制其九貢〔五〕之入，亦豈能盡問其所從來哉？視其儀之及物與不及物而已矣。是先王之所以治交際者，即其所以制刑辟者也。孟子嘗定辟草萊任土地者之罪矣。夫辟草萊任土地者，豈非盡民之力，盡民之財，而取非其有者哉？而孟子以爲次於上刑，正與待教而誅之意同，是孟子之所以治刑辟者，即其所以治交際者也，於以見折獄致刑之宜，見稱物平施〔六〕之道，而禮刑之相爲表裏也，可識矣。

【校記】

①斯可受禦篇又載陳名夏本、俞 康本、俞 乾本、無錫 唐氏本、唐玉虬本、皇明今文待，據校。

②斯可受禦，皇明今文待、陳名夏本作"斯可受禦與"。

③真，無錫 唐氏本作"直"。

④後，俞 康本、俞 乾本作"浚"。

⑤充，俞 康本作"克"。

⑥充，俞 康本作"克"。

⑦玉，皇明今文待作"王"。

【注釋】

〔一〕出自孟子·萬章下第四章：萬章曰："今有禦人於國門之外者，其交也以道，其餽也以禮，斯可受禦與？"曰："不可。康誥曰：'殺越人於貨，閔不畏死，凡民罔不譈。'是不待教而誅者也。殷受夏，周受殷，所不辭也。於今爲烈，如之何其受之？"

〔二〕三代：見殷因於夏篇所注。

〔三〕三王：指夏禹、商湯、周文王。孟子·告子下："五霸者，三王之罪人也。"趙岐注："三王，夏禹、商湯、周文王是也。"

〔四〕比物醜類：連綴同類事物，進行排比歸納。禮記·學記："古之學者，比物醜類。"鄭玄注："以事相況而爲之。醜，猶比也。"孔穎達疏："比方其事以醜類，謂以同類之事相比方。"

〔五〕九貢：周代徵收貢物的九種類別，亦泛指進貢。周禮·天官·大宰："以九貢致邦國之用，一曰祀貢，二曰嬪貢，三曰器貢，四曰幣貢，五曰材貢，六曰貨貢，七曰服貢，八曰斿貢，九曰物貢。"晋書·食貨志："昔周姬公制以六典，職方陳其九貢，頒財內府，永爲不刊。"

〔六〕稱物平施：見禹吾無間篇所注。

【集評】

艾南英：文後評語：禮刑相爲表裏，先王所以治交際，即其所以制刑

辟。孟子所以治刑辟，其所以治交際，皆大儒之言。（皇明今文待）

陳名夏：文後評語：其文勢若不相聯貫，取結處禮刑表裡之論。（陳名夏本）

文後評語：禦不可受義也，諸侯之取民猶禦，而概以禦之不可受例之，是義之盡也。君子亦何以盡者，刻繩天下乎？章法離合，當層層剝換，推出"義"字。（陳名夏本）

錢豐寰：文後評語：全篇混化，問而無問，答而無答，縱橫變化，闔闢不窮，真得蘇家之骨髓矣。一結議論，尤超特千古，讀此文字，能令人長一格。（呂葆中本、俞康本、俞乾本、無錫唐氏本、唐玉虬本）

呂留良：文中評語："蓋先王"至"者也"後：開局便大。兩句立一篇關目，即當一大論冒起講。"昔萬章"至"可受"後：承明主意，即直接兩大比，不更安頭。"孟子"至"人者"後：看他兩邊對仗，有意無跡，其中卻自井然，有千門萬戶之奇。"夫禦"至"地耳"後：此等處似拙而實奇，似疏而實密。"固不"至"誅者也"後：吊照下文，奇。"三代"至"烈者也"後：安頓殷周四句，插入閑議，氣力雄渾，似子瞻上神宗書。"孟子"至"說矣"後：與前欲得說辨難句過綫。"萬章"至"盜也"後：喝起下句，與前比筆對意不對，各自爲照應。"苟待"至"明矣"後：自應本比喝句，與前比意不對而筆對。"君子"至"法也"後：看其轉折夭矯，真如萬斛泉瀉地，無不如意。"是先王"至"辟者也"後：總結又自爲呼應轉換。"而禮"至"識矣"後：一句收應，承題煞尾。（呂葆中本、無錫唐氏本、唐玉虬本）

文後評語：大開大合，一筆鋪排，彌望千里，蒼蒼莽莽，不知所歸。乍覽之，似拙鈍，似疏漫，其間經營細巧，神針暗綫，錯綜洄伏，皆藏於拙鈍疏漫之中。評者遂以爲文勢不聯貫，幾乎笑殺荊川也。（呂葆中本、俞康本、俞乾本、無錫唐氏本、唐玉虬本）

俞長城：文中評語："蓋先王"至"禮者也"後：禮刑二義，一篇眼目。"固不待"至"誅者也"後：不待教而誅，教之不改而誅，明是兩對，被他拈出，便覺天然。"三代"至"烈者也"後：道法二義，兩比眼目，其識議氣力真足千古。"夫刑"至"受之乎"後：用此句煞，分清兩扇。"君子議道"至"制法也"後：對法與前道理一串而自有開合。"是先王"

至"辟者也"後：奇論天開，真是没人見到。"見稱物"至"表裏也"後：收應氣魄，法度俱絶。（俞 康本、俞 乾本）

文後評語：如此奇文，若非晚邨闡揚，幾乎埋没不可復識，晚邨之有功於先輩大矣。須看其議論開闔處，若徒□氣□法，尚非大家真本領。晚邨細評甚詳，但此文縱橫變化，不可言罄，須讀者細領之。篇中止將大道理大針綫標出，庶使文有眉目。（俞 康本、俞 乾本）

孔子之仕①〔一〕 至末②

大賢既即聖人爲道之仕以明其受餽，因辨聖人爲道之仕而及其受餽也。蓋聖人不爲已甚者也，獵較〔二〕於魯，而際可〔三〕公養〔四〕於衛焉，則固無嫌於受餽矣。孟子答萬章之意如此，謂夫孔子者，進退辭受之準也，不觀其仕魯之事乎？魯人獵較非美俗也，孔子亦獵較，不求異俗也。獵較棄禮而角力，交際則尚有禮焉，獵較猶可，而受賜獨不可乎？於是萬章則以非事道疑之，而孟子則以爲事道也。夫事道，固將以變俗爲事也，然則奚爲而獵較也？不知魯人獵較者，以其祭器不先定而寔以四方之物。孔子則正以薄書之有常，而不供之以方物〔五〕之難繼，則是雖獵較也，而寔無事於獵較也，魯之俗不因之而可變乎？由此言之，獵較非孔子之意也，然則奚爲其不去也？不知孔子之不去者，蓋欲因獵較而示以行道之兆也。苟其道終阻而不行，然後見幾而遠去，則是雖若可久也，而寔可速也，豈有三年而淹留者乎？是孔子以道決去就也，固有見行可〔六〕之仕矣，然又有際可之仕焉，有公養之仕焉，可就而就，不必盡冀其道之行也。於季桓子，是孔子爲之兆之時也，固所謂見行可之仕矣，而際可則於衛靈公焉，公養則於衛孝公焉。蓋衛君雖未可望以行道，而交際問餽則亦其禮之不可卻者也。由是觀之，孔子之仕魯雖主於爲道，而亦無嫌於受賜也；其仕衛也，雖主於受其交際，而亦皆所以爲道也。其仕不同，而其變易以從道則一也，進退辭受之節於此可識矣。孟子願學孔子者也，萬章又何疑焉？抑因是而見孟子之大也，以天下公共之身而爲天下公共之用，以天下公共之身而享天下公共之養，而有我之私一不與焉？此足以見孟子之大也。當時及門之徒萬章疑其受饗，彭更疑其爲泰，孟子諄諄然辨之而不少讓，曰此孔氏家法也。嗟乎！此豈可與世之小廉曲謹惟自潔其身之爲務者道哉③？

【校記】

①孔子之仕篇又載陳名夏本、俞 康本、俞 乾本、無錫 唐氏本、唐玉虬本，據校。

②末，陳名夏本作"木"。

③"抑因是而見孟子之大也"至"此豈可與世之小廉曲謹惟自潔其身之爲務者道哉"數句，陳名夏本無。

【注釋】

〔一〕出自孟子·萬章下第四章：（萬章）曰："今之諸侯取之於民也，猶禦也。苟善其禮際矣，斯君子受之。敢問何說也？"曰："子以爲有王者作，將比今之諸侯而誅之乎？其教之不改而後誅之乎？夫謂非其有而取之者盜也，充類至義之盡也。孔子之仕於魯也，魯人獵較，孔子亦獵較。獵較猶可，而況受其賜乎？"曰："然則孔子之仕也，非事道與？"曰："事道也。""事道奚獵較也？"曰："孔子先簿正祭器，不以四方之食供簿正。"曰："奚不去也？"曰："爲之兆也。兆足以行矣，而不行，而後去，是以未嘗有所終三年淹也。孔子有見行可之仕，有際可之仕，有公養之仕。於季桓子，見行可之仕也；於衛靈公，際可之仕也；於衛孝公，公養之仕也。"

〔二〕獵較：爭奪獵物。孟子·萬章下："孔子之仕於魯也，魯人獵較，孔子亦獵較。"趙岐注："獵較者，田獵相較奪禽獸。"

〔三〕際可：謂接遇以禮。孟子·萬章下："孔子有見行可之仕，有際可之仕，有公養之仕。"趙岐注："際，接也。衛靈公接遇孔子以禮，故見之也。"朱熹集注："際可，接遇以禮也。"

〔四〕公養：古代國君以養賢之禮奉養賢者。孟子·萬章下："孔子有見行可之仕，有際可之仕，有公養之仕。"朱熹集注："公養，國君養賢之禮也。"

〔五〕方物：本地産物，土産。尚書·旅獒："無有遠邇，畢獻方物。"孔安國傳："天下萬國，無有遠近，盡貢其方土所生之物。"

〔六〕行可：可以行道。孟子·萬章下："孔子有見行可之仕，有際可之仕，有公養之仕。"趙岐注："行可，冀可行道也。"

【集評】

陳名夏：文後評語：祇一意順衍成文，而不得其筋節所在。（陳名夏本）

呂留良：文中評語："夫孔子"至"事乎"後：立此句，通身骨節俱震動。"獵較"至"禮焉"後：流水中自成隊仗。"夫事"至"較也"後：二比對法變化，人不能蹤迹，以爲散行耳。"則是"至"變乎"後：斡旋"猶可"之義，筆意圓靈，照應有法。"雖若"至"速也"後：對得玲瓏。"是孔子"至"就也"後：一句渡便捷。"然又"至"公養之仕焉"後：側落都有法，即上"猶可"意也。"可就"至"時也"後：照會章情，筆筆活相。"固所謂"至"衛孝公焉"後：流水中自成隊仗。"由是觀之"至"可識矣"後：結收本旨，分別明晰，回互祇得一意。"孟子"至"疑焉"後：應小講一句，方見用處。（呂葆中本、無錫唐氏本、唐玉虬本）

文後評語：隨手布置，縱橫由我，妙合自然，令入其中者，如武侯江邊亂石，迷離不辨所之。此等力量，荆川實自向班、馬密室內得其寶鏡三昧來。祇看他中間六段，渾藏隊伍首尾，此班、馬章法鋪演之妙也。一結閑波，獨見情蘊，含畜掩映，此論贊寄托之妙也。寫孔子行道，句句發明孟子受餽，卻不曾夾插，此傳志用意之妙也。後人不解古人作法，不但不能爲，並且不能讀，輒敢評爲順衍成文、不得其筋節所在，豈非村頭陀妄訶法王、曠劫當墮阿鼻者耶？（呂葆中本、俞康本、俞乾本、無錫唐氏本、唐玉虬本）

俞長城：文中評語："大賢"至"受餽也"後：破似長蔓迂拙，卻爲通篇立柱。"孔子者"至"事乎"後：直起領全題，神骨振拔。"魯人"至"俗也"後：首段另頓。"然則"至"較也"後：奚獵較，奚不去，竟作兩對，奇。"則是"至"於獵較也"後：斡旋"猶可"，意應"受餽"。"苟其道"至"可速也"後：對法玲瓏，應"爲道"。"是孔子以道"至"道之行也"後：頓住"道"字，即從"不行"句落見，"行可"側注"際可""公養"，神變化。"於季"至"仕矣"後：此句作頭，妙，與前文對得有意無意。"而交際"至"卻者也"後：應"受餽"。"孟子"至"疑焉"後：應小講一句，方見用處。"當時"至"爲泰"後：一結，煙波萬丈。（俞康本、俞乾本）

文後評語：晚邨評之精矣。然此文除首段另頓外，竟是四大比文字。前二比參差對，應破題首句；後二比長短對，應破題次句。後幅段段雙妝，極整齊，卻似極散亂，此謂神明於法。（俞康本、俞乾本）

人性之善①〔一〕 四句

　　大賢喻人性之必善，以見其有定體〔二〕也。蓋性之本體，有善而無惡也，大賢即水以明之，所以破時人之説者精矣。孟子以爲，水不可以東西論，而可以上下論也，知水性之本下，則知人性之本善矣。何則？性也者，人之所得於天，仁之愛，義之宜，與生俱生，粹乎其至善也，殆與水之就下者同一理焉；天之所賦於人，禮之履，智之別，與形俱形，渾然而至止也，殆與水之以下爲歸者同一類焉。是故智愚之異其所知，賢不肖之異其所行，人固不同矣。自其性而觀之，禀受之初，均一仁義之理，私慾不得以參之；降衷〔三〕之始，均一禮智之彝，邪妄不得以干之。智愚此善也，賢不肖亦此善也，人之性豈有不善者乎？有不善焉，則非性矣。積而爲淵流，而爲川水，固不同矣。自其性而觀之，朝宗〔四〕之勢浩乎其不容已，潤下〔五〕之機沛然而莫能禦。水之流者此就下也，水之積者亦此就下也，水之性其有不下者乎？有不下焉，則非水矣。夫人性之本善而無惡如此，是知人之不善者，不能順其性耳，而豈可謂無分於善不善也哉？

【校記】

　　①人性之善篇又載無錫唐氏本、唐玉虬本，據校。

【注釋】

　　〔一〕出自孟子・告子上第二章：孟子曰："水信無分於東西，無分於上下乎？人性之善也，猶水之就下也。人無有不善，水無有不下。今夫水，搏而躍之，可使過顙；激而行之，可使在山。是豈水之性哉？其勢則然也。人之可使爲不善，其性亦猶是也。"

　　〔二〕定體：確定的性質。此處指固定不變的人性。晉傅玄柳賦："參剛柔而定體兮，應中和以屈伸。"

〔三〕降衷：見生而知之篇所注。

〔四〕朝宗：古代諸侯春、夏朝見天子，後泛稱臣下朝見帝王。此處比喻小水流注大水。尚書·禹貢："江 漢朝宗於海。"孔穎達疏："諸侯見天子之禮，春見曰朝，夏見曰宗。……朝宗是人事之名，水無性識，非有此義。以海水大而江 漢小，以小就大，似諸侯歸於天子，假人事而言之也。"

〔五〕潤下：謂水性就下以滋潤萬物。尚書·洪範："水曰潤下，火曰炎上。"孔安國傳："言其自然之常性。"孔穎達疏引王肅注："水之性，潤萬物而退下。"

【集評】

呂留良：文中評語："知水"至"善矣"後：爽朗無比。"性也者"至"理焉"後：上二句還他側遞。"是故"至"同矣"後：此一開，頓住"人"字"水"字，極有精義。"自其性"至"干之"後：點次句分明。"智愚"至"亦此善也"後："無有不"三字透露。"積而"至"非水矣"後：下二句還他平分。（呂葆中本、無錫 唐氏本、唐玉虬本）

文後評語：水非可以指性也，水之必下者，其性也；人非可以指性也，人之必善者，其性也。若但以水言，以人言，則水有多少水，人有多少人，豈復有定體哉？告子本領在"生之謂性"一句，看水之流便是性，看人之心便是性，其病祇在此。陽明謂能視聽言動的，這個便是性，即是此意。不知能視聽言動的，這個正是無分於東西之水也，故其宗旨亦祇在"無善無惡，心之體"一句。若聖人之所謂性，則必視之明，聽之聰，言之义，動之肅，乃所謂水之必下也，人之性也。文中將"人"字"水"字頓斷，折入"性"字，深得其理。看其不多數言，而理氣分合之故皆徹，斯為學者之文。（呂葆中本、無錫 唐氏本、唐玉虬本）

白羽之白①〔一〕 性與

大賢於時人之論性，必即喻以發其旨，而因以折其非也。甚矣性之不可以生論也！大賢喻之於先而折之於後，告子之失見矣。昔告子以生之謂性，孟子辨之，若曰：生之謂性也，猶白之謂白也，固矣。試以物之白者言之，白之著於物也，有羽焉，有雪焉，有玉焉。在物曰羽，在氣曰雪，其質雖異，而均之爲白也。自子觀之，其將擬雪於羽一無所別歟？在氣曰雪，在寶曰玉，其質雖殊，而均之爲白也。就子論之，其將等雪於玉初無所異歟？孟子之問如此，蓋即白之謂白之論，以探其生之謂性之旨也。於是告子答之曰：然則天下無異白，而天下無異性矣。孟子既得其旨，遂從而折之，以爲性之在天下也，有犬之性焉，有牛之性焉，有人之性焉。犬之與牛，皆能知覺，皆能運動也。如子之説，則犬之性猶夫牛之性與？牛之與人，其知覺同也，其運動同也。如子之説，則牛之性猶夫人之性與？吾恐物得其偏，固不可上同於人；人得其正，亦不可下同於物也。吁！此告子所以自知其非，而不能對也歟。

【校記】

①白羽之白篇又載無錫唐氏本、唐玉虬本，據校。

【注釋】

〔一〕出自孟子·告子上第三章：告子曰："生之謂性。"孟子曰："生之謂性也，猶白之謂白與？"曰："然。""白羽之白也，猶白雪之白；白雪之白，猶白玉之白與？"曰："然。""然則犬之性猶牛之性，牛之性猶人之性與？"

【集評】

呂留良：文中評語："白之"至"物也"後：祇一提，吾旨已明，以下不消更着語。"然則"至"性矣"後："然"字下提明彼意一筆，是斬關奪臨手。"孟子"至"天下也"後：得史記法。"有犬"至"物也"後：生之不可謂性明矣。遙對削成。（呂葆中本、無錫唐氏本、唐玉虬本）

文後評語：雙峰矗天，中間石梁懸渡，清秋望嶽，無纖毫雲霧虧蔽，居人以爲本體如常，觀者得見真形，遂成奇絶。要知此等文，不是古人不會調弄花手、夾插辨才，正以遣他本色、不言而喻爲高耳。（呂葆中本、無錫唐氏本、唐玉虬本）

嗜秦人之[一] 節①

　　大賢辨敬長之心由於内，必借甘食之説以明之也。蓋嗜因乎炙而敬因乎長，其事同也。嗜炙不在外，而敬獨可以外言哉？孟子斥告子義外之説，而即嗜炙以通之，以爲：我謂敬長由於心，而子謂敬長由於外，故其説不相入也，姑就其所明者言之。秦人之炙可嗜也，而吾嗜之如其所以嗜吾之炙而已，不容有異也；吾之炙可嗜也，而吾嗜之如人所以嗜秦人之炙而已，不能有加也。由此言之，不問其長之所在而同於長之，不獨於人爲言也，不問其炙之所在而同於嗜之，於物則亦有然者矣。今子以爲長吾之長，不能有加於楚人之長，是不以我爲悦也，而謂之外焉固矣，然則嗜炙固未嘗以我爲悦也，而亦可謂之外歟？子以長楚人之長，不容有異於吾之長，是惟以長爲悦者也，而謂之外焉固矣，然則嗜炙固未嘗不以炙爲悦也，而亦可謂之外歟？子以食色爲性，則既知嗜炙之非外矣，知嗜炙而獨以長長[二]爲外也，其亦弗思而已矣。

【校記】

　　①節，無錫唐氏本、唐玉虬本作"一節"。

【注釋】

　　〔一〕出自孟子·告子上第四章：（告子）曰："吾弟則愛之，秦人之弟則不愛也。是以我爲悦者也，故謂之内。長楚人之長，亦長吾之長，是以長爲悦者也，故謂之外也。"曰："耆秦人之炙，無以異於耆吾炙。夫物則亦有然者也，然則耆炙亦有外與？"

　　〔二〕長長：敬重長上。禮記·大學："上老老而民興孝，上長長而民興弟。"鄭玄注："老老、長長，謂尊老敬長也。"

【集評】

　　楊石樓：文後評語：都就告子言語，分曉告子。（吕葆中本、無錫唐氏本、唐玉虬本）

　　艾千子：文後評語：純以筋節縮帶，不贅一意，不措一詞，而全題俱

足。（呂葆中本、無錫唐氏本、唐玉虬本）

呂留良：文中評語："秦人"至"有加矣"後：如題淺淺遞入。"由此"至"於長之"後："夫"字口氣根緊上文，趁勢跌進。"不獨"至"嗜之"後：此句挑出"則亦有然"，爽甚。"於物"至"者矣"後：接口自然頓住。"今子"至"楚人之長"後：挨入此筆，方能轉出"然則"二字。"是不"至"外焉"後：又提上文，趁勢跌進。"然則"至"外歟"後：襯貼得明快。（呂葆中本、無錫唐氏本、唐玉虬本）

文後評語：不持寸鐵，借刀殺人，趁空打劫，不煩言而意徹，令告子無轉舌處。此白描活遞之法，即禪家縱奪機鋒，正在回互得之。（呂葆中本、無錫唐氏本、唐玉虬本）

詩曰天生①②〔一〕 一節③

大賢引詩及聖人贊詩之辭④，所以證人性之善也。蓋物則〔二〕具於天而懿德好於人，則性之善可知矣，此詩人垂訓之深，孔子贊詩之意，而大賢必引之以告公都子也。豈不曰：吾謂性之善者，驗之於情固有可推，徵之於古尤爲可信？詩云："天生蒸民〔三〕，有物有則。"言天命之性具於物各付物之初者如此；繼之曰："民之秉彝，好是懿德。"言率性之道見於形生神發之後者如此。吾夫子以意逆志，乃從而贊之曰：爲此詩者，其知人性之道乎！故夫理形於上非物莫爲之寓，物形而下非理莫爲之主。如耳目物也，而聰明之德必隨之以付畀〔四〕，未始有物外之則也；父子物也，而慈愛之心必隨之以稟受，未始有則外之物也。此其分定於天，而爲民所秉執之彝〔五〕；故情根於性，而爲心所同然之妙。思明思聰〔六〕不獨歸之君子，而凡天下之有耳目者皆此好也；止慈止孝〔七〕不獨歸之聖人，而凡天下之爲父子者皆此好也。詩人言之而其端以啓，孔子贊之而其旨益明。吾所謂仁義禮智，即其有物有則者也；吾所謂惻隱羞惡辭讓是非者，即其好是懿德也。人性之善可不辨而明，三説之贅可不攻而破矣。

【校記】

①詩曰天生篇又載陳名夏本、無錫唐氏本、唐玉虬本，據校。
②詩曰天生，陳名夏本作"天生蒸民"。

③一節，陳名夏本作"懿德"。
④辭，陳名夏本作"詞"。

【注釋】

〔一〕出自孟子·告子上第六章：詩曰："天生蒸民，有物有則。民之秉彝，好是懿德。"孔子曰："為此詩者，其知道乎！故有物必有則，民之秉彝也，故好是懿德。"

〔二〕物則：天地間凡事物皆有其法則、規律。詩經·大雅·烝民："天生烝民，有物有則。"鄭玄箋："則，法。"

〔三〕蒸民：民衆，百姓。詩經·大雅·烝民："天生烝民，有物有則。"鄭玄箋："烝，衆物事。"

〔四〕付畀：授予，交付。尚書·康王之誥："用端命於上帝，皇天用訓厥道，付畀四方。"孔安國傳："大天用順其道，付與四方之國王天下。"

〔五〕秉執之彝：人心所持守的常道。詩經·大雅·烝民："民之秉彝，好是懿德。"鄭玄箋："秉，執也。……民所執持有常道。"

〔六〕思明思聰：看的時候要思考看清與否，聽的時候要思考聽清與否。論語·季氏："君子有九思：視思明，聽思聰，色思溫，貌思恭，言思忠，事思敬，疑思問，忿思難，見得思義。"邢昺疏："視思明者，目睹爲視，見微爲明，言君子睹視當思，見微若離婁也；聽思聰者，耳聞爲聽，聽遠爲聰，言君子耳聽當思，聞遠若師曠也。"

〔七〕止慈止孝：父母當以仁慈之心關愛子女、教養子女，子女當對父母誠心盡孝。禮記·大學："爲人君止於仁，爲人臣止於敬，爲人子止於孝，爲人父止於慈，與國人交止於信。"

【集評】

陳名夏：文後評語：此亦説書體，"君子""聖人"兩比，稍見神采。（陳名夏本）

艾千子：文後評語：句句代孔子説詩，祇二"故"字之神，處處俱見。（呂葆中本、無錫唐氏本、唐玉虬本）

呂留良：文中評語："詩云"至"後者如此"後：結性善，或評以爲詩詞當在後面分撥，不知此是孟子話，非孔子次第矣。結情才之善。"故夫"後：此"故"字當頭直出。"如耳目"至"則外之物也"後：條舉話頭如注疏，卻無注疏氣。上下作對，每比中又藏二小比，奇甚。"故情根於性"後：此"故"字轉句出，各昭本位。"思明"至"父子者皆此好也"後：仍用前話，兩比祇如一比。結人皆有之，破文、武、幽、厲、堯、舜、瞍、紂等説。"吾所謂"至"懿德者也"後：得引結大旨。（呂葆中本、無錫唐氏本、唐玉虬本）

文後評語：艾評非也，句句是孟子自證性善耳。二"故"字，正指點所以善之説，定要代孔子説詩則甚。或又評云：孔子贊詩，祇統説，"知道"中夾"人性"二字，是先輩泥拙處。余卻謂評者泥拙也。假如大學引文王詩，作敬止義，其實詩人"止"字是助音耳，可曰傳者文理不通乎？孔子説詩時，不必加入"人性"字，孟子引證，卻不妨坐定人性。況天生物則秉彝、懿德。詩人已明具人性，與敬止例又不同，何故孔子口中反不許他説性哉？此種論法，似是而非，當被除之。若但作孔子説詩一則，則懿德下，又須補繳辨性善，關三説論頭矣。惟其引來，祇當得自己説話，故白文竟住耳。看此文，方是孟子總結上文文法。（呂葆中本、無錫唐氏本、唐玉虬本）

俞長城：文中評語："言天"至"初者如此"後：結性之善。"言率"至"後者如此"後：結情才之善。"爲此"至"道乎"後："道"字坐實不混。"故夫理形於上"後："故"字出。"非物"至"耳目物也"後：偶舉一端，全理自足，不同掛漏，文亦老净。"如耳目"至"則外之物也"後：上下作對，每比中又藏二小比，奇甚。"此其分"至"然之妙"後：對法祇此一比。"思明"至"父子者皆此好也"後：結人皆有之，破文、武、幽、厲、堯、舜、瞍、紂等説。"詩人"至"懿德者也"後：引詩及孔子之言以證己説。句句結明。（俞康本、俞乾本）

文後評語：引古作證，全要結盡通章兩"故"字、一"必"字。斬截分明，文體高老，不支不漏。（俞康本、俞乾本）

牛山之木①②〔一〕 二節

　　大賢舉山木例人心，而著其失養〔二〕之害焉。夫有材者山之性，有才者人之情，顧所養何如耳？然則人之良心與山木而俱弊也，哀哉！孟子之意若曰：天下之事貴乎防患於未然，尤貴乎補弊於已然。始之也無所防，終之也無所補，而可以無弊者，無有也，吾嘗揆之物理、驗之人情而得之矣。今夫山草木之所聚也，而其所以觀美於人者，恃有此也。乃若牛山則有不然者矣，斧斤者往焉，既不能保其美於始；牛羊者往焉，又不能養其美於終。此其郊於大國〔三〕，而求牧與芻之所便故也。是故昔之美者此山也，今之濯濯〔四〕者亦此山也，無怪乎人之以未嘗有材者視之也。殊不知山之性能生之，而不能全之，雨露之所潤者無幾，而人力之爲害者已至。雖曰地道有敏樹之機〔五〕，而所存不能補其所亡，不至於濯濯不已也。吾如有萌焉，何哉？今夫心仁義之所管也，人之所以異於禽獸者，恃有此也。凡今之人則有不然者矣，其始也物交之攻取，而所謂良心者，則寡之又寡以至於無；其繼也肆情於旦晝，而所謂夜氣者將牿③之又牿④，以致於不能勝。此則放其心而不知求，有其端而不知充故也。是故初之具此仁義者固若人也，今之不違⑤於禽獸者亦若人也，無怪乎人以未嘗有才者目之也。殊不知人之情可以放之，而亦可以求之。人心之惟危〔六〕者愈危，而道心之惟微〔七〕者愈微。雖曰吾心有不死之妙，而夜之不足以勝晝，不至於禽獸不已也。吾亦且奈之何哉？欲免禽獸之歸者，可以省矣。立志如爲山，循序如登高，而由小以高大可也。不然，則茅塞其心，荒蕪其學，其不爲槁木也者，幾希矣。

【校記】

①牛山之木篇又載俞康本、俞乾本、無錫唐氏本、唐玉虬本、欽定四書文、明文鈔，據校。

②牛山之木，欽定四書文、明文鈔作"牛山之木嘗美矣"。

③牿，欽定四書文、明文鈔作"梏"。

④牿，欽定四書文、明文鈔作"梏"。

⑤違，欽定四書文、明文鈔作"遠"。

【注釋】

〔一〕出自孟子・告子上第八章：孟子曰："牛山之木嘗美矣。以其郊於大國也，斧斤伐之，可以爲美乎？是其日夜之所息，雨露之所潤，非無萌蘖之生焉，牛羊又從而牧之，是以若彼濯濯也。人見其濯濯也，以爲未嘗有材焉，此豈山之性也哉？雖存乎人者，豈無仁義之心哉？其所以放其良心者，亦猶斧斤之於木也，旦旦而伐之，可以爲美乎？其日夜之所息，平旦之氣，其好惡與人相近也者幾希，則其旦晝之所爲，有梏亡之矣。梏之反覆，則夜氣不足以存。夜氣不足以存，則其違禽獸不遠矣。人見其禽獸也，而以爲未嘗有才焉者，是豈人之情也哉？故苟得其養，無物不長；苟失其養，無物不消。"

〔二〕失養：失去必要的滋養。孟子・告子上："故苟得其養，無物不長；苟失其養，無物不消。"

〔三〕大國：大都市。此處指齊國都城臨淄。

〔四〕濯濯：光禿貌。孟子・告子上："是其日夜之所息，雨露之所潤，非無萌蘖之生焉，牛羊又從而牧之，是以若彼濯濯也。"趙岐注："濯濯，無草木之貌。"

〔五〕地道有敏樹之機：經營土地的方法就是迅速種植花草樹木。禮記・中庸："人道敏政，地道敏樹。"鄭玄注："敏，猶勉也。樹，謂殖草木也。"

〔六〕人心之惟危：人心居高，危險難測。尚書・大禹謨："人心惟危，道心惟微，惟精惟一，允執厥中。"孔安國傳："危則難安。"

〔七〕道心之惟微：天地自然之心幽微難明。尚書・大禹謨："人心惟危，道心惟微，惟精惟一，允執厥中。"孔安國傳："微則難明。"

【集評】

呂留良：文中評語："今夫"至"聚也"後：開局古雋，得左 國風神。"斧斤"至"於終"後：節次簡煉。"是故"至"亦此山也"後：警動全意。"殊不知"至"已至"後：筋骨語。"其始也"至"不能勝"後：看其融挽。"殊不知"至"愈微"後：補此意好。（呂葆中本、無錫 唐氏

本、唐玉虬本）

文後評語：雜揉澼續，自具錦機，烹鎔鍛錘，自開丹竈，還題位之自然，造吾文之奇特。乃知呆講挨演者入死窟，凌駕跋扈者落魔軍也。（呂葆中本、無錫唐氏本、唐玉虬本）

俞長城：文中評語："今夫"至"然者矣"後：開局古雋，左國風神。"斧斤"至"美於終"後：節次俱有爐錘。"是故"至"山也"後：警動全意。"殊不知"至"已至"後：筋骨語。"其始也"至"不能勝"後：鉛果化黃金，惟其丹妙。（俞康本、俞乾本）

文後評語：明是賓主，竟作兩扇，不見失體，簡練裁對，巧奪天工。（俞康本、俞乾本）

方苞：文後評語：依題立格，裁對處融煉自然，有行雲流水之趣。乃知板活不在製局，第於筆下分生死耳。（欽定四書文、明文鈔）

一日暴之①〔一〕 二句

觀恒陰之勝陽，可以知物生之難矣。夫氣不可有偏勝也，陽一舒之〔二〕而陰十剥之〔三〕，物其有能生者乎？孟子若曰：齊王之不智，非其心之獨蔽也，由其所養之不純也，觀物則可知矣。太和之氣〔四〕，物之所資以出機者也；積陰之氣〔五〕，物之所因以入機者也。或暴之，或寒之，在造化者一出於無心。而暴之則生，寒之則死，凡物之囿於造化之中者，則未有能違之者也。然物之滋息也常難，而造化之以長養為德也，必漸而後致也；物之摧剥也常易，而造化之以肅殺為威也，雖驟而可致也。故日日而暴之，猶患其不足；一日而寒之，猶患其有餘矣。今也非無所暴之也，而其所以暴之者，僅於一日而已，一日之外，即繼以寒之也，而其所以寒之者，且至於十日焉。方暴之而即寒之，則其長養之力，既無以勝其肅殺之權；暴之一日而寒之十日，則其滋息之暫，又無以勝其摧剥之久。如是而望於物之能生也，不亦難乎？

【校記】

①一日暴之篇又載無錫唐氏本、唐玉虬本，據校。

【注釋】

〔一〕出自孟子·告子上第九章：孟子曰："無或乎王之不智也。雖有天下易生之物也，一日暴之，十日寒之，未有能生者也。吾見亦罕矣，吾退而寒之者至矣，吾如有萌焉何哉？今夫弈之爲數，小數也。不專心致志，則不得也。弈秋，通國之善弈者也。使弈秋誨二人弈，其一人專心致志，惟弈秋之爲聽。一人雖聽之，一心以爲有鴻鵠將至，思援弓繳而射之。雖與之俱學，弗若之矣。爲是其智弗若與？曰：非然也。"

〔二〕陽一舒之：春夏温暖之時舒展一次。漢張衡西京賦："夫人在陽時則舒，在陰時則慘。"薛綜注："陽，謂春夏。"

〔三〕陰十剝之：秋冬寒冷之時傷害十次。漢張衡西京賦："夫人在陽時則舒，在陰時則慘。"薛綜注："陰，謂秋冬。"

〔四〕太和之氣：見孔子聖之時者也篇所注。

〔五〕積陰之氣：酷寒之氣。淮南鴻烈·天文訓："積陽之熱氣生火，火氣之精者爲日；積陰之寒氣爲水，水氣之精者爲月。"

【集評】

原評：文後評語：玩其次第，如文與可之竹，非枝枝節節而爲之，而一筆揮成，備有枝枝節節之妙。（吕葆中本、無錫唐氏本、唐玉虬本）

吕留良：文中評語："或暴之"至"違之者也"後：氣脉旋迴紆宕，得歐曾之神。"然物"至"致也"後：發洩至理。"故曰"至"餘矣"後：倒跌得緊。"今也"至"十日焉"後：出落句句筋節。"方暴"至"之權"後：收逼下句，遒勁得勢。（吕葆中本、無錫唐氏本、唐玉虬本）

文後評語：開闔轉側，起没斷續，逐步變換，意境屈伸，無一節馳騁寬衍，而其氣直達，其勢雄勁。蓋必變換屈曲，而後成其直達雄勁之奇，此古人之秘密藏也。歐曾以後，於此見之，學者熟玩，自得其妙。（吕葆中本、無錫唐氏本、唐玉虬本）

生亦我所①〔一〕 三節

　　大賢原人固有之心,而深明其必有也。夫欲惡有甚於生死者,固夫人固有之心也。不然,其何能②舍生取義如此哉?孟子所以明其必有也,若曰:死生之際亦大矣!生,人之所欲,而有所不苟得;死,人之所惡,而有所不避③者。豈無所見於死生之際,而顧爲是矯拂也哉?正有見於義之在是耳。蓋生,我之所欲,而求諸利害交攻之際,則所欲猶④有甚於生者,故不爲苟得焉,以所欲奪於其所甚欲也;死,我之所惡,而求之情僞相感之外,則所惡猶有甚於死者,故患有所不避焉,以所惡奪於其所甚惡也。是生固所欲也,而未爲甚也,如使所欲莫有甚於生,則必趨於所欲之甚,而凡可以得生者,將無所不用矣,何有於不苟得乎?死固所惡也,而未爲甚也,如使所惡莫有甚於死,則必惕於所惡之甚,而凡可以避患者,將無所不爲矣,何有於不避患乎?惟其所欲必有甚於生也,則所以趨於所欲之甚者,固⑤在此而不在彼矣,是以雖生而有所不用⑥也;惟其所惡必有甚於死也,則所以惕於惡之甚者,固⑦在此而不在彼矣,是以雖可以避患而有所⑧不爲也。然則義理之心固人之所固有,而物欲之蔽亦人之所易昏,無惑乎貪生惡死者之多也。

【校記】

①生亦我所篇又載陳名夏本、無錫唐氏本、唐玉虬本,據校。
②何能,陳名夏本作"惡能"。
③避,陳名夏本作"辟"。
④猶,陳名夏本作"尤"。
⑤固,陳名夏本作"故"。
⑥用,陳名夏本作"避"。
⑦固,陳名夏本作"故"。
⑧所,陳名夏本無。

【注釋】

〔一〕出自孟子·告子上第十章:生,亦我所欲也;義,亦我所欲也。

二者不可得兼，舍生而取義者也。生亦我所欲，所欲有甚於生者，故不爲苟得也；死亦我所惡，所惡有甚於死者，故患有所不辟也。如使人之所欲莫甚於生，則凡可以得生者，何不用也？使人之所惡莫甚於死者，則凡可以辟患者，何不爲也？由是則生而有不用也，由是則可以辟患而有不爲也。是故所欲有甚於生者，所惡有甚於死者。非獨賢者有是心也，人皆有之，賢者能勿喪耳。

【集評】

陳名夏：文後評語：孟子原文極其變化，作者另用機軸，愈不相似，故不若順題損益語數，體輕而手滑，不見學人精力，何如作單題之爲愈乎？（陳名夏本）

茅鹿門：文後評語：一口呵成。（吕葆中本、無錫唐氏本、唐玉虬本）

吳崑麓：文後評語：順文緊接，而惟以提醒旋轉處著力，不求工而自工者也。（吕葆中本、無錫唐氏本、唐玉虬本）

沈虹臺：文後評語：此文極其變化而不可蹤迹。（吕葆中本、無錫唐氏本、唐玉虬本）

徐徼弦：文後評語：如一帶急流，滾滾而下，絕無艱難澀滯之態，而緊關牢把，又不失於散誕疏闊。（吕葆中本、無錫唐氏本、唐玉虬本）

錢純中：文後評語：看他轉折處，每下一二語，便覺一篇血脉俱通。（吕葆中本、無錫唐氏本、唐玉虬本）

原評：文後評語：祇就本色內翻跌一二語，便是國手。但知凌駕之工，而不知此文之工，不足言文。（吕葆中本、無錫唐氏本、唐玉虬本）

吕留良：文中評語："大賢"至"有也"後：陳評："固有"意尚在第四節。"豈無"至"拂也哉"後：原評：振起"甚"字"故"字，有力。"正有"至"是耳"後：此句不鑿出更有味，數節語氣原含。"以所"至"甚欲也"後：冷然渲托入妙。"甚"字一提。"是生"至"甚也"後："甚"字二提。原評：用二語接遞，氣自舒徐。"如使"至"苟得乎"後：筆筆點眼。"死固"至"避患乎"後：燕影翩躚。"惟其"至"生也"後："甚"字三提，接得緊湊，即喚起"由是"語勢。（吕葆中本、無錫唐氏

本、唐玉虬本)

文後評語：馬君常評云：直還本題，略加翻跌，便極變化，今人無此識力，不可下此手，然不可不知先輩有此法門。其説已極庸陋。或又改之云：不可藉口先輩有此法門。則直禁人作本色妙文矣。不知此正是先輩正宗，初非別傳異體，何不可下手之有？吾正苦人不肯藉口此法門耳。要之此曹看來，原是馬腫背也。題之文法曲摺已多，若略用旁意，反側間便成觸犯，看其筆筆曲摺，何曾走作一綫？（吕葆中本、無錫 唐氏本、唐玉虬本）

不揣其本①〔一〕 二節②

大賢兩即喻所以斷③禮重於食色也。蓋禮重於食色，必然之理也，任人疑問而不能答焉，孟子得不兩即喻以斷之哉？且夫兩物相形〔二〕而高下異焉，所以辨其高下者，未嘗不兼本末而較之也。故寸木之與岑樓，其高下至易知也。今也不復揣其下之平，而但取其上之齊。吾見寸木雖卑也，而加之於岑樓之上，其末則高；岑樓雖高也，而置之於寸木之下，其本則卑。是寸木固可使之高於岑樓矣。今論禮者不究其本，而必曰禮食〔三〕親迎〔四〕而已，論食色者不究其本，而必曰飢死與不得妻而已，是食色固可使之重於禮矣。任人之説，似亦無足怪者。雖然，此特自其一偏而言之耳，而非所以道其常也。何者？兩物相形而輕重異焉，所以辨其輕重者，未嘗不等其多寡而較之也。故金之與羽，其輕重至易知也。今也以一鈎金之寡，而較一輿羽之多。吾見金雖重也，而寡不能以勝其重，金固輕矣；羽雖輕也，而多足以勝乎其輕，羽固重矣。如是而謂足以較金羽之輕重焉，豈理也哉？今論禮者不量其多寡，而必曰禮食親迎而已，論食色者不量其多寡，而必曰飢死與不得妻而已，如是而謂足以較禮與食色之輕重，又豈理也哉？任人之論，其不可也明矣。

【校記】

①不揣其本篇又載陳名夏本、俞 康本、俞 乾本、無錫 唐氏本、唐玉虬本，據校。

②二節，陳名夏本作"兩節"。

③斷，陳名夏本作"明"。

【注釋】

〔一〕出自孟子·告子下第一章：孟子曰："於答是也何有？不揣其本而齊其末，方寸之木可使高於岑樓。金重於羽者，豈謂一鉤金與一輿羽之謂哉？取食之重者，與禮之輕者而比之，奚翅食重？取色之重者，與禮之輕者而比之，奚翅色重？"

〔二〕兩物相形：兩種事物相比較。老子道德經："長短相形，高下相傾。"河上公注："見短而爲長也。"

〔三〕禮食：古代國君賜臣下進食的一種禮遇。國語·晉語七："寡人之言，兄弟之禮也；子之誅，軍旅之事也。請無重寡人之過，反役，與之禮食。"韋昭注："禮食，公食大夫之禮。"儀禮·士相見禮："若君賜之食，則君祭，先飯，遍嘗膳，飲而俟。君命之食，然後食。"鄭玄注："臣先飯，示爲君嘗食也。此謂君與之禮食。"賈公彥疏："君與臣小小禮食，法仍非正禮食。正禮食，則公食大夫是也。"

〔四〕親迎：新郎親自迎娶新娘回家。中國婚姻禮儀六禮中的第六禮。詩經·大雅·大明："大邦有子，俔天之妹。文定厥祥，親迎於渭。"孔穎達疏："親往迎之。"

【集評】

原評：文後評語：豈謂禮食親迎而飢死不得妻之謂哉？辟金重於羽，豈謂鉤金與羽之謂哉？此作融會此意成文，員活流走，而一過順題氣脫下，旨趣躍如。（陳名夏本）

陳名夏：文後評語：行文之意盡於原評，不必強立論議也。（陳名夏本）

呂留良：文中評語："且夫"至"異焉"後：原評：提得玲瓏。"今也"至"雖卑也"後：原評：順題演處，亦自不染一塵。"是寸木"至"岑樓矣"後：此句本尋常，看下應合，卻見其妙。"今論禮"至"妻而已"後：忽貼入本論，使喻意快然，人所不敢下，下亦無此辣手。"是食色"至"怪者"後：一股中自作應對，似兩股，奇甚，押二語又妙。"雖然"至"其常也"後：原評：此等過文，承上接下之法盡矣。"任人"至"明矣"後：玲瓏活脫，不可捉搦。（呂葆中本、無錫 唐氏本、唐玉虬本）

文後評語：疊下兩比喻，一反一正，賓主回互，文法流走不齊，摶作兩扇，特使之齊，以見手法，而絕無紐捻之痕。兩邊各將正意插入對勘，兩扇中又藏四段，中用兩語遞過，通篇讀之，又祇似流走不齊文法，荊川每有此神通作用。荊川詩有云："文入妙來無過熟，書從疑處更須參。"不參必不能熟，此等文見其熟處，學者正宜從此參之。（呂葆中本、俞 康本、俞 乾本、無錫 唐氏本、唐玉虬本）

俞長城：文中評語："且夫"至"異焉"後：直起橫。"所以"至"知也"後：高下、本末、輕重、多寡，文中眼目。"今也"至"雖卑也"後：運題祇如白話，而潔淨異常。"是寸木"至"岑樓矣"後：此句本尋常，看下應合，卻見其妙。"今論禮"至"妻而已"後：忽貼入本論，使喻意快然，人所不敢下，下亦無此辣手。"是食色"至"怪者"後：一股中自作應對，似兩股，奇甚。押住語，又妙。"雖然"至"其常也"後：此等過文，承上接下之法盡矣。"何者"後："何者"二字作轉扭，尤妙。"如是"至"理也哉"後：兩比各變調，奇。"今論禮"至"妻而已"後：逆揭下節意而不犯，何也？"任人"至"明矣"後：住法矣。（俞 康本、俞 乾本）

文後評語：此等作法，成、弘、正、嘉間多有之，至隆慶後，則絕響矣。然入荊川手，倍覺跳脫高潔，故奇。看來兩扇，卻是一開一合。故他文兩扇中一渡，如衣之有襟；此文兩扇中一渡，如匣之有鎖，另是一格。（俞 康本、俞 乾本）

三子者不①〔一〕 必同

大賢斷古人迹異而心同，君子惟其心而不拘其迹也。夫心迹之判久矣，自古聖人之心，類有不可以迹拘者，何獨於君子而疑之？孟子言此以釋淳于髡之譏也，若曰：子之謂我未仁者，殆有見於迹而無見於心耳，盍自古人觀之？彼伯夷之不以賢事不肖，視夫不羞不卑〔二〕者，其道不可以例觀；惠之事汙君而爲小官，視夫就湯就桀〔三〕者，其道不容以概論。要其所趨則一而已，一者何也？曰仁而已。蓋與世推移不膠於偏倚之私，而以權應變皆合乎天理之正。仕者非狥俗，止者非絕俗也，待物之洪、律己之嚴有並行而不悖者矣；就者非以爲通，去者非以爲介也，可則之志、上行之願有孚契而不閒者矣。則夫君子者，蓋嘗聞夷、惠之風，而志伊尹之志者也。其於應用之際，亦曰理可就也則就之，理可去也則去之，惟其仁而已矣，何必去就之皆同耶？借使必有同焉，則是執伯夷之清，以議柳下惠之和也而可也。凡其化裁〔四〕之下，亦曰理可止也則止之，理可仕也則仕之，惟其仁而已矣，何必仕止之皆同耶？借使必其同焉，則是執柳下惠之和，以議伊尹之任也而可哉。吁！髡不知孟子，獨不知三聖乎？

【校記】

① 三子者不篇又載無錫唐氏本、唐玉虬本，據校。

【注釋】

〔一〕出自孟子·告子下第六章：淳于髡曰："先名實者，爲人也；後名實者，自爲也。夫子在三卿之中，名實未加於上下而去之，仁者固如此乎？"孟子曰："居下位，不以賢事不肖者，伯夷也；五就湯，五就桀者，伊尹也。不惡汙君，不辭小官者，柳下惠也。三子者不同道，其趨一也。一者何也？曰：仁也。君子亦仁而已矣，何必同？"

〔二〕不羞不卑：不以侍奉壞君爲羞恥，不以自己的官職小爲卑下。形容立身行事不夠嚴肅謹慎。孟子·公孫丑下："柳下惠不羞汙君，不卑小官。"

〔三〕就湯就桀：伊尹在輔佐成湯還是輔佐夏桀之間反復多次。孟子·告子下："五就湯、五就桀者，伊尹也。"趙岐注："伊尹爲湯見貢於桀，不用而歸湯。湯復貢之，如此者五。"

〔四〕化裁：見不曰瞽乎篇所注。

【集評】

章翊兹：文後評語：運用無稍梗窒，真是水到渠成。"仁"字即照三子説，"不必"又進一層，大是。（吕葆中本、無錫唐氏本、唐玉虬本）

吕留良：文中評語："蓋與"至"之私"後：無私心。"而以權"至"之正"後：合天理。"仕者"至"俗也"後：二比重發趣一，力厚機圓。"則夫"至"志者也"後：落君子如松隙清光、深山吐月，本色語點三子，又極天然。"亦曰"至"而已矣"後:"仁"字祇在理上看,有本領祇在三子出處上說,有綫脉。"借使"至"和也"後:章評:口角俊利。"而可也"後:跌得"何必"。"凡其"至"之下"後:語氣綻滿。(吕葆中本、無錫 唐氏本、唐玉虬本)

文後評語:亦非爲照三子,故"仁"字不必深講也。淳于發難爲去就名實,故孟子述三子,亦祇敘其出處。"仁"字原祇在這上邊説,理本如此。然正須識得"仁"字全體,方能不深講而道理自足。祇説出處而聖人之精微自存,此又不可不知。通身得力在從仁也落君子一段,真有庖丁解牛至於族,視止行遲,動刀甚微,如土委地,四顧滿志之樂。(吕葆中本、無錫 唐氏本、唐玉虬本)

君子之事①[一] 節②

大賢論人臣,亦惟正君爲急而已。蓋人臣不可陷君於有過也,君子之引其君,自當道志仁之外,何有哉?孟子言此,以見慎子之失也。謂夫吾子興南陽之役[二],以要戰勝攻取之功,固自謂能善於事君矣,而孰知君子之所以事君者乎?蓋君子人也,或彙征於泰[三]而以輔世長民[四]爲己任,或同賓於觀[五]而以疏附先後[六]爲己責,豈必僥倖於不爲者,以投君之所好哉?亦惟引之以當道,志仁而已。道者,天下之公理,而人君以之裁萬幾[七]者也,則爲之將順焉以示其向道之路,爲之匡救焉以嚴其非道之防。輔以立之,使其發號施令,罔不欽也;翼以行之,使之出入起居,罔不臧也。若夫好大喜功以壞先王之制者,君子肯以是逢君之惡[八]乎?育萬民者存乎仁,而吾君之所存或未仁焉。吾之責未塞也,則致吾存③善閉邪之敬,啓其領惡全好[九]之門。或因其所不忍者以充④其所忍者,使大公之理不虧也;或因其所愛者以達其所不愛者,使無我之天不失也。若夫窮兵黷武以傷先王之心者,君子肯以是長君之惡[一〇]乎?

【校記】

①君子之事篇又載俞 康本、俞 乾本、無錫 唐氏本、唐玉虬本,據校。
②節,無錫 唐氏本、唐玉虬本作"一節"。
③存,俞 乾本作"陳"。

④充，俞 康本作"克"。

【注釋】

〔一〕出自孟子·告子下第八章："吾明告子：天子之地方千里，不千里不足以待諸侯；諸侯之地方百里，不百里不足以守宗廟之典籍。周公之封於魯，爲方百里也，地非不足，而儉於百里；太公之封於齊也，亦爲方百里也，地非不足也，而儉於百里。今魯方百里者五，子以爲有王者作，則魯在所損乎？在所益乎？徒取諸彼以與此，然且仁者不爲，況於殺人以求之乎？君子之事君也，務引其君以當道，志於仁而已。"

〔二〕南陽之役：南陽，指泰山之南、汶水以北的土地，即汶陽。春秋時齊魯兩國數次争奪此地，不惜發動戰争。本屬魯國，後漸爲齊國侵奪。左傳·定公十年："將盟，齊人加於載書曰：'齊師出竟而不以甲車三百乘從我者，有如此盟？'孔丘使兹無還揖，對曰：'而不反我汶陽之田，吾以共命者，亦如之！'"

〔三〕彙征於泰：如泰卦所示，同類彙聚，向前進發。引申爲進用賢才。周易·泰："初九：拔茅茹，以其彙。征吉。"孔穎達疏："彙，類也，以類相類。征，行也。"

〔四〕輔世長民：輔佐當世的國君，統治人民。孟子·公孫丑下："天下有達尊三：爵一，齒一，德一。朝廷莫如爵，鄉党莫如齒，輔世長民莫如德。"孫奭疏："賢者有德，故以之輔世而佐佑之，則天下待之而後治，以之長民，則天下之民待之而後安，故以德爲輔世長民之所尊。"

〔五〕同賓於觀：如觀卦所示，一同成爲君王的座上賓。周易·觀："六四，觀國之光，利用賓於王。"

〔六〕疏附先後：使疏於君王的臣下與之親近，引導臣下依據禮儀典法圍繞在君王前後左右。詩經·大雅·綿："予曰有疏附，予曰有先後，予曰有奔奏，予曰有禦侮。"毛傳："率下親上曰疏附，相道前後曰先後。"鄭玄箋："疏附，使疏者親也。"孔穎達疏："疏附者，此能率其臣下先與君疏者，令之親於君上，能使親附，故曰疏附也。先後者，此臣能相導禮儀使依典法在君前後，故曰先後也。"

〔七〕萬幾：指帝王日常處理的紛繁的政務。尚書·皋陶謨："無教逸欲有邦，兢兢業業，一日二日萬幾。"孔安國傳："幾，微也，言當戒懼萬事之微。"孔穎達疏："萬種幾微之事。"

〔八〕逢君之惡：迎合昏庸的執政者，引他去幹壞事。孟子·告子下："長君之惡其罪小，逢君之惡其罪大。"趙岐注："逢，迎也，君之惡心未發，臣以諂媚逢迎之，而導君爲非，故曰罪大。

〔九〕領惡全好：去除惡行惡事，留全善行善事。禮記·仲尼燕居："敢問禮也者，領惡而全好者與？"鄭玄注："領，猶治也。好，善也。"孔穎達疏："治去惡事而留全善事。"

〔一〇〕長君之惡：明明知道君主有過失卻不加以勸諫。孟子·告子下："長君之惡其罪小，逢君之惡其罪大。"趙岐注："君有惡，命臣長大而宣之，其罪在不能距逆君命，故曰小也。"

【集評】

原評：文後評語：仁道還他兩對，而股法參差隨題，行文之妙，皆自看書得來。（呂葆中本、俞康本、俞乾本、無錫唐氏本、唐玉虬本）

呂留良：文中評語："自當"至"有哉"後：便做而已矣。"固自謂"至"君者乎"後：跌取首句，妙中庸臣心事。"則爲之"至"之路"後：引法。"使其"至"欽也"後：當道實際。"若夫"至"惡乎"後：反掉足"而已矣"意，妙，卻對針慎子。"則致吾"至"之門"後：引志仁法。"或因"至"失也"後：志仁實際。"若夫"至"惡乎"後：切"仁"字。（呂葆中本、無錫唐氏本、唐玉虬本）

文後評語：道個道，便照上王制之不當奸；道個仁，便照殺人以求之不容。做"而已矣"三字，便見慎子所爲都是道仁外事。筆筆對針伐齊，不泛講道仁膚廓論頭，極有理脉。（呂葆中本、俞康本、俞乾本、無錫唐氏本、唐玉虬本）

俞長城：文中評語："固自"至"君者乎"後：跌取首句，妙中庸臣心事。"蓋君子人也"後：重頓首句。"輔以"至"減也"後：當道實際。"若夫"至"惡乎"後：反掉足"而已矣"意，妙，卻對針慎子。"育萬民"至"仁焉"後：兩對略變換。"則致吾"至"之門"後：引志仁法。"或因"至"失也"後：志仁實際。"或因"至"失也"後：用意精，運筆

圜。（俞 康本、俞 乾本）

文後評語：實詮處，重於鼎足；映射處，利於劍鋒。（俞 康本、俞 乾本）

王者之民①〔一〕 二句

大賢論聖世之民，而必擬其自得之氣象也。蓋被聖人之化者，忘聖人之化者也。大賢以皥皥〔二〕擬之，正以見其異於霸者之民也歟！且夫古今同一民也，但行王道而王，行霸道而霸，則民之應之者始不同耳。霸者之民，固驩虞〔三〕如也，而王者之民則不然。蓋王者功深而形不露，而爲之民者自爾蒙其功而不荷其功；德溥而迹不顯，而爲之民者自爾被其德而不戴其德。從容於不傷不困之天，何有於喜？何有於怒？而渾噩之自若也。優游於厚生正德〔四〕之域，何有作好〔五〕？何有作惡〔六〕？而淳樸之自如也。如擊壤之歌，但及於出作入息之體，而莫知帝力之所運，譬則萬物並育〔七〕，而不知其爲乾元〔八〕之功者矣；如旱麓之詠，但及於鳶飛魚躍之趣，而莫知作人〔九〕之所自，譬之品物咸亨〔一〇〕，而不知其爲坤元〔一一〕之德者矣。何皥皥如之？是知王道無形也而驗於化，王道無形也而徵諸民。觀其民之皥皥，而王道之大可見矣。豈霸者可得而及哉？

【校記】

①王者之民篇又載無錫 唐氏本、唐玉虬本，據校。

【注釋】

〔一〕出自孟子·盡心上第十三章：孟子曰："霸者之民，驩虞如也；王者之民，皥皥如也。殺之而不怨，利之而不庸，民日遷善而不知爲之者。夫君子所過者化，所存者神，上下與天地同流，豈曰小補之哉？"

〔二〕皥皥：見無爲而治篇所注。

〔三〕驩虞：即"歡娛"，歡喜快樂。孟子·盡心上："霸者之民，驩虞如也；王者之民，皥皥如也。"趙岐注："驩虞，丁云：'義當作歡娛。'"

〔四〕厚生正德：統治者端正自己的德行以治理國家和人民，合理利用自然資源，使人民豐衣足食，安居樂業。尚書·大禹謨："正德，利用，厚生惟和。"孔安國傳："正德以率下，利用以阜財，厚生以養民。"孔穎達疏："正德者，自正其德，居上位者正己以治民，故所以率下人。……厚生謂薄征徭、輕賦稅，不奪農時，令民生計溫厚，衣食豐足。"

〔五〕作好：徇私偏好。尚書·洪範："無有作好，遵王之道；無有作惡，遵王之路。"孔穎達疏："無有亂爲私好，謬賞惡人，動循先王之正道。"

〔六〕作惡：以私意憎惡人、罰人。尚書·洪範："無有作好，遵王之道；無有作惡，遵王之路。"孔穎達疏："無有亂爲私惡，濫罰善人，動循先王之正路。"

〔七〕萬物並育：萬物同時生長。禮記·中庸："萬物並育而不相害，道並行而不相悖。"

〔八〕乾元：見先王有不篇所注。

〔九〕作人：培育、造就人才。詩經·大雅·棫樸："周王壽考，遐不作人。"孔穎達疏："作人者，變舊造新之辭。"

〔一〇〕品物咸亨：萬物皆亨通順暢，欣欣向榮。周易·坤："含弘光大，品物咸亨。"孔穎達疏："品類之物皆得亨通。"

〔一一〕坤元：見先王有不篇所注。

【集評】

杜静臺：文後評語：聖世景象，祇好這樣發揮，更添一句不得。（吕葆中本、無錫唐氏本、唐玉虬本）

吕留良：文中評語："蓋被"至"者也"後：即作意描畫。"蓋王者"至"荷其功"後：説民卻説王者。"從容"至"自如也"後：正面描畫。"如擊壤"至"所運"後：引據奇切。（吕葆中本、無錫唐氏本、唐玉虬本）

文後評語：題語原爲實舉不盡，而以虛句形容，文又要形容其形容，虛其虛，便油滑無意味矣。此正難其實。（吕葆中本、無錫唐氏本、唐玉虬本）

夫君子所①〔一〕 節②

大賢極贊王道之大，異於伯功〔二〕之小也。夫存神過化〔三〕，王者自然之感也，王道之大，其克配天地矣乎？孟子舉之以見其異於伯功也，意謂：人知百姓忘聖人之澤,而不知王道妙感物之機。道一也,自其顯諸仁而動物惟速也,則謂之化;自其藏諸用而妙應不測也,則謂之神。是故君子本諸誠正,存之爲純王之心;原於道德,發之爲純王之政。其身之所經歷,雖不期於民之化也,然行發乎邇即加乎民,一殺之而民胥格也,一利之而民胥康也,一教之而民胥淑也,維新之治有不待於積久之漸矣;其心之所存主,雖不必於民之神也,然幾動於此即應於彼,我欲殺而民自勸也,我欲利而民自安也,我欲化而民自善也,從欲之治有莫測其功用之自矣。神化如此,不有同於天地乎?彼陰陽發育而萬物咸亨〔四〕,天地以兩而化也,王者之化有以上蟠乎天、下際乎地,與之異形而同運焉;乾坤闔闢而氣機默運,天地以一而神也,王者之神有以如天之所覆、地之所載,與之異位而並行焉。是其神化合一,而盛德大業〔五〕,於是乎成,盡群黎以丕冒〔六〕,不特煦煦之小惠,以要譽於百姓而已也;天地同流〔七〕,而日新富有,於是乎至,舉一世而甄陶,不特小小之近功,以襲取於一時而已也。是知至仁無恩,王道之大也,不識不知,王者之民也。若夫伯者驩虞〔八〕,則固不足道矣,爲治者其知審所尚乎?

【校記】

①夫君子所篇又載無錫唐氏本、唐玉虬本,據校。
②節,無錫唐氏本、唐玉虬本作"一節"。

【注釋】

〔一〕出處同王者之民篇。

〔二〕伯功:霸者的功業。伯,通"霸"。國語·齊語:"唯能用管夷吾、甯戚、隰朋、賓胥無、鮑叔牙之屬而伯功立。"

〔三〕存神過化:停留之地得到治理,經過之處得到教化。

〔四〕咸亨:見王者之民篇所注。

〔五〕盛德大業:社會局面日日增新,國家人民資財極其富有。周易·繫辭上:"富有之謂大業,日新之謂盛德。"孔穎達疏:"富有之謂大業者,以廣大悉備,萬事富有,所以謂之大業;日新之謂盛德者,聖人以能變通體化,合變其德,日日增新,是德之盛極,故謂之盛德也。"

〔六〕丕冒:廣爲覆被。尚書·君奭:"丕冒海隅出日,罔不率俾。"孔穎達疏:"德教大覆四海之隅,至於日出之處。"

〔七〕天地同流:天道地德同時運行。

〔八〕驩虞:見王者之民篇所注。

【集評】

原評:文後評語:全節祇就上文不怨不庸不知上,想見君子功用,如此神速,如此丕冒,特異於伯者耳,是現成説,不作推原説。此文過存處,即取三事實講,固不可易。(呂葆中本、無錫 唐氏本、唐玉虬本)

呂留良:文中評語:"道一也"至"之神"後:不熟周 張易學説,永無此精當。"是故"至"之政"後:此是過存前一步,推原不是指化神也,化神祇在及物處見。"然行"至"漸矣"後:二比即上文實講,人所不能。"天地"至"化也"後:皆極理要。"是知"至"民也"後:到底祇在功用上説,收拾通章。(呂葆中本、無錫 唐氏本、唐玉虬本)

文後評語:通章祇在王者功用上説,此節即就上文極力形容,祇是一意説到底,初未嘗分上文爲民風、此節爲主德也。纔説業,則德在其中,德之盛,正在業上見。故注云:德業之盛,與天地之化同。何嘗專説德哉?近文多謬分彼此,看此作自悟也。不難其解題真,難其説理實。(呂葆中本、無錫 唐氏本、唐玉虬本)

君子所性①〔一〕 一節

論君子所性之蘊,極積中發外之盛焉。甚矣誠則必形也!君子所性既根於心,而有不徵於色者乎?孟子之意若曰:君子所性不囿於所欲所樂之中,而獨超於大行窮居〔二〕之外,果何以見其蘊哉?蓋氣象有湛一之美,而物欲無攻取之累,仁也,義也;得之於繼善之初者,悉完備於渾淪〔三〕之天,禮也,智也。本之於太極〔四〕之真者,咸根柢於淵默之境。蓋總四德〔五〕而言,未有一端而弗備;就一端而言,未有一念而弗充者也。德既極於充實,美自暢於光輝。以言乎面則粹焉,而清和潤澤一元氣〔六〕之會也;以言乎背則盎焉,而豐厚盈溢一艮止〔七〕之象也。施之於手而手容恭〔八〕焉,天真露而形迹爲之俱化,有不戒以孚〔九〕者矣;施之於足而足容重〔一〇〕焉,天趣形而百爲妙於從心,有不習而利者矣。

其根於心也，固所以爲生色之地；其生於色也，益所以爲根心之符。君子之所性如此，則内與心俱，而外與身俱者也，是豈窮達可得而移者哉？奈之何？夫人之不知性也，富貴則其心隨以驕而其容仰以傲，貧賤則其心隨以歉而其容俯以戚，特視外物爲輕重而已，孰知有德之潤身者乎？孟子此篇非不凱切，而當時委性於命、委命於性者，尚不悟也。嗚呼！明珠在懷而索諸途，亦何見哉？

【校記】

①君子所性篇又載無錫 唐氏本、唐玉虬本，據校。

【注釋】

〔一〕出自孟子·盡心上第二十一章：孟子曰："廣土衆民，君子欲之，所樂不存焉。中天下而立，定四海之民，君子樂之，所性不存焉。君子所性，雖大行不加焉，雖窮居不損焉，分定故也。君子所性，仁義禮智根於心。其生色也，睟然見於面、盎於背、施於四體，四體不言而喻。"

〔二〕大行窮居：君子的本性，縱使理想主張通行天下，也并不因此增加；即便困窘隱居，也並不因此而減損。孟子·盡心上："君子所性，雖大行不加焉，雖窮居不損焉，分定故也。"孫奭疏："君子所裹天之性，雖大而行道於天下，且不能加益其性，雖窮居在下，且不能損減其性。"

〔三〕渾淪：指宇宙產生前混沌不清的迷蒙狀態。列子·天瑞："太初者，氣之始也。太始者，形之始也。太素者，質之始也。氣形質具而未相離，故曰渾淪。渾淪者，言萬物相渾淪而未相離也。"張湛注："雖渾然一氣不相離散，而三才之道，實潛兆乎其中。淪，語之助也。"

〔四〕太極：見君子之道篇所注。

〔五〕四德：此處指孟子提出的"四德"，即仁、義、禮、智。

〔六〕元氣：見孔子聖之時者也篇所注。

〔七〕艮止：行止適時。周易·艮："象曰：艮，止也。時止則止，時行則行；動靜不失其時，其道光明。"王弼注："止道不可常用，必施於不可以行。適於其時，道乃光明也。"

〔八〕手容恭：見車中不内篇所注。

〔九〕不戒以孚：不待教戒而能相互契合、相互照應。周易·泰："六四：翩翩，不富，以其鄰不戒以孚。"王弼注："不待戒而自孚也。"孔穎達疏："不戒以孚者，鄰皆從己，共同志願，不待戒告而自孚信以從己也。"

〔一○〕足容重：指脚步穩重，舉止舒遲嫻雅。禮記·玉藻："足容重，手容恭，目容端，口容止，聲容静。"鄭玄注："舉欲遲也。"孔穎達疏："君子之容舒遲者。舒遲，閑雅也。"

【集評】

吕留良：文中評語："君子"至"藴哉"後：從上文入，是第三個"君子所性"。"蓋氣"至"之美"後：根心本領尚欠分明精實，衹辨得現成話耳。"蓋總"至"光輝"後：此數言，理足氣達。"其根"至"之符"後：圓瑩，不同混話。"君子"至"者也"後：此句卓然。"夫人"至"俯以戚"後：雖道得淺，卻與上文有關會。（吕葆中本、無錫 唐氏本、唐玉虬本）

文後評語：此方是所性之藴，他人多説成所性徵驗矣。理至之言，自無支綴。（吕葆中本、無錫 唐氏本、唐玉虬本）

子莫執中①〔一〕 一節②

時人欲矯異端之偏，而不知其自陷於偏也。蓋不偏之謂中，而用中者權也。子莫欲矯楊、墨之偏而不知權焉，則亦一偏而已矣。此孟子斥其弊以立吾道之準也。且夫吾道理一而分殊，而爲我之與兼愛，固皆去道甚遠者也；吾道以一而貫萬，而執其爲我與執其兼愛者，固皆執一〔二〕而不通者也。於是有子莫者知夫楊、墨之弊，而參之於楊、墨之間，以求執乎其中焉。蓋曰：其孑孑〔三〕然以絶物〔四〕如楊子者，吾不忍爲也，但不至於兼愛而已矣；其煦煦〔五〕然以狗物③如墨子者，吾不暇爲也，但不至於爲我而已矣。自其不爲爲我也，疑於逃楊而歸仁；自其不爲兼愛也，疑於逃墨而歸義。子莫之於道似爲近也，然不知隨時從道之謂④權，以權應物之謂中，而楊、墨之間，非所以求中也。徒知夫絶物之不可，而不知稱物以平施〔六〕，則爲我固不爲也，而吾道之獨善其身者，彼亦以爲近於爲我而莫之敢爲矣；徒知夫狗物⑤之不可，而不能因物以付物，則兼愛固不爲也，而吾道之兼善⑥天下者，彼亦以爲近於兼愛而莫之肯爲矣。

雖曰將以逃楊也，然⑦楊子有見於我無見於人，而子莫有見於固無見於通，要之均爲一曲之學而已，知周萬變者果如是乎！雖曰將以逃墨也，然⑧墨子有見於人無見於我，而子莫有見於迹無見於化，要之均爲一隅之蔽而已，泛應不窮者果如是乎！夫爲我一也，兼愛一也⑨，故楊、墨之爲執一易知也；中非一也，中而無權，則中亦一也，故子莫之爲執一難知也。非孟子辭而闢之，則人鮮不以子莫爲能通乎道者矣。

【校記】

①子莫執中篇又載陳名夏本、無錫唐氏本、唐玉虬本、欽定四書文，據校。

②一節，陳名夏本作"節"。

③狗物，欽定四書文作"徇物"。

④謂，陳名夏本作"爲"。

⑤狗物，欽定四書文作"徇物"。

⑥兼善，陳名夏本作"博施"。

⑦然，陳名夏本無。

⑧然，陳名夏本無。

⑨"夫爲我一也，兼愛一也"，陳名夏本作"夫兼愛一也，爲我一也"。

【注釋】

〔一〕出自孟子·盡心上第二十六章：孟子曰："楊子取爲我，拔一毛而利天下，不爲也。墨子兼愛，摩頂放踵利天下，爲之。子莫執中，執中爲近之。執中無權，猶執一也。所惡執一者，爲其賊道也，舉一而廢百也。"

〔二〕執一：固執一端，不知變通。孟子·盡心上："執中無權，猶執一也。"趙岐注："執中和，近聖人之道，然不權聖人之重權，執中而不知權，猶執一介之人，不知時變也。"

〔三〕孑孑：特行獨立。詩經·鄘風·干旄："孑孑干旄，在浚之郊。"朱熹集傳："孑孑，特出之貌。"

〔四〕絕物：斷絕人事交往。孟子·離婁上："既不能令，又不受命，是絕物也。"趙岐注："言諸侯既不能令告鄰國使之進退，又不能事大國往受教命，是所以自絕於物。物，事也，大國不與之通朝聘之事也。"

〔五〕煦煦：和悅貌。宋葉適祭周宗夷文："良朋時來，花月供娛；十十五五，煦煦濡濡。"

〔六〕稱物以平施：見禹吾無閒篇所注。

【集評】

艾千子：文後評語：時中之說，見於中庸，至孟子有仕止久速，願學孔子，禹、稷、顏子易地皆然，及楊、墨、子莫之說而大明。孟子者，中庸之功臣也，此文云：非孟子闢而闢之，鮮不以子莫爲能通乎道者矣。此先輩尚論語。中間提掇比擬，祇用數字交涉比勘，而題意已醒。（陳名夏本、呂葆中本、無錫唐氏本、唐玉虬本）

陳名夏：文後評語：孟施舍守約仍是守氣，子莫執中仍是執一，祇在源頭上分別耳。楊、墨之閒非所以求中，此先輩認題最確處。（陳名夏本）

原評：文後評語：當提掇處，一言喚醒，當發揮處，萬玉齊鳴。（呂葆中本、明文鈔、無錫唐氏本、唐玉虬本）

沈虹臺：文後評語：詞氣閒逸，無艱難勞苦態，而淵然之光自在，有歐陽子之風焉。（呂葆中本、無錫唐氏本、唐玉虬本）

馮少墟：文後評語：孟子曰：能言距楊、墨者，聖人之徒也。子莫聞孟子之言，亦是慨然距楊、墨，欣然以聖人之徒自附者，祇不該在楊、墨之閒求中耳。得孟子辭辨執中，"中"字始明。不然，子莫執中，與堯、舜執中無異矣。荊川此作，是借時義闡道術，不直文字之工也。（呂葆中本、無錫唐氏本、唐玉虬本）

呂留良：文中評語："時人"至"偏也"後：明爽自然。"此孟子"至"準也"後：見大意。"且夫"至"遠者也"後：迤邐從上文引出首句。"於是有子莫者"後：落子莫得勢。"夫楊、墨"至"中焉"後：直刺心坎。"其子"至"我而已矣"後：原評："忍睍"二字好。吾卻喜"但不至""而已矣"六字好，千古參和調停，似是而非，議論無不如是。"然不知"至"謂中"後："權中"二字不模糊。"而楊、墨"至"中也"後：一句打破泥團。"而不知"至"爲也"後：先安此句好。"而吾"至"敢爲矣"後：如此靠老實講道理，便無躲閃處。"徒知"至"肯爲矣"後：

原評：精畫之言，至今作者寄其籬下。"雖曰將以逃楊"至"變者果如是乎"後："猶"字亦靠實說理，卻甚玲瓏剔透。"夫爲"至"兼愛一也"後：兩樣執一，鈎勒分明。"非孟子"至"道者乎"後：近世學術之疑誤，誰復辨其非乎？（呂葆中本、無錫唐氏本、唐玉虬本）

文後評語：逐句發揮洗剔，皆靠實地起論，如天日清明，奴隸皆見，無一麻餬影響之談，八股中有數文字也。異端之害，朱子謂其彌近理而大亂真，然佛、老猶自立其說，與儒者爭勝。今則儒者反竊其緒餘，曰聖人之道本如是，其爲亂也更甚矣。荊川文集有云："六家九流與佛之與六經、孔、孟並也，門外之戈也；其竄入於六經、孔、孟中而莫之辨也，室中之戈也。"其言痛快明切，與此等文字，皆有衛道之功。乃晚年爲王畿、李贄所煽惑，一折而入於羅刹鬼國。甚矣文人雖能言，多無當於道也！後有作者慎之哉。（呂葆中本）

文後評語：逐句發揮洗剔，皆靠實地起論，如天日清明，奴隸皆見，無一麻餬影響之談，八股中有數文字也。異端之害，朱子謂其彌近理而大亂真，然佛、老猶自立其說，與儒者爭勝。今則儒者反竊其緒餘，曰聖人之道本如是，其爲亂也更甚矣。荊川文集有云："六家九流與佛之與六經、孔、孟並也，門外之戈也；其竄入於六經、孔、孟中而莫之辨也，室中之戈也。"其言痛快明切。與此等文字，皆有衛道之功。（無錫唐氏本、唐玉虬本）

方苞：文後評語：止將題所應有義意一一搜抉而出之，未嘗務爲高奇，而人自不能比並。古文老境也。（欽定四書文、明文鈔）

王耘渠：文後評語：以清剛之氣，爲屈曲之格，以俊亮之筆，發精深之理，捨震川一人，其誰與頡頑者。（明文鈔）

高嵋：逐句挨做，逐層闡發，珠聯繩貫，一氣呵成。（明文鈔）

君子引而①〔一〕　一節

論道不待言而顯，在乎學者之自得也。蓋有所不盡者教也，無所不顯者教②也，學者自得之而已矣，豈教者之所能與哉？此孟子所以答公孫丑也③。且夫羿之教人射也，固未嘗變其彀率以狥人矣，何獨於君子之教而疑之。是故欲其省括於度[二]也，而示之趨向以啓其端焉，君子固無隱矣。過此以往④，所以⑤爲心迹渾化之妙者⑥，則未之及也。欲其反求諸身也，而示之循習以致其寔焉，君子固無隱矣。過此以往⑦，所以爲聖智合一之機者⑧，則未之及也。然一隅方舉，遂有以觸其變動不居[三]之神，而蘊奧自爲之呈露，心迹渾化之妙，已躍然於持滿之末矣；兩端方竭[四]，遂有以會其充塞無間之體，而精義自爲之流行，聖智合一之機，已躍然於弛張之外矣。由是觀之，是道也，形而上矣，未嘗不形而下，雖不可以徇象而得，亦無待於離象而求也；藏於機矣，未嘗不顯於機，雖不可以欲速而助長，亦非有所勤苦而難成也⑨。神而明之存乎其人，苟有能者而極深以研其機⑩，則精誠之所聚，自將與躍如者而相爲冥契⑪矣。蓋中道所在，巧者皆可得而中也，孰云高矣而不可幾哉？默而成之[五]存乎其人，苟有能者而優游以俟其化，則踐履之所熟，自將與躍如⑫者而相爲吻合矣。蓋中道所在，力者皆可得而至也，孰云美矣而不可幾哉？不然，拙於射者，羿不能使之能⑬也；拙於學者，君子不能使之從也。不求諸己，而欲以爲可幾及望諸師也，其可得乎？雖然，豈特教射者之引而不發哉？射者之所望於其師固如是也，發之則其機盡露，射者且無以爲致巧之地矣。豈特君子引而不發哉？學者之望於其師固如是也，發之則其説已窮，學者且無以爲繼志之地矣。惟師有遺技焉，而後射者可繹焉以致其巧也；惟師有遺説焉，而後學者可繹焉而繼其志也。莊生所記射者之謂歟，蓋云是射之射，非不射之射也，此亦假射以喻道之説也⑭。

【校記】

①君子引而篇又載陳名夏本、無錫唐氏本、唐玉虬本，據校。
②教，陳名夏本作"道"。
③此孟子所以答公孫丑也，陳名夏本無。
④過此以往，陳名夏本無。
⑤以，陳名夏本無。
⑥者，陳名夏本無。
⑦過此以往，陳名夏本無。
⑧者，陳名夏本無。
⑨也，陳名夏本作"矣"。

⑩機，陳名夏本作"幾"。

⑪相爲冥契，陳名夏本作"孚契"。

⑫躍如，陳名夏本作"躍然"。

⑬能，陳名夏本作"善"。

⑭"雖然，豈特教射者之引而不發哉"至"此亦假射以喻道之説也"數句，陳名夏本無。

【注釋】

〔一〕出自孟子·盡心上第四十一章：公孫丑曰："道則高矣美矣，宜若登天然，似不可及也。何不使彼爲可幾及而日孳孳也？"孟子曰："大匠不爲拙工改廢繩墨，羿不爲拙射變其彀率。君子引而不發，躍如也。中道而立，能者從之。"

〔二〕省括於度：括，箭杆末端。謂將箭瞄準目標，比喻爲政必須合於準則。尚書·太甲上："慎乃儉德，惟懷永圖。若虞機張，往省括於度，則釋。"孔穎達疏："括，謂矢末。機張省括，則是以射喻也。……度也，度機者，機有法度，以準望所射之物。"

〔三〕變動不居：指事物不斷變化，沒有固定的形態。周易·繫辭下："易之爲書也，不可遠；爲道也，屢遷，變動不居，周流六虛。"孔穎達疏："變動不居者，言陰陽六爻更互變動，不恒居一體也。"

〔四〕兩端方竭：從問題的首尾或者正反兩端考察，即可以全面認識問題。論語·子罕："吾有知乎哉？無知也。有鄙夫問於我，空空如也，我叩其兩端而竭焉。"

〔五〕默而成之：謂躬行不言，默而成事。周易·繫辭上："默而成之，不言而信，存乎德行。"

【集評】

陳名夏：文後評語：亦是逐句求詳，知其法者，政不必驚爲神妙也。（陳名夏本）

文後評語："精誠""踐履"兩比，知行立柱，此先輩本原學。（陳名夏本）

楊石樓：文後評語：影合關應之法盡備，且精神四馳，援筆而出，似有餘力，真文中之聖也。（呂葆中本、無錫唐氏本、唐玉虬本）

艾千子：文後評語：逐字逐句，洗發精詳，渡接處貫串馳騁，巧力俱至之文。（呂葆中本、無錫唐氏本、唐玉虬本）

呂留良：文中評語："蓋有所"至"顯者教也"後：兩言而決耳。"是故"至"度也"後：艾評：二比有次第。"而示"至"隱矣"後：即騘知行意，雙關到底，此是古人實地家當。"爲心迹渾化妙者"後：腐。"欲其"至"其寔焉"：映襯射意，在離即之間。"然一隅"至"變動"後：意圓融，而詞調近講章，腐氣。"由是觀之"至"求也"後：艾評：活潑不費力。"中道"句圓融精透。"神而"至"其人"後：艾評：接無迹。"苟有"至"契矣"後："能從"仍騘知行講。"蓋中"至"中也"後："巧力"二字，影合入妙。"惟師"至"志也"後：另是一說，與注中語不能顯默不能藏又不同。（呂葆中本）

文後評語：因上文"穀率"而言，故所指爲君子之道，而話頭則"射"也。先輩呆講射義則泥，以射喻道，亦多轉合之迹。似此借"射"字言語，講君子之道，是一是二，融化入微，前後靠實知行發揮，又不露柱子。蓋道理真，則不消賣弄，道理熟，亦不待安排也。（呂葆中本、無錫唐氏本、唐玉虬本）

盡信書則①②〔一〕　全③

大賢言書不可以盡信，而質以周書之誣也。蓋書不可以盡信，而周書之可疑者，乃其證也。君子觀於書也，容可以無見哉？孟子因世之泥書而害理者，故其好古之下有感而爲之言曰：書所以錄當世之迹而垂後世之規，固不可以不信者。但傳疑〔二〕本史氏之體，容非綜核之真，愛憎出一時之情，或有揄揚之過。蓋學者誦其言，而斷之以理，無病於書也。苟不度其是非而盡信之，則不道之心滋於見聞之誤，而私意之惑起於影響之憑。以古人垂世之迹而反爲誤世之文，則又不若無書之爲愈矣，他固未暇辨也。武成之書所以紀武王之事者，宜若皆實錄矣。吾觀其始終顛末之詳，而稽其會文切理之要，其可取者僅二三策而已焉，他固未足信也。是何也？蓋仁者好生之德，足以得民，神武之威，至於不殺，無敵於天下者，乃其理之常也。今武王至仁也，紂至不仁也，以至仁伐至不仁，而猶曰血之流杵，則聖人之取天下，必假於殺戮之功，而仁人之於天下，不見乎無敵之驗矣。吾故③以知書之不足盡信也。學者能因言而會之以心，考迹而斷之以理，則天下之書皆吾益矣。不然，寧不反爲書之所誤也哉？

【校記】

①盡信書則篇又載陳名夏本、無錫唐氏本、唐玉虬本、欽定四書文，據校。

②盡信書則，陳名夏本、欽定四書文作"盡信書"。

③全，無錫唐氏本作"全章"，欽定四書文作"一章"。

④故，陳名夏本作"固"。

【注釋】

〔一〕出自孟子·盡心下第三章：孟子曰："盡信書，則不如無書。吾於武成，取二三策而已矣。仁人無敵於天下。以至仁伐至不仁，而何其血之流杵也？"

〔二〕傳疑：（可疑的）仍作爲可疑的傳留下去。指對文獻資料及傳説中的不同説法采取客觀審慎的態度。史記·三代世表："一言有父，一言無父，信以傳信，疑以傳疑，故兩言之。"

【集評】

陳名夏：文後評語：參差處，不見筆力。（陳名夏本）

原評：文後評語：孟子欲人善會書意，不是并書而廢之，首尾獨露真解。（吕葆中本、無錫唐氏本、唐玉虬本）

韓求仲：文後評語：開口數語，斷案已定，以後隨題散淡，牙頰宛如。（吕葆中本、無錫唐氏本、唐玉虬本）

吕留良：文中評語："固不"至"信者"後：反斷一句，理足。"但傳"至"之過"後：講出文勝則史之故，見古來文章定有過實處，理本如此。"蓋學者"至"書也"後：把柄在此。"苟不"至"信之"後：差在"盡"字，不在"信"字，所以盡者，胸無是非也。"則不"至"之誤"

後：盡信之害如此。"不若"至"愈矣"後："不如無"語句圓活。"他固"至"辨也"後：一筆瞥下，活甚快甚。"則聖人"至"驗矣"後：失僅文義耳。而關係不小，所以辨也。"學者"至"益矣"後：仍歸到"信"字。（呂葆中本、無錫唐氏本、唐玉虬本）

文後評語：孟子此章，專爲不善讀書人害道説法。一種拘文牽義，支離於字句，而反病大旨，如近世蒙存、淺達等講章是也。其一種穿鑿破碎，自以爲得古人不傳之奇，而深害於道，如郝敬之經解，季本之私考，近日黃石齋之易象正洞璣等經説也。此皆就文字生病，即可以本文正之，其害猶小。至若陰主邪異之教，而陽借聖賢語言文字以飾其説，如致良知、體認天理、主靜、知本、慎獨體等宗派，言皆聖賢之言，而理非聖賢之理。惑亂至此，雖明眼難辨，害道乃不可勝言矣。然其詖淫邪遁作用，總止在語言文字之粗迹上生狡猾，而今之學者，於聖賢之書，亦止在語言文字之粗迹上作生活。聞其説，便似與聖賢之書無異，鮮不靡然信之，而反不信正學者，皆緣於義理無見，而讀書但知有語言文字之粗迹也。若能於書之義理是非，研究得聖賢真正指歸，則一切語言文字，皆有下落，誰能改頭換面以惑亂我哉？孟子所戒，止爲"盡"字不好，不是教人不信書。"盡"者，正指語言文字之粗迹。雖經傳不能無文法之病，讀書不於義理是非上斷之，將語言文字之粗迹，與聖賢指歸，渾淪不分輕重，則必反因粗迹而疑及指歸，如泥"血流漂杵"，必疑武王之力篡不仁矣。荆川發明微義，亦是見孟子此章指歸，而不執語言文字之粗迹也。不然，如陽明謂反之吾心而非，雖言之出於孔子不敢信也。彼直是不信書耳，遂爲無忌憚之言，豈非"不如無書"一句粗迹誤事耶？（呂葆中本、無錫唐氏本、唐玉虬本）

方苞：文後評語：題本前斷後案，文亦前整後疏，筆力圓勁，神似歐蘇論辨。（欽定四書文、明文鈔）

晉人有馮①〔一〕 下車

晉人始則改行以從善，終則狗人而失己也。夫改過②貴乎有終也，馮婦既以爲善士矣，而猶搏虎焉，何其不知止哉？孟子借此以爲發棠〔二〕之喻，蓋曰：君子之道，時行則行〔三〕，時止則止〔四〕。吾謂復爲發棠猶之馮婦者。馮婦何如人哉？彼獸之難搏者莫如虎，晉人有馮婦者則善於搏虎者也，搏虎者善宜乎負其能而不知返矣。馮婦則謂以勇力自逞非所以尚德也，與猛獸相角非所以愛身也，翻然改其素習之行，而趨於善士之歸，馮婦於此亦自以爲終身不復搏虎矣。一日而行於野，適有虎焉，而衆人逐之，虎見人之逐己也，則負嵎以張其勢，人見虎之負嵎也，則畏縮而不敢攖，攖之且不敢，而況搏之也！於是衆人之技窮，而衆人之心亦且皇皇然無可奈何矣。適見馮婦之至也，趨而迎之。當此之時，人之與虎相抗者，其勢誠急，而其求助於有力者，其情誠切也。馮婦於是攘臂下車，豈不以偶一爲之，於吾未有所損，而赴其所急，於人深有所濟乎？吁！若馮婦者，其始之搏虎也，不知其卒爲善士也；其已爲善士也，不知其復爲搏虎也。然則人之望我復爲發棠，亦何異於馮婦之攘臂下車也哉！

【校記】

① 晉人有馮篇又載無錫 唐氏本、唐玉虯本，據校。
② 改過，陳名夏本作"改行"。

【注釋】

〔一〕出自孟子·盡心下第二十三章：晉人有馮婦者，善搏虎，卒爲善士。則之野，有衆逐虎。虎負嵎，莫之敢攖。望見馮婦，趨而迎之。馮婦攘臂下車。衆皆悅之，其爲士者笑之。

〔二〕發棠：開倉賑濟。棠，齊地名，在今山東 即墨。孟子爲推行仁政，曾就齊饑勸齊宣王發放棠城積穀賑濟貧民，後因謂開倉賑濟爲發棠。孟子·盡心下："齊饑。陳臻曰：'國人皆以夫子將復爲發棠，殆不可復。'"趙岐注："棠，齊邑也。孟子嘗勸齊王發棠邑之倉以賑貧窮，時人賴之。今齊人復饑，陳臻言一國之人皆以爲夫子將復若發棠時勸王也，殆不可復言之也。"

〔三〕時行則行：應當前行就前行。周易·艮："象曰：艮，止也。時止則止，時行則行；動靜不失其時，其道光明。"

〔四〕時止則止：應當抑止就抑止。

【集評】

　　韓求仲先生：文後評語：段段點次，覺一步一景，令人刻意描畫，正以此風神爲難。每當接處，頓一二虛閑語，便覺生氣滿楮。（陳名夏本）

　　陳名夏：文後評語：布虛位而後行題，與諸叙事題同法。（陳名夏本）

　　喬君求：文後評語：淡處著色，是白描高手。（呂葆中本、無錫唐氏本、唐玉虬本）

　　錢純中：文後評語：不作風波，而晴瀾鏡月，清境襲人。此等文字，絶無他奇，祇順題叙去，祇宜如此，所以爲不可及。（呂葆中本、無錫唐氏本、唐玉虬本）

　　韓求仲：文後評語：每當接處，頓一二虛閑語，便覺生氣滿楮。（呂葆中本、無錫唐氏本、唐玉虬本）

　　呂留良：文中評語："君子"至"則止"後：從自己身分立二語作照面。"搏虎者善"至"返矣"後：空中先作一跌，如此跌是實，抱起下面一層。"馮婦則"至"身也"後：原評：風調已佳。"馮婦於"至"虎矣"後：隨勢再跌。此跌是主冷，然刺人其力狠、其法峻。"攘之"至"搏之也"後：珠簾映面。"於是"至"奈何矣"後：閑中作頓跌，若放開，而其勢益急。"當此"至"切也"後：急勢中忽提一筆，史家妙境。"馮婦"至"下車"後：恰好落句不了。"豈不"至"濟乎"後：急用淡宕兜住，妙！於入情又照射發棠。"若馮婦"至"也哉"後：四句收得窅紗。（呂葆中本、無錫唐氏本、唐玉虬本）

　　文後評語：人亦知其妙處，祇是頓跌之法精熟耳。到拈筆爲頓跌，又摹他不似。蓋頓跌皆從國策，史記，韓、歐文得來，與時文中頓跌，似是而不同。（呂葆中本、無錫唐氏本、唐玉虬本）

子以爲是①〔一〕　非也

　　大賢原門人來學之意，或人自悟其非也。夫學者以謀道爲心也，竊屨之行〔二〕何自而來哉？宜或人之自悟也。孟子詰或人之意以爲，屨之失於牖上，子且以爲從者之廋〔三〕矣，然則從者之來，殆非無事而空行也。子信以爲欲竊是屨也，而至於斯乎？子有疑於從者之廋，吾固不知其有無矣，然而從者之來，是或一道也。子信以爲欲竊是屨也，而館於斯乎？織屨以易粟，從者固非若齊士之苦節以爲廉也，然謂之竊屨而來，無乃非其所以來之意歟？捆屨以爲食，從者固非若楚士之立異以爲高也，然謂之竊屨而來，無乃與其所以來之意不相似歟？於是或人因孟子之言而自悟其失，以爲吾始有疑於從者之廋也，此則其事之出於億度，而未必其然者也；今以從者爲竊屨而來也，此則其情之可以理推，而知其必不然者也。屨者所以藉行，而從者自齊之滕，其所費於屨者多矣，費衆屨而得一屨，是豈人之情也哉？屨之爲利甚微，而從者傳食諸侯〔四〕其所享於己者厚矣，忘厚祿而狥小物，又豈人之情也哉？信乎其非爲竊屨而來矣。

【校記】

①子以爲是篇又載無錫 唐氏本、唐玉虬本，據校。

【注釋】

〔一〕出自孟子·盡心下第三十章：孟子之滕，館於上宫。有業屨於牖上，館人求之弗得。或問之曰："若是乎，從者之廋也？"曰："子以是爲竊屨來與？"曰："殆非也。夫子之設科也，往者不追，來者不距。苟以是心至，斯受之而已矣。"

〔二〕竊屨之行：偷草鞋的行爲。比喻小偷小摸之類不端正的品行。

〔三〕廋：與"庾"通。藏匿。孟子·盡心下："若是乎，從者之廋也？"趙岐注："廋，匿也。"

〔四〕傳食諸侯：輾轉於各諸侯國受人供養。孟子·滕文公下："後車數十乘，從者數百人，以傳食於諸侯，不以泰乎？"孫奭疏："蓋以孟子食於諸侯，車徒又食於孟子。要之所食之禄皆出於諸侯之所供耳，故云傳食諸侯。"

【集評】

吕留良：文中評語："子信"至"有無矣"後：一個"來"字，亦必有淺深次第，先輩用意不苟如此。"織屨"至"廉也"後：引佐穎巧妙，不護短從者。"然謂"至"意歟"後：委宛得神，不辨其無，而辨在言表。

"此則"至"然者也"後：認錯語，妙不認錯。"屨者"至"情也哉"後：偏代爲解釋刻畫情事，而譏訶自在此等處，真得子長之妙，俗眼所不識也。（吕葆中本、無錫唐氏本、唐玉虬本）

文後評語：兩面摹畫口角，曲中人情事理。一辨白而不激不隨，隱然爲學者立身分；一修飾而有解有譏，隱然見流俗迂薄腐儒機鋒。妙在吞吐含蓄，兩面都是不説盡語脉，肖生神技。看下一"殆"字，滿肚皮疑團不解在。此文似正得"非也"二字，再體貼出"殆"字，當更妙。（吕葆中本、無錫唐氏本、唐玉虬本）

可以言而①②〔一〕 二句

大賢於人之默非其時者而推其情，欲其充義之盡〔二〕也。蓋心無所爲則當言而必③無不言者矣，若彼及時④而故默焉⑤者，豈非匿己以探人乎哉？孟子言人必悉此而去之，然後爲能充無穿窬〔三〕之心也⑥。意豈不謂⑦：隱微雖人所易忽，而修詞⑧固所以立誠，是不可以⑨不察也。然⑩豈特不可以言而言者爲以言餂〔四〕人者⑪哉？乃若擬議既及⑫於己，於時不可以不言；而理義或疑於心，於事不容以不言者。當⑬此而言謂之含章時發〔五〕，發皆順理也；謂之時然後言，言皆由衷也。顧乃深潛以匿其志，而中心之藏若弗能發其端，時之可言弗暇計焉；隱默以緘其機，而心術之蕴惟恐或洩其秘，事之當言弗暇恤焉。若此者，非擬之而後言，以求免夫口過也；非縝密而不出，以求至於無咎也。養辨於默，固將以售奸於人焉⑭耳。蓋人之兩相與，而意之未相入也，必資於言，以示之情而通⑮其機，顧其機之所發，不先於我則先於彼，未有能相持⑯而兩⑰無所示者也。今也我之不言，固若示之以無意矣。其或彼有疑焉，而滯於吾之未有所決也；彼有見焉，而激於吾之未有所叩也。滯於吾⑱之未有所決，則彼⑲將不能自釋，而急於自發其所疑，而吾固⑳可以逆知㉑其情之所在矣；激於吾之未有所叩，則彼將不能自忍，而急於自售其所見，而吾固可以預知其情之所在矣㉒。是吾之所以秘其情於不可窺者，乃其㉓所以深洩乎人之情也；吾之所以伏其機於不可測者，乃其所以深發乎人之機也。向使可以言而遂言之，彼將因吾言而不爲之言，其情固㉔有所隱而不盡露者㉕矣；即因吾言而亦爲之言㉖，而吾㉗又方混於兩言淆亂之中，則又何以深察乎㉘彼之隱也哉？士可以言而不言，其用心蓋㉕如此，謂其爲穿窬之類也亦宜矣。

【校記】

①可以言而篇又載陳名夏本、俞 康本、俞 乾本、無錫 唐氏本、唐玉虬本、明文鈔、欽定四書文，據校。

②可以言而，欽定四書文、明文鈔作"可以言而不言"。

③必，陳名夏本、俞 康本、俞 乾本無。

④及時，陳名夏本、俞 康本、俞 乾本作"及之"。

⑤焉，陳名夏本、俞 康本、俞 乾本無。

⑥"孟子言人必悉此而去之，然後爲能充無穿窬之心也"二句，陳名夏本、俞 康本、俞 乾本、明文鈔作"孟子欲人充無穿窬之心也"。

⑦意豈不謂，陳名夏本、俞 康本、俞 乾本作"意謂"，明文鈔作"曰"。

⑧詞，陳名夏本、俞 康本、欽定四書文、俞 乾本、明文鈔作"辭"。

⑨可以，陳名夏本作"可"。

⑩然，陳名夏本、俞 康本、俞 乾本無。

⑪者，陳名夏本無。

⑫及，欽定四書文作"足"。

⑬當，俞 康本作"常"。

⑭焉，陳名夏本無。

⑮通，陳名夏本、俞 康本、欽定四書文、俞 乾本、明文鈔作"達"。

⑯能相持，陳名夏本、俞 康本、俞 乾本作"能兩相持"。

⑰兩，俞 康本、俞 乾本無。

⑱吾，陳名夏本作"我"。

⑲彼，俞 乾本作"促"。

⑳固，陳名夏本、俞 康本、俞 乾本無。

㉑逆知，陳名夏本作"預知"。

㉒"激於吾之未有所叩，則彼將不能自忍，而急於自售其所見，而吾固可以預知其情之所在矣"數句，陳名夏本無。

㉓其，陳名夏本、俞 康本、俞 乾本無。

㉔固，陳名夏本、俞 康本、俞 乾本無。

㉕者，陳名夏本無。

㉖爲之言，俞康本、俞乾本作"言之"。

㉗"即因吾言而亦爲之言，而吾"，陳名夏本無。

㉘乎，陳名夏本、俞康本、俞乾本無。

㉙蓋，陳名夏本、俞康本、俞乾本無。

【注釋】

〔一〕出自孟子·盡心下第三十一章：孟子曰："人皆有所不忍，達之於其所忍，仁也；人皆有所不爲，達之於其所爲，義也。人能充無欲害人之心，而仁不可勝用也；人能充無穿逾之心，而義不可勝用也。人能充無受爾汝之實，無所往而不爲義也。士未可以言而言，是以言餂之也；可以言而不言，是以不言餂之也。是皆穿逾之類也。"

〔二〕充義之盡：（用同類事物比照，作充分的推論，）把道理引申到極點。孟子·萬章下："夫謂非其有而取之者，盜也，充類至義之盡也。"

〔三〕穿窬：挖牆洞和爬牆頭，形容偷竊行爲。窬，通"逾"。孟子·盡心下："人能充無穿逾之心，而義不可勝用也。"趙岐注："穿牆窬屋，姦利之心也。"

〔四〕餂：用甜言蜜語誘取。孟子·盡心下："士未可以言而言，是以言餂之也；可以言而不言，是以不言餂之也。"趙岐注："餂，取也。"

〔五〕含章時發：蘊含美德，含蓄内斂，等到時機成熟，即可發揮才智。周易·坤："象曰：含章可貞，以時發也。"孔穎達疏："章，美也。既居陰極，能自降退，不爲事始，唯内含章美之道，待命乃行，可以得正。"

【集評】

艾千子：文後評語：薛方山先生評云：縱橫奇宕，大類韓公子。予謂此文詳盡情僞，其理則韓公子，其詞則韓公子未之及也。彼非援引說林、說儲，則不能達其意。此不借一寔事，而一部韓非子已在其中。彼用戰國時語，其文易古。此用制藝平等常語，而曲折幽邃，窮極人情，使韓公子生今日，令其執筆爲此，吾見其生拗險澀，未必當家也。孰謂時文不勝古文哉？（陳名夏本、吕葆中本、無錫唐氏本、唐玉虬本）

陳名夏：文後評語：極其深刻，而不失於峭直。比比承接，以尋常之語，行曲折之氣。予尤謂絕類子固，即先生春秋論，亦是此法。（陳名夏本）

王遵巖：文後評語：思致如白日寒潭，深不可窺；筆力如長戟利刃，鋒不可犯。（呂葆中本、明文鈔、無錫唐氏本、唐玉虬本）

薛方山：文後評語：說得透，"餂"字景象略盡。此作乃荊川居吏部時筆，摹刻深入，與少年制舉業不同。（呂葆中本、無錫唐氏本、唐玉虬本）

吳崑麓：文後評語：用意精奇而有關鍵，造詞俊逸而有斡旋。雜之蘇文中，誰知其爲唐文也。（呂葆中本、無錫唐氏本、唐玉虬本）

胡思泉：文後評語：明於世故，老於人情，方做得這般文字。（呂葆中本、無錫唐氏本、唐玉虬本）

李衷一：文後評語：揣摹變化，從說難來。（呂葆中本、無錫唐氏本、唐玉虬本）

呂留良：文中評語："蓋心"至"者矣"後：至言反炤，爽然。"乃若"至"不言"後：實頓注"可以言"三字，不可不，不容不，又逼湊緊一步。"當此"至"由衷也"後：原評：不知多少曲折，祇是一脉發來。"若此"至"无咎也"後：祇寫安詳及慎訒一流，卻正激出"是以"語脉。"蓋人"至"示者也"後：直追出"餂"字緣起，其術由此生，亦是世間情勢所必然。餂者，因以行其奸耳。艾評：用剝筍法重重剝去，□然透快。"而滯於"至"所決也"後："滯""激"二字深中人情。"激於"至"所決"後：艾評：雙關遞下。"彼將不能自釋"至"在矣"後：艾評：餂狀餂計，曲折俱到。"彼將不能自忍"至"在矣"後：韓公子得意處。"是吾"至"情也"後：曲曲趕至，此方打破餂者機關。"向使"至"露者矣"後：再儘餂者意，反剝一層，更出意算之外。（呂葆中本）

文後評語：一氣旁礴直達，而屈拗蟠旋，無一筆直下，節節相生相顧，或偶或單，若有股法。若不論股法，其中紀律精嚴，又復游行自在。神通至此，真不可方物矣。（呂葆中本、無錫唐氏本、唐玉虬本）

薛方山：文後評語：此荊川居吏部時筆，縱橫奇宕，大類韓公子。（俞康本、俞乾本）

韓求仲：文後評語：中間散敘一段，無限機神。（俞康本、俞乾本）

俞長城：文中評語："乃若"至"不言"後：虛字轉接。"可言"立二柱，以後分應。"顧乃"後：虛字轉接。"若此"至"過也"後：出"是"字。"養辨"至"焉耳"後：像一筆以下提起，文勢方振。"蓋人"至"其機"後：用剝筍法，層層剝入。"其或"至"決也"後：虛字轉接，雙關遙下。"滯於"至"所在矣"後：股法直接，餂狀餂計，曲折俱盡。"向使"後：虛字轉接。"即因"至"隱也哉"後：及煞，意思曲盡。（俞康本、俞乾本）

文後評語：段落承題處，或用轉□，或用直接，窮極事情，紆迴曲折，而通篇祇如一句，廬陵集中絕頂文字，白華樓稿全從此等文脫胎。（俞康本、俞乾本）

原評：文後評語：此荆川居吏部時筆，縱橫奇宕，大類韓非子。（欽定四書文）

方苞：文後評語：抉摘餂者隱曲，纖毫無遁。指事類情，盡其變態而止。管、荀推究事理之文亦如是，但氣象較寬平耳。（欽定四書文）

艾千子：文後評語：此荆川居吏部時筆，縱橫奇宕，大類韓非子。（明文鈔）

王耘渠：文後評語：昌黎與陳給事書、歐陽公論臺諫官言事未蒙聽允書，皆以一筆寫十數層意思，如轆轤之相引，此妙後人鮮能學者，先生得之於制藝中，尤為千古絕調。（明文鈔）

王巳山：文後評語：一意委折，其出不窮，如川雲，如嶺月，六一公論臺諫官言事未蒙聽允書及五代史宦者傳論，皆千年絕調，先生運以入時文律，蓋尤神化不可方物矣。（明文鈔）

高嵣：文後評語：後半指事類情，窮幽極變，抉摘"餂"字，俱就不言者意中代寫用心，從不言者對面爾我相形，題無餘蘊矣。（明文鈔）

養心莫善①〔一〕 一節

論養心之有道，驗於理欲消長之機而已。蓋心具乎理而乘氣以出入者也，欲有多寡，而心之存不存因之矣，此養心所以貴於寡欲也歟！孟子之意如此。且夫人心之失其所養也久矣，狥象以求心則失於膠擾，離物以求心則墮於茫昧，而強力以制心則又近於助長，豈知莫有善於寡欲者乎？誠以人有血氣心知之性，則必有聲色臭味[二]之欲，但其感物而動乃吾心之所不能無，其逐物而流則吾心之所不可有者也。於此而寡焉，使其物化不誘於外，而好惡有節於內，則養心之道得矣。何也？心也者，出入無時者也。其謂之存者，非此心之自爲操而固之也。惟其爲人也寡欲，則虛靈之天不爲陰濁之所窒，而吾心之爲心，自有渾然在中而不可亂者。蓋雖其聲色臭味之日接乎前，皆足以爲順應之妙，而不足以爲吾凝静之累矣，如是而心有不存焉者，不亦寡乎？其謂之不存者，非此心之自爲蕩而逸之也。惟其爲人也多欲，則神明之捨己爲物交之所據，而吾心之爲心，若有拒之於外而不得入者。蓋凡其聲色臭味之日交乎前，其始則既馳騖而不返，其終則又凝滯而不化矣，如是而心有存焉者，不亦寡乎？其存也，是心之得其養也，其不存也，是心之失其養也，而一係於欲之寡與不寡如此。從事於養心者，可以知所用力矣。

【校記】

①養心莫善篇又載陳名夏本、無錫唐氏本、唐玉虬本，據校。

【注釋】

〔一〕出自孟子·盡心下第三十五章：孟子曰："養心莫善於寡欲。其爲人也寡欲，雖有不存焉者，寡矣；其爲人也多欲，雖有存焉者，寡矣。"

〔二〕臭味：氣味。宋蘇軾題楊次公蕙："蕙本蘭之族，依然臭味同。"

【集評】

陳名夏：文後評語：僅能結題之體。（陳名夏本）
吕留良：文中評語："蓋心"至"因之矣"後："心""欲""存"三字離合一句，指出本來，但字字有語病。"狥象"至"助長"後：打破諸家老巢，方見莫善至理。荊川從駁雜中過，故各處景致道來都是真相。"誠以"至"得矣"後："欲"字講得明，則"寡"字無滲漏。"寡"字老當。"心也者"至"固之也"後：自注解，又似申説上文。掀翻直入。"惟其"至"亂者"後：語有實見。"蓋雖"至"寡乎"後：其理甚精，方見寡欲不是下乘工夫。"惟其"至"所據"後：至言心不存，有物存其中矣。"而吾心"至"入者"後："不存"形容奇妙。"蓋凡其"至"寡乎"

後：真過來人，語着痛癢。（呂葆中本）

　　文後評語：此"欲"字，非嗜欲沉溺之欲，即口之於味也一節道理。孟子所云性也，堯、舜所云人心也，乃凡人之與生俱生，雖聖人亦必不可無者也，故謂之寡。寡者，謂不爲其所誘溺沾戀，則道心爲主，而仁之於父子一節，道理不走作，乃所謂存焉者也。謂之有存焉者，不止是虛靈不測之物存，有與之存焉者耳。荆川所見，亦止到得虛靈不測邊住，其認"欲"字甚真，故講"寡"字甚精瑩，存不存都在"寡""多"二字内發抒，知荆川於此煞下過工夫來，故其言的當有味如此。然其答王遵巖書，自謂四十年前所聞於經書師友，與其意見窺測者，皆爲隔壁聽話，於是放捨抹殺，見得些影子，原是徹天徹地靈明混成東西，至謂孔、顔一生工夫，秖完養收攝得此物。其説之可笑如此。故知明明德不講得止至善一綱領，雖坐破蒲團，踢翻醋甕，未有不蹉入鬼窟者也。（呂葆中本）

　　文後評語：此"欲"字，非嗜慾沉溺之欲，即口之於味也一節道理。孟子所云性也，堯、舜所云人心也，乃凡人之與生俱生，雖聖人亦必不可無者也，故謂之寡。寡者，謂不爲其所誘溺沾戀，則道心爲主，而仁之於父子一節，道理不走作，乃所謂存焉者也。謂之有存焉者，不止是虛靈不測之物存，有與之存焉者耳。荆川所見，亦止到得虛靈不測邊住，其認"欲"字甚真，故講"寡"字甚精瑩，存不存都在"寡""多"二字内發抒，知荆川於此煞下過工夫來，故其言的當有味如此。（無錫唐氏本、唐玉虬本）

惡紫恐其亂朱也①〔一〕

　　聖人之惡似而非者，有及於色之不正者焉。夫目之於色，人之情也，似是者得以亂正，而聖人寧不惡之也哉？且天下之物色皆陳於吾前，其正者色也，其不正者亦色也，而孔子何惡於紫耶？蓋五色〔二〕之中，其最爲鮮麗者莫如朱，其得朱之多而不能無雜者，莫如朱之紫。其所以爲朱者，固以其文而言之也，苟不察其質於受染之初，而但取其文於設色之後，則紫與朱何辨焉？朱之所以爲文者，固因其外而言之也，苟不察其黝然者之中藏，而但取其奭然者之外見，則紫與朱又何辨焉？如朱之用以爲裳者，固謂其有孔陽〔三〕之色異於玄與黃也，使以紫而爲之，則其文炳[四]如，足以彰物采於玄黃之上，而仿佛乎孔陽之色見之者，皆將曰是即所以爲朱矣，是朱之用於裳[五]者因紫而亂之也；如朱之用以爲芾者，固謂其有斯皇[六]之象異於緇與素也，使以紫而爲之，則其文郁如，足以昭物宜於緇素之外，而依稀乎斯皇之象見之者，皆將曰是即所以爲朱矣，是朱之用於芾[七]者因紫而亂之也。

【校記】

① "惡紫恐其亂朱也"篇又載無錫唐氏本、唐玉虬本，據校。

【注釋】

〔一〕出自孟子·盡心下第三十七章：孔子曰："惡似而非者：惡莠，恐其亂苗也；惡佞，恐其亂義也；惡利口，恐其亂信也；惡鄭聲，恐其亂樂也；惡紫，恐其亂朱也；惡鄉原，恐其亂德也。"

〔二〕五色：青、赤、白、黑、黃五種顏色。古代以此五者爲正色。尚書·益稷："以五采彰施於五色，作服，汝明。"

〔三〕孔陽：指顏色極鮮艷明亮。詩經·豳風·七月："我朱孔陽，爲公子裳。"鄭玄箋："陽，明也。"孔穎達疏："我朱之色，甚明好矣。"朱熹集傳："其朱者，尤爲鮮明。"

〔四〕文炳：謂虎皮的花紋斑斕多彩。此處指色彩豐富鮮艷的花紋。周易·革："九五，大人虎變，未占有孚。象曰：大人虎變，其文炳也。"孔穎達疏："損益前王，創制立法，有文章之美，煥然可觀，有似虎變，其文彪炳。"

〔五〕朱之用於裳：古謂紅色的下衣。周禮·夏官·方相氏："方相氏掌蒙熊皮，黃金四目，玄衣朱裳，執戈揚盾。"

〔六〕斯皇：明亮耀眼。詩經·小雅·斯干："其泣喤喤，朱芾斯皇，室家君王。"鄭玄箋："皇，猶煌煌也。"

〔七〕朱之用於芾：紅色蔽膝。古代禮服上的一種裝飾物，縫於長衣之前。詩經·小雅·斯干："其泣喤喤，朱芾斯皇，室家君王。"鄭玄箋："芾者，天子純朱，諸侯黃朱。室家，一家之內。宣王所生之子，或其爲諸侯，或其爲天子，皆將佩朱芾煌煌然。"

【集評】

　　呂留良：文中評語："且天下"至"亦色也"後：直入不虛混別句。"蓋五色"至"之紫"後：摹析明確，方見其能亂。"苟不"至"辨焉"後：的是朱紫語，妙。"如朱"至"朱矣"後：不特梳題精切，格力高古，於此見其經學詳明，得讀書之妙，望而知爲學者之文。"是朱"至"亂之也"後："亂"字説得有關係。（呂葆中本、無錫唐氏本、唐玉虬本）

　　文後評語：極小題目，見大局面，大力量。文人安可不熟經乎？時下人謂經無可用處，聞之不禁啞然，公自不會用耳。看此篇，若無後二比，那見作家？詩經誰不讀來，乃竟廢爲無用，真枉此一讀也。然今人讀詩者，又有穿鑿翻案之患，則其罪又重於不能用。季本極無知妄作，或謂荊川受其説，此誣也。荊川與季本書云："願益深所養，使此心虛壹而靜，自所獨然，不必盡是也，衆所共然，不必盡非也。"其教正之至矣。（呂葆中本、無錫唐氏本、唐玉虬本）

附録一
唐順之八股制義文集版本叙録

唐順之八股制義文集自明末問世，歷經清代、民國，多次翻刻刊印，形成六種版本，分爲三個系統：明末陳名夏石雲居刻本、清吕留良評點本、清俞長城選評本。

一、明末陳名夏 石雲居刻本

明末陳名夏石雲居刻八股制義文叢書國朝大家制義，現藏於國家圖書館，索書號：02942。是書收録唐順之制義文集唐荆川先生文一卷，計八股制義文五十九篇。

國家圖書館藏國朝大家制義四十二卷，卷首載陳名夏國朝大家制義序，尾題"固城 陳名夏題於石雲居"，次附選例，尾題"百史氏又識"。陳名夏（1601~1654），字百史。選例曰：

> 先輩文多佚而不傳者，然必以行世者爲訓。予嘗見守溪、荆川未刻稿，皆時文。初體不及前稿遠甚，予不樂以此示人，而自矜爲帳中之寶也。……予存先輩名稿至萬餘篇，入合選者止七百有奇。俟二集行世，予評諸家皆以己意探索，自知菲陋，獨有不敢雷同附和之心。

國朝大家制義凡四十二部，收録自明成化乙未（1475）至萬曆辛丑（1601）四十二家明人制義，每部收一家制義文，扉頁鎸該部作者科第年號、題名、部次，下鎸兩方印章："國朝大家""湧泉堂"。卷前載題序，尾題"固城 陳名夏題"，下鎸兩方印章："名夏印""百史氏"。每篇文後皆附陳名夏評語。

　　唐荊川先生文收在國朝大家制義第六部，扉頁鎸："嘉靖己丑""荊川先生文""第六部"及兩方印章"國朝大家""湧泉堂"。卷前載陳名夏題唐荊川先生制義序：

　　　　先生爲古文辭後於王遵巖，若制舉業之名之盛，守溪而下未有及先生者。茅鹿門亦嘗推之爲本朝第一，將不得爲定論耶，予何敢再議？……先生之文，誠大家矣，如以予所評者，或未進於古法耳。……然先生古文辭則善於用古法者矣。學者不得其古文而觀之，而以制義盡先生。

　　據國家圖書館藏陳名夏石雲居刻唐荊川先生文，錄其版本特徵：
　　每半葉九行，行二十七字，白口，無魚尾，四周單邊，版心鎸"唐荊川稿"。卷前載唐荊川先生制義序，尾題"固城 陳名夏題"。目錄分爲學庸、論語、孟子三部分，收制義文五十九篇。
　　卷端題"固城 陳名夏 百史父手評"。
　　每篇文題目下題"唐順之"，文中夾有評注，文後附集評。先彙集他人評語，皆在評語後署評者姓名，最後附陳名夏評語，不署名。
　　字體爲楷體。
　　此本以明末陳名夏石雲居刊國朝大家制義叢書本行世，是爲陳名夏本。該本是目前所見刊刻最早的唐順之八股制義文集。

二、清 呂留良評點本

　　1.呂葆中本。清康熙間，呂葆中刻唐順之制義文集唐荊川先生傳稿，不分卷，收八股制義文一百六十三篇，清 呂留良評點，現藏於國家圖書館，索書號：16835，是爲呂葆中本。此本未題刊刻年代。呂留良答萬祖繩書曰："唐荊川、歸震川、錢起土、陳大樽稿各一册附上。"① 可見呂留良在世時，呂氏父

---

① 清 呂留良呂晚邨先生文集卷二答萬祖繩書，清 雍正三年（1725）呂氏 天蓋樓刻本。

子已經刊刻了唐順之的制義文集唐荆川傳稿。① 清 張符驤晚邨先生事狀曰："先生諱留良，字莊生，別號晚邨。……癸亥忽賦祈死詩六首……是年八月十三日没……距生崇禎己巳正月二十一日，享年僅五十有五。"② "癸亥"即康熙二十二年（1683），吕留良卒年。由此可斷唐荆川先生傳稿至遲刻於康熙二十二年。

卷前載孫慎行序、吕葆中序，卷端題"毘陵 唐順之 應德著 禦兒 吕留良晚邨評"。

孫慎行序曰：

> 國家以時義取士蓋二百五十年，而稱大家宗盟者四人：震澤 王先生、虞山 瞿先生是也，吾邑獨得二人：方山先生 薛若荆翁先生唐。翁擧尤少年，集中義半係仕後群諸弟子肄業焉而自爲之式，即世尤争傳之。……如是翁精心理學，沉酣諸子、史、百氏，古文辭業上接八大家，而以其餘發之時義，匠心精謹，律韻冲調，其平若規規帖括，而其高乃材人傑士之所不能措手。……誦之宛然見聖賢之語氣，而循是以窺索聖賢之精神，直可以終身焉而不厭，歷千萬變化而莫能逾。然則是集也，真六藝之羽翼，非獨一代之楷模已矣。集舊有全刻，其總采諸名公批贊，而重爲闈行者，曾孫獻可也。其艾首望洋而略爲序大概者，外孫孫慎行也。

吕葆中序曰：

> 荆川先生文計一百六十三首。家藏止九十餘首，後於秣陵 徐州 來檇李 盛奕雲家出所藏，共得七十餘首。又虞山 錢湘靈寄舊刻大字本，訂正三首，至是而荆川先生全稿略備矣。……惟震川先生熟於經，故其文廣淵；荆川先生熟於史，故其文精卓。足配震川者，惟荆川耳。……艾千子刻震川稿，而以金正希合焉。大人謂正希文雖佳，然以當太僕，夫何敢！

---

① 清 吕留良、吕葆中父子編刻圖書之情狀參見李鵬吕留良研究之天蓋樓刻書、售書考，文學與文化 2013 年第 4 期。
② 周駿富輯清代傳記叢刊·碑傳集補三卷三六，中國 臺北 明文書局，1985 年，第 280 頁。

夫何敢！陳名夏輒欲以茅鹿門駕震川，而詆荆川爲未進於古法。大人笑謂：牧豎譏評今古，雖顛倒淆訛，而人莫之責，以其無知耳，與之辨論，即兩牧豎矣。男葆中謹識。

據國家圖書館藏呂葆中本，錄其版本特徵：

每半葉九行，行二十六字，白口，四周單邊，無魚尾，版心鎸"唐荆川稿"。刻工：程文開、劉首華、劉國英、湯梅先等。

卷端題"禦兒 呂留良 晚邨評點"。

目錄前題"唐荆川稿 毘陵 唐順之 應德著 禦兒 呂留良 晚邨評"。

錄孫慎行舊序，呂葆中識記。

分上論、下論、大學、中庸、上孟、下孟六部分，收文一百六十三篇。每篇文後附呂留良評語及所采諸家批贊。

每篇文題目下題"唐順之"，文中夾有評注，文後附集評。先彙集他人評語，皆在評語後署評者姓名，最後附呂留良評語，不署名。

字體爲楷體。

2.無錫 唐氏本。清 光緒十八年（1892），無錫 唐氏義莊刻唐荆川先生傳稿，不分卷，收八股制義文一百六十三篇，清 呂留良評點，現藏於上海圖書館，索書號：綫普 528752-55。

據上海圖書館藏本，錄其版本特徵：

封面鎸"唐荆川先生傳稿"，封裏鎸"光緒壬辰四月無錫 唐氏重刊"。

序文葉及目錄葉有界行，每半葉九行，行二十二字；正文葉無界行，每半葉九行，行二十五字，白口，單黑魚尾，象鼻内鎸"荆川傳稿"。

卷端題"裔孫浩鎮、濟鎮同校"。

每篇文題目下題"唐順之"，文中夾有評注，文後附集評。先彙集他人評語，皆在評語後署評者姓名，最後附呂留良評語，不署名。

卷前依次載黃宗羲明儒學案·唐順之傳、孫慎行序、昆山 葉淳序、桐川 俞長城序。

卷末附唐浩鎮跋。

字體爲宋體。

葉淳序曰：

　　文章正派，端推荆川先生。茅鹿門常稱爲第一，而陳百史獨少之，以爲惜未睹茅、歸諸作。余嘗誦繹先生之文，未嘗不歎鹿門之得其精，而百史止得其粗也。制義體聖賢言語，抒發其精義，必其蘊於中也清和蘊藉，而發於外也從容中度。神與法之間，自有當然不易者。此荆川先生所爲獨得其至，而論者徒執茅、歸之文以抑之，實無異於盲瞽之見也。予謂茅、歸自有茅、歸之文，唐、瞿自有唐、瞿之文，參觀則兩得，偏師必兩失。今之操觚者競稱茅、歸，略言唐、瞿，非惟不知有唐、瞿，且亦不知有茅、歸矣，可勝悼哉！昆山後學葉淳識。

唐浩鎮跋曰：

　　昔我先祖荆川公爲有明一代鉅儒，所著文集十二卷，左、右、前、後、文、武、儒、稗八編盛行於世，制義乃其緒餘也。……惟制義百數十篇膾炙人口……往者仲兄德鎮、熙鎮久議重刻，惜未舉行，而熙鎮早逝，議中寢。歲壬辰，德鎮及從子桂源復興是議，浩鎮蓄志亦久，因付手民，偕弟濟鎮校核僞誤，凡三閱月而工始竣。浩鎮愚陋，不能繩先祖之家學，惟思刊布遺書，使海內承學之士景行先祖之模範者，得所依據。……裔孫浩鎮謹跋。

　　此本爲無錫唐氏義莊唐氏後裔唐浩鎮、唐濟鎮據呂葆中本重刊，與呂葆中本篇目、體制同，是爲無錫唐氏本。

3.唐玉虬本。1948年，唐玉虬鉛印唐荆川先生傳稿，不分卷，收八股制義文一百六十三篇，清呂留良評點，現藏於國家圖書館，索書號：105985。

據國家圖書館藏本，錄其版本特徵：

每半葉十七行，行四十四字，白口，單黑魚尾，象鼻內鎸"荆川傳稿"。

目錄前依次載鍾泰重刊荆川傳稿序、孫慎行序、葉淳序、俞長城序、黃宗羲明儒學案·襄文唐荆川順之。

卷端題"呂晚邨評"。

分上論、下論、大學、中庸、上孟、下孟六部分，收文一百六十三篇。

每篇文中夾有評注，文後附集評。先彙集他人評語，皆在評語後署評者姓名，最後附呂留良評語，尾題"呂晚邨"。部分文後附俞長城評語。

字體爲楷體。

鍾泰重刊荆川傳稿序曰：

八股文爲世詬病久矣，然夷考其初，實名經義。蓋矯佚括之失而爲之，以求於經旨有所發明。其文初無定式，今宋人文集如陸象山、陳止齋、楊誠齋諸集中，其作猶有存者，可覆案也。降至於明，體雖稍變，大致猶不違其本。……自科舉廢而學校興，舉明清兩朝數百年經生、學者、才人、文士心血之所萃，并一火而焚之，使考典制者失其資，窮經術者鮮所據。追懷往事，未嘗不欷一時風氣所趨，是非黑白不免失其當也。吾蘇自王守溪後以經義名者，莫過於荆川與歸震川二公，皆有文集，當時經義皆附之以行，同於別集。其後古文之說興，重二公之古文，而經義以時文爲世所薄，傳刊漸少，逮於今，兹幾同廣陵散矣。吾友唐君玉虬，荆川裔也，嘗與論此，慨然興歎。今唐族頗刊其先世遺著，玉虬復固請以荆川四書文付印，不獨得見荆川全集爲可喜，於以識經義之本源，辨文章之流別，使後生小子知八股文有如荆川先生者，固非博極群書，明於物理，不能下一字措一辭也。庶於吾古儒先之學，不敢輕爲雌黄矣乎。余既深服玉虬見之卓、力之勤，而唐族諸賢之能保其先籍也，乃不辭譾陋而爲之序如此。

民國三十七年季冬，江寧鍾泰拜序。

此本爲唐氏後裔唐玉虬據呂葆中本重印，與呂葆中本篇目、體制同，是爲唐玉虬本。

三、清 俞長城選評本

1.俞康本。清康熙三十八年（1699），步月樓令德堂刻制義文叢書可儀堂一百二十名家制義，現藏於國家圖書館，索書號：91851：9。是書收錄唐順之制义文集唐荆川稿一卷，清 俞长城选评。该本目录中录有篇目四十一篇，其中王者之民一篇仅有篇目，正文未见收录，实收四十篇。

国家图书馆藏本可仪堂一百二十名家制义，扉页镌："检讨俞长城先生论次可仪堂一百二十名家制义步月楼 令德堂全梓"。卷首载总序，尾题"康熙己卯孟冬朔日楚黄年眷弟张希良顿首拜题"，后镌两方印章："张希良印""石虹氏"。张希良，清 康熙年间人，生卒年不详，字石虹。总序后附传稿原序，尾题"武城 苏俊题"，叙俞长城选评、编次名家制义文始末。

可仪堂一百二十名家制义收录自宋 嘉祐朝至清 康熙朝一百二十家制义文，以朝代编次。明 嘉靖朝首录唐顺之制义文集唐荆川稿一卷，扉页镌"桐川 俞长城论次"，卷前载俞长城题唐荆川稿，尾题"桐川 俞长城题"。

俞长城题唐荆川稿曰：

荆川先生精於制义，教学里中有教学文，为吏部有吏部文，为中丞有中丞文，好学深思，至老不倦，文之传也宜哉！及考先生捷南宫，年甫弱冠，主司见其文坚老，疑为宿儒。然则先生之文亦由天授，不尽关学力也。夫文至识高养到仁熟义精，此必与年俱进。若夫品之高洁则有得於性者，先生於经史子集，无不贯通，而皆不用人文字，所谓胸有万卷，笔无点尘，太史公之独有千古其以此。夫先生治兵蓟北，视师浙 直，巡抚淮 扬，所历皆显官，而布衣蔬食不减儒素，其清风一切不屑，而性命於文，宜其高洁之品，冠绝诸家也欤！

此本以清 康熙三十八年步月楼 令德堂刊俞长城选评可仪堂一百二十名家制义丛书行世，简称俞 康本。

据国家图书馆藏唐荆川稿俞 康本，录其版本特征：
扉页题"桐川 俞长城论次"，二页题"唐荆川稿"。
卷前载题唐荆川稿，尾题"桐川 俞长城题"。
目录前镌"名家制义目录"，下题"桐川 俞长城论次"。
卷首题"嘉靖朝唐顺之"。
版框高 19.5 厘米。每半叶九行，行二十六字，白口，四周单边，无鱼尾。版心自上而下镌："名家制义"、卷次、"嘉靖己丑"、页码、"可仪堂"。

每篇文中夾有評注，文後附集評，見附呂留良評語。先彙集他人評語，皆在評語後署評者姓名，最後附俞長城評語，不署名。集評後隔一行左下題該文題目前三字及"唐"字，如季氏將伐篇文末集評後隔一行左下題"季氏將唐"。

序文字體是宋體，目錄及正文字體是楷體。

2.俞乾本。清乾隆三年（1738），文盛堂懷德堂重刻可儀堂一百二十名家制義，現藏於國家圖書館，索書號：35970∶9。是書收錄唐順之制義文集唐荆川稿一卷，清俞長城選評。該本目錄、正文與俞康本同，亦實收制義文四十篇。

國家圖書館藏可儀堂一百二十名家制義，扉頁鎸："檢討俞長城先生論次一百五十名家嗣出可儀堂一百二十名家制義文盛堂懷德堂仝梓"，頁眉鎸"乾隆戊午年重鎸"，總序、傳稿原序與俞康本同，又附周芬佩序：

先生文雖未刻，其神氣久在人腹中。兹集成，四方諸君子所以寳貴之者，當不知何如！而予區區嚮往之心，其亦可以屬饜也夫。夫乾隆□□年嘉平月上澣之吉，桐城周芬佩汝和氏題於金陵之致和堂。

此爲清乾隆三年文盛堂懷德堂據俞康本重刻可儀堂一百二十名家制義。唐荆川稿以此叢書行世，是爲俞乾本。

俞乾本篇目、體制、版本特徵與俞康本同。

附錄二
唐順之八股制義文集序跋六種

一、陳名夏序

先生爲古文辭後於王遵巖，若制舉業之名之盛，守溪而下未有及先生者。茅鹿門亦嘗推之爲本朝第一，將不得爲定論耶，予何敢再議？雖然，陳唐、宋大家之文於前，而辨其孰爲六經之文，孰爲六朝之文，孰爲戰國縱橫之文，如韓子稱儒宗者，而後之人猶評之曰諸志銘不及史遷；柳子厚奇崛巉削，爲騷賦有餘，爲序記不足，且以偶麗，不得與韓齒；蘇子制策卓然，爲古今之冠，而至於撰次名臣言行，亦不獲詳而盡。後之聞此言者，不以爲怪，而且以爲論之至當者。若我荆川先生之時文不過韓、柳、蘇之文，而荆川之名亦不過此諸人，後之人有議其制義，必以爲狂誕而不之信，是何人之敢於議唐、宋大家，而不敢議荆川先生耶？先生之文，誠大家矣，如以予所評者，或未進於古法耳。先生中年學歐、曾之文，令及見震川諸家，惡知先生不悔其少作耶？然先生古文辭則善於用古法者矣。學者不得其古文而觀之，而以制義盡先生，予恐先生亦不以爲知己也。

固城 陳名夏題。

明末陳名夏 石雲居刻 國朝大家制義本

二、俞長城序

荆川先生精於制義，教學里中有教學文，爲吏部有吏部文，爲中丞有中丞文，好學深思，至老不倦，文之傳也宜哉！及考先生捷南宫，年甫弱冠，主司見其文堅老，疑爲宿儒。然則先生之文亦由天授，不盡關學力也。夫文至識高養到仁熟義精，此必與年俱進。若夫品之高潔則有得於性者，先生於經史子集，無不貫通，而皆不用人文字，所謂胸有萬卷，筆無點塵，太史公之獨有千古其以此。夫先生治兵薊北，視師浙直，巡撫淮揚，所歷皆顯官，而布衣蔬食不減儒素，其清風一切不屑，而性命於文，宜其高潔之品，冠絶諸家也歟！

桐川 俞長城題。

清 康熙 步月楼 令德堂刻 可儀堂一百二十名家制義本

三、周芬佩序

先生文雖未刻，其神氣久在人腹中。兹集成，四方諸君子所以寳貴之者，當不知何如！而予區區向往之心，其亦可以屬饜也。夫乾隆□□年嘉平月上澣之吉，桐城 周芬佩 汝和氏題於金陵之致和堂。

清 乾隆三年文盛堂 懷德堂刻可儀堂一百二十名家制義本

四、葉淳序

文章正派，端推荆川先生。茅鹿門常稱爲第一，而陳百史獨少之，以爲惜未睹茅、歸諸作。余嘗誦繹先生之文，未嘗不歎鹿門之得其精，而百史止得其粗也。制義體聖賢言語，抒發其精義，必其蘊於中也清和蘊藉，而發於外也從容中度。神與法之間，自有當然不易者。此荆川先生所爲獨得其至，而論者徒執茅、歸之文以抑之，實無異於盲瞽之見也。予謂茅、歸自有茅、歸之文，唐、瞿自有唐、瞿之文，參觀則兩得，偏師必兩失。今之操觚者競稱茅、歸，略言唐、瞿，非惟不知有唐、瞿，且亦不知有茅、歸矣，可勝悼哉！

崑山後學葉淳識。

光緒壬辰四月無錫 唐氏義莊刻本

五、唐浩鎮跋

昔我先祖荆川公爲有明一代鉅儒，所著文集十二卷，左、右、前、後、文武、儒、稗八編，盛行於世，制藝乃其緒餘也。迄今三百數十年，家藏舊板一燬於兵，其收儲國朝四庫書者，僅有文集十二卷，所輯八編。國初時曾以活板印本行於世，轉輾遷徙，今闕如焉。惟制藝百數十篇膾炙人口，其選刻於欽定四書文者，固已夥甚。外如崑山葉氏、桐川俞氏，皆有專本，而俞氏本失之隘，不足以厭飫學人，葉氏本刪改舊評，又不足闡揚精義，使讀者了然於心目間。是刻一宗家藏舊本，俞氏、葉氏諸評俱不雜入，所以存原本也。往者仲兄德鎮、熙鎮久議重刻，惜未舉行，而熙鎮早逝，議中寢。歲壬辰，德鎮及從子桂源復興是議，浩鎮蓄志亦久，因付手民，偕弟濟鎮校核偽誤，凡三閱月而工始竣。浩鎮愚陋，不能繩先祖之家學，惟思刊布遺書，使海内承學之士景行先祖之模範者，得所依據。故是刻既成之後，擬即將文集十二卷及所輯八編次第刻之，此亦爲子孫者之責也。願與諸兄弟共勗之。

　　裔孫浩鎮謹跋。

光緒壬辰四月無錫唐氏義莊刻本

六、鍾泰序

　　八股文爲世詬病久矣，然夷考其初，實名經義。蓋矯帖括之失而爲之，以求於經旨有所發明。其文初無定式，今宋人文集如陸象山、陳止齋、楊誠齋諸集中，其作猶有存者，可覆案也。降至於明，體雖稍變，大致猶不違其本。余嘗見商文毅公集，其會試、殿試之文皆散行，不足千字，與後之所謂八股文者絕不類，而竟以此掄元，則當時所尚可知已。其變而爲排比、摘辭、藻衡、聲調以譁衆而取悅，殆在嘉隆之後乎。然其佳者，馳騁經史，縱橫百家，托説經以抒其胸中經濟之見，較之唐宋人之賦空虛而無實，猶爲過之。世人不詳其實，以耳代目，據清代道咸以下之墨卷訾議，及有明之作者。自科舉廢而學校興，舉明清兩朝數百年經生、學者、才人、文士心血之所萃，并一火而焚之，使考典制者失其資，窮經術者鮮所據。追懷往事，未嘗不歎一時風氣所趨，是非黑白不免失其當也。吾蘇自王守溪後以經義名者，莫過於荆川與歸震川二公，皆有文集，當時經義皆附之以行，同於别集。其後古文之説興，重二公之古文，而經義以時文爲世所薄，傳刊漸少，逮於今，茲幾同廣陵散矣。吾友唐君玉虬，荆川裔也，嘗與論此，慨然興嘆。今唐族頗刊其先世遺著，玉虬復固請以荆川四書文付印，不獨得見荆川全集爲可喜，於以識經義之本源，辨文章之流別。使後生小子知八股文有如荆川先生者，固非博極群書，明於物理，不能下一字措一辭也。庶於吾古儒先之學，不敢輕爲雌黃矣乎。余既深服玉虬見之卓、力之勤，而唐族諸賢之能保其先籍也，乃不辭譾陋而爲之序如此。

　　民國三十七年季冬，江寧鍾泰拜序。

民國三十七年唐玉虬鉛印本

附録三
唐順之年譜簡編（1507~1560）

明 武宗 正德二年丁卯 （1507） 一歲

唐順之，字應德，一字義修，號荆川，江蘇 武進人。

十月初五，唐順之生於里地。

明 李開先撰荆川唐都御史傳："（唐順之）生則正德丁卯十月初五日。"（李中麓閑居集之十）

明 武宗 正德四年己巳 （1509） 三歲

晋江 王慎中生。

明 王惟中撰河南布政司参政王先生慎中行狀："嘉靖辛丑，忽從中報罷……時年才三十三也。"（國朝獻徵録卷九十三）據此，嘉靖辛丑（1541）時，王慎中三十三歲，其生年當爲正德己巳。

王慎中，字道思，初號遵巖居士，後號南江，福建 晋江人，生於正德四年，卒於嘉靖三十八年。十八歲舉嘉靖五年進士。官至河南參政，二十年落職歸，家居幾近二十年，專力於古文，問業者踵至。

明 武宗 正德五年庚午 （1510） 四歲

父唐珤舉於鄉。

明 王慎中撰中順大夫永州府知府唐有懷公行狀："（唐珤）十六補郡學弟子員，二十八舉於鄉"；"以疾終，嘉靖三十四年七月初一日也，年七十三"。據此可推正德五年庚午，唐珤二十八歲。

明 武宗 正德七年壬申 （1512） 六歲

歸安 茅順甫 坤生。

明 朱賡鹿門茅公墓志銘："公始生，而李母聞若霹靂聲者震而投於床，竊異之。時正德壬申七月壬辰日。"（朱文懿公文集卷九）

茅坤，字順甫，號鹿門，歸安人。生於正德七年，卒於萬曆二十九年（1601），終年九十歲。嘉靖十七年舉進士。雅好談兵，曾破廣西猺賊，協助胡宗憲抗倭。善古文。編選唐宋八大家文鈔。

明 武宗 正德十一年丙子 （1516） 十歲

生而穎異，幼即有志於聖賢之學。發奮讀書常至通宵，遍讀經史諸書。

明 顧憲成撰郡志傳·唐順之傳："唐順之，字應德，武進人。生而穎異，潛心聖賢之學。"

明 王升撰宜興縣志·寓賢傳·唐順之傳："唐順之，字應德，武進人。……先生生而穎異，少有聖賢之志。"

明 世宗 嘉靖元年壬午 （1522） 十六歲

補郡庠生。

明 唐鶴徵撰陳渡阡表："（唐順之）年十六爲郡諸生。"

明 世宗 嘉靖三年甲申 （1524） 十八歲

娶莊氏。

唐鼎元撰明唐荊川先生年譜卷一"三年甲申十八歲"條："有懷公爲公授室，娶同邑莊靜思公齊女、參政鶴溪公襗女孫。"

明 世宗 嘉靖七年戊子 （1528） 二十二歲

舉應天鄉試，以詩經科應試，名列第六。

明 洪朝選撰荊川唐公行狀："是歲，兩京始用部屬官同考，經房爲禮部郎中臨海 王度。王公乃奇士也，薦其鄉友許公仁卿爲第一，公於許爲同經，於是乃得第六。"

明 世宗 嘉靖八年己丑 （1529） 二十三歲

中會試第一。

明 李開先撰荊川唐都御史傳："己丑會試第一名。……會試卷，見者以爲前後無比，氣平理明，而氣符乎理，意深辭雅，而意包乎辭。學者無長幼遠近，悉宗其體，如圓不能加於規，方不能加於矩矣。"

抗楊一清，中廷試第四，二甲第一。

明 洪朝選撰荊川唐公行狀："……明年，中禮部會試第一……時鎮江 邃菴 楊公 一清爲相公。既首會試，名遂大顯，即欲以公爲廷試最。遣一鄉人夜半來索公策，公與有懷公，皆辭之，一夜數往返。楊公怒曰：'其少者無知故若是，老舉人亦爲此乎？'少者指公也。鄉人復以語有懷翁，翁素畏慎，欲與之，公曰：'一殿元何足爲人輕重？如進身之初，而即若此，後悔何及？'翁竟弗之强也。楊公於是博訪其卷，置之第三，已而爲人所易，置之第四。"

楊一清，字應寧，號邃庵，化州城人（祖籍雲南 安寧）。晚年居丹徒。登成化八年進士。歷仕成化、弘治、正德、嘉靖四朝，兩次入閣預機務，後爲首輔，官居一品，位極人臣，多有建樹。

逆張璁。夏四月，選庶吉士。座主張璁、霍韜以楊一清選庶吉士爲市恩立黨爲由，遂出諸庶吉士爲他曹，欲獨留順之。唐順之不肯趨附，璁恨惡，改授順之兵部武選司清吏主事。

明 李開先撰荆川唐都御史傳："選作庶吉士，一二大臣不相能，遂即罷。主者猶以二甲前三名制策會經御覽，欲各授以檢討，唐子力請同罷，一事而有去留，非體。始進即能恬淡如此。"

明史·唐順之傳："唐順之，字應德，武進人……年二十三，舉嘉靖八年會試第一，改庶吉士。座主張璁疾翰林，出諸吉士爲他曹，獨欲留順之。固辭，乃調兵部主事。"

張璁，字秉用，號羅峰。後得賜名孚敬，字茂恭，永嘉人。正德十六年（1521）登進士。嘉靖間大禮儀之争，張璁力迎世宗意，深得寵信。仕至華蓋殿大學士。

結識羅洪先，訂爲石交。

明 李贄撰僉都御史唐公傳："……首則江西 羅念庵 洪先也。自與羅公見，知其人品甚高，因定爲石交。"

羅洪先（1504~1564），字達夫，別號念庵，江西 吉水人。自幼端重，有志於聖學。嘉靖八年己丑，舉進士第一。授翰林修撰，官至春坊左贊善，罷歸。羅洪先爲王陽明私淑弟子，以良知爲宗。明儒學案將之列入"江右王門學案"。

明 世宗 嘉靖九年庚寅（1530） 二十四歲

父有懷公授河南 信陽州知州。六上春官不第，遂謁吏部選，授是官。

明 王慎中撰中順大夫永州府知府唐有懷公行狀："凡六舉會試不第，

就銓得信陽州知州。"

春，疏病告歸。

明 李贄撰僉都御史唐公傳："以幼時嘗竭精神於舉業，幾成瘵疾，而學問文章未成，恐碌碌仕途無以爲終身自立之地。庚寅春，疏病得歸。"

夏六月，母任宜人卒。

明 李開先撰荊川唐都御史傳："母隨父之任信陽路，出天津，卒於舟中。"

明 世宗 嘉靖十年辛卯（1531） 二十五歲

家居丁母憂，居喪甚謹。

明 洪朝選撰荊川唐公行狀："當喪任宜人時，有懷翁赴信陽任。諸弟幼，公獨居家理喪事。自念無以報親，惟有竭力營葬可以用情。而家素窘，雖治喪事細若絲臬之類，尚無所取也，乃滿壁書'志士不忘在溝壑'語於其上以自勵。"

明 世宗 嘉靖十一年壬辰（1532） 二十六歲

春三月，葬母任宜人於殷塔村。

明 呂柟撰唐母任氏墓志銘："應德將卜壬辰年三月十一日，歸窆於殷塔村新阡。"（涇野先生文集卷二十六）

秋九月，服闋，無赴官意。以有懷公命，乃束裝赴京。改吏部稽勳主事，調考功主事。

明 李贄撰僉都御史唐公傳："服闋，無赴官意，以有懷公教，乃束裝。壬辰，改稽勳主事，調考功。"（續藏書卷二十二）

結識王慎中，引爲知己。詩文創作受王慎中影響，發生改變。

答王南江提學："僕自人官，得請見於當世大夫，蓋三年，而後見兄。一見則駭然異之，而兄亦過以僕爲知已。夫兄雄俊之文，博辯之才，邁往之氣，無一人不知之，而獨謂僕爲知己者，豈僕之知兄止於世人所知而已也？抑亦有不止於世人所知而已也。"（唐荊川先生文集卷五）

明 李開先撰荊川唐都御史傳："素愛崆峒詩文，篇篇成誦，且一一仿效之。及遇王遵巖，告以自有正法妙意，何必雄豪亢硬也。唐子已有將變之機，聞此如決江河，沛然莫之能禦矣。故癸巳以後之作，別是一機軸。有高出今人者，有可比古人者，未嘗不多遵巖之功也。"

王畿舉進士，寓京師。唐順之與晤，得聞陽明之學。

明儒學案卷十二浙中王門學案·郎中王龍溪先生畿："丙戌試期不欲往，文成曰：'吾非以一第爲子榮也，顧吾之學疑信者半，子之京師，可以發明耳。'先生乃行，中會試。時當國者不說學，先生謂錢緒山曰：'此豈吾與子仕之時也？'皆不廷試而歸。……壬辰廷對，授南京職方主事。"

明 李贄撰荆川唐公傳："羅峰相公改各屬官爲翰林，部中首舉公爲編修，校對累朝實錄。……時則王龍溪以陽明先生高第寓京師，公一見之，盡叩陽明之說，始得聖賢中庸之道矣。"（續藏書卷二十二）

吏部郎中林東城墓志銘："君爲主事，是時縉紳之士以講學會京師者數十人，其聰明解悟能發揮師說者，則多推山陰 王君 汝中。"（唐荆川先生文集卷十四）

王畿（1498~1583），字汝中，號龍溪，浙江 山陰人。弱冠舉於鄉，嘉靖二年癸未下第，歸而受業於王守仁，爲王守仁同郡宗人，浙中王門首席人物，爲陽明學派最得其宗者。居林下四十餘年，以講學爲務，學者稱其龍溪先生。

明 世宗 嘉靖十二年癸巳（1533） 二十七歲

於京師結交縉紳。時高叔嗣、王慎中、華察、孟洋、江以達、曾汴、屠應埈、陳束、任瀚、熊過、李開先、皇甫涍、皇甫汸諸名士咸官京師，唐順之與之游。時以唐順之、王慎中、陳束、任瀚、熊過、李開先、趙時春、呂高爲八才子，即"嘉靖八才子"。

明 李開先撰呂江峰集叙："古有建安七子，大曆十才子，今嘉靖十年後更有'八才子'之稱。八人者，遷轉憂居，聚散不常，而相間不過數年，其久者亦止八九年而已，不知天下何以同有此稱。詳其所作，任忠齋以奇警，熊南沙以簡古，唐荆川以明暢，而陳后岡之精細，王遵巖之委曲，趙浚谷之雄渾，各隨其材力。呂江峰獨以雅致擅名，七子所長果是不可及。但任失之靡麗，熊失之慳澀，唐失之軟弱，而失之深晦者陳，失之疏蕩與纏糾者乃趙與王也。呂亦自謂有方板之失，其短處自不可掩。……惟余兼有七病素無一長，亦幸得厠名於其間。"（李中麓閑居集·序文五）

明史·文苑傳："時有'嘉靖八才子'之稱，謂束及王慎中、唐順之、、趙時春、熊過、任瀚、李開先、吕高也。"

調爲翰林編修，校累朝實録。

明史·唐順之傳："（嘉靖）十二年秋，詔選朝官爲翰林，乃改順之編修，校累朝實録。"

明世宗嘉靖十三年甲午（1534） 二十八歲

官翰林，校累朝實録。

唐荆川先生文集卷一第一首詩游西山碧雲寺作得悦字下注"此下係翰林時作"，凡九十五首。雍容典雅，有初唐氣象。

春二月，吕高奉命募兵遼東，唐順之作從軍行送吕兵曹募兵遼海。（唐荆川先生文集卷一）

世宗實録卷一百六十："（嘉靖十三年二月）癸酉，兵部以大同亂卒未平，人有虞警，請差給事中六人，兵部司官六人，分詣各邊招募勇敢，以壯軍實。上從部議，命給事中常序等往，又招兵部募兵，宜爲實邊久計。"

明李開先撰江峰吕提學傳："調轉兵部武選司主事，值大同戍卒再稱亂，敕往遼陽募兵。"（李中麓閑居集之十）

冬，王慎中以禮部驗封司員外郎謫判常州，唐順之、陳束、李開先、吴㮸、吕高、熊過、張元孝、李遂餞於海甸。

明王慎中撰中順大夫永州府知府唐有懷公行狀："（嘉靖）甲午冬，某由吏部郎中謫判常州，應德亦削籍翰林編修籍，還里。"（遵巖集卷十七）

明李開先撰游海甸詩序："王遵巖慎中，年十八歲舉進士，負時名，頗能違衆自立，久爲當國者所不悦。歷官吏部司封郎，爲張方山衍慶以副都請封其父參政君繼。雖父子同品，前此劉編修春，封其父御史君規，楊主事子器，封其父通判君禄，張羅峰不以爲例也。票擬獲譴，謫判毗陵。將行，叮囑同志餞別海甸，夙聞其勝，而未嘗一游，過此則終身或無復見期。於是武選吴皖山㮸、吕江峰高、熊南沙過、翰林唐荆川順之、陳后岡束、禮部張少室元孝、李克齋遂，及予共八人焉，以嘉靖乙未三月望日，出阜城門。"（李中麓閑居集·序文六）①

---

① 李開先游海甸詩序云餞別之日爲"嘉靖乙未三月望日"，當誤。唐鼎元撰明唐荆川先生年譜以此次餞別衆人的行蹤爲證，考證此次餞別當爲嘉靖甲午冬。此處不再重復考證，可參見唐鼎元撰明唐荆川先生年譜。

省父有懷公於信陽。

唐荊川先生文集卷一載唐順之作於官翰林時期的詩作有觀中州進賀長至表箋恭述時寓信陽，可推知其間他曾往信陽省父，時其父唐珤任信陽知州。

明 世宗 嘉靖十四年乙未（1535） 二十九歲

春二月，實錄校完，稱病告歸。張璁擬旨，以吏部主事罷歸，永不起用。

世宗實錄卷一七二："（嘉靖十四年二月）己酉，翰林院編修唐順之疏請回籍養病。上曰：順之方改史職，又屬校對訓錄，何輒以疾請？令以原職致仕，永不起用。"

明 洪朝選撰荊川唐公行狀："公自爲武選，以學問文章未成……意常思歸。會同校累朝寶訓將完，心不欲受升賞，族子音會試期近，意避考官，復上章告病。是時羅峰張公柄國。張公故敬公，常引公自近，而公每有遠嫌意。僚友之銜公者，遂倡言公養病在遠嫌以激張公。張公果怒，使人以危言動公，而留其疏不下，促公供職。公曰：'吾謝病疏既上，即此足不可以出戶限矣，豈有復出供職之理？且禍福有定數，既告而復出，何以爲人？' 張公怒不已，遂取旨以原職吏部主事致仕，永不起用。公浩然以爲得遂己意，無幾微忤色。"

春三月，浩然南歸。會陳束出爲湖廣僉事，分巡辰沅，因與聯舟出京。途中作泊淮上作（唐荊川先生文集卷一），陳束作泊淮答唐應德（陳后岡詩集）相贈。

明 張時徹撰河南按察副使陳公束傳："時當道被皇帝隆遇，朝士咸奔走之。約之獨不面，每歲時上壽，不得已，望門投刺，輒馳馬過之。當道銜之入骨，積不能容，乃注湖廣僉事。……約之乃終不樂居，上書乞骸骨，其略曰：臣僻在海隅，無所比算。不悟徵時之幸，遭逢希闊，屢晉清班，從侍華轂，首尾蓋七年，而外遷今官。"（陳后岡文集卷首）

歸鄉，客居宜興，收納學生。

普安州判杭君墓表："乙未歲，余罷官歸，客宜興。"（唐荊川先生文集卷十六）

答王南江提學："僕今年寓居陽羨，挈妻子以行，有一二童子相與講章句。"（唐荊川先生文集卷五）

明 世宗 嘉靖十四年乙未（1535）春至十七年戊戌（1538）　三十~三十二歲

家居。

王慎中來訪，送至丹陽。

唐順之作丹陽別王道思三首，見於唐荊川先生文集卷一"前家居時作"。

養病荊溪，萬古齋登門拜訪，訂交論學，且遣其子萬士安、萬士和從唐順之游。

萬古齋公傳："嘉靖丙申，余（唐順之）始識公（萬古齋）於宜興，公因遣二子從余游。"（唐荊川先生文集卷十六）

祭萬古齋文："庚寅之歲，余客陽羨，公來顧余，實始識面。……綢繆往復，逾四五年。"（唐荊川先生文集卷十三）①

萬士和撰先考古齋翁行略："（萬古齋）素慕荊川先生爲人，時先生方以少年拔出流俗，……先考將就見之。先生適養屙來荊溪，即踵門求謁，不覺驚服，率安、和從學焉。每一會晤，必有激發，恨相見之晚。然論書辭、談道理，必反覆質正，不爲苟同。歸家則進不肖輩曰：先生非特博極群書，而志趣高邁，造詣精深，如鳳凰翔於千仞，又如白璧無瑕，真當世人豪也。汝輩能學其萬一，則吾願畢矣。"（萬文恭公摘集卷九）

萬吉，字克修，號古齋，宜興人。理學之士，自少讀經史，守先儒成說甚嚴，尤篤信程、朱之學。平生卓然自立，雅有志於古之賢人君子，不肯爲流俗人。以貢爲桐廬訓導，未幾懇乞致仕歸。

萬士和，字思節，號履庵。舉嘉靖二十年辛丑進士，累官拜禮部尚書。萬曆初，以剛直忤張居正，謝病歸。有萬文恭公摘集十二卷。

卜居陽羨山，潛心於聖賢之學。

與王堯衢書："春來卜居陽羨，此中山水絶清，無車馬迎送之煩。出門則從二三子登山臨水，歸來閉門食飲寢夢。尚有餘閑，復稍從事於問學。然詩文六藝與博雜記問，昔嘗強力好之，近始覺其羊棗昌歜之嗜，不足饜飽千人，非古人切問近思之義。於是取程朱諸先生之書，降心而讀

---

① 此文"庚寅之歲"當爲訛誤，嘉靖庚寅爲嘉靖九年，而唐順之與萬古齋初識於嘉靖十五年丙申。

焉。初未嘗覺其好也，讀之半月矣，乃知其旨味雋詠，字字發明古聖賢之蘊，凡天地間至精至妙之理，更無一閑句閑語。所恨資性蒙迷，不能深思力踐於其言焉耳。然一心好之，固不敢復奪焉。此類之書，皆近世英敏材辨之士以爲老生爛語，至束閣不肯觀。雖其苦心敝精於文字間，而竟不免老而無所聞，有可痛者。僕之自陳其愚，蓋過不知量，亦欲執事同所嗜好也，何如何如？"（唐荆川先生文集卷五）

"前家居"時期，創作詩歌凡七十七首，風格一變而爲閑適恬淡。

唐荆川先生文集卷一第九十五首詩後爲村居二首，其下注"此下系前家居時作"，至卷一末，凡七十七首。

明 李開先撰荆川唐都御史傳："唐子既抵墟里，雞犬柴門，依依桑梓，謝卻業緣，便有終焉之計矣。詩文更進一格，以其侍從慶成朝堂雍容之作，而爲村樵漁父歌詠太平之詞。"

明 世宗 嘉靖十八年己亥（1539）　三十三歲

春二月，册立太子東宮，妙選宮僚。

明史·禮志八："嘉靖十八年二月册東宮，帝詣南郊告上帝，詣太廟告皇祖，自北郊及列聖宗廟以下皆遣官。"

夏言、顧鼎臣舉陸深、崔銑、王教、羅洪先、唐順之、黃佐等三十七人，皆天下明儒。（世宗實錄卷二二一）

初，唐順之未得推舉，及再舉，起爲右春坊右司諫。

明 李開先撰荆川唐都御史傳："會起廢，兼補東宮員，缺十餘人，而唐子不與焉。東井 左鑑言之内閣：'失唐殊不愜衆望。'已而内旨不允，再推，因而及之，得爲右春坊右司諫，其實乃予言之東井，而東井言之内閣。"

秋七月，唐順之應春坊命，赴都。與鄒守益馳書羅洪先，相約偕行。羅公後至，唐順之與鄒公先渡江。

明 羅洪先撰冬游記："嘉靖己亥，余當赴宮僚命，鄒東廓、唐荆川再書催余，有聯舟約。……閏七月十八日登舟，十月二日始抵鎮江，聞二兄既遠去，不相待。王龍溪在南京邀會，龍溪語間極贊荆川近來造詣迥別處。……已而，論及詩文，龍溪曰：'荆川近捐得下，縱彼終日執筆，總是輕。念庵縱終年不作，總是重。余初不肯服，已而自察，果然。'……二十九日謁唐有懷翁，語次每慮荆川過高不近人情處，余應曰：'在令郎不可有，在今世不可無。然令郎煞用功，終當消去，無過慮。'"（念庵文集卷五）

鄒守益，字謙之，號東廓，學者稱東廓先生，江西安福人。正德六年會試第一，廷試第三，授翰林編修，官至國子監祭酒。嘉靖四十一年卒，年七十二。謚文莊。師事王陽明，其學識和德行，深爲其師所稱許，爲王學正宗嫡傳。有東廓鄒先生文集十二卷。

會許論於京師，爲其作西峪草堂記。

西峪草堂記："靈寶，陝洛之冲也。環而山者以數十，而西原獨當其僻處。……許君廷議，游而樂之，乃即峪口作草堂於其上。……己亥歲，予見許君於京師。……一日，與余論草堂之勝，且曰：'吾將去而休於此矣。'"（唐荆川先生文集卷十二）

許論，字廷議，號嘿齋，河南靈寶人。嘉靖五年進士，官至兵部尚書。有嘿齋集。

在京，與鄒守益、徐階、羅洪先、趙時春、毛介川、張浮峰、胡宗憲等相從講學。

明耿定向撰東廓鄒先生傳："己亥，世宗將建儲，太宰許舉旨，簡宫僚。先生以譽望召入，爲司經洗馬。……時與徐文貞、羅文恭、趙浚谷、唐荆川相資切，侍御毛介川愷、張浮峰、胡梅林咸從之游。士類興起甚眾。"（耿天臺先生文集卷十四）

明世宗嘉靖十九年庚子（1540） 三十四歲

與鄒守益、趙時春等人應詔議薛瑄從祀。唐順之作故禮部左侍郎薛瑄從祀議。

世宗實録卷二三五："嘉靖十九年三月庚子，先是御史楊瞻、樊得仁奏故禮部侍郎薛瑄，國朝大儒宜從祀文廟。詔下儒臣議。時尚書霍韜，侍郎張邦奇、詹事陸深，少詹事孫承恩，祭酒王教，學士張治，詹事府丞胡世宗、楊維傑，諭德龔用卿、屠應埈，洗馬徐階、鄒守益，中允李學詩、秦鳴夏、閔如霖，贊善閻樸，司直謝少南、吕懷，編修兼校書王同祖、趙時春，編修兼司諫唐順之、黄佐，侍講胡經二十三人，議宜祀；庶子董承叙、贊善浦應麒議宜緩；贊善兼檢討郭希顔以瑄無著述功，議不必祀；給事中丁湛等請從衆議之多者。……上曰：聖賢道學不明，士趨流俗，朕深有感。薛瑄能自振起，誠可嘉尚，但公論久而後定，宜俟將來。"

薛瑄，字德溫，號敬軒，山西河津人。永樂十九年（1421）舉進士，官至禮部右侍郎，兼翰林院學士，入閣參予機務。理學家，河東學派的締造者。天順八年（1464）卒，年七十六。諡文清。有薛文清集二十四卷。

冬十二月，唐順之與羅洪先、趙時春等聯名疏請來歲朝正後，皇太子出御文華殿受群臣朝賀。疏入，世宗怒，三人並免爲民。

世宗實錄卷二四四："（嘉靖十九年十二月）春坊贊善羅洪先、司諫唐順之、司經局校書趙時春各疏請來歲元日朝賀，禮成，請皇太子出御文華殿，受文武百官及朝覲官朝賀。禮部覆洪先等言謬妄不識大體。上曰：'……朕方疾後，未全平復，遂欲儲貳臨朝，是必君父不能起者。羅洪先等狂悖浮躁不道，姑從寬俱黜爲民。'"

明李開先撰荊川唐都御史傳："（唐順之）名既高而心愈下，年漸長而操更嚴。同羅念庵、趙浚谷上封章請朝東宮，因以激上之怒，以爲意在刺朕。閣臣又有身首異處不足償，責揭帖，事勢似不可測矣。予爲之多方求救，如崔京山等不遺餘力。因召見，言及之聖心，本無他意。留二十餘日，始批下，俱奪職爲民。"

封孺人莊氏墓志銘："庚子冬，余（唐順之）以狂謬，俟罪者二十七日。"（唐荊川先生文集卷十五）

明史·羅洪先傳："（嘉靖）十八年簡宮僚，召拜春坊左贊善。明年冬，與司諫唐順之、校書趙時春疏請來歲朝正後，皇太子出御文華殿受群臣朝賀。時帝數稱疾不視朝，諱言儲貳臨朝事。見洪先等疏，大怒，曰：'是料朕必不起也。'降手詔百餘言切責之，遂除三人名。"

明世宗嘉靖二十年辛丑（1541）　三十五歲

春正月，唐順之携妻莊孺人出都，與羅洪先各買小艇，聯發返鄉。及趙時春別於彰義門。（唐鼎元撰明唐荊川先生年譜卷二）

趙公作別羅達夫唐應德："彰義門前官道柳，到時凋謝發時迴。榮枯自是尋常事，閑逐春風歸去來。"（趙浚谷集卷二）

作吏部郎中薛西原墓志銘。

薛蕙，字君采，號西原，亳州人。正德甲戌舉進士，授刑部主事，病免，起爲刑部主事，以才調吏部主事，歷考功司郎中而罷。有西原集二卷。

冬十月，作蕭孺人墓誌銘，並復書黃正色，作寄黃士尚。

黃正色，字士尚，號門南，無錫人。嘉靖八年進士，官南京監察御史，因彈劾中官，得罪下獄，謫戍遼東三十年。隆慶初召還，遷南京太僕寺卿。萬曆四年（1576）卒，年七十六。有遼陽稿。

冬十一月，作吏部郎中林東城墓誌銘。

明 世宗 嘉靖二十一年壬寅（1542） 三十六歲

家居，卜築陽羨山中。

秋七月，夏言罷官，作答夏桂洲相公慰之。

明史·夏言傳："（嘉靖二十一年六月）言因謝恩乞骸骨，語極哀。疏留八日，會七月朔日食既，下手詔曰：'日食過分，正坐下慢上之咎，其落言職閑住'。"

秋七月，作贈徐愛杏山人詩。（唐荊川先生文集卷三）

秋八月，長姑楊母 唐孺人卒，十二月葬，作楊母唐孺人墓誌銘。（唐荊川先生文集卷十五）

業師葉包庵六十壽誕，集同門爲師做壽，並作葉包庵先生壽序。（唐荊川先生文集卷十一）

明 世宗 嘉靖二十二年癸卯（1543） 三十七歲

家居。

夏四月，爲茅坤父母作茅處士妻李孺人合葬墓誌銘。

秋，送弟正之赴鄉試，作癸卯送仲弟正之赴試。（唐荊川先生文集卷三）。

忘年友魏校病逝。作與王北涯蘇州，致書蘇州知府王廷，托以魏校後事。

與王北涯蘇州三："請教之私，積於隔歲，會使節不在郡中，我懷耿耿。遂往候莊渠先生之疾，不謂此翁捐館三日矣。……竊惟吾兄以正直自持，人或以爲落落。而宦跡所至，則西原、莊渠兩公獨爲相知。兩公立心操行，卓然共爲一世偉人。其死而無後，亦復相同。西原之死也，吾兄爲之悉力經紀其後事，有如骨肉，是以同志中，皆推吾兄之高誼。今之所以處莊渠者，豈異西原哉！"（唐荊川先生文集卷六）

據張慧劍明清江蘇文人年表，魏校卒於嘉靖二十二年，年六十一。

王廷，字子正，號南岷，又號北涯，南充人。嘉靖十一年進士，歷官戶部主事、亳州判官、蘇州知府、左都御史。

作答洪芳洲主事書、與王湛泉文選書、與鄭淡泉文選書、與葉東園御史書，並見唐荊川先生文集。（明唐荊川先生年譜卷二）

明 世宗 嘉靖二十三年甲辰 （1544） 三十八歲

家居。

夏五月，歸無錫 王氏妹卒，編修王懋中 立道妻。作王塚婦唐孺人墓志銘。

秋七月，探視萬吉疾，別後七日，萬吉卒，作祭萬古齋文（唐荊川先生文集卷十三）。

萬古齋公傳："病且亟，余往候之，氣已微矣，猶披衣端坐，作拱揖狀。……是卒之前七日也。卒時爲嘉靖甲辰七月二十日，年六十有三。"（唐荊川先生文集卷十六）

與茅坤書信往來，切磋文藝。

茅坤有復唐荊川司諫書兩篇（白華樓藏稿卷一），唐順之有答茅鹿門知縣兩篇①（唐荊川先生文集卷七）。

作贈熊南沙郡倅入賀萬壽節三首。

相國張公文集序："嘉靖甲辰秋，過以圻內吏稱賀闕下。"（熊南沙文集卷二）

明 世宗 嘉靖二十四年乙巳 （1545） 三十九歲

家居。

翁萬達任兵部右侍郎兼右僉都御史，總督宣、大、保定軍務，致書唐順之，商討邊事。唐順之復答翁東厓總制兩書，議論邊防事務，索宣、大與三關地圖，並作塞下曲十八首相贈。

明 鄒守益資善大夫兵部尚書東涯翁公萬達行狀："（嘉靖）甲辰春二月，擢右副都御史巡陝西。……十二月，擢兵部右侍郎兼右僉都御史，總

---

① 唐順之稱茅坤爲"知縣"，可知兩人交往於茅坤任知縣期內。嘉靖十九年茅坤任青陽令，此時兩人尚無交往。嘉靖二十三年二月茅赴丹徒知縣任，嘉靖二十四年調任禮部。故兩人書信往復當在此年。

督宣、大、保定軍務，兼理糧餉。乙巳春，公至。"（國朝獻徵錄卷三十九）

翁萬達，字仁夫，號東涯，潮州揭陽人。嘉靖五年進士，官至兵部尚書。

夏四月，作刑部郎中唐嘿庵墓志銘。

唐侃，字廷直，號嘿庵，丹徒人。正德癸酉（1513）舉人，選爲永豐知縣，官至南京刑部郎中。

夏六月，次姑吳母唐孺人卒，作吳母唐孺人墓志銘。

明 世宗 嘉靖二十五年丙午（1546） 四十歲

家居。

夏四月，溧陽史恭甫以工代賑，改造田畝。唐順之作救荒渰記。

冬十二月，作信豐訓導殷君墓志銘。

明 世宗 嘉靖二十六年丁未（1547） 四十一歲

家居。

春，以病客荊溪，同杭子宣登龍池，作題龍池庵三首、贈庵中老僧（唐荊川先生文集卷三）。

夏六月，弟婦王氏卒，作弟婦王氏墓志銘。

明 世宗 嘉靖二十七年戊申（1548） 四十二歲

家居。

春二月，作瘞河壖枯骨志。東南連年大旱，流屍積叠於河壖，與弟正之、褚生滔醵金收瘞灾民骨骸於天寧寺，並志之。

秋七月，與褚生滔泛小船如陳渡，臨流歌嘯，渺然有千里江湖之思，因作書秦風蒹葭三章後。

冬十一月，妻封孺人莊氏卒，作封孺人莊氏墓志銘、辭宜興諸友爲亡妻舉奠。

明 世宗 嘉靖二十八年己酉（1549） 四十三歲

家居。

秋八月，送兩弟唐正之、唐立之赴鄉試，作己酉送兩弟正之立之赴試。

秋八月，錢塘觀潮，作己酉八月十八日觀潮作。

無錫安如石刻唐荊川先生文集，王慎中作序。此爲唐荊川先生文集十二卷本（嘉靖本）之祖本。作小集爲人所刻。

明 世宗 嘉靖二十九年庚戌（1550） 四十四歲

家居。

明 世宗 嘉靖三十年辛亥（1551） 四十五歲

家居。

夏四月，白洛原卒，作祭白洛原文。（唐荆川先生文集卷十三）

徐階尚寶司司丞致仕洛原白君墓志銘："按狀：君諱悦，字貞夫，別號洛原。……辛亥三月，升江西按察司僉事。病，未能詣。……詔仍以尚寶致其仕。……急命治行，而病已劇。四月二十日，竟卒。"（世經堂集卷十六）

明 世宗 嘉靖三十一年壬子（1552） 四十六歲

家居。

春二月，父有懷翁七十壽辰。王慎中、徐階並爲壽文。

明 王慎中寄壽唐有懷先生序："某於是益有慕於唐有懷公矣。公毗陵世家，代有顯人，非有泥塗之辱起家。守信陽州，復守永州府，得千里之地而長治之。……行年七十，而貌愉悦聰明，有加於昔。"（遵巖集卷十一）

明 徐階賀有懷先生唐公七十序："今年二月十有二日，爲有懷翁先生 唐公七十之辰。"（世經堂集卷十三）

明 世宗 嘉靖三十二年癸丑（1553） 四十七歲

家居。

春，閏三月，汪直勾結倭寇大舉入侵，蔽洋而至，浙東西、大江南北瀕海數千里同時告警。寇入内地三月余，蘇、松、寧、紹諸州縣被焚掠者二十餘處。唐順之嘗至姑蘇，見倭寇戟嬰兒爲戲，遂痛心疾首，誓不與之俱生。

明通鑒卷六十："（嘉靖三十二年閏三月）甲戌，海賊汪直糾群盜，勾集各島倭夷，大舉入寇，連艦百餘艘，蔽海而至，自台、寧、嘉、湖，以及蘇、松，至於淮北，濱海數千里，同時告警。……倭自閏三月登岸，至六月中，温、台、寧、紹、杭、嘉、蘇、湖、揚、淮十郡各州縣衛所，被其攻破焚掠者，凡二十餘。留内地三月，飽而去。"

明 焦竑荆川公傳論:"始島夷躪姑蘇,戢嬰兒爲戲。公一見痛心疾首,憤不與之俱生。"(唐鼎元明唐荆川先生年譜·附録)

夏四月,羅念庵、鄒東廓應胡宗憲之邀,會宿武林。唐一庵、王龍溪、唐荆川、方湛一及鄒、羅又會於當湖,即"當湖會"。

沈太史全集所收淇林館鈔·湖上讀書堆六先生會語葉三十二上:"嘉靖癸丑夏四月既望,念庵 羅先生自北還,道經浙河,東廓 鄒先生赴梅林胡公之招,館與武林之間。於是一庵 唐先生、龍溪 王先生、荆川 唐先生、黃州 湛一 方先生,與鄒、羅二先生咸會於我當湖,將縱觀海上之勝。明日携同學六七人,過湖上讀書堆。因相與論格物之指。"

明 世宗 嘉靖三十三年甲寅(1554) 四十八歲

家居。

萬鹿園起爲南京都督僉事,過毗陵,與唐順之議討賊之策。唐順之作贈都督萬鹿園四首次思節韻(唐荆川先生文集卷三)。

明 王畿鹿園萬公行狀:"甲寅春,復詔起爲南京都督僉事。聞嘉興、蘇、松、通、泰諸路賊報甚急……乃變産聚糧,倡集下八山水兵並僧兵,合八百人以進。……我兵衆寡不支,遂奔潰。君方督戰在後,被流矢中肩。渡河溺水,自分必死,幸而獲免。二義兒力戰,俱殞於敵。遂裹瘡力疾,趨留都。至毗陵,會荆川 唐公 順之,談及時事。"(龍溪王先生全集卷二十)

明 世宗 嘉靖三十四年乙卯(1555) 四十九歲

家居。

蜀、廣名將何卿、沈希儀應詔率軍赴蘇、松海防抗倭,因不諳海道,兵與將不相習,無所作爲而被劾,罷而卒。唐順之作贈何沈兩公歸蜀廣序慰之。

明史·何卿傳:"何卿,成都衛人,有志操習武事。……(嘉靖)三十三年,倭寇海上,詔卿與沈希儀各率家衆赴蘇、松軍門。明年,充副總兵,總理浙江及蘇、松海防。卿,蜀中名將,不諳海道,年已老,兵與將不習,竟不能有所爲,爲巡撫御史周如斗劾罷,卒。"

明史·沈希儀傳:"沈希儀,字唐佐,貴縣人,嗣世職爲奉議衛指揮使。……倭寇海上,命督川、廣兵赴剿。無功,爲周如斗劾罷。"

秋七月，父有懷翁卒，年七十三，葬黃塘祖塋。

明 王慎中中順大夫永州府知府唐有懷公行狀："以疾終，嘉靖三十四年七月初一日也，年七十三。"（遵巖集卷十七）

明 世宗 嘉靖三十五年丙辰（1556） 五十歲

居喪。

編選文編六十四卷。文編序落款："嘉靖丙辰夏五月既望，武進唐順之 應德甫書。"

工部侍郎趙文華奉命視師海上，來訪唐順之，商議討倭計。

明史·世宗："（嘉靖三十五年）五月乙丑，命趙文華提督江南、浙江軍務。"

明 李贄荊川唐公傳："適居有懷公喪，而趙文華者以上命視師海上，來訪公，與陳機略。"（續藏書卷二十二）

明 世宗 嘉靖三十六年丁巳（1557） 五十一歲

居喪。

趙文華回京，以邊才薦唐順之。唐順之因父喪，堅臥不出。

明 洪朝選撰荊川唐公行狀："工部侍郎趙公 文華……與公又同年進士也，素知公。薦公及今侍郎胡公 松於朝，奉旨起公爲南京兵部主事。公以有懷翁服未闋，辭不就。又改職方員外郎，堅臥如初。"

猶豫出處，商於羅洪先，始決。

明 唐鶴徵陳渡阡表："先考晚年之出，初亦猶豫。過浮梁，謀之吉水。吉水力贊其出，大都謂向嘗隸名仕籍，此身已非己有，環珙之賜，惟所命爾。獲罪君父，幸從寬政，恩至渥也。矧當軍旅不得辭難之日得私此身，與征士、處士論進止哉？學力至此，豈猶未破毀譽關耶？先考始決。"

明 世宗 嘉靖三十七年戊午（1558） 五十二歲

提學御史周如斗、巡按御史尚維持上疏奉旨催促唐順之赴任。春三月，赴京就任職方員外郎。未幾，升職方郎中。臨行，祭告有懷翁。

明 李贄撰荊川唐公傳："及巡按、提學二侍御奉旨促行，不得已赴京。升本司郎中。"（續藏書卷二十二）

祭有懷府君文："喪期內外，兩承朝命。臣子之義，不敢逡巡，謹於三月間赴京。"（唐荊川先生文集卷十三）

秋七月，奉敕往薊鎮核兵。

唐鼎元明唐荆川先生年譜卷四"三十七年戊午五十二歲"條下："秋七月奉敕往核薊鎮兵額"，引有差唐順之往薊鎮核兵的敕書，時間落爲"嘉靖三十七年七月十九日"。

秋九月，還奏薊鎮兵額缺若干，且羸老不能戰，因條上薊鎮九事。

明通鑒卷六十一："（嘉靖三十七年）九月庚寅，郎中唐順之閱視薊鎮還，言薊鎮兩關額兵九萬有奇，見卒僅五萬七千，又皆羸老。總督王忬、總兵官歐陽安、巡撫馬珮，及諸將袁正等，俱宜按治。……是月，唐順之條上薊鎮兵食九事，其爲補兵言者凡六，爲築牆工食及邊糧言者凡三。……詔下所司議行之。"

薊鎮核兵事，俱入北奉使集。

冬十月，奉命視師浙直，與胡宗憲協謀抗倭。

明通鑒卷六十二："（嘉靖三十七年）十月己未，命郎中唐順之視師浙江，與胡宗憲協謀剿倭。"

下海視師，自江陰泛海至劉家河渡，又自嘉興下海抵蛟門大洋，一晝夜行六七百里，出没驚濤駭浪之中。隨行者皆驚愕嘔吐，而唐順之卻意氣風發，談笑自如。

明洪朝選撰荆川唐公行狀："乃從江陰泛海至劉家河渡，又自嘉興下海抵蛟門大洋，一晝夜行六七百里，自夕未有也。從者驚吐成疾，公獨夷然。"

明世宗 嘉靖三十八年己未（1559）　五十三歲

夏四月，督戰崇明，破敵，大捷。升右通政。

明洪朝選撰荆川唐公行狀："未幾，春汛急，乃自登海舟督諸將，泊崇明沙。……我兵舟艦始連亙海岸。賊見，驚曰：'江南自來無此備也'。俱往江北登岸。公復督諸將擊賊，諸將感義奮勇，凡犁沉賊船十三隻，得首級百二十顆，衣器無算，賊登三沙。人謂自蘇、松用兵以來，未有此捷也。"

江北告急。唐順之赴江北之急，敗賊於姚家蕩。駐軍廟灣，追擊餘敵。

明洪朝選撰荆川唐公行狀："是時，江北告急，督府以盧鏜往援。

公留鏜往三沙，而身赴江北之急。時賊雖敗於姚家蕩，而衆千余尚聚廟灣，勢猖熾。四月二十九日，公發淮安駐馬邏，去賊巢七十里而軍。"

秋七月，進擊三沙倭賊，失利。唐順之親自躍馬布陣，冲至陣前。因久居海舟，暑月蒸熱，積勞得疾，還太倉。

明 李贄荊川唐公傳："居海中二月，竟以鹽鹵之故，腹疾增遽，方回太倉調遣狼兵。"（續藏書卷二十二）

秋九月，升右淮 揚僉都御史，代李遂巡撫鳳陽。

明 洪朝選荊川唐公行狀："九月，升淮 揚都御史，代李公 遂。"

明 世宗 嘉靖三十九年庚申（1560） 五十四歲

巡撫鳳陽，賑濟饑民。

明 李贄荊川唐公傳："值歲歉，請於朝，得餘鹽銀二萬兩以賑。又自捐俸金，令有司以次捐俸易米，散各鎮，爲粥以食饑民。"（續藏書卷二十二）

夏四月一日，乘舟巡視通、泰，逝於舟中。

明 洪朝選撰荊川唐公行狀："三月，疾稍愈，復巡歷泰州。……四月朔，疾將革，時妹婿上舍左君 蒸、侄孫解元唐君 一麐在側，曰病不甚重，幸尚可支也。……日將晡，命取新席，置之平地，移臥。少頃，整衣起，坐而絕。"

又附：唐順之傳記資料二十三種目錄

1. 明 洪朝選，明都察院右僉都御史巡撫鳳陽等處地方提督軍務前右春坊右司諫兼翰林院編修荊川唐公行狀
2. 明 赵时春，明督撫鳳陽等處督察院右僉都御使荊川唐君墓志銘
3. 明 羅洪先，祭唐荊川文
4. 明 王畿祭，唐荊川墓文
5. 明 萬履菴，祭唐先生文
6. 明 李開先，荊川唐都御史傳
7. 明 李開先，康王王唐四子補傳
8. 明 李贄，僉都御史唐公傳
9. 明 唐鶴徵，陳渡阡表
10. 明 王兆雲，皇明詞林人物考·唐應德

11. 明 何喬遠，唐順之傳
12. 明 焦竑，僉都御史荊川唐公順之言行錄
13. 明 顧憲成，唐荊川先生本傳
14. 明 王錫爵，唐荊川先生祠堂記
15. 明 馮時可，中丞荊川唐先生傳
16. 明 歐陽東鳳，明都御史唐荊川先生傳
17. 明 王升，唐順之傳
18. 明 世宗實錄·唐順之
19. 明 王士騏，唐順之傳論
20. 清 黃宗羲，襄文唐荊川先生順之
21. 清 錢謙益，唐僉都順之傳
22. 清 張廷玉，明史·唐順之傳
23. 唐鼎元，重撰唐公荊川傳

主要參考書目

1. 周易正義，三國 魏 王弼注，晋 韓康伯注，唐 孔穎達疏，十三經注疏本，中華書局二〇〇九年。
2. 尚書正義，漢 孔安國傳，唐 孔穎達疏，十三經注疏本，中華書局二〇〇九年。
3. 毛詩正義，漢 毛亨傳，漢 鄭玄箋，唐 孔穎達疏，十三經注疏本，中華書局二〇〇九年。
4. 禮記正義，漢 鄭玄注，唐 孔穎達疏，十三經注疏本，中華書局二〇〇九年。
5. 周禮注疏，漢 鄭玄注，唐 賈公彥疏，十三經注疏本，中華書局二〇〇九年。
6. 儀禮注疏，漢 鄭玄注，唐 賈公彥疏，十三經注疏本，中華書局二〇〇九年。
7. 春秋左傳正義，晋 杜預注，唐 孔穎達疏，十三經注疏本，中華書局二〇〇九年。
8. 春秋公羊傳注疏，漢 何休注，唐 徐彥疏，十三經注疏本，中華書局二〇〇九年。
9. 春秋穀梁傳，晋 范寧集解，唐 楊士勛疏，十三經注疏本，中華書局二〇〇九年。
10. 論語注疏，三國 魏 何晏集解，宋 邢昺疏，十三經注疏本，中華書局二〇〇九年。
11. 孟子注疏，漢 趙岐注，宋 孫奭疏，十三經注疏本，中華書局二〇〇九年。

12.老子,陳鼓應注譯,中華書局一九八四年版。

13.荀子集解,清 王先謙撰,中華書局二〇一六年版。

14.韓非子集解,清 王先慎撰,中華書局二〇一六年版。

15.莊子集釋,清 郭慶藩撰,中華書局二〇一六年版。

16.戰國策,中華書局二〇一二年版。

17.國語集解,徐元誥撰,中華書局二〇〇二年版。

18.孝經注疏,唐 李隆基注,宋 邢昺疏,十三經注疏本,中華書局二〇〇九年。

19.四書集注,宋 朱熹集注,鳳凰出版社二〇〇五年版。

20.史記,漢 司馬遷撰,中華書局一九五九年版。

21.漢書,漢 班固撰,唐 顏師古注,中華書局一九六二年版。

22.後漢書,南朝 宋 范曄撰,唐 李賢注,中華書局一九六五年版。

23.三國志,晋 陳壽撰,南朝 宋 裴松之注,中華書局一九五九年版。

24.晋書,唐 房玄齡等撰,中華書局一九七四年版。

25.文選,南朝 梁 蕭統編,唐 李善注,上海古籍出版社一九八六年版。

26.孔子家語,中華書局二〇一一年版。

27.世説新語,徐震堮校箋,中華書局一九八四年版。

28.唐鼎元,唐氏先世著述目録,一九三一年排印本。

29.唐鼎元,武進唐氏所著書,一九四八年鉛印本。

30.唐肯,毘陵唐氏家譜,一九四八年鉛印本。

31.唐鼎元,明唐荆川先生年譜,一九三九年鉛印本。

32.吴金娥,唐荆川先生研究,文津出版社一九八六年版。

33.張舜徽,中國古代史籍校讀法,上海古籍出版社一九八〇年版。

34.陳垣,校勘學釋例,中華書局一九五九年版。

35.程千帆,校讎廣義,齊魯書社一九九八年版。

36.郭在貽,訓詁學,中華書局二〇〇五年版。

37.馮浩菲,中國訓詁學,山東大學出版社一九九五年版。

38.汪耀楠,注釋學,外語教學與研究出版社二〇一〇年版。

39.黄永年,古籍整理概論,上海書店二〇〇一年版。

40.劉琳,古籍整理學,四川大學出版社二〇〇三年版。

41. 馮浩菲，中國古籍整理體式研究，高等教育出版社二〇〇三年版。
42. 許逸民，古籍整理釋例（增訂本），中華書局二〇一四年版。
43. 龔篤清，明代八股文史，岳麓書社二〇一五年版。